Unvermögen

Dirk Setton

# Unvermögen

## Die Potentialität der praktischen Vernunft

diaphanes

Gedruckt mit freundlicher Unterstützung der Geschwister Boehringer Ingelheim Stiftung für Geisteswissenschaften in Ingelheim am Rhein sowie der Johanna und Fritz Buch Gedächtnis-Stiftung, Hamburg.

1. Auflage
ISBN 978-3-03734-254-1


www.diaphanes.net


Satz und Layout: 2edit, Zürich
Druck: Pustet, Regensburg

# Inhalt

# Exposition

»Die entscheidende These lautet:
›Jede Kraft ist Unkraft in Bezug auf
dasselbe und gemäß desselben.‹«
(Martin Heidegger)

1. Die Grundidee dieser Untersuchung verdankt sich einem Fehler – einem Abschreibe- oder Lesefehler, der sich irgendwann im Laufe der schriftlichen Tradierung des griechischen Textes der aristotelischen *Metaphysik* eingeschlichen haben muss. Freilich basiert die Einschätzung, dass es sich hierbei um einen Fehler handelt, nicht auf einer philologischen Evidenz, sondern letztlich auf einer bereits philosophischen Interpretation, die allenfalls hohe Plausibilität in Anschlag bringen kann. Folgt man der Einschätzung dieser Interpretation, dann hat man die fragliche Stelle am Ende des ersten Kapitels des neunten Buches, wo es um den Begriff des Unvermögens geht, wohl folgendermaßen zu übersetzen:

> »Unvermögen und das Unvermögende [*to adynaton*] ist die einem so beschaffenen Vermögen entgegengesetzte Privation [*enantia sterēsis*]; daher gehört zu einem Unvermögen [*adynamia*] immer ein Vermögen für dasselbe [*tou autou*] und hinsichtlich desselben [*kata ta auto*].«[1]

Der Fehler, der sich an dieser Stelle in den Kodizes Laurentianus, Vindobonensis, Parisinus, sowie im Kommentar des Alexander von Aphrodisias ausmachen lässt,[2] besteht in der Unterschlagung eines kleinen Striches, das heißt im Fehlen des dem letzten Buchstaben des Wortes *adynamia* im zweiten Satz untergeschriebenen ι (*iota subscriptum*). Durch dieses Fehlen ändert sich der Kasus vom Dativ zum Nominativ, so dass der zweite Satz nun in etwa so übersetzt werden müsste: »jedes Vermögen ist ein Unvermögen für dasselbe und hinsichtlich desselben.«[3] Während gemäß der »korrekten« Version Aristoteles zu

---

1 Aristoteles, *Metaphysik*, IX 1. 1046a, Übersetzung aus Jansen, *Tun und Können*, S. 67.

2 Vgl. dazu den textkritischen Apparat von Ross zur Stelle 1046a31 in *Aristotle's Metaphysics*, Vol. II (o.S.). Vgl. auch den Apparat der zweisprachigen Meiner-Ausgabe: *Aristoteles' Metaphysik*, Zweiter Halbband, S. 104.

3 Dies ist eine leichte Abwandlung der Übersetzung Martin Heideggers. In seinen Vorlesungen zu den ersten drei Kapiteln des neunten Buches der aristotelischen

behaupten scheint, dass die Rede von einem Unvermögen stets derivativ auf den Begriff eines Vermögens zurückbezogen bleibt, wird in der »inkorrekten« Version stattdessen behauptet, dass jedes Vermögen in einem nicht spezifizierten Sinne *adynamia* »ist«, das heißt ein Unvermögen entweder impliziert oder mit diesem gleichzusetzen sei. Folgt man jener Version, dann behandelt man den Begriff des Unvermögens als einen abgeleiteten Begriff und geht mithin davon aus, dass mit ihm keine wesentliche Einsicht in die Struktur von Vermögen verbunden ist. Hat man dagegen den Verdacht, dass in der »inkorrekten« Version eine richtige Einsicht formuliert ist und dass sie, allem Anschein zum Trotz, ein genuines Strukturmerkmal von Vermögen – oder zumindest einer bestimmten Sorte von Vermögen – benennt, dann deutet sich ein anderes Verständnis von Unvermögen an, das nicht der Vorstellung einer bloß abgeleiteten Privation entspricht, sondern eher einer Art konstitutiven Negativität.

Welchem Zufall die Abwesenheit des *iota subscriptum* auch immer geschuldet sein mag – sei es der mangelnden Sorgfalt oder Unaufmerksamkeit eines Kopisten, sei es der Unzuträglichkeit der Schreibmaterialien –, dieser zufällige Umstand soll hier zum Emblem einer philosophischen Einsicht werden: Er deutet auf die Möglichkeit, den Begriff des menschlichen Handlungsvermögens, der maßgeblich durch die aristotelische Tradition geprägt wurde, einer grundlegenden Revision zu unterziehen.[4] Was dem Blick eines Aristotelikers als nicht bloß philologischer Fehler, sondern zudem als sachliche Entgleisung erscheinen mag, soll der vorliegenden Arbeit als Leitmotiv dienen: die Idee, dass der Begriff eines rationalen Vermögens in einem spezifischen Sinne den des Unvermögens notwendig einschließt.[5] Was ist damit

---

*Metaphysik* hat sich Heidegger explizit (und ohne Begründung) an die genannten Kodizes gehalten. Seine Übersetzung der entsprechenden Passage lässt sich im Eingangsmotto nachlesen, vgl. Heidegger, *Aristoteles Metaphysik Θ 1–3*, S. 111, sowie dazu Jansen, *Tun und Können*, S. 69 (Fußnote 89).

4 Soweit nicht anders spezifiziert, soll die Rede vom »Handlungsvermögen« oder »menschlichen Können« als »Wille« oder »praktische Urteilskraft« verstanden werden: als Vermögen, nach der Vorstellung von Gründen zu handeln.

5 Diese Idee stammt, wie bereits deutlich geworden sein dürfte, aus Heideggers Vorlesungen zum Buch Θ der *Metaphysik* von 1931 (vgl. Heidegger, *Aristoteles Metaphysik Θ 1–3*, §§ 12, 16). Eine wichtige Anregung verdankt die vorliegende Argumentation ebenfalls Giorgio Agambens ebenso origineller wie elliptischer Lektüre der aristotelischen Theorie der *dynamis* in »On Potentiality«. Agamben hält sich in seiner Interpretation nicht nur an Heideggers Übersetzung der fraglichen Stelle (»Ogni potenza è impotenza dello stesso e rispetto allo stesso [di cui è potenza]«, Agamben, *La potenza del pensiero*, S. 281), sondern folgt ihm auch in der Auffassung, dass die latente Pointe der aristotelischen Ausführungen zur *dynamis* in ihrem konstitutiven Verhältnis zur *adnamia* läge: »in its originary structure, *dyna-*

gemeint? Durch welche Überlegung lässt sich der Zug motivieren, in den Begriff eines rationalen Vermögens eine konstitutive Negativität einzutragen?

2. Unvermögen, Unvernünftigkeit, Unbeherrschtheit: Trotz ihrer mitunter nachteiligen praktischen Bedeutung besitzen all diese Un-Wörter, die nicht zufällig im Zentrum dieser Untersuchung stehen, einen entscheidenden theoretischen Vorteil. An ihrem Beispiel lassen sich Strukturmerkmale erschließen, die in jenen Begriffen verborgen liegen, von denen sie scheinbar das abgeleitete Gegenteil darstellen. Das Derivat, sachte generalisiert und metaphorisiert, gewinnt derart ein gewisses epistemisches Primat, weil es ein Moment ans Licht bringt, das dem Standardbegriff konstitutiv wie latent innewohnt. Im Folgenden wird dementsprechend die Annahme verteidigt, dass die Struktur des »Unvermögens«, die ein rationales Handlungsvermögen in einer bestimmten Hinsicht impliziert, beispielhaft am Phänomen der Unbeherrschtheit oder Willensschwäche (Akrasia) vor Augen geführt werden kann: Es exemplifiziert eine Art notwendigen Überschuss, eine innere Selbsttranszendenz, die sich insofern als wesentliches Moment unseres ganz normalen praktischen Vernunftvermögens erweist, als dieses ohne jenen Überschuss weder in den Akt übergehen würde, noch in seiner Aktualisierung im vollen Sinne gelingen könnte.

Worin der Einsatz dieser These besteht, lässt sich durch die folgende Beobachtung andeuten. In der zeitgenössischen Philosophie ist der Begriff des menschlichen Könnens Gegenstand eines Widerstreits. Einerseits kann man in den Bereichen der Philosophie des Geistes, der Handlungstheorie und Moralphilosophie eine »aristotelische« Prägung erkennen, welche in der zentralen explanatorischen Funktion zum Ausdruck kommt, die dort einem *gelingensfixierten Vermögensbegriff* verliehen wird. Damit sind solche Positionen gemeint, die – nicht nur im Anschluss an Aristoteles, sondern auch im Anschluss an Kant und den späten Wittgenstein – behaupten, dass der Bezug auf den Begriff vernünftiger Fähigkeiten es erlaubt, erkenntnistheoretische, bedeutungstheoretische und moralphilosophische Paradoxa aufzulösen. Dieser Tendenz einer neoaristotelischen Metaphysik steht andererseits eine entgegengesetzte (und gewissermaßen anti-aristoteli-

*mis*, potentiality, maintains itself in relation to its own *sterēsis*, its own non-Being. This relation constitutes the essence of potentiality. To be potential means: to be one's own lack, *to be in relation to one's own incapacity*« (Agamben, »On Potentiality«, S. 182). Die Unterschiede zwischen der Auffassung, die hier entwickelt wird, und den Beschreibungen Heideggers und Agambens sollen im Folgenden deutlich gemacht werden.

sche) diskursive Entwicklung gegenüber, die gewöhnlich lose unter die Label der »Dekonstruktion« oder des »Poststrukturalismus« gebracht wird. In Anlehnung an die verschiedenen Varianten der Vernunft- und Subjektkritik des vergangenen Jahrhunderts konzentrieren sich diejenigen Diskurse, die zu dieser Entwicklung gehören, auf Phänomene des *Scheiterns* oder Formen des *Unvermögens* – womit sie Aspekte ins Zentrum der Analyse rücken, die aus der Perspektive der ersten Tendenz einen nur zweitrangigen, akzidentellen Charakter besitzen. Dem Anspruch nach handelt es sich jedoch um Versuche, so unser Eindruck, am Beispiel des Misslingens oder Unvermögens genuine Strukturaspekte menschlicher Vermögen aufzuweisen, die auf diese Weise selbst im Licht des Problematischen oder gar Paradoxen erscheinen.

Unser Ziel besteht darin, die Grundintuition dieser zweiten philosophischen Richtung auf der argumentativen Ebene der ersten Richtung zur Geltung zu bringen. Im Zuge einer Kritik am gelingensfixierten Begriff des rationalen Könnens soll die Behauptung erwiesen werden, dass das menschliche Handlungsvermögen insofern eine paradoxe Struktur besitzt, als es sich nicht bloß in erfolgreichen Akten, sondern auch in fehlgehenden oder irrationalen Vollzügen aktualisiert. Das Interesse, das diese Argumentation leitet, liegt demzufolge in der Artikulation einer Einsicht in den in sich problematischen Begriff eines rationalen Urteils- und Handlungsvermögens. Nicht nur die aristotelische, sondern nahezu jede rationalistische Philosophie, für die der Begriff des Könnens mit einer zentralen explanatorischen Funktion belastet ist, verfolgt den Einsatz, in diesem Begriff die Möglichkeit des Gelingens unserer Praktiken zu verankern. Ein solches Vermögen zu haben bedeutet daher in erster Linie, Träger normativer Standards zu sein und sich in seinen Vollzügen von diesen Standards leiten zu lassen. Auf diese Weise wird in den Begriff des Könnens eine »Gelingenszentrierung« eingetragen,[6] die in unseren Augen einer folgenreichen Verkürzung gleichkommt. Denn in dem Maße, wie die Idee eines Vermögens das Gelingen unserer Vollzüge – *und nur dieses* – erklären soll, erscheinen all diejenigen Vollzüge, die nicht im vollen Sinne als Instanziierung eines normativen Standards gelten können, auch nicht mehr als Aktualisierungen unseres Könnens.[7] Von dieser Ausklammerung sind jedoch nicht nur wesentliche Aspekte unserer Praktiken betroffen, sondern auch wesentliche Aspekte des Vermögens, das zur Teilnahme an diesen Praktiken befähigt: Es gibt kein Gelingen ohne

---

6 Vgl. zur Gelingenszentrierung in der Philosophie Christoph Menke, *Spiegelungen der Gleichheit*, S. 119–123.

7 Vgl. exemplarisch Ryle, *The Concept* of Mind, S. 28ff., 40f., 68f., sowie den dritten Teil (»Practical Generality«) in Thompson, *Life and Action*, S. 149–210.

die notwendige Möglichkeit des Scheiterns; es gibt keinen normativen Standard ohne die notwendige Möglichkeit eines normativen Konflikts; und es gibt keine normative Orientierung des Handelns ohne die notwendige Möglichkeit einer Transformation dieser Orientierung. Was in diesen drei notwendigen Möglichkeiten jeweils auf dem Spiel steht, ist das Selbstverhältnis von Subjekten zu ihrem Vermögen: Sie beschreiben drei verschiedene Weisen, in denen das Können für ein Subjekt problematisch wird. Darin liegt der Grund, weshalb sie im Rahmen dieser Arbeit von exemplarischem Wert sind: Das Scheitern, der Konflikt und die Transformation verweisen auf einen wesentlichen Strukturaspekt rationaler Vermögen, der in jener philosophischen Tradition, die den Begriff des Könnens auf ihre Fahne geschrieben hat, ungedacht bleibt.

Die Formel, auf die wir diesen Strukturaspekt bringen wollen, lautet: Im Besitz eines rationalen Vermögens zu sein bedeutet, das eigene Vermögen mit und gegen es selbst verwirklichen zu können. Dieses Merkmal ist es, das der Titel des »Un-Vermögens« benennen soll. Die Wahl der vielleicht manieriert wirkenden Schreibweise basiert auf zwei Gründen. Einerseits geht es um die Akzentuierung der strategischen Notwendigkeit, dass die mit jenem Titel bezeichnete Selbsttranszendenz eines rationalen Vermögens einzig vor dem Hintergrund einer revidierten Auffassung von Phänomenen des Unvermögens oder Misslingens in den theoretischen Blick kommen kann. Andererseits soll die Bindestrichkonstruktion deutlich machen, dass das hier gemeinte Unvermögen von der Vorstellung eines abgeleiteten und theoretisch irrelevanten Unvermögens, das gelingensfixierte Ansätze in Anschlag bringen, strikt zu unterscheiden ist. Die Rede von einem »Un-Vermögen« soll dabei vor allem verständlich machen, dass dasjenige Strukturmerkmal einer praktischen Fähigkeit, wodurch unser Handeln konstitutiv den Möglichkeiten des irrationalen Scheiterns, der Krise oder gar der Selbstblockade ausgesetzt ist, zugleich die eigentümliche Produktivität und Offenheit eines rationalen Vermögens konstituiert – und darin über das engere Phänomen der Irrationalität hinausweist. Aufgrund der Selbsttranszendenz unserer Handlungsfähigkeit sind wir grundsätzlich in der Lage, gegen unsere eigenen Gründe, Anliegen und damit gegen unser praktisches Wissen zu handeln; aufgrund derselben »inneren Negativität« aber ist unser Vermögen zugleich in den Horizont einer unbestimmten Potentialität gesetzt, wodurch unser praktisches Wissen und die fundamentalen Überzeugungen, die menschlichen Praktiken zugrunde liegen, nicht nur einer (im Prinzip unendlichen) Perfektionierung zugänglich werden, sondern, mehr noch, einer (Selbst-)Kritik, einer ereignishaften Umorientierung oder prinzipiellen Revision. Inwiefern dies denkbar ist, soll im Folgenden untersucht werden.

3. Einige Stichpunkte zum Vorgehen: Das Argument verfährt in fünf Schritten. In einem *ersten* Schritt geht es darum, im Rahmen einer Auseinandersetzung mit den Hauptthesen des neunten Buches der aristotelischen *Metaphysik* und im Rekurs auf Heideggers Vorlesungen zu den ersten drei Kapiteln dieses Buches diejenige Strukturbestimmung herauszustellen, die für die Idee des Un-Vermögens von zentraler Bedeutung ist: Rationale Vermögen sind »Vermögen zu Gegenteiligem«. Der *zweite* Schritt gilt dem Versuch, gegen den Strich von Aristoteles' eigenem Verständnis dieser Bestimmung zu zeigen, dass sie eine Einsicht in die konstitutive Negativität oder Selbsttranszendenz enthält, die uns auf den Gedanken einer strukturellen Möglichkeit des Scheiterns stoßen lässt und eine Vorzeichnung der Bedeutung des »Un-Vermögens« erlaubt.

Die ersten beiden Schritte bewegen sich auf dem abstrakten Niveau der aristotelischen Metaphysik der *dynamis*, weshalb wir in einem *dritten* Schritt versuchen, die Thesen und zentralen Begriffe der bisherigen Argumentation anhand einer Phänomenanalyse nachvollziehbar einzuführen und zu präzisieren. Dies soll im Zuge einer Neuinterpretation des Phänomens der Akrasia (»Unbeherrschtheit«, »Willensschwäche«) geleistet werden, die wir als exemplarisch im Hinblick auf die Struktur des »Un-Vermögens« aufweisen wollen. Unser Vorgehen besteht darin, im Rahmen einer ausführlichen Diskussion von Platons, Aristoteles' und Davidsons Behandlungen der Problematik der Willensschwäche zu demonstrieren, dass eine plausible Erklärung dieser Form der Irrationalität den Begriff eines »Vermögens zum Gegenteiligem« erforderlich macht und entsprechend auf eine Zurückweisung des gelingensfixierten Bildes unserer rationalen Handlungsfähigkeit hinauslaufen muss.

Der *vierte* Schritt bemüht sich – Davidsons Betrachtungen zur Akrasia weiterführend – um eine Beantwortung der Frage, welches andere Bild des rationalen Vermögens eine plausible Erklärung akratischen Handelns zeichnen muss. Zwei Strukturaspekte werden hierbei im Zentrum stehen: Das Phänomen praktischer Irrationalität wird nur in dem Maße verständlich, wie wir einerseits Handlungsgründe zugleich als »Kräfte« verstehen, die über ihren normativen Status hinaus wirksam sein können; andererseits müssen wir die strukturelle Möglichkeit einräumen, dass ein rationales »Vermögen zu Gegenteiligem« in der Lage ist, im Sinne einer grundlegenden »Spaltung« aktualisierbar zu sein – einer inneren Aufspaltung des praktischen Urteilens in antagonistische Handlungsperspektiven.

Der *fünfte* Schritt soll zeigen, inwiefern die Bestimmungen, die die Analyse der Akrasia hinsichtlich des Begriffs eines rationalen Vermögens ans Licht gebracht hat, zugleich über den Phänomenkreis der Irrationalität hinausweisen. Dass ein rationales Vermögen diese Bestimmungen aufweist, bedeutet nicht nur, dass es die Fähigkeit zu irrationalen Vollzügen impliziert; es bedeutet auch, dass es zu einer besonderen Art von Selbsttransformation fähig ist. Anhand einer Neuinterpretation der Figur der Medea (bei Euripides und Ovid), die eine besondere Rolle in der Willensschwäche-Diskussion spielt, soll die notwendige Verbindung zwischen der immanenten Möglichkeit einer irrationalen Aktualisierung eines rationalen Vermögens mit der immanenten Möglichkeit von dessen Veränderung oder Selbsttransformation nachgewiesen werden.

# 1.

## Adynamia I

## Der aristotelische Begriff des Vermögens und Heideggers »Unkraft«

»I was taught to create anything you had to believe in
failure simply because you had to be prepared to go through
an idea without any fear. Failure you learned, as I did in art school,
to be a wonderful thing allowed you to get up in the morning
and take the pillow off your head.«
(Malcom McLaren)

1.1. *Gelingensfixierung.* – Die Geschichte des philosophischen Begriffs des Vermögens wurde durch zwei Thesen entscheidend geprägt – zwei Thesen, die im neunten Buch der aristotelischen *Metaphysik* zuerst artikuliert wurden und im Zentrum seiner Argumentation stehen. Die erste These zielt darauf, die Unterscheidung zwischen *dynamis* (Vermögen oder Möglichkeit) und *energeia* (Tätigkeit, Aktualisierung oder Wirklichkeit) in den Rang einer notwendigen ontologischen Unterscheidung zu heben: Der Begriff der *dynamis* beschreibt eine Seinsweise *sui generis*, die nicht auf *energeia* reduzierbar ist. In der zweiten These wird das Verhältnis dieser beiden Terme als ein asymmetrisches spezifiziert: Das Vermögen (das Möglichsein) bleibt in mehrfacher Hinsicht – begrifflich, kausal, ontologisch und normativ – von *energeia* abhängig, und zwar nicht nur, weil es einzig um seiner Verwirklichung willen existiert und allein durch wirkliche Tätigkeit erworben wird, sondern auch, weil es primär durch die Form seiner Aktualisierung bestimmt ist und darin die Wirklichkeit dieser allgemeinen Form voraussetzt. Obgleich also Aristoteles für die ontologische Unreduzierbarkeit der *dynamis* argumentiert, stellt sie für ihn keine gleichwertige Seinsweise dar: Sie bleibt sekundär – und Aristoteles' Ontologie somit eine solche, der man die Position eines verfeinerten Aktualismus zuschreiben könnte.[8]

---

8 So Charlotte Witt in *Ways of Being*, S. 12–15, 18ff. Die sogenannten Megariker, die Aristoteles im Zusammenhang seiner ersten These kritisiert, vertreten im Gegensatz dazu die Position eines »reinen« Aktualismus: Sie behaupten, dass Vermögen nur in dem Maße existieren, wie sie ausgeübt werden – was nach Aristoteles zu absurden Konsequenzen führt. Siehe dazu die Abschnitte 1.2–1.3.

Diese beiden Thesen und ihre aktualistische Pointe markieren den metaphysischen Hintergrund jener Kontroverse, die wir eingangs in der Exposition genannt hatten: Sie grundieren den Widerstreit zwischen einem »gelingensfixierten« und einem »dekonstruktiven« Verständnis praktischer Vermögen. Die explanatorische Funktion, die neoaristotelische Ansätze in diesem Begriff sehen,[9] basiert sowohl auf der Irreduzibilität der *dynamis* als auch auf dem soeben skizzierten Privileg der *energeia*, während der Gedanke des »Un-Vermögens« im Gegenteil eine (zumindest partielle) Zurückweisung dieses Privilegs impliziert und somit der These von der Nichtreduzierbarkeit der *dynamis* einen stärkeren Akzent verleiht. Für neoaristotelische Ansätze ist die Idee eines praktischen Vermögens (wie zum Beispiel der Fähigkeit, seine Versprechen zu halten) dasjenige, was gelingendes Handeln (wie zum Beispiel den Akt der erfolgreichen Einlösung eines gegebenen Versprechens) erklärt. Um diese explanatorische Rolle spielen zu können, muss einerseits die Irreduzibilität der *dynamis* (dem Vermögen, seine Versprechen zu halten) gegenüber der *energeia* (dem Akt des Haltens eines Versprechens) vorausgesetzt werden – denn sonst besäße der Begriff des Vermögens schlicht keine erklärende Kraft: Er wäre auf den der *energeia* reduzierbar. Andererseits ist der Gedanke einer praktischen Fähigkeit nur unter zwei weiteren Bedingungen in der Lage, das *Gelingen* der Praxis (des Gebens und Haltens von Versprechen) zu erklären – nämlich unter den Bedingungen der logischen und der ontologischen Priorität der *energeia*. Wieso?

Erstens dürfen wir ein praktisches Vermögen nicht als »private« oder »psychologische« Ursache individueller Handlungen missverstehen, sondern sollten es vielmehr im Sinne einer »generischen« Quelle der Akte all derer begreifen, die an einer bestimmten Praxis (des Gebens und Haltens von Versprechen) teilnehmen. Aus diesem Grund muss eine praktische Fähigkeit *identisch mit einer allgemeinen Form des Handelns* sein – was nichts anderes bedeutet als zu sagen, dass eine allgemeine Form der *energeia* eine *logische* Priorität vor derjenigen *dynamis* besitzt, die besondere Akte (des Versprechen-Haltens) ins Werk setzt. In den Worten von Michael Thompson: Wenn »*fidelity* as a disposition [...] is ›what ultimately accounts‹ for each element in the long run of what are intuitively ›acts of fidelity‹ on the part of a person«, dann muss dieses Vermögen »simply identical with the larger practice of promising« sein.[10] Versteht man die »larger practice« im Sinne einer (allgemeinen und objektiven) Handlungsform, dann gilt

9 Vgl. exemplarisch Thompson, *Life and Action*, S. 207ff.; vgl. auch Rödl, »Practice and the Unity of Action«, S. 323–342.
10 Vgl. Thompson, *Life and Action*, S. 208.

sie als dasjenige, was einzelne Akte überhaupt erst zu *bestimmten* Akten macht: Ein Akt ist das Halten eines Versprechens genau dann, wenn er unter die allgemeine Form der Praxis des Versprechen-Haltens fällt. Und dadurch, dass diese Form ein Vermögen definiert, sind die besonderen Ausübungen dieses Vermögens auch gleichzeitig Exemplifikationen oder Instanziierungen jener allgemeinen Form, die so den besonderen Vollzügen Einheit und Bestimmtheit verleiht. Die Rede von der Identität der Form einer (allgemeinen) Praxis und der Form eines (subjektiven) Vermögens meint daher, dass die Definition einer Praxis in der Definition eines Vermögens vorkommt und insofern als Begriff vorausgesetzt ist. Und darin liegt der Gehalt der aristotelischen These vom logischen Primat der *energeia*: Ein Vermögen ist notwendig durch und im Hinblick auf die allgemeine Form seiner Aktualisierung bestimmt; und wenn dies zutrifft, so läuft die Aktualisierung des Vermögens auch notwendig auf die Instanziierung der allgemeinen Form hinaus.

Das begriffliche Privileg der *energeia* ist allerdings nicht das einzige, das in diesem Verständnis von praktischen Vermögen vorausgesetzt ist. Denn zugleich müssen neoaristotelische Ansätze – zweitens – eine *ontologische* Priorität der *energeia* unterstellen, das heißt Aristoteles' These gegenzeichnen, dass ein Vermögen »in seinem Sein« einerseits die Wirklichkeit derjenigen Praxisform, durch die es definiert ist, schon voraussetzt, und andererseits auf die Verwirklichung dieser Form teleologisch bezogen ist: »an individual human action cannot fall under the description ›act of fidelity‹ or even ›act of promise-keeping‹ except by bearing an appropriate relation to the appropriate *practice*. Thus fidelity itself, considered as a disposition, cannot *exist* apart from this practice«.[11] Eine Handlungsform ist demnach nicht nur als Begriff, sondern auch als Wirklichkeit vorausgesetzt: Die Existenz einer praktischen Fähigkeit hängt von der bereits bestehenden Existenz einer Form der Aktualisierung ab. Denn nur dort, wo eine solche Praxisform schon Wirklichkeit besitzt, ist ein individuelles Subjekt auch in der Lage, die entsprechende praktische Fähigkeit zu *erwerben*:[12] Die Aneignung einer solchen Form des Handelns in der Gestalt eines praktischen Vermögens entspricht daher der *subjektiven Wirklichkeit* dieser Form – der Wirklichkeit der Form im oder als Subjekt. Die These von der Identität der Form einer Praxis und der Form eines Vermögens läuft demzufolge nicht darauf hinaus, letztere auf jene zu reduzieren und als explanatorisch redundant zu erklären – schließlich soll der Begriff einer praktischen Fähigkeit erklären, dass individuelle Subjekte

11 Ebd.; Hervorhebung von mir, D.S.

12 Vgl. Rödl, »Practice and the Unity of Action«, S. 336–341.

in ihren besonderen Handlungen nicht zufällig mit der allgemeinen Form der Praxis übereinstimmen, sondern *aufgrund* dieser Form handeln. Insofern also der Begriff eines Vermögens die subjektive Wirklichkeit einer »objektiven« Handlungsform beschreibt, markiert er eine *allgemeine Quelle* individuellen Handelns, die garantiert, dass die Realisierung der Form kein Zufall darstellt.

Für Aristoteles ist nun alles, was entsteht, sich bewegt oder verhält, anderes verändert oder handelt auf ein *telos* bezogen, wobei das Erreichen des *telos* stets in der vollendeten Wirklichkeit oder Verwirklichung (eines Werks, einer Handlung, einer Qualität) besteht.[13] Darin besteht, Aristoteles zufolge, der zweite Aspekt des ontologischen Primats der *energeia*: Ein Vermögen ist in seiner Existenz von der Aktualität einer Praxis nicht allein deswegen abhängig, weil ein Subjekt diese nur unter der Bedingung erwerben kann, dass sie bereits wirklich ist; ein Vermögen bleibt darüber hinaus auch deshalb asymmetrisch auf *energeia* bezogen, weil es allein *zum Zweck* der Aktualisierung einer allgemeinen Praxisform *existiert*. Dieser Gedanke betrifft demnach nicht nur die Erwerbsgeschichte eines Vermögens, die in der subjektiven Wirklichkeit einer Praxisform kulminiert; er betrifft auch diese subjektive Wirklichkeit selbst, das heißt den aktuellen Besitz einer Fähigkeit: Nicht die Fähigkeit ist das Ziel des Fähigen, sondern ihre Verwirklichung. In der Wirklichkeit oder Existenz eines Vermögens ist demzufolge bereits ein teleologischer Bezug auf seine Realisierung eingebaut. Und in dem Maße, wie eine Fähigkeit für die Aktualisierung einer bestimmten Praxisform existiert, befindet sich ein Subjekt schon allein dadurch, dass es im Besitz einer Fähigkeit ist, in einem *normativen* Bezug zur Verwirklichung: Die Form definiert einen *Gelingensstandard*, unter dem die Aktualisierungen des Vermögens stehen. Aus der onto-teleologischen Charakteristik praktischer Fähigkeiten – das heißt aus der ontologischen Priorität der *energeia* – können neoaristotelische Ansätze daher eine normative Asymmetrie zwischen gelingenden Vollzügen auf der einen Seite und korrupten, defekten, defizienten und abweichenden Vollzügen auf der anderen Seite ableiten. Weil die allgemeine Form einer Praxis – sofern sie als Vermögen subjektive Wirklichkeit besitzt – zugleich eine allgemeine Quelle individuellen Handelns und einen normativen Standard beschreibt, erklärt der Begriff einer praktischen Fähigkeit den gelingenden Vollzug einer gegebenen Praxis vollständig: Sie garantiert, dass die Realisierung der Praxisform normativ zu erwarten ist (und daher kein Zufall darstellt). In dem Maße allerdings, wie eine Handlung hinter der Standardform dieser

---

13 Vgl. Aristoteles, *Metaphysik*, IX 8. 1050a.

Praxis zurückbleibt, erfüllt der Begriff einer praktischen Fähigkeit eine bloß negative Erklärungsfunktion: Er macht die Tatsache verständlich, dass die Form einer Praxis (und mithin das Vermögen) *nicht* verwirklicht wurde (obwohl es verwirklicht werden sollte) und die Handlung daher misslang. Um aber dieses Misslingen selbst zu verstehen, muss die Erklärung das Register wechseln und – statt der Angabe einer praktischen Fähigkeit, deren allgemeine Form das Handeln vollständig erklärt – auf individuelle Ursachen umstellen:

»Mention of particular facts about an individual agent will only be required if, for example, he does *not* keep his promises, or keeps them only when it strikes him as useful, or keeps them even when they were mere cases of somniloquence. Thus the various forms of infidelity, considered as dispositions or vices, really *are* private attainments and private sources of action. They are local impediments to the apt instancing of a practice that the agent nevertheless bears and that is instanced minimally in his possession of the concept of a promise and in the individual promises he forms. It is just that there are other things going on with him«.[14]

Und dort, wo »andere Dinge« in die Verursachung eines Aktes eingehen, kann von einer Verwirklichung des Vermögens nicht mehr gesprochen werden, sondern allein von einem Scheitern an dieser Verwirklichung.

Die Pointe der beiden Prioritätsthesen liegt somit darin, in den Begriff des Vermögens jene *Gelingensfixierung* einzutragen, die das explanatorische Projekt des Neoaristotelismus erfordert: Der Begriff einer Fähigkeit erklärt das Gelingen (und *nur* das Gelingen) »unserer« moralischen, epistemischen und sozialen Praktiken, und es ist die Vorstellung der stets vorausgesetzten Existenz einer allgemeinen Praxisform, die als Fähigkeit subjektive Wirklichkeit gewinnt, den Gehalt eines Vermögens definiert und damit zugleich eine Quelle und einen Standard des Handelns darstellt, welche die Fixierung des Vermögens auf das Gelingen fundiert. Ein praktisches Vermögen in diesem Sinne ist also auf die normative Ordnung einer Praxis restringiert – es wird nur dort realisiert, wo das Handeln im Sinne der Praxis gelingt.

Der Gedanke, dass das menschliche Handlungsvermögen die Struktur eines Un-Vermögens impliziert, ist das strategische Resultat einer Kritik an dieser Idee eines gelingensfixierten Vermögens, die der Neoaristotelismus in Anschlag bringt. Der Einsatz unseres Arguments besteht dementsprechend darin, den aristotelischen Prioritätsthesen

14 Thompson, *Life and Action*, S. 212.

und der daraus folgenden Inferiorisierung der »Realität« von Vermögen zu widersprechen, die dem Gedanken der Gelingensfixierung implizit sind. Die Einführung des Begriffs des Un-Vermögens wird demnach durch die Zurückweisung einiger entscheidender Aspekte der Prioritätsthesen motiviert – und unsere ersten beiden Kapitel verfolgen die Aufgabe, im Zuge einer Auseinandersetzung mit der Argumentation in *Metaphysik* Θ ein solches Motiv zu liefern. Nach der Rekonstruktion der Hauptthesen des neunten Buchs (1.2.–1.5.) soll versucht werden, mit Bezug auf Heideggers Relektüre der ersten drei Abschnitte des Buchs Θ und seiner Idee einer fundamentalen »Unkraft« (1.6.–1.7.) einen Strukturaspekt in den aristotelischen Analysen auszumachen, der, recht verstanden, mit den Thesen zur logischen und ontologischen Priorität der *energeia* nicht vereinbar ist und bei dem unser Vorhaben dementsprechend ansetzen kann: Welches allgemeine Merkmal des Vermögens zum Handeln[15] bildet den Ausgangspunkt für die These, dass dieses die formale Kontur eines »Un-Vermögens« besitzt (1.8.–1.12.)?

1.2. *Die Zweiseitigkeit von Vermögen (Θ 3).* – Wie sind nun die beiden Hauptthesen des neunten Buchs der *Metaphysik* genauer zu verstehen? Der ersten aristotelischen Behauptung gemäß beschreibt der Begriff des Vermögens eine genuine »Realität«: *Dynamis* bezeichnet eine Weise des Seins, die nicht in Aktualität oder Aktualisierung aufgeht, sondern auch jenseits von *energeia* existiert. Aristoteles widerspricht mit dieser These der Position der sogenannten Megariker, die dafür argumentieren, »dass etwas nur dann [etwas] vermag, wenn es dies tatsächlich tut, wenn es aber [dies] nicht tut, dies nicht vermag; wie zum Beispiel jemand, der [gerade] kein Haus baut, auch nicht vermag, Häuser zu

15 Im neunten Buch der *Metaphysik* geht es freilich nicht um das menschliche Vermögen zum Handeln im allgemeinen Sinne. Thematisch ist der Begriff der *dynamis* vielmehr zunächst – das heißt in den ersten fünf Abschnitten des neunten Buches – in derjenigen Form, in der er Aristoteles zufolge »am meisten und hauptsächlich« verwendet wird: als *dynamis kata kinēsin* (vgl. Aristoteles, *Metaphysik*, XI 1. 1045b). Es scheint aber klar zu sein, dass die Untersuchung der auf Bewegung (*kinēsis*) bezogenen Vermögen, die er als »Prinzipien der Veränderung« bestimmt (ebd., 1046a), einen *exemplarischen* Charakter besitzt: Weil Aristoteles annimmt, dass diese Bedeutung von Vermögen die geläufigste sei, führt er seine zentralen Thesen am Beispiel der *dynamis kata kinēsin* ein. Wir werden im Laufe unserer Diskussion von Buch Θ zu zeigen versuchen, inwiefern diejenigen Merkmale, die Aristoteles mit Bezug auf eine spezifische Art von Bewegungsvermögen – nämlich *dynameis meta logou*, das heißt rationale Fähigkeiten – herausstellt, in einer bestimmten Deutung auf das rationale Vermögen zum Handeln im Allgemeinen zutreffen.

bauen, sondern nur derjenige, der ein Haus baut, in der Zeit wo er ein Haus baut; entsprechend auch in anderen [Fällen].«[16] Der Gedanke, welcher der megarischen Haltung zugrunde liegt, ist allerdings gar nicht so kontraintuitiv, wie er zunächst scheint – und man könnte argumentieren, dass er in einigen Hinsichten der aristotelischen Position viel näher ist, als man es auf einen ersten Blick annehmen möchte.[17] Wenn man davon ausgeht, dass die Zuschreibung von Vermögen darauf zielt, die reale Möglichkeit von bestimmten Prozessen oder Aktivitäten zu erklären, die für das Verhalten eines Wesens oder Objekts besteht, dann hängt alles davon ab, wie man diese – qua Vermögen vorliegende – reale Möglichkeit versteht. Denn ist die Aktivität des Hausbauens eine faktische Möglichkeit, wenn der sogenannte Baumeister zuhause am Frühstückstisch sitzt? Können wir die Aktivität des Schwimmens als eine tatsächliche Möglichkeit in dem Moment betrachten, in dem der Schwimmer gar nicht schwimmen will? Und welchen Sinn hat es, die wirkliche Möglichkeit einer magnetischen Anziehungswirkung einem Festkörper zuzuschreiben, wenn gar kein Objekt mit entsprechender elektrischer Ladung im Magnetfeld des Festkörpers anwesend ist? Wo soll denn das Vermögen (des Bauens, Schwimmens, der magnetischen Anziehung) »existieren«, wenn diejenige Aktualität, in der es sich verwirklicht, gegenwärtig gar keine wirkliche Möglichkeit *ist*? Zu der Zeit, in der man geneigt ist, den genannten Objekten und Personen eine Potentialität zuzuschreiben, gibt es gar nicht die Möglichkeiten des Schwimmens, Bauens und der magnetischen Wirkung – und entsprechend, so die Megariker, auch kein wirkliches Vermögen. *Dynamis* besitzt vielmehr allein in dem Maße eine deskriptive Funktion, wie sie aktuell »am Werk« (also: in *energeia* begriffen) ist. Die Intuition der »Megariker« besteht folglich darin, im Rahmen der Erklärung von aktuellen Prozessen oder Aktivitäten die Rede von Vermögen vollständig durch den Verweis auf aktuelle Bedingungen zu ersetzen. Und wenn dies gelingt, dann ist diese Rede auch explanatorisch redundant: *Dynamis* ist auf *energeia* reduzierbar.

Das aristotelische Gegenargument versucht nun zu zeigen, dass diese Auffassung absurde Konsequenzen hat. Es verfährt in zwei Schritten. Im ersten Schritt macht Aristoteles klar, dass die megarische Auffassung nicht erlaubt, zwischen Unvermögen und unaktualisiertem Vermögen zu unterscheiden: Ein Baumeister, der nicht baut, ist kein Baumeister, weil er das Vermögen zu bauen nur hat, wenn er es ausübt. Entsprechend scheinen die Megariker anzunehmen, dass Vermö-

---

16 Aristoteles, *Metaphysik*, IX. 3. 1046b. Die Übersetzung stammt aus: Jansen, *Tun und Können*, S. 139.

17 Dies hat Charlotte Witt versucht zu zeigen, vgl. dies., *Ways of Being*, S. 18ff.

gen und Unvermögen je nach aktuellen Bedingungen auftauchen und wieder verschwinden: Wir haben das Vermögen der Wahrnehmung nur zu der Zeit, in der unsere Sinne auch tatsächlich aktiv sind, so dass wir »an einem Tag mehrmals blind werden und auch taub«, wie Aristoteles schreibt.[18] Zugleich aber bieten die Megariker keine Erklärung für einen derartigen Wechsel von Vermögen und Unvermögen an.[19] Und mehr noch, so Aristoteles in seinem zweiten Schritt, ihre Position ist auch gar nicht in der Lage, das instantane Erscheinen und Entschwinden von Vermögen zu erklären, weil sie in der Tat Veränderungen überhaupt nicht verständlich machen kann: Wenn die Megariker Recht hätten, müssten Prozesse des Werdens, der Entwicklung oder Veränderung schlechterdings geleugnet werden. Hier das Argument:

»Wenn unvermögend [*adynaton*] [sein] das Fehlen eines Vermögens [ist], dann ist das nicht Entstehende unvermögend zu entstehen. Wer aber von dem, was unmöglich [*adynaton*] ist zu entstehen, sagt, daß es sei oder sein werde, wird etwas Falsches sagen, denn das bezeichnete ›unvermögend‹ [*adynaton*]. Daher heben diese Thesen [der Megariker] Bewegung und Entstehung auf. Immer nämlich wird das Stehende stehen und das Sitzende sitzen, denn es würde nicht aufstehen, wenn es sitzt, denn unvermögend zum Aufstehen ist gewiß, wer nicht das Vermögen zum Aufstehen hat.«[20]

Aristoteles bezieht sich zunächst auf die Gleichsetzung von Unvermögen und unverwirklichtem Vermögen: Etwas, das gegenwärtig nicht entsteht oder geschieht, entspricht einem Unvermögen insofern, als Vermögen allein in ihrer aktuellen Verwirklichung existieren und das Fehlen von Verwirklichung somit das »Fehlen von Vermögen«

---

18 Aristoteles, *Metaphysik*, IX 3. 1047a.

19 Vgl. dazu Witt, *Ways of Being*, S. 27–30.

20 Aristoteles, *Metaphysik*, IX 3. 1047a, Übersetzung aus: Jansen, *Tun und Können*, S. 146f. Die Übersetzung habe ich an einer Stelle modifiziert. Jansen übersetzt den zweiten Satz so: »Wer aber von dem, was unvermögend [*adynaton*] ist zu entstehen, sagt, daß es sei oder sein werde, wird etwas Falsches sagen, denn das bezeichnete ›unvermögend‹ [*adynaton*]«. Charlotte Witt und Stephen Makin haben allerdings zurecht darauf hingewiesen, dass es Aristoteles an dieser Stelle um die modaltheoretischen Implikationen von Vermögenszuschreibungen geht, und der zweite Satz des Zitats hat eben die Funktion, eine modale Implikation des Begriffs des Unvermögens herauszustellen: dass die Zuschreibung von Unvermögen darauf hinausläuft, eine Unmöglichkeit (für jemanden) zu behaupten. Die Pointe besteht hier natürlich in der aristotelischen Behauptung, dass in der Zuschreibung eines aktuellen Unvermögens die Annahme einer zeitübergreifenden Unmöglichkeit liegt. Um diese Behauptung kenntlicher zu machen, habe ich das erste »*adynaton*« in dem zweiten Satz mit Witt und Makin als »unmöglich« übersetzt. Vgl. Makin in: Aristotle, *Metaphysics Book Θ*, S. 69, sowie Witt, *Ways of Being*, S. 28f.

bedeutet. Wenn man von einem solchen aktuellen Nichtgeschehen nun behauptet, dass es »sein werde« oder zu einem anderen Zeitpunkt aktuell werden könnte, so Aristoteles weiter, dann würde man unter diesen Voraussetzungen schlicht eine falsche Behauptung aufstellen. Das, was gegenwärtig nicht entsteht oder geschieht, kann unmöglich entstehen oder geschehen – auch nicht zu einem späteren Zeitpunkt: denn exakt dies folgt aus der Annahme, dass die Nichtverwirklichung einem Unvermögen (zur Verwirklichung) entspricht. Ein Megariker mag hier natürlich einwenden, dass seine Position nicht auf diese Schlussfolgerung hinausläuft: Ein gegenwärtiges Nichtgeschehen verweist auf ein gegenwärtiges Unvermögen und schließt eine spätere Verwirklichung nicht aus. Aristoteles hält jedoch daran fest, dass diese Konsequenz tatsächlich aus der megarischen Auffassung gezogen werden muss – denn die Bedeutung von Unvermögen bestehe auf der Basis der megarischen Auffassung gerade darin, *in der Gegenwart die Möglichkeit einer zukünftigen Veränderung auszuschließen*. Von einem Vermögen zu sprechen würde hingegen heißen, von einer *hier und jetzt existierenden* Möglichkeit auszugehen, die gegenwärtig nicht verwirklicht wird, aber zu einem späteren Zeitpunkt aktualisiert werden kann.

Es mag den Anschein haben, dass die Megariker und Aristoteles an dieser Stelle unter dem Begriff des Unvermögens einfach zwei verschiedene temporale Modalitäten vor Augen haben: Während jene nichts anderes als eine gegenwärtige Unmöglichkeit meinen, glaubt dieser, dass ein Unvermögen auch darüber hinaus die Unmöglichkeit zukünftiger Geschehnisse umfasst. Haben wir es daher schlicht mit einer Äquivokation zu tun? Unterstellt Aristoteles den Megarikern eine Behauptung, die ihrer Position gar nicht implizit ist? Der Knackpunkt liegt freilich in der aristotelischen Behauptung, dass in der Zuschreibung eines *aktuellen* Unvermögens die Annahme einer *zeitübergreifenden* Unmöglichkeit liegt. Wie aber geht die megarische Haltung mit zukünftigen Möglichkeiten um, das heißt mit der Möglichkeit von Veränderung?

Ich sitze am Schreibtisch und nehme an, dass ich das Vermögen habe, von meinem Stuhl aufzustehen. Dieses Vermögen, so nehme ich weiter an, habe ich jetzt, während ich noch hier sitze. Für einen Megariker habe ich jedoch gegenwärtig kein Vermögen zum Aufstehen: ich kann nicht ins Bad gehen, denn diese Aktivität führe ich gegenwärtig nicht aus. Gibt es für mich aber jetzt die Möglichkeit, *später* aufzustehen? Ein Megariker hätte mit dieser modalen Beschreibung ein Problem, denn diese Möglichkeit *existiert* nur, wenn ich sie verwirkliche – und mein zukünftiges Aufstehen ist offensichtlich keines, dass sich hier und jetzt verwirklichen ließe. Die megarische Position muss annehmen, dass ich diese Möglichkeit gegenwärtig nicht habe; andernfalls müsste sie mir zugestehen, über unaktualisierte Möglichkeiten zu verfügen, und gerade dies schließt sie aus. Ich habe also gerade keine Möglichkeit – und entsprechend nicht das Vermögen –, gleich ins Bad zu marschieren. Ich würde hier ewig sitzen bleiben, und zwar in dem Maße, wie ich in einer Welt lebe, in der zukünftige Möglichkeiten keine Existenz besitzen und dementsprechend Veränderung unmöglich ist. Die megarische Welt ist eine, in der ein aktueller Zustand unmittelbar in Ewigkeit einfriert – denn wie sollte man von einem aktuellen Zustand in einen anderen wechseln, wenn der aktuelle Zustand keine Möglichkeiten enthält, die noch unverwirklicht sind? Die Idee der Veränderung erfordert die existierende Möglichkeit zukünftiger Veränderungen, und eben diese lässt das megarische Bild nicht zu.[21] Aus diesem Grund kann Aristoteles sagen, dass die ontologische Unterscheidung zwischen *dynamis* und *energeia* notwendig ist, um Prozesse des Werdens und der Veränderung überhaupt denken zu können: Es ist »offenbar, daß *dynamis* und *energeia* Verschiedenes sind; jene Thesen [der Megariker] aber machen *dynamis* und *energeia* zu demselben, wodurch sie etwas nicht Kleines aufzuheben versuchen.«

> »Daher ist es möglich, daß etwas *dynaton* ist, etwas zu sein, und es [dieses] doch nicht ist [*dynaton men ti einai mē einei de*], und *dynaton*, etwas nicht zu sein, und es doch ist [*dynaton mē einai einai de*], und, entsprechend, in den anderen Kategorien: vermögend zu gehen seiend und nicht gehen, und nicht gehend doch vermögend sein zu gehen.«[22]

Was die Thesen der Megariker also aufzuheben versuchen, ist jene *Zweiseitigkeit*,[23] die ein Vermögen auszeichnet und die darin besteht, dass es sowohl in Verwirklichung als auch *nicht* in Verwirklichung sein kann – was eine unmittelbare Implikation der Tatsache ist, dass es ein Vermögen auch dort gibt, wo es nicht »im Akt ist« und infolgedessen die Existenz dessen bezeichnet, was nicht notwendig als Aktualität oder Aktualisierung existiert. Über ein Vermögen zur Aktualisierung eines Prozesses *x* zu verfügen bedeutet, die Möglichkeit zu *x* zu haben, ohne *x* zu verwirklichen, sowie die Möglichkeit *nicht* zu *x* zu haben

---

21 Zu dieser Rekonstruktion vgl. Stephen Makins Kommentar in: Aristotle, *Metaphysics Book* Θ, S. 68–72.

22 Aristoteles, *Metaphysik*, IX 3. 1047a. Übersetzung aus: Jansen, *Tun und Können*, S. 149f.

23 So bezeichnet Ludger Jansen die doppelte Möglichkeit von Verwirklichung und Nichtverwirklichung, vgl. ebd., S. 151.

und trotzdem *x* zu vollziehen. Weil die Megariker *dynamis* auf *energeia* reduzieren, können sie diese Zweiseitigkeit der *dynamis* und mit ihr den Begriff eines nichtaktualisierten Vermögens nicht denken.

1.3. *Die Realität von Vermögen.* – Es ist demnach das Strukturmerkmal der Zweiseitigkeit, welches das »Sein« von Vermögen auszeichnet: Weil ihre Existenz jenseits ihrer Realisierung oder Ausübung liegt, können sie sowohl vollzogen als auch nicht vollzogen werden. Hat Aristoteles aber damit auch das Problem gelöst, das die megarische Reduktion der *dynamis* auf *energeia* aufwirft, nämlich wie das Sein von Vermögen positiv spezifiziert werden kann, wenn es nicht in der Verwirklichung liegt? – Obgleich es den Anschein hat, dass Aristoteles im dritten Abschnitt von Buch Θ keine positive Bestimmung formuliert und sich stattdessen darauf beschränkt, die Thesen der Megariker *ad absurdum* zu führen, hat Martin Heidegger in seinen Vorlesungen zu den ersten drei Abschnitten von Buch Θ behauptet, dass Aristoteles durchaus eine – zumindest implizite – Antwort auf die Frage nach der »Realität« oder »Anwesenheit« von Vermögen gibt.[24] Heidegger bezieht sich dabei auf den ersten Schritt im aristotelischen Argument, das heißt auf die Stelle, an der Aristoteles deutlich macht, dass die Megariker die Unterscheidung zwischen Unvermögen und nichtaktualisiertem Vermögen aufheben und dadurch nicht mehr in der Lage sind, das Erscheinen und Verschwinden von Vermögen verständlich zu machen:

> »Wenn es nun unmöglich ist solche Künste [wie zum Beispiel die Baukunst] zu besitzen [*echein technas*], ohne sie vorher gelernt und erworben, und sie nicht zu besitzen, ohne sie einmal verloren zu haben (nämlich entweder durch Vergessenheit oder durch eine Affektion und durch die Länge der Zeit; denn gewiß doch nicht durch den Untergang der Kunst selbst; denn sie ist ewig), sollte dann jemand, sobald er aufhört tätig zu sein, die Kunst nicht mehr haben [*echei tes technen*]? Und indem er sogleich wieder baut, auf welche Weise sollte er sie erworben haben?«[25]

---

24 Vgl. Heidegger, *Aristoteles, Metaphysik Θ 1–3*, S. 174–182.

25 Aristoteles, *Metaphysik*, IX 3. 1046b–1047a. Heidegger übersetzt diese Stelle wie folgt: »Wenn es nun unmöglich ist, die dergestaltigen Weisen des Sichverstehens auf etwas zu besitzen, ohne sie je einmal (zuvor) gelernt und angeeignet zu haben, und wenn es ebenso unmöglich ist, sie nicht mehr zu besitzen, ohne sie je einmal zuvor weggegeben zu haben – was geschehen kann entweder durch Vergessen oder durch Mißgeschick oder durch die Zeit; also freilich nicht dadurch, daß das, womit das Herstellen es je zu tun hat, vernichtet ist, wenn es nämlich gerade ist –«, wenn also das Besitzen und Nichtbesitzen der *dynamis* in gleicher Weise unmöglich ist ohne das Angeführte, »wie soll dann, wenn der Besitzende (mit dem Herstellen einfach

Wenn die Megariker (implizit) behaupten, dass die Unterbrechung der *energeia* mit einem Verlust der entsprechenden *dynamis* und das erneute Tätigsein mit ihrem plötzlichen Wiederauftauchen einhergeht, dann bringen sie zwei Phänomene zum Verschwinden: den Erwerb und den Verlust eines Vermögens. Beide Phänomene beziehen sich auf den *Besitz* von Vermögen – auf das Haben und das Nichtmehrhaben einer Fähigkeit. Heidegger sieht in dieser Passage die deutliche Formulierung von Aristoteles' Antwort auf die Frage nach dem ontologischen Sinn der *dynamis*: »Nach Aristoteles ist eine *dynamis* da, wirklich, wenn sie gehabt wird; nach den Megarikern ist die *dynamis* wirklich, wenn sie vollzogen wird.«[26] Der megarische Fehler besteht infolgedessen darin, das Sein der *dynamis* allein in der Verwirklichung zu sehen – was sie außer Stande setzt, die Möglichkeiten von Bewegung und Veränderung zu denken. Aristoteles situiert hingegen die »Anwesenheit« dieser Möglichkeiten im *Haben* von Vermögen:

> »Aristoteles sieht die Anwesenheit der *dynamis* als solcher im *echein*: was gehabt wird, ist im Besitz und als Besessenes verfügbar. [...] *Dynamin echein* heißt: Das Vermögende ist vermögend, indem es ein Vermögen ›*hat*‹: *sich in* diesem Vermögen *hält* und mit diesem Vermögen *an sich hält*, – also gerade nicht vollzieht. Dieses Ansichhalten [...] ist aber zugleich ein *Aufbehalten für ...* (das Vollziehen selbst).«[27]

In seiner Reformulierung von Aristoteles' These zur »Realität« von Vermögen betont Heidegger demnach den essentiellen *Zukunftsbezug*, den Aristoteles im zweiten Schritt seines Gegenarguments herausstellt: Das Vermögende ›hat‹ Zukunft (kann sich oder anderes verändern respektive von anderem verändert werden), weil es sein Verhalten oder seine Zustände nicht bloß verwirklicht, sondern ›dem Vermögen nach besitzt‹, das heißt sie auch jenseits von *energeia* (für eine spätere Aktualisierung) ›behält‹, ›zurückhält‹ oder ›aufbewahrt‹.

Weil die Megariker diesen Zukunftsbezug von Vermögen nicht zulassen wollen, läuft bei ihnen die Nichtverwirklichung notwendig auf eine zeitübergreifende Unmöglichkeit und mithin auf die Undenkbarkeit von Veränderungen hinaus. Und insofern sie die Wirklichkeit eines Vermögens nicht im »Besitz« (sondern in der Verwirklichung) verorten, bleibt ihnen die Vorstellung verschlossen, dass ein gegenwär-

---

nur) aufhört, er dies Sichverstehen auf das Herstellen nicht mehr haben, umgekehrt aber, wie soll er es sich wieder angeeignet haben, wenn er sogleich wieder anfangen soll zu bauen?« (Heidegger, *Aristoteles, Metaphysik Θ 1–3*, S. 176)

26 Ebd., S. 177.

27 Ebd., S. 183.

tiges Unvermögen zu *x* dennoch ein aktuelles Vermögen zum *zukünftigen Erwerb* eines Vermögens zu *x* impliziert. Vor diesem Hintergrund wird auch deutlich, weshalb Aristoteles mit seinem antimegarischen Argument – dass die Zuschreibung eines gegenwärtigen Unvermögens gemäß der megarischen Position eine generelle Unmöglichkeit bedeutet – sich nicht selbst widerspricht. Auf den ersten Blick könnte der Verdacht entstehen, dass jenes Argument den Erwerb von Vermögen unverständlich werden lässt – der schließlich eine Situation beschreibt, in der jemand ein Vermögen (noch) nicht besitzt, also gegenwärtig unvermögend ist, es sich aber zu einem späteren Zeitpunkt aneignen kann. Zwei Punkte sind an dieser Stelle jedoch entscheidend: Erstens spricht Aristoteles nicht allein von solchen Fähigkeiten, die sich im Vollzug von bestimmten Praktiken (wie der architektonischen Praxis) aktualisieren, sondern auch von solchen Vermögen, die sich *im Erwerb von Vermögen* verwirklichen. Derartige Vermögen befähigen ihren Träger dazu, zum Beispiel Akte des Bauens (oder Quasi-Bauens) auszuführen, *um* das Vermögen des Bauens zu erwerben – und ohne dieses Vermögen schon zu besitzen. Und eine solche Form des Vermögens lässt sich nur denken, wenn man nicht allein den Begriff einer nichtaktualisierten *dynamis* voraussetzt, sondern offenbar auch den einer *inaktuellen dynamis*.

In diesem Zusammenhang sollte man sich zweitens eine aristotelische Unterscheidung in Erinnerung rufen, die in der weiteren Argumentation dieses Buches noch eine wichtige Rolle spielen wird.[28] In *De anima* beschreibt Aristoteles zwei Weisen, in denen Vermögen einem Wesen zugeschrieben werden können: entweder im Sinne eines aktuellen Besitzes – der Baumeister hat das Vermögen zu bauen –, oder im Sinne eines *potentiellen* Besitzes auf der Basis einer generischen Potentialität, die wiederum *aktuell* im Besitz ist – das Kleinkind *hat* das Vermögen, zu einem späteren Zeitpunkt seiner Entwicklung die Baukunst zu erlernen.[29] In diesem Fall besitzt das Kleinkind das Vermögen *dem Vermögen nach* (und nicht der Wirklichkeit nach): Unter »normalen« Umständen wird es das Vermögen haben, die Baukunst zu erwerben. Was aber diese Zuschreibung und mithin die temporale Dimension von Vermögen letztlich rechtfertigt, ist die *Wesensbestimmung* des Kleinkindes, die in seiner generischen Form (*eidos*) liegt: Die »Natur« des Menschen beschreibt die Einheit einer teleologischen Entwicklung (einer »Naturgeschichte«), die sich in der Verwirklichung der für die menschliche Spezies charakteristischen oder »normalen« Vermögen und Tätigkeiten vollendet. Aufgrund seiner menschlichen

28 Vgl. den Abschnitt 3.7.
29 Vgl. Aristoteles, *Über die Seele*, II 5. 417a.

Natur können wir dem Kleinkind daher das Vermögen zuschreiben, das Vermögen zum Erwerb der Baukunst zu erwerben: »Aristotelian possibility is both naturalized and temporalized«.[30] Der Gedanke, der diesen naturalistischen Vermögensbegriff fundiert, ist der Gedanke einer *ontologischen* Abhängigkeit der *dynamis* von der *energeia*, das heißt der Priorität der Wirklichkeit vor der Möglichkeit »der Substanz nach« (*proteron tē ousia*): Ein Wesen ist in dem Maße im Besitz von Vermögen (es verfügt in dem Maße über aktuelle und potentielle Fähigkeiten), wie diese von einer Substanzform getragen werden, die das Wesen aktuell – in vollständiger oder unvollständiger Weise – instanziiert.

1.4. *Die logische und ontologische Priorität der* energeia *(Θ 8)*. – Wie die Realität von Vermögen zu denken ist, hängt demnach offensichtlich davon ab, wie man jene Relation des »Habens« oder »Besitzens« versteht, die Heidegger akzentuiert hat. Gerade wurde angedeutet, dass die Thesen zur Priorität der *energeia* die Weise spezifizieren, in der nach Aristoteles die Wirklichkeit – der »Besitz« – von Vermögen zu verstehen ist. Seine Auffassung von der Existenzweise der *dynamis* hat Aristoteles also maßgeblich im achten Abschnitt des neunten Buchs formuliert, wo er die Prioritätsthesen einführt und begründet. Da in unserem Kontext in erster Linie das logische und das ontologische Primat der *energeia* relevant sind,[31] werden wir uns in der folgenden Darstellung auf diese beiden konzentrieren.

In Θ 1 erläutert Aristoteles den Gedanken eines logischen oder begrifflichen Primats im Sinne einer einseitigen definitorischen Abhängigkeit: Bei zwei Termen *a* und *b* ist *a* in dem Maße dem Logos nach »früher«, wie *b* nur im Rückgriff auf *a* bestimmt werden kann, ohne dass umgekehrt *a* in der Definition von *b* vorkommen würde.[32] Im Hinblick auf die Unterscheidung zwischen *dynamis* und *energeia* will Aristoteles demzufolge behaupten, dass der begriffliche Gehalt eines Vermögens (oder einer Potentialität) den Gehalt einer Verwirklichung (oder Aktualität) enthält und entsprechend voraussetzt:

---

30 Witt, *Ways of Being*, S. 32.

31 Vgl. den Abschnitt 1.1.

32 Vgl. Aristoteles, *Metaphysik*, IX 1. 1046a. Dort geht es um das logische Verhältnis zwischen verschiedenen Formen von Vermögen der Bewegung (*dynameis kata kinēsin*), und Aristoteles versucht zu argumentieren, dass der Begriff einer aktiven *dynamis* logische Priorität vor den Begriffen der passiven und der »apathischen« *dynamis* besitzt: »Denn bei jedem von diesen [Vermögen] ist in den Begriffen der Begriff [*logos*] des ersten Vermögens [das heißt der Begriff eines aktiven Vermögens] enthalten« (ebd., Übersetzung aus Jansen, *Tun und Können*, S. 74).

»Denn weil es verwirklichen kann, ist das in erster Linie Vermögende [gemeint ist die aktive *dynamis kata kinēsin*] vermögend; wie ich [zum Beispiel] baukundig das zu Bauen Vermögende nenne, sehfähig das zu Sehen [Vermögende] und sichtbar das gesehen zu werden Vermögende; [...] so daß notwendig gilt, daß der Begriff und die Erkenntnis (*gnōsis*) [der Verwirklichung] früher vorhanden sein muß als die Erkenntnis [des Vermögenden].«[33]

Um demnach zu erklären, was es heißt, ein Vermögen (zum Beispiel das Sehvermögen) zu besitzen, bedarf es der Rekurrenz auf die Vollzugsweise oder Aktivität (zum Beispiel diejenige des Sehens), in der sich das Vermögen realisiert: Der Begriff einer *dynamis* enthält notwendig den Begriff einer *energeia*. Um aber den Begriff eines Vollzugs (des Sehens) zu bilden, ist umgekehrt nicht erforderlich, den Begriff eines Vermögens (des Sehens) zu nennen: Aktivitäten lassen sich etwa durch die Gegenstände, auf die sie sich beziehen, sowie durch ihre Bestandteile (ihren zeitlichen Ablauf oder ihre synchronen Aspekte) und ihre Einheit (ihren Zweck oder ihren Effekt) bestimmen,[34] ohne dabei den Begriff des entsprechenden Vermögens zu verwenden. Vor diesem Hintergrund ließe sich die logische Funktion, die Aristoteles für den Begriff der *dynamis* vorsieht, im Sinne einer Modifikation von Tätigkeitsprädikaten deuten.[35] Insofern im Begriff eines Vermögens also der Begriff einer *energeia* enthalten ist, lässt sich jener als eine Modifikation der Weise beschreiben, in der einem Subjekt oder einem Ding eine bestimmte Tätigkeit oder Verhaltensweise attribuiert wird: Die Tätigkeit des Bauens wird einem Subjekt nicht einfach zugeschrieben (›S baut‹), sondern in einer durch den logischen Operator ›*dynamis*‹ markierten Abwandlung prädiziert (›S kann bauen‹).

Für Aristoteles folgt aus der logischen Priorität zugleich auch die epistemische Priorität der *energeia*, und zwar in doppelter Hinsicht: Um zu verstehen, was es heißt, ein bestimmtes Vermögen zu besitzen, muss ich schon verstanden haben, was es heißt, die entsprechende Tätigkeit auszuüben. Und ob einem Subjekt eine bestimmte Fähigkeit prädizierbar ist oder nicht, kann ich allein an der Verwirklichung des Vermögens erfassen: Einen Baumeister erkenne ich als Baumeister daran, dass er baut oder gebaut hat; dass er ein Vermögen dazu (auch jenseits seiner Ausübung) besitzt, ist allein über die Ausübung des Bauens erschließbar.

---

33 Aristoteles, *Metaphysik*, IX 8. 1049b. Übersetzung aus Jansen, *Tun und Können*, S. 216.

34 Vgl. dazu Aristoteles, *Über die Seele*, II 4. 415a.

35 Diesen Vorschlag hat Ludger Jansen gemacht, vgl. *Tun und Können*, S. 24–34.

Betrachtet man nun eine »intelligente« Fähigkeit wie den Humor, so würde uns Aristoteles' These vom logisch-epistemischen Primat die Auffassung nahelegen, dass diese Fähigkeit durch die humorvolle Tätigkeit (oder das humorvolle Sprechen) definiert ist und nur an einer solchen erkannt werden kann. Nun ließe sich jedoch fragen, ob diese Tätigkeit tatsächlich unabhängig von einer entsprechenden *dynamis* verständlich wird. Denn worin unterscheidet sich die Ungeschicklichkeit des Komödianten von der »unfreiwilligen« Komik der Bewegungen meines Mitbewohners? Woran erkenne ich die Differenz zwischen dem Scherz eines Humoristen und der Lautfolge eines Papageien, der zufällig dieselben Worte in einer vergleichbaren Situation benutzt wie jener? Es wäre nicht viel gewonnen, in diesem Kontext schlicht auf den Begriff der Absicht zu verweisen und zu behaupten, der Unterschied liege in beiden Fällen darin, dass die humoristische Tätigkeit aus einer humoristischen Intention erfolgt. Denn ist diese Intention wiederum eine andere *energeia*, die irgendwie vor den oder während der wahrnehmbaren Bewegungen vollzogen wurde? Ein zentraler Einsatz von Gilbert Ryles *The Concept of Mind* besteht darin, exakt diesen Gedanken zurückzuweisen:

> »The spectators applaud his skill [der Fähigkeit des Clowns] at seeming clumsy, but what they applaud is not some extra hidden performance executed ›in his head‹. It is his visible performance they admire, but they admire it not for being an effect of any hidden internal causes but for being an exercise of a skill. Now a skill is not an act.«[36]

Was die humoristische Tätigkeit von einer zufällig komischen Aktivität unterscheidet, ist demnach die Tatsache, dass sie die *Aktualisierung einer Fähigkeit* ist: die Ausübung von Humor. Der Begriff einer intelligenten Tätigkeit scheint also bereits den Begriff einer intelligenten Fähigkeit vorauszusetzen – womit sowohl das logische als auch das epistemische Primat der *energeia* widerlegt wäre: Um einen Akt als intelligenten denken und erkennen zu können, müssen wir ihn schon als Ausübung einer intelligenten Fähigkeit begriffen haben.[37]

Die aristotelische Antwort auf diesen Einspruch liegt auf der Hand: »Dem Begriffe nach nämlich ist das Allgemeine früher [*protera*], der sinnlichen Wahrnehmung nach das Einzelne.«[38] Der Gedanke einer logischen und epistemischen Priorität der *energeia* besagt nicht, dass

---

36 Ryle, *The Concept of Mind*, S. 33.

37 Vgl. zu diesem Einwand auch Stephen Makins Kommentar in: Aristotle, *Metaphysics Book Θ*, S. 183–185.

38 Aristoteles, *Metaphysik*, V 11. 1018b.

wir *einzelne* Akte unabhängig von dem Vermögen verstehen können, das sich in diesen verwirklicht. Denn tatsächlich beschreibt das Vermögen (wie die Fähigkeit des Humors) hier diejenige Instanz eines *Allgemeinen*, die man schon verstanden haben muss, um einen besonderen Witz als Witz erkennen zu können: Dem Begriff nach besitzt das Allgemeine Priorität. Der Begriff des Vermögens selbst hängt jedoch von dem Begriff einer *allgemeinen energeia* – der Form einer Praxis – ab, durch die jener definiert ist. Derart beschreibt er eine Partikularisierung oder Subjektivierung dieser allgemeinen Form, so dass die aristotelische These auf eine begriffliche Hierarchie hinausläuft, die Sebastian Rödl mit Bezug auf den Begriff des intentionalen Handelns folgendermaßen auf den Punkt bringt: »If there is intentional action at all, then there are action-forms ›do A‹ such that someone is doing A only if she is exercising her capacity to do A. And, with respect to action-forms of which this is true, someone is capable of doing A only if she has mastered a practice of doing A.«[39] Wir haben es demnach mit einer Rangordnung der logischen Bestimmung zu tun, die in eine Richtung verläuft und deren Linie an der Höhe der generischen Allgemeinheit einer Praxisform ansetzt, sich von dort in den subjektiven Besitz dieser Form als Vermögen nieder senkt und bis ins partikulare Handeln hinunter erstreckt.

Was nun unter einem *ontologischen* Primat zu verstehen ist, hat Aristoteles im fünften Buch der *Metaphysik* formuliert: Dem Wesen (*ousia*) nach »früher nämlich heißt dann etwas, was ohne anderes sein kann, während dies nicht ohne jenes [sein kann]«.[40] Bezogen auf die Differenz zwischen Vermögen und Verwirklichung lautet Aristoteles' These in Θ 8 demzufolge, dass *energeia* ohne *dynamis* existieren kann, während umgekehrt *dynamis* in ihrem Sein von der Existenz der *energeia* abhängig ist. Die Mehrdeutigkeit dieser Formulierung lässt sich eindämmen, wenn man markiert, was nicht gemeint ist: Es handelt sich nicht um eine kausale Priorität (ein *proteron* der Zeit nach), das heißt, Aristoteles will hier nicht behaupten, dass eine wirkliche Tätigkeit ohne Vermögen entstehen oder in ihrem Dasein aufrechterhalten

---

39 Rödl, »Practice and the Unity of Action«, S. 324f. In einer anderen Formulierung direkt im Anschluss an das Zitat: »If there is intentional action, then there are action-forms ›do A‹ such that the truth of a particular judgment ›she is doing A intentionally‹ requires the truth of a habitual judgment ›she is capable of doing A‹. And where this is so, the truth of this habitual judgment requires the truth of a generic judgment ›they (we) do A‹« (ebd.).

40 Aristoteles, *Metaphysik*, V 11. 1019a. Vgl. zu den Schwierigkeiten mit dem aristotelischen Kriterium für ontologische Priorität Stephen Makins Erläuterung in Aristotle, *Metaphysics Book* Θ, S. 192f.

werden könnte.[41] Das Kriterium der existentiellen Abhängigkeit soll unabhängig von kausalen Prioritäten gelten – unabhängig von »früher« und »später« im Falle von Entstehungsprozessen. So Aristoteles auch selbst: Die Verwirklichung besitzt hinsichtlich des Wesens eine Priorität, »weil die der Entstehung nach (*genesei*) Späteren der Form und dem Wesen nach früher sind«.[42] Auch wenn also die wirkliche Ausübung eines Vermögens gegenüber demselben in einer kausalen Abhängigkeit steht, so soll sie dennoch in einer bestimmten Hinsicht, nämlich in Hinsicht auf das Wesen, ohne Vermögen existieren können, während das Umgekehrte nicht gilt.

Aristoteles begründet seine Behauptung, dass die wirkliche Tätigkeit »dem Wesen und der Form nach« eine Priorität besitzt, das heißt von Vermögen existentiell unabhängig ist, in einem ersten Schritt damit, dass das der Entstehung nach Spätere – die *energeia* – »bereits über die Form (*eidos*) verfügt«, während dies für zeitlich Frühere – die *dynamis* – nicht gelte.[43] Diese Rechtfertigung scheint allerdings im Fall rationaler Vermögen nicht triftig zu sein, denn der Baumeister verfügt ja in der Tat über die Form des Bauens und des Gebäudes, auch wenn er gerade nicht baut. Der Unterschied besteht einfach darin, dass er die Wirklichkeit der Form einmal im Logos seines Vermögens und das andere Mal in der Verwirklichung hat, aber dieser Umstand allein rechtfertigt noch nicht die Behauptung, dass der Ausübung eine ontologische Priorität zukommt. Die Beispiele, die Aristoteles an dieser Stelle anführt – ein »Mann« ist dem Wesen und der Form nach »früher« als ein »Knabe«, und »Mensch« im selben Sinne »früher« als »Same«[44] – machen auch deutlich, dass dieses Argument noch nicht das Verhältnis zwischen einem rationalen Vermögen, das ein Subjekt besitzt, und seiner Ausübung betrifft. In den Fällen des Knaben, der dem Vermögen nach ein Mann ist, und des Baumeisters, der dem Vermögen nach ein Bauender (ein die Tätigkeit des Bauens Ausführender) ist, haben wir es nicht mit denselben Arten von Vermögen zu tun. Denn während jener ein Vermögen des *Erwerbs* besitzt – der Knabe kann ein Mann *werden* –, verfügt dieser über ein Handlungsvermögen in der ersten Entelechie – der Baumeister kann ein Bauender *sein*, er muss dies nicht erst werden.[45]

---

41 Vgl. Witt, »The Priority of Actuality in Aristotle«, S. 217.

42 Aristoteles, *Metaphysik*, IX 8. 1050a, Übersetzung aus Jansen, *Tun und Können*, S. 238.

43 Ebd.

44 Ebd.

45 Zur Frage, wie man diese Beispiele mit dem Kriterium der existentiellen Abhängigkeit – dass der Mann »dem Wesen nach« ohne den Knaben existieren kann,

Die ontologische Prioritätsrelation zwischen dem Besitz und der Ausübung von Vermögen versucht Aristoteles erst im zweiten Schritt seines Arguments zu etablieren: »alles Entstehende [geht] auf ein Prinzip und Ziel hin (denn Prinzip ist das Weswegen, um des Zieles willen aber [erfolgt] die Entstehung), Ziel (*telos*) aber ist die Verwirklichung, und um dieser willen wird das Vermögen erlangt.«[46] Hier macht also Aristoteles den entscheidenden Zug, mit dem er das Primat der *energeia* zu sichern versucht: Er führt teleologische Relationen auf der Ebene des Seins ein. Der Punkt besteht nicht darin, dass die Verwirklichung im Gegensatz zum Vermögen eine Form (oder »mehr« Form) hat und deshalb, weil die Form das Wesen ausmacht, dem Wesen nach »früher« ist. Er liegt vielmehr darin, dass das Vermögen die Form auf eine andere Weise »hat« als die Verwirklichung: Ein Subjekt besitzt eine Form als Vermögen *zum Zweck der Verwirklichung* der Form. »Denn nicht, um Gesichtssinn zu haben, sehen die Lebewesen, sondern zum Sehen haben sie den Gesichtssinn; entsprechend hat man die Baukunst zum Bauen und die Fähigkeit zu wissenschaftlicher Betrachtung (*theōretikē*) zum Betrachten«.[47]

Das aristotelische Bild von der onto-teleologischen Relation zwischen Vermögen und Verwirklichung ließe sich wie folgt rekonstruieren: Die Realität von Vermögen gehört in den Seinsbereich des »Entstehenden« – in die Welt des Veränderlichen, das Reich desjenigen Seienden, das wird und vergeht, tätig oder untätig ist, sich bewegt und Veränderung an sich erfährt. Es gibt also Vermögen in dem Maße, wie es darum geht, den Unterschied zwischen dem Seienden und Nichtseienden temporal flexibel und durchlässig zu machen: Das, was noch nicht ist, seiend zu machen, scheint ihr *Wesen* zu sein. Als Existenz des Nichtseienden – als Wirklichkeit möglicher Veränderung oder Tätigkeit – ist ein Vermögen daher für Aristoteles ein »Prinzip« (*archē*) – Anfangspunkt des Übergangs vom Nichtsein zum Sein, Beginn einer Bewegung respektive das, von dem eine Tätigkeit ausgeht.[48] Definiert wird dieses Prinzip, der These zur logischen Priorität der *energeia* gemäß, durch eine Form (*eidos*) der Bewegung oder Tätigkeit, das heißt der Logos einer solchen Form kennzeichnet den Gehalt des Prinzips eines Vermögens. Aristoteles behauptet nun folgerichtig,

---

dieser aber nicht ohne jenen – in Einklang bringen kann, vgl. Witt, »The Priority of Actuality in Aristotle«, S. 222ff., sowie dies., *Ways of Being*, S. 80–89.

46 Aristoteles, *Metaphysik*, IX 8. 1050a, Übersetzung aus Jansen, *Tun und Können*, S. 238.

47 Ebd.

48 Vgl. dazu die Ausführungen zu Aristoteles' Bestimmung der *dynamis kata kinēsin* im nächsten Abschnitt.

dass dieses Prinzip als *eidos* zugleich ein *telos* beschreibt: Das, was als *archē* einer Tätigkeit existiert, ist im Besitz des *eidos* dieser Tätigkeit mit dem *telos,* diese Tätigkeit seiend zu machen. Aus diesem Grund kann Aristoteles behaupten, dass das Wesen der *dynamis* in nichts anderem als in der *energeia* liegt. Erstere existiert mit dem Ziel der Existenz der letzten – *und nicht umgekehrt.* Mit Blick auf das Wesen des Seins von Vermögen lässt sich also sagen, dass es nicht ohne wirkliche Tätigkeit existieren kann, denn schließlich »ist« das Vermögen zum Zweck der Wirklichkeit der Tätigkeit. Und diese Tätigkeit selbst existiert *ohne* teleologischen Bezug auf das Vermögen, was Aristoteles so ausdrückt, dass *energeia* ohne *dynamis* existieren kann.

Betrachtet man die beiden behandelten Prioritätsthesen in ihrer Einheit, dann wird klar, dass ihre zentrale Pointe in der Sicherstellung der explanatorischen Funktion des Vermögensbegriffs liegt: in dessen *Gelingensfixierung.* Das logische Privileg behauptet, dass der Gehalt eines Vermögens durch eine Tätigkeitsform definiert und abgegrenzt ist: Nur solche Akte, die unter die Einheit dieser Form fallen, werden durch das Vermögen erklärt. Und weil nur diese erklärt werden, sind Vermögen in ihrer Aktualisierung auf die Form fixiert. Nimmt man die onto-teleologische Priorität hinzu – die These, dass eine Fähigkeit in ihrem »Sein« auf die Verwirklichung ihrer Form als ihrem bestimmenden *telos* bezogen ist –, dann wird deutlich, dass ein derart Vermögender in einem *normativen* Verhältnis zur Praxis steht, dessen Form er als Vermögen besitzt. Und er besitzt eine solche Form (wie etwa den Logos der Praxis des Versprechen-Haltens) einzig mit dem Zweck, an der Praxis gemäß der Form teilzunehmen, das heißt um sie zu aktualisieren (um seine Versprechen zu halten). Die onto-teleologische Relation zwischen Vermögen und Handlungsform garantiert, dass die Form zugleich auf ein »Sollen« der Aktualisierung hinausläuft, welches »natürlicherweise« in ein Vermögen eingeschrieben ist, das als Funktion dieser Praxisform existiert. Daher ist die Form zugleich ein Gelingensstandard, der direkt die Quelle des Handelns eines Subjekts ausmacht.

1.5. *Unkraft I: Die Einheit von aktiven und passiven Vermögen (Θ 1).* – Nahezu beiläufig und ohne argumentativen Vorlauf formuliert Heidegger am Anfang von *Sein und Zeit* eine These, die für seine Ontologie des »Daseins« zentral ist und die aristotelischen Prioritätsthesen direkt umkehrt: »Höher als die Wirklichkeit steht die *Möglichkeit.*«[49] Mit Blick auf das »Dasein« behauptet er damit ein ontologisches Primat des Mög-

---

49 Heidegger, *Sein und Zeit,* § 7, S. 51f.

lichseins, dem zufolge eine bestimmte Weise des Seins – eine solche, die wesentlich einen Selbstbezug einschließt – in erster Linie als Möglichkeit oder Vermögen (»Seinkönnen«) existiert. Für das »Dasein« würde demnach gelten, dass es ihm primär um sein Möglichsein geht – weshalb die Wirklichkeit des »Daseins«, das heißt die Bestimmtheit seiner aktuellen Praktiken und seiner »Lebensform«, existentiell von seiner Möglichkeit abhängt: Es existiert um seiner eigenen Potentialität willen, und es ist diese offene Teleologie, die in jeder personalen Identität und den damit zusammenhängenden Praxisformen vorausgesetzt ist.

Obgleich man einen nicht unwesentlichen Strang des Arguments von *Sein und Zeit* als implizite Zurückweisung der aristotelischen Prioritätsthesen lesen kann, hat sich Heidegger nirgendwo auf explizite Weise mit den aristotelischen Prioritätsthesen auseinandergesetzt. Derjenige Text, der einer solchen Auseinandersetzung noch am Nächsten kommt, sind seine Vorlesungen zu den ersten drei Kapiteln des neunten Buchs der *Metaphysik*. Obgleich diese Vorlesungen Θ 8 und mithin die aristotelischen Argumente für das mehrfache Privileg der *energeia* gar nicht behandeln, lässt sich Heideggers Ausdeutung von Θ 1–3 auf die Thematik des achten Kapitels beziehen: Seine Strategie besteht darin, diejenigen Passagen, in denen Aristoteles die Prioritätsthesen argumentativ vorbereitet, einer produktiven Umdeutung zu unterziehen. Im Zentrum dieser Umdeutung steht Heideggers Idee einer »inneren Unkraft«, die seiner Argumentation zufolge den Begriff des Vermögens wesentlich prägt.

Heidegger führt diese Idee im Rahmen einer Diskussion des ersten Abschnitts des neunten Buches der *Metaphysik* ein, in dem es um die Unterscheidung und den Zusammenhang von aktiven und passiven Vermögen geht. Der direkte Gegenstand der ersten Abschnitte von Θ ist diejenige Form der *dynamis*, die Aristoteles zufolge »am meisten und hauptsächlich« verwendet wird: die *dynamis kata kinēsin*, das Vermögen der Bewegung.[50] Er bestimmt es als ein »Prinzip (*archē*) der Bewegung oder Veränderung (*metabolē*)«[51] – als das, von woher eine Veränderung oder eine Bewegung beginnt oder entsteht.[52] In diesem Sinne sind die auf *kinēsis* bezogenen Vermögen kausale Prinzipien: Sie beschreiben Ursachen, auf die man in Erklärungen für Bewegungen oder Veränderungen rekurrieren kann. Aristoteles' prominenteste Beispiele stammen aus den Bereichen der »Künste« (herstellende Fähigkeiten, *technai*, wie etwa die Baukunst) und der praktischen Wissen-

---

50 Vgl. Aristoteles, *Metaphysik*, IX 1. 1046a.

51 Ebd., V 12. 1019a.

52 Vgl. ebd. sowie ebd., IX 1. 1046a. Zum Begriff der *archē* vgl. ebd., V 1. 1012b.

schaften (*poietikai epistēmai*, wie etwa das medizinische Wissen), aber auch aus den Bereichen der sogenannten Elemente (Feuer und sein Vermögen zu erhitzen) oder physischen Objekteigenschaften (die Brennbarkeit des Holzes). All diese Potentialitäten fallen in die Kategorie der *dynamis kata kinēsin* insofern, als sie mit Bezug auf spezifische Weisen der Verursachung von Bewegungen und Veränderungen definiert sind: Der Baumeister kann bestimmte Materialien derart verändern und bewegen, dass ein Gebäude entsteht; der Mediziner kann den körperlichen Zustand eines Kranken so behandeln, dass er in den Zustand der Gesundheit »umschlägt«; das Feuer vermag Objekte zu erhitzen, und das Holz kann unter dessen Einwirkung brennen.

Kinetische Vermögen sind Aristoteles zufolge vor allem dadurch charakterisiert, dass ihre Aktualisierung notwendig »in einem anderen« geschieht:[53] Die Fähigkeiten des Bauens und der Heilkunst realisieren sich im Bau eines Gebäudes und der Heilung eines Kranken, wobei die Baumaterialien und der kranke Körper gerade nicht diejenigen Instanzen sind, in denen jene aktiven *dynameis* liegen. Im Falle des Arztes, der seine Heilkunst auf sich selbst anwendet, scheint es zwar so zu sein, dass die Fähigkeit und ihre Ausübung im »Selben« ihren Ort hat; Aristoteles präzisiert allerdings, dass der Arzt nicht sich *als* Heilkundigen heilt, sondern sich *als* Kranken, das heißt »insofern er ein anderer ist«.[54] Der Grund für diese scheinbare Spitzfindigkeit liegt in der Unterscheidung zwischen aktiven Vermögen (*dynameis tou poiein*) und passiven Vermögen (*dynameis tou paschein*), die in Θ1 im Zentrum steht. Der Akt der Veränderung (der Übergang vom Zustand des Krankseins in den Zustand des Gesundseins) setzt nicht allein die aktive Fähigkeit der Heilkunst voraus, sondern auch die passive Fähigkeit des Patienten, die entsprechende Veränderung in sich stattgeben zu können. Ohne diese passive Potentialität auf Seiten kranker Organismen wäre der Arzt kein Arzt, denn er wäre gar nicht in der Lage, einen Kranken zu heilen. Vor diesem Hintergrund wird auch verständlich, weshalb Aristoteles auf dem Erfordernis insistiert, dass die Veränderung »in einem anderen« verwirklicht wird: Sie geschieht unter der Voraussetzung einer korrelativen passiven Potentialität, die von der aktiven Potenz unterschieden ist. Damit also der Arzt seine Heilkunst auf sich selbst anwenden kann, muss er zugleich in einer anderen Hinsicht »Patient« sein, das heißt die passive *dynamis* besitzen, geheilt zu werden.[55]

---

53 Ebd., IX 1. 1046a.

54 Ebd.

55 Vgl. dazu Aristoteles, *Physik*, II 1. 192b.

Diesen Gedanken bringt Aristoteles auf zwei Thesen: Erstens behauptet er, »daß das Vermögen zu tun und zu leiden eines ist (denn vermögend [zu einem aktiven Tun] ist etwas sowohl dadurch, daß es selbst das Vermögen zu leiden hat, als auch dadurch, daß ein anderes [das Vermögen hat, etwas] durch dieses [zu erleiden])«.[56] A ist demzufolge genau in dem Maße zur aktiven Veränderung von B fähig, wie B das passive Vermögen besitzt, von A verändert zu werden. In dieser Hinsicht bilden also aktive und passive Potentialitäten eine Einheit: Beide sind auf ein und dieselbe Bewegung der Veränderung bezogen, die sie nur gemeinsam als reale Möglichkeit konstituieren – weshalb man auch sagen könnte, dass sie in dieser Hinsicht ein einziges Vermögen beschreiben. Andererseits haben wir es jedoch mit zwei verschiedenen, distinkten Vermögen zu tun: »Denn das eine [Vermögen] ist in dem Leidenden (denn durch das Haben eines bestimmten Prinzips und weil auch der Stoff ein bestimmtes Prinzip ist, erleidet das Erleidende, und zwar ein anderes durch ein anderes), das andere [Vermögen] im Tuenden, wie die Wärme und die Baukunst, das eine ist im Wärmenden, das andere im Bauenden«.[57] In dieser Passage bezieht Aristoteles die aktiven und passiven Vermögen also nicht allein auf die Bewegung oder Veränderung, die sie ermöglichen, sondern auf ihre »Träger«. Im Zusammenhang der These zur begrifflichen Priorität der *energeia* hatten wir gesehen, dass Aristoteles die *dynamis* als Modifikation in der Zuschreibung von Tätigkeitsprädikaten versteht. Ein logisches Subjekt wird demnach in unterschiedlicher Weise spezifiziert – je nachdem, ob ihm eine aktive Tätigkeit oder ein passives Erleiden (dem Vermögen oder der Verwirklichung nach) attribuiert wird. Nehmen wir folgende Bestimmungen an: ›S ist A insofern, als es das Vermögen hat, *k* zu tun‹ und ›S ist B insofern, als es das Vermögen hat, *k* zu erleiden‹. Obgleich es also um ein und dieselbe Bewegung *k* geht (die Veränderung von B durch A) und möglicherweise sogar um dasselbe Subjekt S, haben wir es aus der Perspektive von A mit einem anderen Bewegungscharakter zu tun als aus der Perspektive von B. *Dynamis tou poiein* und *dynamis tou paschein* bilden in dem Maße eine Einheit, wie sie auf die Verwirklichung ein und derselben aktuellen Veränderung *k* bezogen sind; zugleich müssen wir sie aber in dem Maße als eine Vielheit beschreiben, wie sie nicht ein und demselben Träger (und wenn doch, dann nicht in derselben Hinsicht) angehören.

Heidegger gibt sich nun mit dieser Beschreibung nicht zufrieden, da seiner Ansicht nach die Hinsichten, in denen passive und aktive Ver-

---

56 Aristoteles, *Metaphysik*, IX 1. 1046a, Übersetzung aus: Jansen, *Tun und Können*, S. 50.
57 Ebd.

mögen entweder »eines« oder je »anderes« sind, nicht auf derselben Ebene liegen: Sie bezeichnen nicht bloß Identitäten und Unterschiede, die innerhalb einer Urteilsform verbleiben, nämlich der Zuschreibung von Vermögen (die Identität des Tätigkeitsprädikats, sowie der Unterschied in der Weise, in der dieses Prädikat auf ein logisches Subjekt zutrifft); es handelt sich vielmehr um zwei verschiedene Weisen, in der von Vermögen die Rede ist. Wenn Aristoteles die Einheit von passiven und aktiven Vermögen behauptet, so Heidegger, dann geht es um die *ontologische* Bedeutung der *dynamis kata kinēsin*, das heißt um eine Aussage über die Wesensstruktur (»das Sein«) des Vermögens zur Bewegung: über das, was ein Vermögen zu einem Vermögen macht. Sobald aber Aristoteles die Andersheit oder Verschiedenheit betont, hat er eine *ontische* Bedeutung des Vermögensbegriffs im Sinn – also die Form, in der Vermögen »einem Seienden« zugeschrieben werden.[58]

Der ontologische Sinn der *dynamis* besteht für Heidegger *erstens* in einer anderen Beschreibung der *kinēsis*, durch die aktive und passive Vermögen gleichermaßen bestimmt sind. Betrachtet man den Fall der (aktiven) *dynamis tou poiein* – in Heideggers Übersetzung: der »Kraft zum Herstellen« –, so schließt der Bezug auf die Aktivität des Herstellens nicht nur den Bezug auf ein Herzustellendes ein, sondern damit auch den auf ein Herstellbares, das heißt eine Materie, aus der sich ein Werk herstellen lässt. Und insofern diese Materie als Herstell*barkeit* anvisiert ist, impliziert die *dynamis tou poiein* schon *in sich selbst* – dadurch, dass sie auf den Akt des Herstellens bezogen ist – den Begriff einer *dynamis tou paschein*, das heißt einer passiven Potentialität.[59] Heidegger behauptet also, dass die Einheit von aktiven und passiven Vermögen nur in dem Maße im gemeinsamen Bezug auf dieselbe Bewegung liegt, wie dieser Bezug zugleich die jeweils andere *dynamis* beinhaltet – so dass die Einheit tatsächlich auf der Ebene der *dynamis* selbst verortet werden muss:[60] »Kraft ist in sich der *Bezug* der *archē tou poiein* auf eine *archē tou paschein* und umgekehrt. [...] [*D*]*as Kraftsein ist beides als eines* [...]. Der Bezug ist *Einbezug*«.[61]

58 Vgl. Heidegger, *Aristoteles, Metaphysik Θ 1–3*, S. 105ff.

59 In gewisser Weise ist damit bereits das logische Primat der *energeia* – zumindest für den Fall der Vermögen zur Bewegung – widerlegt, denn die aktuelle *kinēsis*, die das aktive Vermögen *kata kinēsin* definieren soll, enthält bereits in sich den Bezug auf eine passive *dynamis*: der Akt der Bewegung ist die Veränderung eines *Veränderbaren*. Dieses Argument ist in unserem Kontext jedoch nicht das Entscheidende.

60 Und exakt dies sagt auch Aristoteles selbst: »denn vermögend [zu einer aktiven Veränderung] ist etwas [...] dadurch, dass es selbst [...] oder ein anderes [das Vermögen hat, etwas] durch dieses [zu erleiden]« (Aristoteles, *Metaphysik*, IX 1. 1046a).

61 Heidegger, *Aristoteles Metaphysik Θ 1–3*, S. 105.

Für Heidegger erschöpft sich die aristotelische Strukturbestimmung der *dynamis kata kinēsin* jedoch nicht in dem Gedanken einer Einheit von passiven und aktiven Vermögen, die in jeder *dynamis* im Sinne eines »wechselweisen Einbezug[s] der aufeinander ausgerichteten Ausgänge [das heißt der passiven und aktiven Prinzipien]«[62] vorhanden sein muss. Denn *zweitens* deutet er darüber hinaus auch die scheinbar eher beiläufige Bestimmung des Unvermögens (*adynamia*), mit der Θ 1 endet, nicht wie eine grammatische Randbemerkung zu einem derivativen und sekundären Begriff, sondern als Darstellung eines Momentes, das zur vollen ontologischen Bedeutung der *dynamis kata kinēsin* gehört.[63] Zwar handelt es sich im Fall der *adynamia* durchaus um einen abgeleiteten Begriff, der durch eine Privation (*sterēsis*) der Bestimmung(en) einer aktiven oder passiven *dynamis* gebildet wird; jedoch versteht Heidegger diese Ableitung als eine *wesentliche Möglichkeit*: »*Die* dynamis *ist in einem vorzüglichen Sinne der sterēsis ausgesetzt und verhaftet*«,[64] weil die Abwandlung der »Kraft« in »Unkraft« eine mögliche Negation beschreibt, die in der Wesensstruktur der »Kraft« vorgezeichnet ist,[65] – und zwar im Sinne einer strukturell möglichen Privation im ko-implikativen Verhältnis von aktiven und passiven Vermögen. Mit einer solchen Privation – mit einer internen Abwandlung der *dynamis* in *adynamia* – haben wir es dann zu tun, wenn sich die erforderliche Einheit zwischen einer aktiven und einer passiven Potentialität (»ontisch«) nicht realisieren lässt: Eine aktive »Kraft« hebt an, sich »in einem anderen« zu verwirklichen, und scheitert, weil diesem anderen die korrespondierende passive Potentialität fehlt. Das Ausbleiben der Gelegenheit zur Verwirklichung läuft somit auf keinen bloß externen Mangel hinaus, sondern auf den »Entzug« von etwas, das aufgrund der ontologischen Einheit eine interne Bestimmung einer aktiven »Kraft« ist: die in diese »Kraft« immer schon einbezogene passive *dynamis*, die »in einem anderen« liegt. Eine solche Privation lässt das Vermögen Heidegger zufolge intern in den Modus des Unvermögendseins übergehen – »für dasselbe und in Hinsicht desselben«.[66]

Wenn dies zuträfe, hätten wir einen ersten Schritt gemacht, um jene Gelingensfixierung zu hinterfragen, die den aristotelischen Prioritätsthesen inhärent ist: Der Begriff der *dynamis* schließt »ontologisch« die Möglichkeit des Scheiterns ein, wodurch dieses zwar nicht normativ erwartbar wird, aber zumindest keinen schlichten Zufall mehr dar-

---

62 Ebd., S. 106.
63 Vgl. ebd., S. 68ff.
64 Ebd., S. 112.
65 Vgl. ebd., S. 69.
66 Ebd., S. 111.

stellt: Die Möglichkeit der *sterēsis* ist in der Wesensstruktur der *dynamis* vorgegeben. Zudem ist die aktive *dynamis* nicht allein im Hinblick auf eine allgemeine Form der Aktualisierung bestimmt, sondern durch den Einbezug einer passiven Potentialität (»in einem anderen«) auf das Vorliegen von Bedingungen verwiesen, über die der Vermögende qua Besitz eines Vermögens nicht verfügen kann, wodurch spezifische Weisen des Fehlgehens vorgezeichnet sind: Denn »dieser entzughafte Bezug ergibt, trotz des negativen Charakters der Entzogenheit, je eine eigene positive Charakteristik gemäß der Weise des Entzugs«.[67] Die Ausrichtung auf eine Form der Aktualisierung würde demnach »begrifflich« die Möglichkeit des Entzugs ihrer Bedingungen enthalten.

Erscheint uns diese Deutung als befriedigend? Mit Blick auf die »ontische« Verschiedenheit aktiver und passiver Vermögen liegt eine Abwandlung der »Kraft« in »Unkraft« entweder dann vor, wenn keine externe Gelegenheit zur Ausübung besteht, oder wenn die *dynamis* durch »interne Hindernisse« außer Kraft gesetzt wird: ein kompetenter Sprecher ist nicht in der Lage zu sprechen, wenn er schläft, ein Radfahrer vermag mit gebrochenen Beinen nicht Radfahren, und bei einem Stromausfall kann der Medienkünstler seine Kompetenz nicht ausspielen. Doch während mancher geneigt sein mag, aus dem Vorkommen solcher Fälle keinerlei Konsequenzen für die Struktur (das »Wesen«) von Vermögen zu ziehen, bindet Heidegger sie zurück an die »originäre« Verfasstheit von Vermögen, das heißt an die anvisierte Einheit zwischen Aktiv- und Passivvermögen. Worin liegt aber der Grund für diesen Zug? Sollten wir nicht annehmen, dass es gerade die ontologische Einheit der *dynamis tou poiein* und der *dynamis tou paschein* ist, durch welche die Aktualisierung eines Vermögens von vornherein auf Situationen restringiert ist, in denen die korrespondierende andere Potentialität auch tatsächlich vorliegt? Ein »Umschlag von Kraft in Unkraft« würde vor diesem Hintergrund das Vermögen selbst überhaupt nicht betreffen, denn es bliebe das, was es ist: ein Vermögen zu *k* unter der Bedingung einer passiven Potenz, *k* zu erleiden. Aus dem Gedanken der ontologischen Einheit scheint somit zu folgen, dass Vermögen dadurch definiert sind, allein in »charakteristischen« Umständen (das heißt mit Bezug auf die Anwesenheit entsprechender passiver Potentialitäten) aktualisierbar zu sein, weshalb *per definitionem* ausgeschlossen ist, dass sie wesentlich auch auf »abweichende« Bedingungen zu beziehen wären, das heißt auf die Abwesenheit der passiven Potentialität. Und in dem Maße, wie dies ausgeschlossen ist, kann die Abwandlung der »Kraft« in »Unkraft« keine wesentliche

67 Ebd.

sein – und das Scheitern keine Möglichkeit, die durch den Begriff des Vermögens erklärt werden kann.

Der Einwand gegen Heideggers These über die »verfassungsmäßige Zugehörigkeit der Unkraft zur Leitbedeutung der Kraft«[68] liegt aus aristotelischer Perspektive somit auf der Hand. Aristoteles schreibt in Θ 5:

> »Es [das Vermögende] hat aber das Vermögen zu tun, wenn das Leidensfähige anwesend ist und sich auf bestimmte Weise verhält. Wenn aber nicht, so wird es nicht tätig sein können. Die Bestimmung, daß kein äußeres Hindernis eintrete, braucht man nicht weiter hinzuzufügen; denn es hat das Vermögen zu tun nur in der Weise, wie es Vermögen ist, und dies ist es nicht schlechthin, sondern unter bestimmten Umständen, wovon auch schon die äußeren Hindernisse mit ausgeschlossen sein müssen; denn diese heben einiges von dem in der Begriffsdefinition Enthaltenen auf.«[69]

Aristoteles nimmt also selbst eine interne Relation zwischen einem aktiven Vermögen und äußeren Umständen (die Anwesenheit des »Leidensfähigen«) an: Die Letzteren machen einen wesentlichen Teil der Definition eines Vermögens aus. In diesem Sinne umfasst das begriffliche Primat der *energeia* nicht nur eine allgemeine Form der Aktivität (des Handelns), sondern darin zugleich Bedingungen der Aktualisierung, die als aktuelle vorliegen müssen, damit das Vermögen in den Akt übergehen kann. Charlotte Witt hat dementsprechend betont, dass Aristoteles sein Argument für die logische Priorität der *energeia* in Θ 5 vorbereitet: Vermögen sind dadurch, dass sie durch ihre Verwirklichung bestimmt sind, durch Verwirklichungsbedingungen mitdefiniert. Die interne Bestimmtheit der »Kraft« schließt daher den Bezug auf solche Bedingungen aus, in denen sie sich nicht realisieren kann. Und aus diesem Grund scheint die strukturelle Einheit von aktiven und passiven Vermögen, auf der Heideggers Argument basiert, jene Prioritätsthese weniger zu hinterfragen als zu unterstreichen – und mithin der These zu widersprechen, dass die »Unkraft« eine wesentliche Modifikation der »Kraft« zum Ausdruck bringt.

1.6. *Unkraft II: Die Reflexivität und Negativität praktischer Fähigkeiten.* – An dieser Stelle ist jedoch entscheidend, genau zu klären, was Heidegger unter »Unkraft« versteht. In der oben zitierten Passage macht Aristoteles eine Aussage über den Besitz eines Vermögens, und zwar mit Bezug auf die Bedingungen seiner Verwirklichung: Eine Fähig-

---

68 Ebd., S. 110.

69 Aristoteles, *Metaphysik*, IX 5. 1048a.

keit zu besitzen bedeutet, unter bestimmten Bedingungen bestimmte Handlungen ausführen zu können. Wenn »das Leidensfähige« nicht präsent ist, wird die Fähigkeit folglich »nicht tätig sein können«. Der Begriff eines Vermögens schließt damit eine Unterscheidung zwischen Vermögen und Unvermögen ein, und in dieser Hinsicht hat Heidegger mit seiner Behauptung sicherlich Recht, dass ein Begriff der »Unkraft« in die aristotelische »Wesensbestimmung« der *dynamis* hineingehört – nämlich im Sinne eines (in diese Bestimmung eingeschlossenen) *Ausschlusses* der Bedingungen, unter denen das Vermögen nicht aktualisierbar ist. Dieser Ausschluss markiert somit die andere Seite des »Einbezugs« der Aktualisierungsbedingungen in die »ontologische« Verfasstheit eines Vermögens. Dort allerdings, wo Aristoteles die Bedeutung von *adynamia* erläutert, bezieht er sich keineswegs auf diese Relation des Ausschlusses: »Unvermögen und das Unvermögende ist die einem so beschaffenen Vermögen entgegen gesetzte Privation [*enantia sterēsis*]«,[70] wobei das Vermögen exakt »so beschaffen« ist, dass es unter bestimmten Bedingungen (und nicht unter anderen) ausgeübt werden kann. Und in dem Maße, wie die *sterēsis* den »so beschaffenen« Besitz eines Vermögens betrifft, bezieht sich die Rede von *adynamia* nicht auf das Unvermögen, das in der Definition eines Vermögens als Ausschluss einbegriffen ist, sondern auf das Vermögen selbst: Unvermögen gibt es dort, wo ein Seiendes über ein Vermögen schlechthin nicht verfügt respektive nicht so verfügt, wie es (»von Natur aus« oder »zu der Zeit, wo es zu haben geeignet ist«) darüber verfügen sollte.[71] Und dies besagt, dass Unvermögen in einem nennenswerten Sinne allein dann zugeschrieben wird, wenn ein Subjekt unter den Bedingungen, unter denen es – der Definition des Vermögens gemäß – eigentlich tätig sein könnte, nicht in den Akt überzugehen vermag. Ein Unvermögen in diesem Sinne kann nun keine »wesentliche« Abwandlung eines Vermögens darstellen: Hier ist keine Möglichkeit gemeint, die in der Wesensbestimmung eines Vermögens mit enthalten ist; vielmehr wird ein Zustand des Mangels beschrieben – ein Mangel *im Besitz* dieser Bestimmung und kein Mangel, der *aufgrund* dieses Besitzes bestünde.

In seiner Erläuterung der »Unkraft« bezieht Heidegger die *sterēsis* nun allerdings nicht auf den Besitz eines »so beschaffenen Vermögens«, sondern auf das *Haben einer Gelegenheit* zur Ausübung.[72] Demnach meint er also denjenigen Sinn von Unvermögen, der in der

---

70 Vgl. Aristoteles, *Metaphysik*, IX 1. 1046a, sowie dazu Jansen, *Tun und Können*, S. 67ff.

71 Vgl. Aristoteles, *Metaphysik*, IX 1. 1046a.

72 Vgl. Heidegger, *Aristoteles, Metaphysik Θ 1–3*, S. 113.

Wesensbestimmung der »Kraft« negativ (als Ausschluss »abweichender« Bedingungen) impliziert ist – und nicht diejenige Bedeutung, die Aristoteles in seiner Erläuterung der *adynamia* anvisiert. Dann hat es allerdings den Anschein, als ob Heidegger hier eine schlichte Trivialität behauptet: Die »Abwandlung der Kraft in Unkraft« beschreibt nichts anderes als die Tatsache, dass nicht die Bedingungen vorliegen, in denen ein Vermögen zu verwirklichen ist. Der Schwimmer, der vor einem ausgetrockneten See steht, hat keine Gelegenheit, zu schwimmen. Ist dadurch aber seine Fähigkeit zu schwimmen »intern« in den Modus der Unfähigkeit gewechselt? In einem trivialen Sinne ist das richtig: der Mangel an geeigneten Umständen hebt »einiges von dem in der Begriffsdefinition [eines Vermögens] Enthaltenen« auf.[73] Mit derjenigen Bedeutung von Unvermögen, die Aristoteles beschreibt, hat ein solcher Fall jedoch nichts zu tun.

Ist damit Heideggers Idee der »Unkraft« überflüssig geworden? Nein. Denn was es zu beachten gilt, ist das Beispiel, an dem Heidegger den Begriff der »Unkraft« erläutert. Er diskutiert die »ontologische« Einheit von aktiver und passiver Potentialität *ausschließlich* am Beispiel praktischer Fähigkeiten,[74] womit er sich im Rahmen einer Differenz bewegt, die in Θ 1 noch gar nicht thematisch ist: der Differenz zwischen *dynameis meta logou* und *dynameis alogoi*, zwischen »rationalen« und »nichtrationalen« Vermögen. Praktische Fähigkeiten sind *»meta logou«*, insofern in ihrem Fall das Können *im Logos liegt* – das heißt in einem praktischen Wissen, einem *knowing how*, das ein Bewusstsein von denjenigen Vollzügen einschließt, zu denen die Fähigkeit befähigt. Streng genommen gilt deshalb Heideggers These von der »innerlichen Abwandlung der Kraft in Unkraft« in erster Linie für diese »Kräfte des Herstellens«, und zwar in dem Maße, wie sein Argument von der Einsicht Gebrauch macht, dass das Können im Falle praktischer Fertigkeiten *meta logou* ist. Heideggers »Auslegung« der aristotelischen Ausführungen in Θ 1 – und mithin seine These, dass der Begriff des Unvermögens eine wesentliche Bestimmung von Vermögen ausdrückt – ist von vornherein auf den Begriff eines »rationalen« Vermögens bezogen: auf ein Können, das im Logos, in einem Wissen vom Können liegt.[75]

---

73 Aristoteles, *Metaphysik*, IX 5. 1048a.

74 Vgl. Heidegger, *Aristoteles, Metaphysik* Θ *1–3*, S. 87ff.

75 Wir folgen hier Agamben: »Every human power is *adynamia*, impotentiality; every human potentiality is in relation to its own privation. [...] *Other living beings are capable only of their specific potentiality; they can only do this or that. But human beings are the animals who are capable of their own impotentiality*« (Agamben, »On Potentiality«, S. 182). Agamben schreibt diese Zuspitzung allerdings Aristoteles

Inwiefern ist also die Abwandlung in »Unkraft« tatsächlich eine innere Möglichkeit – eine Möglichkeit, die aufgrund der inneren Struktur von praktischen Vermögen (und nicht: *dynameis* im Allgemeinen) besteht? Heideggers Begriff der »Unkraft« verliert seine Trivialität in dem Maße, wie der »Einbezug« der Verwirklichungsbedingungen (der Einbezug einer passiven Potentialität) eine gewisse Dimension der *Unbestimmtheit* in die Definition eines Vermögens einführt:

> »Wir sahen: Die *dynamis* ist in sich zugleich *dynamis tou poiein kai paschein*, zum Wesensaufbau der Kraft gehört der Bezug zum Ertragsamen, Aushaltsamen, Widerständigen [das heißt der Bezug auf passive Vermögen]. Nicht daß je schon bestimmt und je unmittelbar feststellbar wäre, welches Seiende gerade im Charakter des Ertragsamen einer Wirkkraft standhält; worauf es ankommt, ist dieses: Irgendwie Ertragsames gehört zum Bereich einer Kraft des Herstellens«.[76]

Heideggers Gedanke können wir also so interpretieren, dass im Falle praktischer Fähigkeiten »nicht [...] je schon bestimmt ist«, unter welchen Bedingungen die Fähigkeit realisierbar ist: Die Definition solcher Fähigkeiten impliziert Bedingungen der Realisierung, ohne dass damit schon vollständig festgelegt wäre, welche dies nun genau sind. Und wenn die Fähigkeit so verfasst ist, dass es noch herauszufinden gilt, unter welchen Umständen sie ausgeübt werden kann, dann ist die Grenze zwischen Vermögen und Unvermögen, die den Begriff einer Fähigkeit ausmacht – die Unterscheidung zwischen einem Können unter gewissen Umständen und einem Nichtkönnen unter abweichenden Umständen –, eine (zumindest partiell) unbestimmte Grenze, die im Prozess der Ausübung der Fähigkeit noch bestimmt werden muss.

(und nicht Heidegger) zu; er motiviert sie aus der Beobachtung, dass Aristoteles' Wahl von Beispielen an den Stellen, an denen er den Begriff des Unvermögens erläutert, immer aus dem Bereichen des menschlichen Wissens und der menschlichen Praktiken stammen würden. Da wir jedoch davon ausgehen, dass Agambens Aristoteles-Lektüre maßgeblich von Heideggers Aristoteles-Lektüre informiert ist, können wir diese Beobachtung leicht auf Heideggers Deutung übertragen. Es gilt freilich zu beachten, dass Aristoteles explizit nichtrationale (nichtmenschliche) Vermögen in den Bereich derjenigen *dynameis* miteinbezieht, die durch die Zweiseitigkeit von Verwirklichung und Nichtverwirklichung (in Agambens Terminologie: von Potenz-zu und Potenz-nicht-zu) geprägt sind (vgl. Aristoteles, *Metaphysik*, IX 8. 1050b). Die Wendung vom ›Vermögen des Unvermögens‹, die bei Aristoteles natürlich nicht vorkommt, lässt sich dagegen der Sache nach in Heideggers Aristoteles-Interpretation wiederfinden, und zwar genau dort, wo Heidegger aristotelische Gedanken am Beispiel der Praxis des Herstellens (um)deutet.

76 Heidegger, *Aristoteles, Metaphysik* Θ *1–3*, S. 113.

Für ein Subjekt, dessen Fähigkeit wesentlich von der Instabilität dieser Grenze gezeichnet ist, stellt die Modifikation von »Kraft« in »Unkraft« keine Trivialität dar, sondern sie beschreibt einen wichtigen Aspekt der Weise, in der ein Subjekt seine praktische Fähigkeit besitzt und realisiert: In seinen Vollzügen »erfährt« das Subjekt sein Können in den Modi von Kraft und Unkraft (Gelingen und Scheitern); und im Zuge des Prozesses solcher »Erfahrungen« bestimmt sich der Vermögende in seinem Vermögen selbst – er *realisiert* die seinem Vermögen interne Grenze von Fähigkeit und Unfähigkeit.

An dieser Stelle erscheint es hilfreich, an eine Unterscheidung zu erinnern, die Gilbert Ryle in *The Concept of Mind* markiert hat:[77] *Habits* beschreiben wir im Gegensatz zu *intelligent capacities* als Dispositionen zu »mechanischem« Handeln, deren Ausübung ohne besondere Sorgfalt, Wachsamkeit oder begleitende Überlegung auskommt. Bei intelligenten Fähigkeiten hingegen ist dies nicht der Fall. Die Aktualisierung derartiger Vermögen erfordert eben darum eine besondere Aufmerksamkeit, weil gerade auch nicht-charakteristische Umstände für sie charakteristisch sind: Sie enthalten der Möglichkeit nach nicht-antizipierbare Fehlerquellen, noch unbekannte Herausforderungen und vielleicht sogar Gefahren, welche die Ausübung des Vermögens vor besondere Ansprüche stellen. Der Besitz von »intelligent capacities« besteht insofern nicht darin, mit Bezug auf ein definitives Set von »normalen« Umständen zu bestimmten Akten fähig zu sein; stattdessen handelt es sich darum, mit Bezug auf instabile und wechselnde Umstände[78] seine Fähigkeit zu *modifizieren*. Die Fähigkeiten des Bergsteigers, des Diebes, des Liebhabers sind auf spezifische Umstände bezogen (die Steilwand, die Geldbörse in der Hintertasche einer Männerjeans, die Geliebte), deren Vorliegen nicht garantiert, dass die Aktualisierung gelingt – auch wenn diese Fähigkeiten in einem exzellenten Zustand sind. Daher müssen sie so verfasst sein, dass ihre Ausübung einen andauernden *Lernprozess* beschreibt. Die Aktualisierung bloßer Gewohnheiten besteht wesentlich darin, dass »one performance is a replica of its predecessors«; die Ausübung intelligenter Fähigkeiten besteht hingegen wesentlich darin, dass »one performance is modified

---

77 Vgl. Ryle, *The Concept of Mind*, S. 42.

78 Von »instabilen und wechselnden Umständen« zu sprechen bedeutet nicht, dass die praktische Fähigkeit auf beliebige Umstände bezogen ist; es geht vielmehr darum, dass die Bestimmtheit der Umstände, auf die ein Vermögen in seiner Definition bezogen ist, eine innere (und *de iure* unendliche) Varianz einbegreift, und zwar genau in dem Maße, wie die Grenze zwischen Vermögen und Unvermögen, welche die Definition der Fähigkeit ausmacht, in ihrer Bestimmtheit Unbestimmtheiten enthält.

by its predecessors. The agent is still learning.«[79] Um also die »allgemeine Form« seiner Fähigkeit - den Zweck und die Mittel, diesen zu erreichen - zu »instanziieren«, kann der Dieb demnach nicht stets dieselben Handgriffe ausführen, darf der Liebhaber nicht immer die gleiche Verführungsstrategie verfolgen oder die gleichen Stellungen durchexerzieren, und sollte der Bergsteiger sich nicht in jeder Situation auf seine bestehende Klettertechnik verlassen. Vielmehr müssen ihre Fähigkeiten so beschaffen sein, dass sie es ihnen ermöglichen, die »Formen« ihrer Praxis auf immer neue Weise auszuspielen, neue Besonderungen zu erfinden, andere Techniken zu kreieren - und zwar durch die Aktualisierung ihrer Fähigkeiten: dadurch, dass ein aktueller Vollzug die qua Fähigkeit gegebene Potentialität im Hinblick auf *zukünftige* Vollzüge modifiziert und somit die Grenze zwischen Vermögen und Unvermögen, die eine Fähigkeit definiert, neu bestimmt. Die Weise aber, in der eine solche Modifikation geschieht, ist das Scheitern - sofern es dem Subjekt gelingt, aus seinem Misserfolg zu lernen.

Wie aber hat man den Gedanken der Unbestimmtheit dieser Grenze zu begreifen? Es kann schließlich nicht darum gehen, dass der Schwimmer das Schwimmen unter Abwesenheit von Wasser lernt, oder der Liebhaber damit beginnt, Bronzeplastiken zu verführen. Um jene Unbestimmtheit zu verstehen, bedarf es der Einsicht, dass Heideggers Idee der »Unkraft« den Begriff einer *dynamis meta logou* - das heißt den Begriff einer Fähigkeit, die im Selbstbezug eines Subjekts liegt - voraussetzt. Wenn ein Subjekt sein Vermögen zu *a* als Logos besitzt, wenn es also sein Vermögen so hat und realisiert, dass es sich auf dieses bezieht, dann verfügt es nicht nur über einen Logos von den Bedingungen, unter denen es *a* vollziehen kann, sondern auch über einen Logos von den Bedingungen, unter denen es *a* nicht vollziehen kann: Es hat ein Bewusstsein von der Grenze zwischen seinem Vermögen (zu *a* unter den Umständen *U*) und seinem Unvermögen (zu *a* unter den Umständen *nicht-U*). Insofern aber intelligente Fähigkeiten dadurch bestimmt sind, dass die charakteristischen Umstände ihrer Ausübung nichtcharakteristische Aspekte einschließen, tritt die Grenze zwischen Vermögen und Unvermögen auf der Seite des Vermögens wieder ein: Der Logos der Umstände *U* enthält *U(c)* und *U(nicht-c)* und daher Unvermögen zu *a* inmitten desjenigen Bereiches, der durch den Logos von *a* unter *U* definiert ist - so dass die Grenze zwischen Vermögen und Unvermögen dem Vermögen *innerlich* ist. Zudem müssen wir beachten, dass ein Subjekt den praktischen Logos von *a* allererst erwerben musste, und zwar dadurch, dass es in der

79 Vgl. Ryle, *The Concept of Mind*, S. 42.

Vergangenheit in der Lage war, sich auf sein Können so zu beziehen, dass es als aktuelles Unvermögen zu *a* ein potentielles Vermögen zu *a* impliziert. Aus diesem Grund spricht nichts gegen die Annahme, dass das Subjekt auch »nach« dem Erwerb grundsätzlich in der Lage ist, sein aktuelles Unvermögen zu *a* unter *U(nicht-c)* auf die *Möglichkeit* des Erlernens von *a* unter *U(nicht-c)* zu beziehen, das heißt auf ein zukünftiges, potentielles und modifiziertes Vermögen.[80] Es gibt keinen Grund a priori, weshalb der Erwerb des praktischen Logos (des Diebstahls, des Bergsteigens, der Kunst der Verführung) bei einem definitiven Set von Umständen zu einem Ende kommen sollte. Und in dem Maße, wie der Besitz einer Fähigkeit zu *a* weiterhin die Möglichkeit des Erwerbs – der Perfektionierung und Erweiterung von *a* – mit sich führt, umfasst der Logos aufgrund des Bezugs auf einen zukünftigen Logos sowohl praktisches Wissen wie Nichtwissen: Das Subjekt weiß (noch) nicht, ob es seine Fähigkeit zu *a* auch unter den Umständen *U(nicht-c)* aktualisieren kann oder ob sich dasselbe nicht als »Unkraft« herausstellen wird. Und exakt darin liegt die Unbestimmtheit jener inneren Grenze von Vermögen und Unvermögen, die praktische Fähigkeiten kennzeichnet – und die verständlich macht, dass der Vollzug derselben nicht allein eine Frage des Wissens sein kann, sondern notwendig auch eine Frage des Nichtwissens – des *Selbstvertrauens* – darstellt.[81]

Vor diesem Hintergrund dürfte klar werden, dass im Falle praktischer Fähigkeiten die »Abwandlung der Kraft zur Un-kraft [...] eine wesentlichere [ist] als in anderen Phänomenen«.[82] Denn aufgrund der Unbestimmtheit der internen Grenze von Vermögen und Unvermögen sind praktische (intelligente) Fähigkeiten der ständigen Möglichkeit oder Gelegenheit der Nichtrealisierung, des Fehlgehens, ausgeliefert. Der Besitz einer praktischen Fähigkeit in diesem Sinne kann daher nicht simpel darin bestehen, bestimmte Akte unter bestimmten Bedingungen vollziehen zu können. Die Fähigkeit ist stattdessen *reflexiv* bestimmt: als Fähigkeit, seine Fähigkeit mit Bezug auf wechselnde

---

80 Die Handlung *a* unter abweichenden Bedingungen zu vollziehen bedeutet freilich, *a* anders zu vollziehen als unter »normalen« Bedingungen – das heißt unter *U(c)*: Es geht um die Erfindung einer neuen (zumindest modifizierten) Gestalt der Besonderung von *a*, einer anderen (zumindest erneuerten) Technik von *a*.

81 Dass intelligente Fähigkeiten in diesem Sinne niemals eine definitive Form besitzen können, widerspricht keineswegs der Möglichkeit, dass ein Subjekt, welches im Besitz einer solchen Fähigkeit ist, als Repräsentant einer Praxisform auftritt und anderen die entsprechende Fähigkeit beizubringen versucht. Es heißt nur, dass die besondere Schwierigkeit darin besteht, dasjenige Lernen zu lehren, das intelligente Fähigkeiten ausmacht: wie lässt sich Unvermögen als zukünftiges Vermögen exemplifizieren und dabei die Form einer Praxis in ihrer Unform vorführen?

82 Heidegger, *Aristoteles, Metaphysik Θ 1–3*, S. 112.

Bedingungen zu perfektionieren; als Fähigkeit, aus dem scheiternden Vollzug seiner Fähigkeit zu lernen; als Fähigkeit, *scheitern zu können*, das heißt sein Scheitern produktiv zu machen und das eigene Unvermögen in ein Noch-nicht-Können zu modifizieren. Die Möglichkeit des Fehlgehens ist darum eine wesentliche Möglichkeit praktischer Fähigkeiten, ja sogar eine Notwendigkeit: Das Scheitern besitzt kognitive Relevanz, insofern das Subjekt an ihm sein Unvermögen erkennen kann, und zwar so, dass es gegebenenfalls dasselbe auf ein zukünftiges Vermögen bezieht, das zu erwerben ist.

Aus diesem Grund ist das Subjekt von »intelligent capacities« nicht zufällig, sondern notwendig mit seinem eigenen Nichtkönnen beschäftigt. Weil es in einem Bezug zu seinem Fähigsein steht – weil das Haben und mithin die Wirklichkeit des Vermögens im reflexiven Bezug auf dieses Vermögen liegt –, verhält es sich ständig zu seinem Nichtkönnen, ist es immer auch mit seiner eigenen »Privation«, seinem »Mangel« beschäftigt. Dieser Mangel beschreibt allerdings nicht bloß ein Fehlen von Vermögen, sondern charakterisiert die Weise, in der das Vermögen in seiner Reflexivität – als Fähigkeit, seine Fähigkeit durch sein Scheitern zu perfektionieren – auf sich selber bezogen ist: Die Fähigkeit erscheint demjenigen, der sich in seinem Fähigsein auf seine Fähigkeit bezieht, als Mangel und Perfektibilität: als das, was noch ein Fehlen von Fähigsein ist und dadurch eine vollkommenere Fähigkeit werden soll. Der Selbstbezug eines in diesem Sinne vermögenden Subjekts impliziert also wesentlich einen Bezug auf »Nicht-sein«, und es ist diese Negativität, die einen Aspekt der Grundstruktur solcher Vermögen beschreibt. Die Reflexivität des Vermögens realisiert sich in einer zugleich scheiternden und übenden Selbsttransformation, in dem Versuch einer fortgesetzten Überschreitung des aktuellen Könnens hin auf die Potentialität eines Anders- und Besser-könnens.

Deutet man Heideggers Begriff der »Unkraft« auf diese Weise, verliert er also seine Trivialität; und er verliert diese Trivialität in dem Maße, wie er tatsächlich der aristotelischen Bestimmung der *adynamia* entspricht: Ein aktuelles Unvermögen, das auf die Möglichkeit eines zukünftigen Vermögens bezogen wird, verweist nicht mehr allein auf diejenigen Umstände, unter denen *per definitionem* – das heißt per Definition der aktuellen Gestalt des Vermögens – eine Aktualisierung ausgeschlossen ist; es beschreibt darüber hinaus die »entgegengesetzte Privation« derjenigen Gestalt des Vermögens, das an seine Stelle treten soll und dessen Erwerb und Einübung nun das *telos* des derart vermögenden Subjekts bildet.

Dennoch müssen wir feststellen, dass mit dieser Bestimmung noch kein anspruchsvoller, nicht abgeleiteter Begriff des Unvermögens formuliert ist. Obgleich sie bezüglich der Verfasstheit intelligenter

Fähigkeiten gar nicht überschätzt werden kann; obgleich sie den fundamentalen Sinn fasst, in dem praktische Vermögen ›Vermögen des Unvermögens‹ sind; obgleich sie klar macht, dass man ein solches Vermögen nur in dem Maße wirklich besitzt, wie man in der Lage ist, sein Können als Unvermögen und in diesem die Potenz zu einem (künftigen) Können zu sehen – was eben bedeutet, sein Nichtkönnen zu können, im Nichtwissen eine Befähigung zum Handeln zu erkennen; obgleich also Unvermögen und Scheitern in diesem Sinne keine bloß individuellen Mängel beschreiben, sondern wesentliche Aspekte der Weise, in der eine intelligente Fähigkeit existiert und ausgeübt wird, bleiben dennoch das logische und das ontologische Primat der *energeia* davon unberührt. Die Gelingensfixierung praktischer Vermögen können wir auf dieser konzeptuellen Basis (noch) nicht zurückweisen. Einerseits ist die logische Priorität der *energeia* in dem Maße vorausgesetzt, wie die »Unkraft« tatsächlich der aristotelischen Bedeutung von *adynamia* entspricht. Ein Unvermögen zu *a* unter *U(nicht-c)*, das auf die Gestalt eines zukünftigen Vermögens zu *a* unter *U(c')* bezogen wird – dieser Bezug *macht* es zu einem Unvermögen in einem signifikanten Sinne –, ist ein abgeleiteter Begriff, der durch Privation gebildet wird; und beide werden nur verständlich als Abwandlungen – als Privation oder Perfektionierung – ein und derselben Fähigkeit zu *a*, die durch die allgemeine Form des Vollzugs von *a* bestimmt ist. Diese Fähigkeit aktualisiert sich nur dann, wenn der Logos von *a* die Quelle des Handelns darstellt und folglich der Vollzug von *a* gelingt: wo eine besondere Ausübung unter den Logos von *a* fällt. Eine Dynamisierung des Verhältnisses von praktischen Fähigkeiten zu den Umständen ihrer Realisierung ändert nichts an diesem Befund: Misserfolge entsprechen einem »Mangel« aufseiten individueller Manifestationen des Vermögens, die sich im Hinblick auf diejenige Gestalt des Könnens, welche in der Situation des Fehlgehens gefordert ist, im Rückstand befinden und daher einer übenden Perfektionierung bedürfen. Und auch wenn wir behaupten möchten, dass es zum Begriff intelligenter Fähigkeiten gehört, dass diese Perfektionierung an kein Ende kommt – der teleologische Bezug auf Perfektion bleibt trotz unendlichem Aufschub bestehen, das begriffliche Primat der *energeia* intakt und die Gelingensfixierung unangetastet. Denn stets ist das Fehlgehen ein Scheitern *an* der Aktualisierung (aus Unvermögen) und in dieser Hinsicht keine Verwirklichung der Form des Vermögens.

Mit Blick auf das ontologische Primat der *energeia* scheinen die vorangehenden Analysen ebenfalls gescheitert zu sein: Sie sind weder in der Lage, die teleologische Priorität, noch die Form-bezogene Priorität der Verwirklichung zu erschüttern. Zwar könnten wir argumentieren, dass der Gedanke einer in sich reflexiven Fähigkeit, die aufgrund ihres

Bezugs auf unbeständige Bedingungen nicht zufällig eine Unfähigkeit ent- und behält, die daher der Möglichkeit des Fehlgehens ausgesetzt bleibt und unter dem Anspruch einer fortgesetzten Perfektionierung steht, das teleo-ontologische Primat kompliziert: Die Fähigkeit existiert, um vollzogen zu werden, aber die Vollzüge dienen auch dazu, eine perfektionierte Fähigkeit zu erwerben. Das Verhältnis der beiden teleologischen Relationen ist allerdings ein asymmetrisches: Der Erwerb einer verbesserten Fähigkeit zielt auf die Wirklichkeit ihres Besitzes, der wiederum auf den Zweck der Ausübung existentiell bezogen ist. Genauso müssen wir konzedieren, dass die Wirklichkeit eines sich derart perfektionierenden Vermögens von der Wirklichkeit einer Praxis der Perfektionierung abhängig ist – einer Praxis, deren Form den Zweck der Vervollkommnung und die Suche nach neuen Techniken, sowie »Anreize« durch Konkurrenz und die Rollenspiele von Vorbildern und Nacheiferern schon enthalten muss, damit individuelle Fähigkeiten existieren können, die ihre Subjekte in eine fortgesetzte Beschäftigung mit ihren »Mängeln« engagieren.

1.7. *Vermögen zu Gegenteiligem (Θ 2, Θ 5).* – Dennoch wäre es falsch zu glauben, dass wir keinen Schritt weitergekommen sind – im Gegenteil. Wir haben gesehen, dass praktische Fähigkeiten reflexiv verfasst sind und dass dadurch ihr Subjekt in einer negativen Relation zu ihnen steht. Diese beiden Bestimmungen verändern nun allerdings die Weise, in der wir die Existenz – das »Sein« – eines Handlungsvermögens verstehen müssen. In Θ 3 hat Aristoteles die Realität der *dynamis* als »Besitz« beschrieben und in den Prioritätsthesen aus Θ 8 diesen Besitz an die Existenz einer Lebensform und ihrer Praktiken gebunden: Ein Individuum verfügt über praktische Vermögen insofern, als es Exemplar einer Spezies ist, die ihr Dasein im Sinne von Handlungsformen organisiert; Vermögen entsprechen in diesem Sinne »intrinsischen dispositionellen Eigenschaften«,[83] die es auf der Grundlage der Wirklichkeit von Praxisformen gibt und deren Potentialität von vornherein durch diese Formen bestimmt ist. Heidegger zufolge lässt sich dieses Bild jedoch in dem Maße nicht aufrechterhalten, wie das Haben von Vermögen durch Reflexivität charakterisiert ist – durch eine Selbstbezüglichkeit, die allein auf der Basis einer »Lebensform« möglich ist, die wesentlich in einem Bezug zu sich selbst steht.

Im §9 von *Sein und Zeit* hat Heidegger argumentiert, dass der Gedanke eines selbstbezüglichen Wesens die Vorstellung eines gewissen Verhaltensspielraums impliziert: Ein Seiendes, das sich »in seinem Sein«

83 Vgl. Liske, »Inwieweit sind Vermögen intrinsische dispositionelle Eigenschaften? (Θ 1–5)«, S. 263–276.

auf sein Sein bezieht, besitzt notwendig das Vermögen, sich zu seinem Sein zu verhalten. Sich zu seinem Sein zu verhalten bedeutet jedoch, die Seinsbestimmung, auf die man sich bezieht, *auf die eine oder auf eine andere Weise sein zu können*. Sobald wir es mit einer Bestimmung zu tun haben, die nur in dem Maße auf ein Subjekt zutrifft, wie das Subjekt sich zu dieser Bestimmung verhält, handelt es sich um eine Bestimmung, die dem Subjekt zunächst *als Möglichkeit* gegeben ist – und nicht als eine Wirklichkeit, die das Subjekt substantiell definiert. Und eine solche Bestimmung ist auch nur insofern als Möglichkeit gegeben, wie sie in einer Differenz von »Sosein« oder »Anderssein« erscheint (in Heideggers Worten: in einer Differenz von Eigentlichkeit und Uneigentlichkeit). Aus diesem Grund sieht sich Heidegger berechtigt, die Prioritätsrelation zwischen *dynamis* und *energeia* für den Fall des »Daseins« umzukehren: »Das Seiende, dem es in seinem Sein um dieses selbst geht, verhält sich zu seinem Sein als seiner eigensten Möglichkeit. Dasein *ist* je seine Möglichkeit und es ›hat‹ sie nicht nur noch eigenschaftlich als ein Vorhandenes.«[84]

Für uns ist an dieser Stelle die Idee entscheidend, dass ein selbstbezügliches Vermögen – ein Vermögen, das im Selbstbezug auf das eigene Vermögen liegt – seinem Subjekt als *Differenz* gegeben ist und so einen spezifischen Verhaltensspielraum enthält, nämlich die Möglichkeit, sein Vermögen so (auf die Weise von *a*) oder anders (auf die Weise von *nicht-a*) auszuüben. Und diese Idee ist insofern entscheidend, als ein solches Vermögen mit der neoaristotelischen These der Gelingensfixierung nicht mehr vereinbar ist: Die Form (als *telos* und *eidos*) einer Praxis kann die Potentialität eines Vermögens nicht zureichend bestimmen, weil sie jene Negativität nicht verständlich machen kann, die ein in sich reflexives Vermögen wesentlich kennzeichnet. Aus diesem Grund sind jene beiden Merkmale – innere Reflexivität und Negativität – für eine Revision des Begriffs der Handlungsfähigkeit im Allgemeinen zentral. Und das ist der Ausgangspunkt für unser Argument: Handlungsfähigkeit impliziert Unfähigkeit »in Hinsicht auf dasselbe und gemäß desselben«, weil diese Fähigkeit reflexiv verfasst ist und mithin auf ihre eigene Negativität konstitutiv bezogen bleibt. Dies gilt zunächst für alle praktischen Fähigkeiten – die Fähigkeiten des Bergsteigens, der Heilkunst, des Diebstahls etc. –, die durch einen bestimmten Zweck individuiert sind, das heißt durch ein bestimmtes

84 Heidegger, *Sein und Zeit*, S. 57. An dieser Stelle interessiert uns nicht Heideggers These als solche; es geht vielmehr um den Gedanken, der diese These motiviert: dass Reflexivität (im Sein des Daseins) Bewusstsein (oder »Erschlossenheit«) von Differenz (»in dieser oder jener Weise« [ebd.]) enthält, das heißt Bewusstsein von einer Möglichkeit als Möglichkeit.

*telos* oder »Gut«; aber es gilt für diese Fähigkeiten auch nur insofern, als sie verschiedene Aspekte ein und desselben Handlungsvermögens beschreiben, das selbstbezüglich strukturiert ist und dadurch in einem negativen Bezug zu sich steht.

Vielleicht mag es erstaunen, dass die These von der inneren Differentialität begrifflicher Vermögen im Prinzip von Aristoteles selbst stammt: Rationale Fähigkeiten (*dynameis meta logou*), so behauptet er in Θ 2, unterscheiden sich von nichtrationalen Potenzen (*dynameis alogoi*) dadurch, dass sie wesentlich auf Entgegengesetztes (*enantia*) bezogen sind. Die entscheidende Passage im neunten Buch der *Metaphysik* ist die folgende:

> »Und die [Vermögen] aufgrund von *logou* sind alle für sich auf Entgegengesetztes [bezogen], die [Vermögen] *alogoi* aber eines auf eines, wie zum Beispiel das Warme nur auf das Wärmen, die Heilkunst aber auf Krankheit und Gesundheit. Ursache [davon] ist aber, dass das Wissen (*epistēme*) Logos ist, derselbe Logos aber zeigt (*deloi*) die Sache (*pragma*) und die Privation (*sterēsis*), nur nicht auf dieselbe Weise, und er ist [Erklärung] für beides, am meisten aber für das Zugrundeliegende; daher ist es notwendig, dass auch die so beschaffenen Wissenschaften (*epistemai*) sich auf Entgegengesetztes beziehen, auf das eine als solches (*kath' hautas*), auf das andere aber nicht als solches (*mē kath' hautas*). Denn auch der Logos [ist eine Erklärung] für das eine als solches, für das andere auf eine bestimmte Weise gemäß eines Zusammenfallens (*kata symbebēkos*). Durch Verneinung (*apophasai*) und Wegnahme (*apopharā*) erklärt [der Logos] das Entgegengesetzte, denn das Entgegengesetzte ist die erste Privation, diese aber die Wegnahme des anderen [Teils des konträren Gegensatzes].«[85]

Hält man sich an die Beispiele und vernachlässigt für den Moment alle Übersetzungs- und Deutungsprobleme, dann scheint die aristotelische These einigermaßen klar: Objekte, die warm sind, können nur eines, nämlich anderes erwärmen, während der Arzt, der die Fähigkeit der Heilkunst besitzt, zweierlei kann, nämlich entweder Gesundheit oder Krankheit hervorzubringen. Diejenigen Fähigkeiten, die *meta logou* sind – jene Fähigkeiten, die auf der Basis von Vernunft, Verstand, Begriffen oder Sprache bestehen beziehungsweise sich in der Form von Urteilen oder Schlussfolgerungen realisieren –, unterscheiden sich also von nichtrationalen Fähigkeiten dadurch, dass sie nicht nur eine Form, sondern zwei Formen von Veränderung verursachen können, die sich wie die beiden Teile eines konträren Gegensatzes

---

85 Aristoteles, *Metaphysik*, XI 2. 1046b, Übersetzung aus Jansen, *Tun und Können*, S. 80f.

zueinander verhalten: wie eine Position zu ihrer Privation, wie die Sache selbst (Gesundheit) zu ihrem Fehlen (Krankheit als Abwesenheit von Gesundheit). Wenn es um die Erklärung von Veränderungen geht, die auf rationale Vermögen als deren »Ursache« abheben, kann daher sowohl die Heilung eines Patienten als auch dessen Vergiftung oder Tötung mit Bezug auf dasselbe Vermögen verständlich gemacht werden – in diesem Fall das medizinische Wissen.

Um den Unterschied zwischen rationalen und nichtrationalen Vermögen zu profilieren, hat Stephen Makin vorgeschlagen, das je verschiedene Verhältnis dieser Vermögen zu den Bedingungen oder Umständen ihrer Aktualisierung zu berücksichtigen. Demzufolge lässt sich ein nichtrationales Vermögen zu *a* (zum Beispiel das Vermögen zur Erwärmung anderer Gegenstände) als »one-way capacity« bestimmen, insofern jede Aktualisierung dieses Vermögens eine Instanz von *a* darstellt.[86] Offensichtlich führt die Realisierung nichtrationaler Vermögen nicht stets zu den gleichen Resultaten, sondern wirkt sich in verschiedenen Kontexten verschiedenartig aus. Diese Beobachtung macht aus ihnen allerdings keine Vermögen zu multiplen Wirkungen. Zwar ist das Feuer in der Lage, Brot zu backen, Wasser zu erhitzen und Butter schmelzen zu lassen etc.; um aber das Zustandekommen dieser Wirkungen sinnvoll erklären zu können, bedarf es der Rekurrenz auf ein und dieselbe Potenz des Feuers – sein Vermögen, anderes zu erhitzen –, das eine erklärende Funktion nur in dem Maße erfüllen kann, wie es in allen (charakteristischen) Umständen als dieselbe *one-way capacity* identifizierbar ist. Die Verschiedenartigkeit der Wirkungen lässt sich entsprechend nicht durch das Vermögen des Feuers erklären, sondern allein durch die Verschiedenartigkeit der Umstände, in denen das Vermögen des Feuers aktualisiert wird.

Im Gegensatz dazu wäre ein rationales Vermögen zu *a* als eine »two-way capacity« zu beschreiben, wenn es unter »normalen« Umständen auch Aktualisierungen des Vermögens geben kann, die keine Instanz von *a* sind.[87] Mit Bezug auf dieselben aktuellen Bedingungen (wie zum Beispiel auf einen bestimmten Patienten) besitzt demnach ein rationales Vermögen wie die Heilkunst den Status einer *two-way capacity*, insofern ihre Ausübung den Zustand des Leidenden sowohl verbessern als auch verschlechtern kann. Die Verschiedenartigkeit der Resultate ist dementsprechend nicht durch die Verschiedenartigkeit der Umstände zu erklären, sondern durch die in sich konträre Bestimmtheit ein und desselben rationalen Vermögens: »Daher bringt das nach

---

86 Makin, »Aristotle on Modality«, S. 146.

87 Aristoteles, *Metaphysik*, XI 2. 1046b, Übersetzung aus Jansen, *Tun und Können*, S. 80f.

dem Logos Vermögende das Entgegengesetzte hervor, denn in *einem* Prinzip (*archē*), dem Logos, wird das Entgegengesetzte umfasst.«[88] Auf diese Weise gewinnen wir einen komplexeren Begriff von praktischen Fähigkeiten: Ein rationales Vermögen zu *a* unter *U* enthält nicht nur im Logos von *U* eine Differenz – diejenige zwischen *U(c)* und *U(nicht-c)* –, sondern darüber hinaus auch eine Differenz im Logos von *a*. Der praktische Begriff von *a* unter *U* impliziert notwendig einen Begriff von *nicht-a* unter *U*, und zwar als *archē*, das heißt als ein *Prinzip des Vollzugs* desselben rationalen Vermögens.

Die Schwierigkeiten mit der aristotelischen Bestimmung der *dynamis meta logou* beginnen jedoch spätestens bei der Rekonstruktion der Begründung für die Gegensätzlichkeit rationaler Vermögen und ihres präzisen Sinns. Und dabei hängt offensichtlich alles davon ab, wie man Aristoteles' Ausführungen zur »*meta logou*«-Struktur deutet, welche den Bezug auf Gegenteiliges erklären soll: Wie hat man die Behauptung zu interpretieren, dass der Logos die »Sache« sowie deren »Privation« »enthüllt« (*deloi*) und daher beides »umfasst« (*periechetai*)? Was bedeutet hier »Privation«? Inwiefern enthält ein und derselbe Logos *seine eigene Negation*? Und was will Aristoteles sagen, wenn er bemerkt, dass der Logos die Sache und die Privation »nicht auf dieselbe Weise« erklärt, insofern er die Sache »als solche« visiert, ihren Gegensatz dagegen »nicht als solchen«, nämlich »durch Verneinung und Hinwegnahme«, aber »gemäß eines Zusammenfallens«?

Wir werden uns im Folgenden zwei verschiedenen Antworten auf diese Fragen widmen: Die erste Antwort (1.8.) versucht, den Bezug auf Gegensätzliches durch die Reflexivität rationaler Vermögen zu erläutern, das heißt durch das praktische Überlegen; sie bringt damit eine Intuition zum Ausdruck, die in der zeitgenössischen Philosophie weit verbreitet zu sein scheint. Die zweite Antwort (1.9.) setzt stattdessen bei Aristoteles' Behauptung an, dass der Logos die beiden Seiten des Gegensatzes nicht auf die gleiche Weise erklärt, und versucht, im Ausgang von einer bestimmten Deutung dieser Asymmetrie jene Gegensätzlichkeit zu erhellen; diese Argumentationsstrategie ist beispielhaft für den neoaristotelischen Ansatz und insofern für unseren Kontext besonders interessant, denn sie exponiert die Voraussetzungen, die das Konzept eines gelingensfixierten Vermögens grundieren. Im Ergebnis werden wir feststellen, dass es beiden Antworten nicht gelingt, die Negativität, die Aristoteles in der Formel eines »Vermögens zum Gegenteiligen« nennt, als *Strukturmerkmal* des Logos eines Vermögens zu erläutern.

---

88 Aristoteles, *Metaphysik*, IX 2. 1046b, Hervorhebung von mir, D.S.

1.8. *Selbstbezügliche Aktualisierung.* – In seinem systematischen Kommentar zum neunten Buch der *Metaphysik* hat Ludger Jansen vorgeschlagen, Logos an dieser Stelle im doppelten Sinne von Wissen und Überlegung zu deuten.[89] Mit Bezug auf Aristoteles' Beispiel vom rationalen Vermögen des Arztes erläutert er den Bezug auf Gegensätzliches folgendermaßen: Der Arzt ist im Besitz der Fähigkeit des Heilens aufgrund seines Wissens um das Wesen oder die Form (*eidos*) der Gesundheit. Er besitzt also den Logos von dieser Form, und sein Vermögen ist in diesem Sinne *meta logou*. Inwiefern befähigt ihn dieser Besitz nun zum Heilen? Der Mediziner ist mit einem menschlichen Organismus konfrontiert, der mit Bezug auf die Form eines gesunden Körpers eine »Privation« aufweist, das heißt dem etwas »fehlt« oder »mangelt«. Der Logos der medizinischen Fähigkeit muss folglich so beschaffen sein, dass der Arzt diesen »privativen« Zustand erkennen kann; darüber hinaus muss er den Arzt in die Lage versetzen, praktische Maßnahmen zu ergreifen, diesen Zustand des Mangels aufzuheben. Daher sollten wir den Besitz des praktischen Logos (der Gesundheit) so verstehen, dass er die Fähigkeit zu *Überlegungen* einschließt, die der Arzt anstrengen wird, bevor er mit der Behandlung beginnt: Seine Überlegung setzt bei seinem Wissen um die Form der Gesundheit an, hinsichtlich der er sich durch »Verneinung und Wegnahme« erklären kann, was dem Patienten fehlt; und er schreitet in der Überlegung voran, indem er die Mittel bestimmt, welche die Gesundheit wiederherstellen. Auf diese Weise schließt der Logos der Gesundheit also den Logos der Krankheit ein, der als Abwesenheit oder Fehlen von Gesundheit definiert ist: Damit die medizinische Fähigkeit das ist, was sie ist, muss sich der Arzt auf den Logos der Gesundheit notwendig in Form der Negation beziehen können. In dem Maße aber, wie der Arzt kraft seines medizinischen Wissens über die Fähigkeit verfügt, in seinen Überlegungen die Formbestimmungen der Gesundheit zu negieren, ist er zugleich auch praktisch in der Lage, sich an einer Privation der Mittel zur Erzeugung von Gesundheit zu orientieren: Er kann über die Mittel zur Erzeugung von Krankheit nachdenken und dabei erkennen, dass er das der Gesundheit Förderliche zu unterlassen, ja sogar das der Gesundheit Abträgliche herbeizuführen vermag. In einer ersten Annäherung ließe sich also derart nachvollziehen, inwiefern rationale Vermögen gegensätzliche Wirkungen haben können: Die Fähigkeit, sich auf den Logos (der Gesundheit) in Überlegungen zu beziehen, impliziert die Fähigkeit, dessen Bestimmungen zu negieren; und insofern der Logos nicht allein die Mittel zur Wiederherstellung von Gesundheit, sondern darin

---

89 Vgl. im Folgenden Jansen, *Tun und Können*, S. 82–85.

zugleich auch das *telos* seiner Aktualisierung angibt (die Hervorbringung oder Wiederherstellung von Gesundheit), ist das Subjekt auch in der Lage, in seinen Überlegungen dieses *telos* privativ zu handhaben, so dass ein rationales Vermögen auch dazu verwendet werden kann, ein konträres *telos* (die Herstellung von Krankheit) zu verwirklichen.

Die Grundidee von Jansens Erläuterung besteht demnach darin, die Bezogenheit auf Gegensätzliches durch den Selbstbezug verständlich zu machen, der mit dem Besitz einer *dynamis meta logou* notwendig einhergeht. Eine rationale Fähigkeit wird nicht bloß in »externen« Handlungen (im Sinne der Verursachung von Veränderungen »in einem anderen«) ausgeübt; die Aktualisierung des Logos geschieht vielmehr konstitutiv auf eine reflexive Weise – in Form einer Selbstbeziehung des Logos (als Urteilen oder Überlegen) zum Logos (als praktisches Wissen von einer Sorte von Gegenständen und einer darauf bezogenen Form des Handelns):[90] Der Dieb hat den Logos des Stehlens, und er übt diesen Logos so aus, dass er sich mit Blick auf je besondere Umstände *urteilend* auf diesen Logos zurückbezieht; dieser reflexive Rückbezug setzt ihn dabei in den Stand, den Logos des Diebstahls auch gegen dessen *telos* zu aktualisieren – und zum Beispiel einem Passanten unbemerkt eine Hunderteuronote zuzustecken. Diese der Fähigkeit immanente Reflexivität muss dabei nicht notwendig im Sinne explizit vollzogener Überlegungen verstanden werden; es geht vielmehr darum, dass jede Ausübung einer rationalen Fähigkeit eine reflexive Struktur besitzt, das heißt durch ein Bewusstsein von der Fähigkeit geleitet wird: Das Subjekt wendet sein Wissen (den Logos des Diebstahls) in praktischen Urteilen an, durch die es bestimmt, wie in einer spezifischen Situation zu handeln ist – das heißt wie (und ob) die Fähigkeit aktualisiert wird.[91] Der Logos eines Vermögens wird demnach nicht »unmittelbar« in Handlungen umgesetzt, sondern notwendig durch die »Vermittlung« eines urteilenden Rückbezugs auf das Vermögen. In dieser Dimension der »Vermittlung« liegt jedoch ein gewisser »Abstand« – ein Abstand zwischen der handelnden Ausübung des Logos und dem Logos selbst: Das Subjekt kann sich auf die Bestimmungen seines Vermögens in der Form affirmativer Urteile oder in der Form negativer Urteile beziehen (der Dieb kann sein praktisches Wissen zum Zweck des Diebstahls ausüben – oder so ausüben, dass es diesen Zweck nicht verfolgt).

---

90 Expliziter als Jansen entwickelt Andrea Kern diese Deutung, vgl. dies., *Quellen des Wissens. Zum Begriff vernünftiger Fähigkeiten*, S. 225ff.

91 Praktische Urteile müssen demnach nicht notwendig »wohlüberlegt« sein, im Gegenteil; zumeist werden diese Urteile *im Handeln vollzogen*.

In dieser Deutung »umfasst« der Logos also insofern das Gegenteilige, als seine Ausübung eine selbstbezügliche Struktur besitzt und dieser Selbstbezug die Form einer Negation annehmen kann. Obgleich eine solche Beschreibung nicht falsch ist, kann sie die konträre Struktur rationaler Vermögen nicht verständlich machen. Denn wenn man wissen möchte, weshalb rationale Vermögen ihre eigene »Privation« enthalten und sogar realisieren können, will man eben jenen »Abstand« verstehen, der den Logos (als praktisches Urteilen oder Überlegen) in seiner Aktualisierung von sich selbst (als praktisches Wissen) distanziert. Wie aber bereits Heidegger deutlich gemacht hat, kann der bloße Verweis auf die logische Funktion der Negation im Urteilen diese Selbst-Differenz nicht erklären – denn er setzt das zu Erklärende voraus.[92] Weshalb spielt die Form der Negation im Falle praktischer Fähigkeiten überhaupt eine Rolle? Der Hinweis, dass es eben im Urteilen die logische Funktion der Negation gibt, bietet offensichtlich auf diese Frage keine Antwort. In seiner Interpretation deutet Jansen eine Antwort an, indem er die Möglichkeit des abweichenden Urteilens an ein besonderes Merkmal des Logos bindet: Am Beispiel des Arztes sieht man, dass der Logos des Heilens nicht bloß den Logos der Gesundheit enthält, sondern auch den Logos der Privation von Gesundheit. Wenn man aber die notwendige Bezogenheit auf Gegenteiliges dadurch erläutern will, dass ein praktischer Logos auch den Logos seiner bestimmten Negation (zum Beispiel den der Krankheit) impliziert, dann handelt es sich um ein *inhaltliches* Merkmal einer spezifischen Fähigkeit, das sich nicht generalisieren lässt. Denn worin soll die bestimmte Negation beim Logos des Tanzens, Schwimmens oder Schreibens bestehen? Wie ließe sich der entsprechende Gegensatz im Falle der Fähigkeit formulieren, eine bestimmte Software zu bedienen, Yogaübungen zu exerzieren oder einen Cocktail zu mixen? Und auch dort, wo man sinnvoll einen solchen Begriff des Gegenteils anwenden kann: Ließe sich sagen, dass derjenige, der die Kunst des Liebens beherrscht, *dadurch* auch zugleich über eine »Technik« des Hassens verfügt?[93]

---

92 Vgl. Heidegger, *Aristoteles, Metaphysik Θ 1–3*, S. 143.

93 Demzufolge dürfen wir Aristoteles' Rede von »Privation« nicht mit dem Gegensatz in einem solchen Sinne identifizieren. Die oben skizzierte Interpretation, die sich an Aristoteles' Beispiel des Arztes orientiert, suggeriert, dass der gegensätzliche Fall am Paradigma des »Missbrauchs« zu modellieren sei: Eine rationale Fähigkeit wäre in dem Maße auf Gegensätzliches bezogen, wie der Logos nicht allein mit Bezug auf seinen internen Zweck (Gesundheit wiederherstellen), sondern auch mit Bezug auf den direkten Gegensatz dieses Zwecks (Krankheit hervorrufen) gebraucht werden kann. Die gerade erwähnten Beispiele aber verdeutlichen, dass die Vorstellung eines »Missbrauchs« nicht auf alle Fälle von *dynameis meta logou* anwendbar ist. Vgl. dazu Kern, *Quellen des Wissens*, S. 220.

Wir sollten daher die aristotelische Bestimmung der *dynamis meta logou* nicht als ein inhaltliches, sondern als ein *strukturelles* Merkmal deuten. Wie lässt sich aber begründen, dass rationale Vermögen wesentlich durch eine bestimmte Form der Negativität gezeichnet sind? Die oben skizzierte Erläuterung hat sich auf den reflexiven Abstand des praktischen Urteilens berufen, um den Bezug auf Gegenteiliges verständlich zu machen. Liest man aber im Text des neunten Buchs genauer nach, wird deutlich, dass es sich für Aristoteles eher umgekehrt verhält: Weil der Logos eines rationalen Vermögens in sich auf Gegensätzliches bezogen ist, besitzt seine Aktualisierung eine reflexive Struktur. In diesem Fall ist der Begriff des praktischen Urteilens (der Reflexivität des Logos) nicht derjenige, der den Bezug auf Entgegengesetztes (die Negativität des Logos) erläutert; er wird vielmehr seinerseits erst auf der Basis dieser Charakteristik verständlich. Diese These formuliert Aristoteles im fünften Abschnitt von Θ, in dem es um die Frage nach den Bedingungen geht, unter denen rationale Vermögen auf der einen und nichtrationale Vermögen auf der anderen Seite verwirklicht werden. Im Hinblick auf letztere erscheint es Aristoteles als »notwendig, daß immer, wenn das Bewirkende und das Erleidende sich entsprechend ihrem Vermögen einander nähern, das eine bewirkt, das andere erleidet.«[94] Während also *dynameis alogoi* automatisch dann (aktiv oder passiv) aktualisiert werden, wenn charakteristische Umstände (die entsprechenden aktiven oder passiven Potentialitäten) vorhanden sind – wenn Feuer auf trockenes Holz stößt, setzt es letzteres in Flammen –, gilt dies nicht für rationale Vermögen:

> »Denn alle diese [nichtrationalen Vermögen] sind ein [Vermögen] für *ein* Bewirken, jene [die rationalen Vermögen] aber für Gegensätzliches, so daß sie zugleich die Gegensätze bewirken würden; das aber ist unmöglich. Notwendig ist daher, daß etwas anderes das Entscheidende (*to kyrion*) ist; ich meine aber das Streben (*orexis*) und die überlegte Entscheidung (*prohairesis*). Denn nach welchem von beiden [Gegenteilen] auch immer man entschieden strebt (*oregētai kyrios*), das wird man bewirken, und zwar auf die Weise, wie man vermögend ist (*dynatei hyparchē*), und dann wenn [man] sich dem Erleidenden annähert. Daher ist es für jedes *dynaton kata logon* notwendig, daß man, wenn man erstrebt, wozu man das Vermögen hat und wie man es hat, dieses bewirkt.«[95]

94 Aristoteles, *Metaphysik*, IX 5. 1048a, Übersetzung aus Jansen, *Tun und Können*, S. 177.

95 Aristoteles, *Metaphysik*, IX 5. 1048a, Übersetzung aus Jansen, *Tun und Können*, S. 178f.; Hervorhebung von mir, D.S.

Weil eine rationale Fähigkeit mit Bezug auf ein und dieselben Umstände gegensätzliche Handlungen bewirken kann, sind die Umstände nicht (wie im Fall nichtrationaler Potenzen) in der Lage, die Fähigkeit zur Aktualisierung zu bestimmen. Ganz gleich also, ob die günstigen Bedingungen physischer, psychischer oder sozialer Natur sind: Stets kann ein Subjekt rationaler Vermögen seine Fähigkeit so oder anders vollziehen. Aus diesem Grund müssen wir bei rationalen Fähigkeiten eine Form der *Selbstbestimmung* in Anschlag bringen – weil andernfalls davon auszugehen wäre, dass sie das Entgegengesetzte zugleich realisierten, was offensichtlich »unmöglich« ist. Insofern sie also auf Gegenteiliges bezogen sind, müssen sie sich selbst zur Aktualisierung »bewegen« können. Eine Fähigkeit zum Gegensätzlichen ist nur in dem Maße möglich, wie sie die Fähigkeit einschließt, eine der beiden Seiten des Gegensatzes zu »wählen«, zu »erstreben« oder sich für eine zu »entscheiden«.

Es ist wichtig, dass Aristoteles hier keine besondere *Bedingung* angibt, die zum Set der notwendigen und hinreichenden Bedingungen gehört, unter denen eine rationale Fähigkeit realisiert wird.[96] Die Rede von *orexis* und *prohairesis* zielt nicht auf einen Umstand in diesem Sinne, der bei rationalen Vermögen hinzukommen muss – schließlich beschreiben die zur Ausübung notwendigen Bedingungen im Fall der *dynamis meta logou*, wie Aristoteles klargemacht hat, keine hinreichenden Bedingungen.[97] Wir haben es hier vielmehr mit einer andersartigen *Form* der Aktualisierung zu tun, die nicht durch das Vorliegen gewisser Bedingungen ausgelöst wird, sondern gewissermaßen »selbstaktivierend« ist. Und insofern das »entschiedene Streben« oder die »überlegte Wahl« Modi der selbstbezüglichen Aktualisierung einer *dynamis meta logou* sind, sollten wir diese auch als Formen des Logos charakterisieren: Sowohl *orexis* als auch *prohairesis* besitzen die Form eines praktischen Urteils.[98] Dementsprechend müssen wir im Begriff der Aktualisierung eines rationalen Vermögens eine interne

---

96 Dies meint hingegen Charlotte Witt, vgl. dies., *Ways of Being*, S. 61–66.

97 Vgl. zu dieser Überlegung auch Kern, *Quellen des Wissens*, S. 220–224.

98 Der aristotelische Begriff der *prohairesis* beschreibt eine überlegte Entscheidung, die selbst eine Art des Strebens darstellt: eben ein *überlegtes* Streben. Ein praktisches Urteil enthält in diesem Sinne – ob es nun Resultat von praktischen Überlegungen ist oder nicht – stets eine *orexis*. An der Stelle in Θ 5, an der Aristoteles von »*orexis* und *prohairesis*« spricht (Aristoteles, *Metaphysik*, IX 5. 1048a), deutet Andrea Kern die »und«-Verknüpfung als eine erläuternde, das heißt als epexegetisch (vgl. Kern, *Quellen des Wissens*, S. 221, Fn 61). Diese Deutung erscheint sinnvoll. Die aristotelische These besagt, dass die Weise der Aktualisierung eines rationalen Vermögens notwendig die Form eines *praktischen Urteils* besitzt, das wiederum notwendig ein *strebendes* Urteilen beschreibt. Zur *prohairesis* vgl. auch den Abschnitt 4.3.

Differenz markieren: Die selbstbezügliche Form der Aktualisierung des praktischen Logos geschieht als praktisches Urteilen, die von der handelnden Verwirklichung des Logos begrifflich zu unterscheiden ist, denn die Handlung bildet einen *Aspekt* der Ausübung rationalen Könnens – genauer, die konklusive Vollendung der praktisch schließenden Aktualisierung.

Für Aristoteles beschreiben somit das praktische Urteilen (die Reflexivität) und die Bezogenheit auf Entgegengesetztes (die Negativität) zwei wesentliche Merkmale einer *dynamis meta logou*, die einander strikt bedingen: In dem Maße, wie ein Vermögen auf Gegenteiliges bezogen ist, verfügt sein Subjekt über die reflexive Fähigkeit der Selbstbestimmung seiner Aktualisierung. Wenn es nun aber so ist, dass die Negativität des praktischen Logos und seine Reflexivität in einem wechselseitigen Bedingungsverhältnis stehen, können wir nicht mehr sagen, dass die Gegensätzlichkeit allererst durch das Überlegen oder Urteilen und dessen logische Möglichkeit der Negation ins Spiel kommt. Wenn sich das Subjekt in seinen Urteilen oder Überlegungen auf den Logos seiner Fähigkeit derart bezieht, dass es diesen so oder anders verwirklichen kann, dann muss dieser Logos in sich schon so beschaffen sein, dass er das Gegenteilige umfasst. Wenn das praktische Urteilen also auf den gegenteiligen Fall des Handelns zielt, dann bezieht es sich auf etwas, das im Logos seiner Fähigkeit bereits enthalten ist – weil dieser jenen gegenteiligen Fall allererst als Möglichkeit »enthüllt«. Daher benötigen wir eine andere Erläuterung der inneren Gegensätzlichkeit rationaler Vermögen – eine Erläuterung, die den Akzent nicht auf die abstrakte logische Urteilsfunktion der Negation legt, sondern die klärt, inwiefern der Logos einer Handlungsweise *in sich selbst* das Gegenteilige enthält. Wie muss also der praktische Logos verfasst sein, um dem reflexiven Rückbezug des Urteilens die Realisierung des Entgegengesetzten zu ermöglichen?

1.9. *Der asymmetrische Bezug auf das Gegenteilige.* – Um zu klären, inwiefern der Logos einer rationalen Fähigkeit konstitutiv einen Bezug auf Gegenteiliges enthält, liegt es nahe, sich an der zweiten aristotelischen These zu orientieren, der zufolge der Bezug auf die gegenteiligen Akte als ein *asymmetrischer* zu verstehen ist. Aristoteles behauptet, dass der Begriff eines rationalen Vermögens die beiden Seiten des Gegensatzes nicht in der gleichen Weise »zeigt« oder »erklärt«: Der praktische Logos ist auf die eine Vollzugsweise »an sich« bezogen, während sein Verhältnis zur anderen Vollzugsweise ein »akzidentielles« darstellt. Andrea Kern hat eine Deutung dieser Asymmetrie vorgeschlagen, die in gewisser Weise symptomatisch zu nennen ist – und zwar im Hinblick auf das neoaristotelische Verständnis begrifflicher Vermögen und dessen Orientierung an der Priorität der *energeia*. Kern argumentiert, dass der Logos diejenigen Fälle des Handelns »an sich« erklärt, die der *positiven* Bestimmung einer rationalen Fähigkeit entsprechen: Die Fähigkeit zu *a* ist durch die Handlungsform *a* definiert; und deshalb erfüllt der Begriff dieser Fähigkeit seine explanatorische Funktion im »vollen« Sinne nur dann, wenn wir es mit einer Instanziierung von *a* zu tun haben. Darüber hinaus aber kann der Logos eines Vermögens auch solche Fälle des Handelns erklären, die von *a* in irgendeiner Hinsicht abweichen. Denn in dem Maße, wie wir über den Logos von *a* schon verfügen, sind wir auch in der Lage, solche Handlungen zu identifizieren, in denen der Vollzug von *a* scheitert oder fehlgeht – und zwar »durch Verneinung oder Wegnahme« von Bestimmungen, die zur positiven Definition eines rationalen Vermögens gehören:[99] Der Skifahrer stürzt, weil er beim Umsteigeschwung nicht den kurvenäußeren Ski (sondern den anderen Ski) belastet hat – er tut nicht das, was er seiner Fähigkeit gemäß hätte tun sollen, um einen Skischwung gelingen zu lassen; und der Dieb scheitert daran, einen Passanten zu bestehlen, weil er ihm nicht die Geldbörse geschickt entwendet (sondern ihm stattdessen einen Geldschein heimlich zusteckt) – er handelt nicht so, wie er seiner Fähigkeit zufolge hätte handeln sollen, um einen Passanten erfolgreich zu bestehlen. Derartige Vollzüge erklärt der Logos folglich nicht auf die gleiche Weise wie die »positiven« Fälle, sondern bloß negativ: als Akte, die nicht so sind wie die Handlungen, die der Logos eines Vermögens positiv bestimmt.

Diese Interpretation ist offensichtlich der logischen Priorität der *energeia* geschuldet. Denn in dem Maße, wie der Logos von *a* abweichende Vollzüge nur negativ erklärt, bleibt die Bestimmung dieser Vollzüge von der Handlungsform von *a* abhängig. Und weil die »positive« Definition der Handlungsform *a* die Potentialität eines Vermögens abschließend bestimmt, müssen wir das Gegenteilige als etwas verstehen, dass keine Aktualisierung des Vermögens darstellt, sondern schlicht dessen Ausbleiben bedeutet: Das Gegenteilige findet statt, wenn ein Vollzug dadurch charakterisiert ist, dass der Logos eines Vermögens – in einer bestimmten Hinsicht oder überhaupt – nicht verwirklicht wird, obgleich seine Verwirklichung auf irgendeine Weise erfordert oder angemessen ist. Wenn dies aber zutrifft, dann scheint es so zu sein, dass wir rationale Vermögen nicht als Vermögen zu Gegenteiligem verstehen dürfen: Das Gegenteilige ist keine Realisierung des Vermögens, der Logos keine *Ursache* (keine *archē*) des gegenteiligen Handelns – sondern nicht mehr als eine Bedingung unter anderen,

---

99 Vgl. Kern, *Quellen des Wissens*, S. 227.

die gegeben sein muss, um einen Fall des Gegenteiligen erkennen zu können; in der *Verwirklichung* des Gegenteiligen spielt der Logos jedoch keine wesentliche Rolle. In dieser Hinsicht gäbe es somit keinen Unterschied zwischen rationalen und nichtrationalen *dynameis* – beide wären »one-way capacities«, insofern sie durch *eine* Form der Aktualisierung charakterisiert sind, und zwar durch diejenige, die das Vermögen positiv bestimmt.

Vor diesem Hintergrund erscheint es nicht zufällig, dass Andrea Kern die Gegensätzlichkeit rationaler Vermögen in Analogie zu nichtrationalen Vermögen erläutert. Ihr Beispiel: Ich werfe ein Stück Holz ins Feuer, aber es brennt nicht. »Womit wir es hier zu tun haben, ist nach Aristoteles ein Fall des Gegenteiligen.«[100] Und wie ist dieser Fall nach Aristoteles zu erklären? Dadurch, »daß wir erkennen, daß in diesem Fall nicht jene Umstände bestanden, unter denen die Fähigkeit des Holzes, zu brennen, aktualisiert wird, sondern ein bestimmter Umstand fehlte, weggenommen war: Das Holz war nicht trocken.«[101] Um diesen Umstand, der die Aktualisierung verhindert hat, identifizieren zu können, nehmen wir Bezug auf die Definition des Vermögens (auf die Brennbarkeit des Holzes) – und die darin schon einbezogenen Umstände, die vorliegen müssen, damit das Holz brennen kann. Nach Andrea Kern will Aristoteles also sagen, »daß der *logos* den gegenteiligen Fall nur *vermittelt* über die Bezugnahme auf partikulare, zufällige Umstände erklären kann, während er den Fall der Aktualisierung der Fähigkeit [...] *unmittelbar durch die Fähigkeit* erklärt. Diese asymmetrische Struktur der Erklärung gilt dabei nach Aristoteles sowohl für vernünftige [...] wie auch für nichtvernünftige Fähigkeiten.«[102]

Worin soll dann aber der Unterschied zwischen beiden Sorten der *dynamis* liegen? Offensichtlich können wir uns nicht mit der Erläuterung zufriedengeben, dass der Logos eines rationalen Vermögens zwei Klassen von Vollzügen *erklärt*, aber nur eine Klasse von Vollzügen *hervorbringt*. Erklärungen von Handlungen rekurrieren zwar auf ein praktisches Wissen – derart, dass sie den Logos einer Fähigkeit als Grund und Ursache einer Handlung anführen (respektive als das, was Grund und Ursache hätte sein sollen, aber nicht verwirklicht wurde); sie haben allerdings nicht selbst den Status eines praktischen Wissens (eine Erklärung bringt keine Handlung hervor), sondern artikulieren vielmehr ein theoretisches Wissen *über* praktisches Wissen – über ein Wissen, das sich in Handlungen verwirklicht. Dasjenige Wissen also, das sich in Handlungserklärungen ausdrückt, ist nur dem Inhalt

100 Ebd., S. 229.
101 Ebd.
102 Ebd., S. 230.

nach praktisch, nicht aber der Form nach. Ein genuin praktisches Wissen liegt vielmehr allein in der Perspektive eines Handelnden: eines Subjekts, das sich auf seinen Logos nicht als Objekt bezieht, sondern eine Haltung des praktischen Logos zu einer besonderen Situation *einnimmt* – und zwar so, dass es aus ihr handelt. Die aristotelische These von rationalen Vermögen als Vermögen zu Gegensätzlichem kann sich demnach nicht bloß auf die Ordnung des Erklärens beziehen (die keine Ordnung des *praktischen* Logos darstellt), sondern muss in erster Linie die Ordnung des Handelns betreffen: einen Logos, der Handlungen verursacht. Dementsprechend müssen wir für den Fall eines rationalen Vermögens annehmen, dass die Fähigkeit zur (theoretischen) Erklärung des gegensätzlichen Falls die Fähigkeit zur (praktischen) *Bewirkung* des gegensätzlichen Falls einschließt oder sogar voraussetzt: Das Subjekt einer rationalen Fähigkeit kann aufgrund des Besitzes dieser Fähigkeit den gegensätzlichen Fall selbst herbeiführen.[103]

Die Bedeutung des gegensätzlichen Falls bleibt allerdings, so Andrea Kern, bei rationalen und nichtrationalen Vermögen die gleiche: Hier wie dort haben wir es mit einer Verhinderung der Aktualisierung der Fähigkeit zu tun, die auf einen partikulären Umstand zurückgeht. Die Beispiele, die Kern an dieser Stelle auflistet, entsprechen bezeichnenderweise allesamt – bis auf das Beispiel des Arztes, der seinen Patienten vergiftet – Fehlern: der stürzende Skifahrer; das Gebäude des Architekten, das einstürzt; sowie Fehlgriffe eines Lesenden beim Lesen oder eines Rechnenden beim Rechnen.[104] Sollten wir demnach Aristoteles so verstehen, dass das Unterscheidungsmerkmal von rationalen Vermögen darin besteht, dass sie im Gegensatz zu nichtrationalen Vermögen fehlgehen können? Dass der gegenteilige Fall in erster Linie am Fall des *unabsichtlichen Misslingens* zu modellieren sei? Offensichtlich wäre eine solche Lesart verfehlt. Um von einer »two-way capacity« zu sprechen, müssen wir annehmen, dass mit Bezug auf *ein und dieselben* (günstigen) Umstände *mehr als eine* Weise der Aktualisierung eines Vermögens möglich ist. Und wenn die gegenteilige Weise der Aktualisierung (wie am Beispiel des stürzenden Skifahrers) nur in dem Maße den Logos (des Skifahrens) ins Spiel bringt, wie dieser die Identifikation des zufälligen Umstandes ermöglicht, welcher den Skifahrer »daran hinderte, jenen Fall zu verwirklichen, durch den seine Fähigkeit, Ski zu fahren, definiert ist« – zum Beispiel »ein Stein auf dem Boden, Unkonzentriertheit etc.«[105] –, dann haben wir es schlicht nicht mehr mit ein und demselben Set von Umständen zu tun, unter dem

103 Vgl. ebd., S. 231.

104 Vgl. ebd., S. 227, 231.

105 Ebd., S. 231.

gegensätzliche Weisen der Aktualisierung möglich sind. Diese neoaristotelische Deutung der Gegensätzlichkeit ist also nicht in der Lage, rationale Vermögen als *two-way capacities* zu denken. Jene Beispiele von unabsichtlichen Fehlgriffen, die Andrea Kern auflistet, sind demnach keine Beispiele für den gegenteiligen Fall der Aktualisierung eines rationalen Vermögens – und zwar einerseits, weil sie eher Beispiele für Heideggers Idee der »Unkraft« darstellen (die eine Situation beschreibt, in der keine günstigen Umstände bestehen), und andererseits, weil ein unabsichtlicher Akt keiner Aktualisierung eines intentionalen Vermögens entspricht.

Aus diesem Grund leitet die Analogie zu nichtrationalen Vermögen in die Irre. Diejenige Gegensätzlichkeit, die bei der Bestimmung der *dynamis meta logou* in Anschlag zu bringen ist, unterscheidet sich wesentlich von derjenigen Gegensätzlichkeit, die auf nichtrationale Vermögen zutrifft. Andrea Kerns Argumentation scheint hier jene Struktur der *Zweiseitigkeit*, die (endliche) Vermögen im Allgemeinen charakterisiert, mit der Gegenteiligkeit zu verwechseln, die allein für rationale Vermögen spezifisch ist: Während jede *dynamis* je nach der Beschaffenheit äußerer Umstände sich entweder in Verwirklichung oder nicht in Verwirklichung befinden kann – darin besteht die Zweiseitigkeit –, ist eine *dynamis meta logou* mit Bezug auf identische Bedingungen zu gegenteiligen Ausübungen fähig.[106] Daher müssen wir versuchen, die asymmetrische Struktur der Weise, wie ein Subjekt rationaler Vermögen auf gegenteilige Vollzugsmöglichkeiten seines Vermögens bezogen ist, anders zu denken.

---

106 Von dieser Verwechslung scheint auch Agambens Deutung der aristotelischen *dynamis* nicht frei zu sein. Denn wenn er in »On Potentiality« an die aristotelische Bestimmung der Zweiseitigkeit der *dynamis* (vgl. Aristoteles, *Metaphysik*, IX 8. 1050b) erinnert und sie als Dopplung von Potenz-zu und Potenz-nicht-zu reformuliert (vgl. Agamben, »On Potentiality«, S. 182), dann hat er mit dieser ›Indifferenz‹ zwischen Aktualisierung und Nichtaktualisierung, die die Seinsweise der Potentialität als solcher kennzeichnet, noch lange nicht den Punkt erreicht, wo er behaupten kann, dass der darin liegende Bezug auf das »Nicht« der Verwirklichung eine eigene und abgründige Möglichkeit der Aktualisierung bildet (vgl. ebd., S. 183f.). Dazu hätte er zuvor zeigen müssen, unter welcher Bedingung die Negativität der Potenz-nicht-zu die Möglichkeit eines *Aktes* der Negativität konstituiert – nämlich allein unter der Bedingung, dass sie einen Aspekt einer *dynamis meta logou* beschreibt. Und wie es sein kann, dass der Logos eines Vermögens diese Negativität derart erschließt, dass darin eine ›Erfahrung des Unvermögens‹ liegt, wäre ein weiterer Schritt, den Agamben genauso wie den Schritt von der Zweiseitigkeit einer *jeden* Potentialität zur inneren Gegensätzlichkeit rationaler *dynameis* mit einem Satz zu machen meint.

1.10. *Zwei Formen des praktischen Urteilens.* – Betrachten wir drei Fälle von partikularen, zufälligen Umständen, die Andrea Kern zufolge ein Subjekt, das über den entsprechenden Logos verfügt, als Faktoren identifizieren kann, welche die Aktualisierung einer *dynamis* verhindern: das Holz ist feucht; der Skifahrer ist müde; der Dieb erleidet einen Anfall von Generosität. Es dürfte klar sein, dass diese drei Beispiele nicht denselben Status haben, denn mindestens im Fall des letzteren, wenn nicht bereits im Fall des mittleren, steht ein *praktisches Urteil* am »Beginn« der Handlung (die zum Sturz des Skifahrers führt; die im heimlichen Geschenk besteht). Die überraschende Anwandlung von Mildtätigkeit – verstehen wir sie als bloße Stimmung – stellt nicht die direkte Ursache der Handlung dar, sondern das Urteil des Diebes, seine Fähigkeit anders zu aktualisieren. Die Realisierung des gegenteiligen Falls geht somit nicht direkt auf einen partikularen Umstand zurück, sondern auf einen eigentümlichen Urteilsakt des Subjekts, durch den allererst die logische Verbindung zwischen jenem »partikularen Umstand« und dem Logos seiner Fähigkeit hergestellt wird: der Skifahrer nimmt seine Müdigkeit *als Grund*, eine bestimmte Handlung, die er seiner Fähigkeit des Skifahrens zufolge hätte ausführen müssen, nicht zu vollziehen; und der Dieb fasst seine generöse Stimmungslage als praktischen Grund auf, seine Fähigkeit des Diebstahls auf eine abweichende Weise auszuüben. In beiden Fällen gibt es also ein Urteil, durch das ein »Umstand« aufhört, ein schlichter partikularer Kausalfaktor zu sein, und stattdessen zu einem Grund wird, aus dem eine bestimmte Aktualisierung (oder Nichtaktualisierung) der Fähigkeit praktisch folgt. Wenn eine rationale Fähigkeit dadurch charakterisiert ist, dass sie zwei Klassen von Vollzügen bewirken kann, dann muss es dieselbe Fähigkeit sein, die sowohl den »positiven« als auch den »negativen« Fall des Handelns hervorbringt. Dementsprechend müssen wir darauf achten, in der Beschreibung der beiden Fälle einen gemeinsamen Sinn auszumachen – das heißt Aristoteles' Asymmetriethese nicht auf eine Weise zu lesen, die über das Ziel hinausschießt. Dass beide Fälle nicht auf die gleiche Weise bewirkt werden, sollten wir daher nicht so deuten, dass nur der eine Fall absichtlich (durch eine *prohairesis*) vollzogen wird, während der andere unabsichtlich geschieht. Ein Vermögen, das *meta logou* ist, realisiert sich *notwendig* einem praktischen Urteil (das heißt einer Absicht) gemäß, und dieses Merkmal muss auch im »privativen« Fall auszumachen sein, damit wir es überhaupt mit einem Vollzug zu tun haben, der durch ein rationales Vermögen bewirkt wird. Die partikulären Umstände, die in den Beispielen des Skifahrers und des Diebes als Gründe einer abweichenden Ausübung des Logos figurieren, behalten sicherlich den Charakter von Umständen (auch wenn sie durch ein praktisches Urteil als Gründe aufgefasst werden). In dem Maße jedoch, wie sie in die Erklärung einer Realisierung des Gegenteiligen eingehen, sind es keine Umstände, die *als Umstände* die Verwirklichung der »positiven« Fälle verhindern: der Dieb ist genauso in der Lage, seiner Stimmung zum Trotz den Passanten zu bestehlen, wie der müde Skifahrer nicht allein die Fähigkeit, sondern auch die Gelegenheit besaß, den »korrekten« Skischwung auszuführen. Was die Verwirklichung dieser Vollzüge verhindert, ist vielmehr das praktische Urteil selbst.

An dieser Stelle macht Andrea Kern geltend, dass eine solche Beschreibung der Asymmetriethese von Aristoteles nicht gerecht wird: Im Beispiel des Skifahrers haben wir »den Fall einer Handlung, die den Fall einer Privation der Fähigkeit, Ski zu fahren, und gleichwohl das Resultat einer Entscheidung [im Sinne von *prohairesis*] ist. Doch das kann nicht sein, wenn eine vernünftige Fähigkeit nach Aristoteles etwas ist, das den positiven Fall unmittelbar erklärt, das heißt ohne Bezugnahme auf partikulare Umstände. Wenn eine vernünftige Fähigkeit durch einen Akt der Entscheidung charakterisiert ist, die den positiven wie den negativen Fall *gleichermaßen* erklärt, dann kann eine vernünftige Fähigkeit den positiven Fall nicht ›an sich‹ erklären.«[107] Daher schlägt Kern vor, zwischen zwei Formen der *prohairesis* zu unterscheiden. Einerseits haben wir es mit einer Entscheidung zu tun, die »einen Akt einer vernünftigen Fähigkeit darstellt«, andererseits jedoch mit einem Akt der Entscheidung, »durch den [...] die Ausführung [einer] vernünftigen Fähigkeit bewirkt« wird.[108] Damit eine *prohairesis* als Aktualisierung einer Fähigkeit zu *a* gelten kann, muss ihre Form darin bestehen, »das unter den gegebenen Umständen *gemäß der Fähigkeit Richtige* zu tun«.[109] Nur eine *prohairesis* in diesem Sinne, so Kern, kann als ein Urteilsakt begriffen werden, der den Status einer »unmittelbaren« Aktualisierung der Fähigkeit besitzt – und nicht wie eine Bedingung (gleichsam von Außen) die Aktualisierung der Fähigkeit auslöst. Der letztere Fall beschreibt daher den Fall einer *prohairesis*, die als ein weiterer Umstand unter jenen Umständen bestimmt ist, die erfüllt sein müssen, damit ein rationales Vermögen ausgeübt wird. Die Beispiele des müden Skifahrers und des wohltätigen Diebes enthalten demnach Akte des praktischen Urteilens, die dadurch charakterisiert sind, dass sie den Logos der Fähigkeit gerade nicht aktualisieren – und eben dadurch nicht mehr als Akte der Fähigkeit zählen können.

Inwiefern aber können wir sagen, dass ein solches »abweichendes« Urteil – eine *prohairesis* für das Gegenteil – dem Logos der Fähigkeit

---

107 Kern, *Quellen des Wissens*, S. 233.
108 Ebd., S. 234.
109 Ebd.

äußerlich ist? Wenn der Logos wesentlich das Gegenteilige umfasst, dann sollten wir eigentlich annehmen, dass jenes abweichende Urteil nicht in einem schlichten Sinne einen Umstand beschreibt, der dem Logos nicht zugehört. Wenn sich ein rationales Vermögen konstitutiv in der Form von praktischen Urteilen realisiert, und wenn das Gegenteilige etwas ist, das in erster Linie durch den Logos selbst als eine Möglichkeit des Handelns erschlossen (»gezeigt«) wird, dann müssen wir jene abweichende *prohairesis* als eine Aktualisierung der Fähigkeit begreifen – und dabei die Asymmetriethese so deuten, dass sie eine dem praktischen Logos *interne* Asymmetrie beschreibt.

Das ganze Problem von Kerns Erläuterung besteht darin, dass sie sich von der aristotelischen Annahme einer logischen Priorität der *energeia* – und mithin von der Idee der Gelingenszentrierung eines rationalen Vermögens – leiten lässt. Wenn eine vernünftige Fähigkeit zu *a* »vollständig« durch die Handlungsform *a* bestimmt ist, wird eine solche Fähigkeit nur in dem Maße aktualisiert – in einer Handlung oder einer *prohairesis* –, wenn wir es mit einer Instanz von *a* zu tun haben. Es ist aber leicht zu sehen, dass unter dieser Voraussetzung der Begriff eines Vermögens zu Gegenteiligem nicht zu denken ist. Für den Neoaristotelismus ist eine rationale Fähigkeit abschließend durch den Logos einer Handlungsform bestimmt. Wie aber ließe sich vor diesem Hintergrund behaupten, dass der Besitz des Logos seinen Träger zugleich dazu befähigt, einen Fall des Handelns herbeiführen, der einer Negation dieser Handlungsform entspricht? Wodurch »kann« er das? Durch »Verneinung und Wegnahme«, wie Aristoteles schreibt, das heißt durch eine Anwendung des Negationsoperators, der, so scheint es, ganz allgemein zum Logos-Haben gehört. Weshalb aber die Negation für den Begriff der *dynamis meta logou* überhaupt eine Rolle spielt und mit welcher Form von Negativität wir es zu tun haben, wird in neoaristotelischen Deutungen nicht eigens thematisiert. Die Anwendung des Negationsoperators auf den (nur durch die Handlungsform *a* bestimmten) Logos wird entsprechend nicht durch die Fähigkeit selbst erläutert, sondern durch einen partikularen Umstand, der die Verwirklichung von *a* verhindert. Wenn dies die Erklärung für den Bezug auf Gegenteiliges sein soll, dann stellt sich natürlich die Frage, wie auf dieser Basis eigentlich die Notwendigkeit der Entscheidung (im Sinne von *orexis* und *prohairesis*) begründet werden kann. Eine Fähigkeit zu *a* lässt sich nur unter günstigen Umständen vollziehen; und dort, wo diese nicht vorliegen, »wird es nicht tätig sein können«, denn man »hat das Vermögen zu tun nur in der Weise, wie es Vermögen ist, und dies ist es nicht schlechthin, sondern unter bestimmten Umständen, wovon auch schon die äußeren Hindernisse mit ausgeschlossen sein müssen; denn diese heben einiges von dem in der Begriffsdefinition

Enthaltenen auf.«[110] Ein Urteil der Entscheidung scheint mithin gar nicht erforderlich, weil unter den Voraussetzungen der neoaristotelischen Deutung rationale Vermögen als solche gar keine Vermögen zu Gegenteiligem darstellen: Mit Bezug auf gegebene Umstände sind nicht zwei Formen der Aktualisierung möglich, zwischen denen zu entscheiden wäre. Und weil das Subjekt aufgrund seines Vermögens – das heißt *durch* dasselbe – das Gegenteilige nicht vollziehen kann, verlagert die neoaristotelische Auffassung die »Entscheidung« über die Aktualisierungsweise letztlich in die Umstände. Im »abweichenden« Fall figuriert der Logos von *a* dann nur noch *als Gegenstand* der Negation – nicht aber als ihre *archē*. Seien es äußere Umstände, sei es ein abweichendes Urteil – beide Fälle haben den gleichen Status, nämlich den einer externen Blockierung des Vollzugs der Fähigkeit. Und weil ja bereits a priori entschieden ist, wie das Vermögen realisiert wird – nämlich so, wie es positiv definiert ist –, muss es merkwürdig klingen, wenn Aristoteles behauptet, dass ein rationales Vermögen nur in dem Maße möglich ist, wie dieses Vermögen zugleich ein Vermögen zur urteilenden Entscheidung über das Gegenteilige impliziert. Denn für die neoaristotelische Auffassung *befähigt* das Vermögen sein Subjekt gar nicht zum Gegenteiligem. Infolgedessen ist diese Deutung mit dem Begriff eines rationalen Vermögens nicht vereinbar: Die logische Priorität der *energeia* widerstreitet der Vorstellung eines konstitutiv auf Entgegengesetztes bezogenen Vermögens.

110 Aristoteles, *Metaphysik*, IX 5. 1048a.

# 2.

## Adynamia II

## Ein dekonstruierter Begriff des rationalen Vermögens

»Das ist die einzige Kunst, die ich kann:
die Kunst des Nichtkönnens.«
(Christoph Schlingensief)

2.1. *Die differentielle Form des praktischen Logos.* – Eine konsistente Erläuterung der aristotelischen Bestimmung der *dynamis meta logou* sollte den Bezug auf das Gegenteilige gegen die Tendenz der Prioritätsthesen denken. Dementsprechend müssen zwei Aspekte rationaler Vermögen neu gedeutet werden: ihre Negativität und ihre Reflexivität. Was besagt die These, dass der praktische Logos das Gegenteilige umfasst? Wie muss der Logos beschaffen sein, um das Gegenteilige enthalten zu können? Mit welcher Form von Negativität haben wir es zu tun? Wie sollten wir den Status des »privativen« Falls beschreiben, wenn er zugleich einen Vollzug oder eine Aktualisierung des Logos darstellt? Und welchen Status besitzt zweitens jenes praktische Urteil, das über die Aktualisierung der Fähigkeit »entscheidet« – ein Urteil, das auch eine »negative« Relation zum Logos der Fähigkeit realisieren kann? Was folgt aus der Bestimmung der Gegensätzlichkeit des Logos im Hinblick auf die reflexive Weise seiner Aktualisierung? Wie lässt sich die reflexive Distanz begründen, die der Logos (als Aktualisierung im praktischen Urteilen) zu sich selbst (als Vermögen) besitzt?

Um zu verstehen, inwiefern rationale Vermögen *intern* ihrer eigenen Negation verhaftet sind, werden wir uns erneut Heideggers Lesart der *dynamis meta logou* zuwenden, deren Vorteil für diesen Kontext nicht zuletzt darin besteht, dass sie – im Gegensatz zur soeben skizzierten neoaristotelischen Deutung – den konstitutiven Charakter jener Negativität besonders akzentuiert. Ein Subjekt, das ein Vermögen *meta logou* ausübt, ist darin für Heidegger nicht bloß durch äußere Umstände bedingt; einem solchen Subjekt sind diese Umstände vielmehr eigens *gegeben*: Der Logos erschließt seinem Subjekt einen »Wirkungsbereich«, auf den dieser somit *von sich aus* bezogen ist.[111] Entsprechend bestimmt Heidegger den Logos, aufgrund dessen diese Vermögen ein

111 Vgl. Heidegger, *Aristoteles Metaphysik* Θ *1–3*, S. 132ff.

Bewusstsein von einem Wirkungsbereich eröffnen, zunächst im Sinne eines erschließenden Verhältnisses zu einer »Umwelt«, das er dann mit Bezug auf die Als-Struktur des praktischen Verstehens expliziert: Über ein Vermögen *meta logou* zu verfügen heißt, auf der Basis einer verstehenden Beziehung zu einer bestimmten »Umgebung« bestimmte Veränderungen hervorrufen zu können. Einem qua Logos Vermögenden ist etwas als etwas erschlossen, das heißt, er versteht sich darauf, situative Gegebenheiten als so und so Bewegliche zu verändern. Insofern nun der Logos Gegensätzliches »umfasst«, so argumentiert Heidegger weiter, muss der verstehende Bezug auf einen Wirkungsbereich derart sein, *dass in ihm Gegensätzliches erschlossen ist.*[112] Heidegger begründet dies damit, dass das praktische Verstehen, das in der Ausübung einer *dynamis meta logou* leitend ist, den Vollzug auf eine durchgängig *ausschließende* Weise bestimmt: Das Herstellen von etwas aus etwas gelangt nur dadurch an sein Ziel, dass es ständig etwas nimmt und darin anderes weglässt, diese Bewegung und dabei keine andere vollzieht, einen Stoff wählt und dadurch andere Stoffe beiseitelässt, so dass der ganze Prozess der Aktualisierung einer Fähigkeit »gleichsam durchsetzt [ist] mit dem: dieses – nicht jenes, so und nicht anders.« Jeder praktische Vollzug »ist in sich, in der ihm zugehörigen Weise seines Vorgehens, ein Tun und Lassen, ein Tun von etwas und Lassen des Gegenteils.«[113] Der Logos eines Vermögens bestimmt den Vollzug demnach nicht nur auf eine »positive« Weise, sondern *darin zugleich* auf eine »negative« Weise: Er stellt ihn so vor, dass er andere Vollzüge ausschließt, wodurch seine Ausführung immer auch den Charakter des Weglassens oder Vermeidens erhält.

Dieser Beschreibung zufolge besitzt der Logos somit die Form einer Unterscheidung. Er konstituiert ein Vermögen zu *a* in dem Maße, wie er *a* von *nicht-a* differenziert: um *a* zu verwirklichen, soll dies getan und das Gegenteil vermieden werden. Auf diese Weise umfasst also das praktische Verstehen »das eine und das andere«. Zugleich können wir auch sehen, inwiefern diese Unterscheidung eine asymmetrische ist: Der Logos setzt sein Subjekt in ein Verhältnis zu etwas »als solchem« (zu einem herzustellenden Gegenstand und einem daraufhin verstandenen »Stoff«), wodurch er zugleich auch ein (negatives) Verhältnis zu anderem (anderen Stoffen, anderen Gegenständen) etabliert, das er aber »nicht als solches« erschließt. Kraft seines praktischen Vermögens versteht ein Subjekt sich auf ein bestimmtes Handeln, das ihm somit »als solches« offenbar ist, und dabei bezieht es sich nicht (notwendig) eigens auf solche Vollzüge, die dabei ausgeschlossen sind oder ver-

---

112 Vgl. ebd., S. 133f.

113 Ebd., 137.

mieden werden. Weil die andere Seite der Unterscheidung vom Logos also (zunächst) nicht »positiv« spezifiziert wird, sondern »negativ« (*nicht-a*), bleibt sie unbestimmt. Und dennoch ist dieses ausgeschlossene Unbestimmte auf eigentümliche Weise »da«, im praktischen Verstehen von *a* impliziert – nicht direkt gegeben, »sondern beiläufig, aber nicht zufällig beiläufig, sondern notwendig mitlaufend«, wie Heidegger schreibt.[114]

Die Pointe von Heideggers Lesart liegt darin, dass er im Gedanken der notwendigen Appräsentation des Gegenteiligen eine *normative* Negativität – »so und nicht anders« – mit einer *pränormativen* Negativität verbindet, das heißt die normative Unterscheidung, die einen *Ausschluss* konstituiert, mit einer paranormativen Unterscheidung zusammendenkt, die das Ausgeschlossene in den »Wirkungsbereich« des Vermögens *einschließt*.[115] Und es ist genau diese prä- oder paranormative Negativität, die es verbietet, den Logos eines Vermögens auf eine »positive« Bestimmung der Aktualisierung zu reduzieren. Er besitzt vielmehr eine *differentielle Form*, das heißt die Struktur einer *einseitig markierten Unterscheidung*.[116] Das bedeutet zunächst, dass die positive Bestimmung einer Vollzugsweise keine in sich abgeschlossene Einheit darstellt, sondern im Rahmen einer Unterscheidung gegeben ist, deren eine (»positiv« markierte) Seite sie bildet. Der Logos enthüllt einen bestimmten Handlungszusammenhang, indem er diesen gegenüber einer Menge anderer Handlungsmöglichkeiten heraushebt. Man versteht, was es heißt, einen Aperol-Spritz zu mixen, nur in dem Maße, wie man die dazu erforderlichen Akte – 6cl Prosecco, 4cl Aperol, einen Spritzer Soda, einige Eiswürfel und eine Orangenscheibe nacheinander in ein Glas geben – von einer unbestimmten Fülle von anderen Akten (mit diesen oder anderen Zutaten) *unterscheiden* kann. 6cl Prosecco lassen sich nicht in ein Glas schütten ohne das zugleich mitlaufende Wissen, dass 6cl Prosecco nicht 4cl und auch nicht 8cl Prosecco (etc.) sind. Und ich bin auch nur dann in der Lage, 6cl Prosecco und 4cl Aperol zu einem Aperol-Spritz zu kombinieren, wenn ich zugleich zum Beispiel weiß, dass ich die 4cl Aperol auch weg-

---

114 Ebd., 143.

115 Die Unterscheidung zwischen einer normativen und einer pränormativen Negativität verdanke ich einer Diskussion mit Thomas Khurana, Christoph Menke und Francesca Raimondi.

116 Vgl. zu dieser Beschreibung einer differentiellen Form Niklas Luhmann, *Die Kunst der Gesellschaft*, S. 48–65. Im Folgenden werden wir versuchen, die aristotelische These vom Bezug auf Gegenteiliges mit Luhmanns Differenztheorie des Sinns zu erläutern. Vgl. dazu zusammenfassend ders., *Die Gesellschaft der Gesellschaft*, S. 44–59.

lassen und stattdessen einfach den Prosecco genießen kann. Dieses implizite oder mitlaufende Wissen ist in dem Maße unvermeidlich, wie der praktische Begriff der Herstellung eines Aperol-Spritz die Form einer Differenz besitzt: Die praktische Bestimmtheit dieses Tätigkeitszusammenhangs hängt davon ab, dass er gegen alles übrige (mögliche Tun) profiliert ist – weshalb diese Abgrenzung *in* die Konstitution des Logos der Fähigkeit notwendig eingeht. Der praktische Logos ist von einer inkludierten Exklusion gezeichnet, in ihm verläuft eine (nicht als solche präsente) Grenze zwischen einer »positiv« vorgestellten Handlungsweise und ihrer »Privation«.

Im Gegensatz zu Kerns Deutung haben wir mit Heideggers Lesart somit eine Erläuterung, die in der Tat einem *formalen* Unterschied zwischen rationalen und nichtrationalen Vermögen artikuliert. Bei Kern hatten wir gesehen, dass der Begriff eines nichtrationalen Vermögens zwei Fälle erklären kann: den Fall der Aktualisierung dieses Vermögens unter günstigen und den Fall der Nichtaktualisierung unter ungünstigen Umständen. Diese Zweiseitigkeit ist charakteristisch für *one-way capacities*: Unterschieden wird zwischen Aktualisierung und Nichtaktualisierung der Form eines Vermögens, und zwar auf der Basis der Unterscheidung zwischen günstigen und ungünstigen Umständen, die zum Begriff der Form eines Vermögens gehören. Als Form gilt hier ein geordneter Zusammenhang von Prozessen oder Akten, der unter bestimmten Umständen realisierbar ist, während das Nichtvorliegen dieser Umstände die Realisierung verhindert – wobei eine derartige »Verneinung« der Realisierung (genauso wie das, was dann stattdessen geschieht) mit Blick auf die Form als zufällig erscheint. In Kerns Deutung wird diese Auffassung auf rationale Vermögen übertragen: Wenn das Fähigsein im Logos liegt, dann befähigt der Besitz des Logos dadurch, dass er eine Identifikation ungünstiger Umstände ermöglicht, zu einer praktischen »Verneinung« der Aktualisierung der Fähigkeit (das heißt den gegenteiligen Fall des Handelns). Auch hier wird demnach das Gegenteilige auf kontingente Umstände zurückgeführt, die als das Andere der Form des Vermögens behandelt werden: als Zufall.

Was eine solche Deutung jedoch außen vor lässt, ist die Frage danach, was es eigentlich bedeutet, dass der Bezug auf ungünstige Aktualisierungsbedingungen in den Logos eines Vermögens *einbezogen* ist – dass *die Form des praktischen Logos selbst* den Ausschluss konstituiert. Ein Subjekt, das den Logos als praktische Fähigkeit besitzt, kann aufgrund des einbezogenen Ausschlusses nicht bloß günstige von ungünstigen Bedingungen unterscheiden – und dementsprechend beurteilen, ob eine vorliegende Situation Gelegenheit zur Aktualisierung der eigenen Fähigkeit gibt oder nicht. Entscheidend ist vielmehr die Einsicht, dass der eingeschlossene Ausschluss ungünstiger Umstände das Subjekt notwendig in die Lage versetzt, in derjenigen praktischen Situation, die Gelegenheit zur Ausübung der Fähigkeit gibt, zugleich eine Gelegenheit zur »Verneinung der Ausübung« (das heißt zu einer *abweichenden* Handlung) zu sehen.[117] Die pränormative Charakteristik des praktischen Logos, die die normative Asymmetrisierung des »so und nicht anders« voraussetzt, hat demnach die Konsequenz, dass *dieselben* Umstände, die als Gelegenheit zum Vollzug von *a* beurteilt werden, als Gelegenheit zur Nichtaktualisierung von *a* (das heißt zur Aktualisierung von *nicht-a*) erkennbar sind: Der Logos enthält notwendig ein differentielles Wissen von ihrer Potentialität – nämlich so, auf die Weise von *a*, oder anders, auf die Weise von *nicht-a* veränderbar sein. Der Barmann, der in seinem charakteristischen Milieu hantiert, hat ein einigermaßen ausgeprägtes Wissen darüber, was er in dieser Situation an Mixturen vermeiden sollte, will er seine Cocktails nicht vermurksen; und ihm ist zugleich vollkommen klar, dass er in der Lage ist, genau diese Mixturen herzustellen, wenn er etwa unliebsamen Gästen einen Grund geben möchte, seine Bar nicht noch einmal zu besuchen. Er erkennt somit im »Wirkungsbereich« seiner Fähigkeit die Möglichkeit zu gegensätzlichen Vollzügen, die als zu Vermeidende miterschlossen sind und exakt dadurch *zu seinem Vermögen gehören* – und zwar *aufgrund* und als Implikation des praktischen Logos, der seine Handlungen leitet.

Der formale Unterschied, der rationale Vermögen von nichtrationalen Vermögen kategorial abhebt, liegt somit darin, dass sie die Form einer asymmetrischen Unterscheidung mit zwei Seiten haben – und

117 Im Abschnitt 1.5. hatten wir dies bereits mit Bezug auf die Differenz zwischen *dynamis* und *adynamia* beschrieben: Der Logos eines praktischen Vermögens enthält die Differenz zwischen Vermögen (unter charakteristischen Umständen) und Unvermögen (unter nichtcharakteristischen Umständen), und zwar so, dass diese Differenz auf der Seite des Vermögens wieder auftritt; das Subjekt ist dadurch in der Lage, sein Können mit Bezug auf nichtcharakteristische Umstände zu perfektionieren – weil es nichtcharakteristische Umstände (und mithin: sein aktuelles Unvermögen) so sehen kann, dass sie in den »Wirkungsbereich« seiner Fähigkeit (im Sinne eines zukünftigen, zu erwerbenden Vermögens) fallen. An dieser Stelle im vorliegenden Abschnitt handelt es sich im Prinzip um die gleiche Differenz – die Differenz zwischen Aktualisierung (unter günstigen Umständen) und Nichtaktualisierung des Vermögens (unter ungünstigen Umständen) –, die dadurch, dass der praktische Logos über sie verfügt, auf der Seite der Aktualisierung wieder vorkommen kann: derart, dass »ungünstige« Umstände im Rahmen einer »günstigen« Situation vom Subjekt erkannt und damit die Nichtaktualisierung des Vermögens (nämlich: der »positiv« markierten Seite) *als eine Aktualisierung des Vermögens* (nämlich: der »negativen« und *positivierbaren* Seite) vollzogen werden kann. Was dieser Wiedereintritt der Differenz in der Differenz mit dem Begriff des Unvermögens zu tun hat, ist Thema des Abschnitts 2.8.

insofern nicht auf eine in sich geschlossene Einheit von Akten reduzierbar sind. In diesem Sinne ist der Begriff einer *two-way capacity* ein Strukturbegriff. Er macht klar, dass die andere (»negative«) Seite der Unterscheidung (im Sinne eines eingeschlossenen Ausschusses) zum Vermögen gehört und dass das Gegenteilige, das im Fall der *dynamis alogoi* bloßer Zufall war, hier in die Form des Logos eingebunden ist, und zwar als dessen andere Seite.[118] Dementsprechend können wir sagen, dass diese differentielle Form Negativität in einem doppelten Sinne enthält: Indem der praktische Logos eine Handlungsweise *a* erschließt, grenzt er einerseits *a* normativ von *nicht-a* ab, stellt er *a* im Rahmen einer praktischen Negation von *nicht-a* vor; andererseits »enthüllt« der Logos dadurch auf implizite und pränormative Weise *nicht-a* als eine unbestimmte Menge von Vollzugsmöglichkeiten, die im »Wirkungsbereich« von *a* liegt, und konstituiert so die Möglichkeit von (das Vermögen zu) solchen Akten, die *a* entgegengesetzt sind und derart eine bestimmte Negation oder Alteration von *a* darstellen. Auf dieser Basis lässt sich behaupten, dass das praktische Vermögen zu *a* – *der Möglichkeit oder dem Vermögen nach* – das Vermögen zu *nicht-a* impliziert, wobei *nicht-a* hier keine bloße Negation mehr bezeichnet, sondern vielmehr eine Variable für solche Handlungsmöglichkeiten darstellt, die *positivierbar* und somit *vollziehbar* sind.

Mit dieser Beschreibung löst sich somit das Problem, das im ersten Kapitel aufgeworfen wurde – das Problem, wie man die Notwendigkeit derjenigen Negativität erläutern kann, durch die sich nach Aristoteles der Begriff der *dynamis meta logou* wesentlich von dem der *dynamis alogoi* unterscheidet. Der Bezug auf das Entgegengesetzte ergibt sich weder aus der abstrakten logischen Möglichkeit der Negation, die im praktischen Überlegen auf den Logos einer Fähigkeit angewendet wird, noch aus dem Vorliegen externer Umstände, welche die Ausübung der Fähigkeit verhindern; sie ergibt sich auch nicht aus einem praktischen Urteil, das von außen die Operation der »Verneinung« und »Wegnahme« an der Form des Logos ausführt. Vielmehr sollten wir diesen Logos so betrachten, dass er die Form einer Unterscheidung besitzt – und dementsprechend durch Negativität (im eben skizzierten doppelten Sinne) immer schon konstituiert ist.

Was es für uns zu nun verstehen gilt, ist die *Realisierbarkeit* des Gegenteils. Inwiefern macht jene differenztheoretische Deutung der Struktur rationaler Vermögen verständlich, dass ein Subjekt aufgrund des Besitzes einer Fähigkeit deren Negation vollziehen kann? Wie müssen wir die differentielle Form des praktischen Logos genauer spezi-

118 Vgl. Luhmann, *Die Kunst der Gesellschaft*, S. 48f.

fizieren, um die aristotelische These konsistent zu machen, dass rationale Fähigkeiten »Prinzipien« zum Vollzug einander entgegengesetzter Akte – also: *two-way capacities* – darstellen? Und worin unterscheiden sich der Vollzug der »Sache« und der Vollzug der »Privation«, das heißt wie ließe sich die Asymmetrie zwischen diesen beiden Vollzugsweisen näher charakterisieren, wenn sie den Status einer dem Logos internen Asymmetrie besitzt?

2.2. *Die Potentialität rationaler Vermögen.* – Betrachten wir die Form des Logos als *dynamis* und abstrahieren zunächst von der Weise ihrer Aktualisierung. Eine besondere rationale Fähigkeit beinhaltet eine Serie von praktischen Unterscheidungen, die jeweils einen Akt mit Bezug auf ein Set von Bedingungen spezifizieren: 6cl Prosecco in ein Glas geben (und nichts anderes tun); 4cl Aperol hinzufügen (und alles andere lassen); einen Spritzer Soda, einige Eiswürfel sowie eine Orangenscheibe hinzugeben (und alles Übrige vermeiden). All diese Differenzen sind asymmetrisch; sie haben die normative Funktion, ihre »positive« (markierte) Seite für die Verwirklichung verfügbar zu machen – und dabei ihre »negative« (unmarkierte) vom Vollzug auszuschließen.[119] Die Asymmetrie hängt daher mit der Struktur der einseitigen Markierung zusammen, die unbestimmt lässt, was auf der anderen Seite der Differenz als Kontrapunkt zur positiv markierten Seite liegt. Eine solche Serie von Unterscheidungen charakterisiert den Gehalt einer besonderen Fähigkeit aber nur in dem Maße, wie sie ihre Einheit in deren Form hat: in einem *telos*, das die Form des praktischen Logos definiert und das in einer bestimmen Handlungsweise (einer *energeia*) oder einem zu verwirklichenden Resultat (einem *ergon* wie dem Aperol-Spritz) besteht. Das *telos* einer Fähigkeit können wir in diesem Sinne als *Einheit* derjenigen Differenzen bezeichnen, welche die Fähigkeit enthält:[120] Es bezeichnet denjenigen Gesichtspunkt, der die asymmetrische Gestalt der Unterscheidungen – das eine tun und alles andere lassen – bestimmt (oder rechtfertigt). Dies ließe sich auch so beschreiben, dass die Grundform eines praktischen Logos (die asymmetrische Differenz zwischen dem Mixen eines Aperol-Spritz und allem übrigen möglichen Tun) auf ihrer markierten Seite durch jene Serie von Unterscheidungen intern weiter differenziert wird, die somit als teleologisch geordneter Zusammenhang von Akten erscheint.

---

119 Vgl. ebd., S. 51.

120 Zur Rede von der »Einheit der Differenz« vgl. Niklas Luhmann, »The Paradoxy of Observing Systems«, in: *Cultural Critique* 31 (1985), S. 37–55; sowie ders., *Die Gesellschaft der Gesellschaft*, Erster Teilband, S. 55ff.

Betrachtet man eine solche differentielle Form isoliert, dann fällt auf, dass sie zwei »offene Flanken« aufweist. Sie lässt nicht nur offen, was auf ihrer anderen Seite liegt, sondern sie erscheint auch hinsichtlich ihrer eigenen Einheit als unbestimmt.[121] Der Grund liegt in beiden Fällen in der spezifischen Architektonik einer differentiellen Form: Stets ist nur ihre eine Seite bezeichnet oder bestimmt, wobei die andere Seite im Dunklen belassen wird. Daher bleibt dem praktischen Bewusstsein einer besonderen Unterscheidung notwendig die Einheit dieser Unterscheidung entzogen, und zwar weil die Weise, in der sie eine Bestimmung präsentiert, gerade ausschließt, sich selbst *als Differenz* darzustellen. Diese Unbestimmtheit auf der Ebene der Einheit einer Unterscheidung hat zwei Aspekte: Einerseits bleibt offen, wodurch ihr Gebrauch (warum diese Unterscheidung und keine andere?) und ihre asymmetrische Gestalt (warum diese Seite und nicht die andere?) bestimmt ist. Zwar lässt sich sagen, dass jede Differenzform eine Spezifikation derjenigen Umstände einschließt, die ihre Anwendung erlaubt; weil aber jede Differenz auf ihrer anderen Seite die Möglichkeit konträrer Anwendungen unter denselben Umständen mitführt, kann der bloße Bezug auf die Bedingungen der Aktualisierung den asymmetrischen Gebrauch der Differenz nicht zureichend als angemessen vorstellen. Um über die Einheit einer Differenz in diesem Sinne zu entscheiden, bedarf es vielmehr einer Bezugnahme auf die Differenz als Differenz – und darin liegt der zweite Aspekt der Unbestimmtheit ihrer Einheit: Die asymmetrische Form einer Unterscheidung lässt offen, was ihre beiden Seiten zu den zwei Seiten *einer* Unterscheidung macht, das heißt worin die zugrunde liegende *Symmetrie* besteht, mit der die asymmetrische Differenzierung »bricht«. Um eine Unterscheidung als Unterscheidung behandeln zu können, muss das Unterschiedene notwendig auf einer »Immanenzebene« situiert sein und in einen gemeinsamen Bereich fallen, denn andernfalls wäre das Unterscheiden unmöglich. Dies ist eine Version des Eröffnungsarguments von Kants transzendentaler Deduktion (in der B-Auflage): Damit ein Subjekt in der Lage sein kann, eine Mannigfaltigkeit aufzufassen, zu synthetisieren und zu differenzieren, muss diese Mannigfaltigkeit bereits in einer Einheit begriffen sein, um überhaupt der Verbindung und Differenzierung fähig zu sein.[122] Eine solche symmetrische Einheit des Unterschiedenen ist somit immer schon vorausgesetzt – oder besser: sie wird implizit mitgesetzt –, sobald eine asymmetrische Differenz in Anschlag gebracht wird.

121 Vgl. Luhmann, *Die Kunst der Gesellschaft*, 51ff., 57ff.
122 Vgl. Immanuel Kant, *Kritik der reinen Vernunft*, § 15, B 130f.

Wenn darin die Grundstruktur einer differentiellen Form besteht, dann dürfte klar sein, dass der Logos einer Fähigkeit nur auf *rekursive* Weise Bestimmtheit gewinnt:[123] Es bedarf einer weiteren Unterscheidung, um die Einheit einer Unterscheidung – ihren Gebrauch und ihre Asymmetrie – zu bestimmen. Dies betrifft zunächst diejenige Serie der Unterscheidungen, die der Logos einer besonderen Fähigkeit (auf seiner markierten Seite) beinhaltet. Der Gebrauch ihrer asymmetrischen Gestalt wird durch ein *telos* bestimmt, das die Serie zu einer teleologisch strukturierten Einheit macht und jeder Unterscheidung ihren Ort in dieser Einheit gibt. Damit das *telos* einer Fähigkeit diese Einheitsfunktion auch erfüllen kann, muss es allerdings selbst die Form einer einseitig markierten Differenz besitzen, die damit hinsichtlich ihrer eigenen Einheit unbestimmt bleibt. Diese Unbestimmtheit ist nicht zu vermeiden, denn sie ist eine Implikation der strukturellen Tatsache, dass die Form eines Vermögens – das heißt diejenige Unterscheidung, welche die Einheit des Vermögens bestimmt – nur in asymmetrischer Gestalt im Handeln aktualisiert werden kann, nicht aber *als eine Einheit* des Unterschiedenen. Jede Bestimmung erfordert eine distinkte Markierung, die jedoch ihre eigenen Unbestimmtheiten mitführt, nämlich jene beiden »offenen Flanken«, die wir gerade beschrieben haben.

Diesseits seiner Aktualisierung hat der Logos einer besonderen Fähigkeit also eine bestimmte logische Kontur: Er beschreibt die Form einer einseitig markierten (und dort weiter differenzierten) Unterscheidung, die ihre eigene (doppelte) Unbestimmtheit mitführt. Um diese Bestimmung zu präzisieren, können wir sie als Urteilsform reformulieren – als Form derjenigen Weise, in der sich ein Subjekt ein Vermögen oder ein potentialisiertes Handlungsprädikat zuschreibt: ›Ich kann *a*‹ respektive ›Ich bin zu *a* fähig‹. Der inneren Differentialität des Logos gemäß, der zufolge das, was ausgeschlossen, notwendig appräsentiert wird, müssen wir jene Zuschreibung um ihre andere Seite erweitern: Die Affirmation eines potentialisierten Handlungsprädikats impliziert die Vorstellung der Negation dieses Prädikats. Indem ein spezifisches Handlungsprädikat affirmiert wird, werden mögliche andere Handlungsprädikate, die unbestimmt bleiben, zugleich negiert.

Die dem praktischen Logos eigentümliche Urteilsform lässt sich allerdings nicht auf diese Dopplung aus Affirmation und Negation reduzieren – denn die Negation, die in der Affirmation eines Handlungsprädikats involviert ist, muss in der Tat komplexer gedacht werden als eine schlichte Negation. Weiter oben hatten wir behauptet, dass diese Negation eine zweifache darstellt: Sie grenzt *a* von *nicht-a* nur in dem

---

123 Vgl. dazu Luhmann, *Die Kunst der Gesellschaft*, S. 50f.

Maße normativ ab, wie sie damit zugleich *nicht-a* als eine mögliche Affirmation appräsentiert. Darin besteht die spezifische Pointe des eingeschlossenen Ausschlusses: Die Form eines praktischen Vermögens kann das, was sie ausschließt, nur *in sich* ausschließen, wodurch sie das Ausgeschlossene notwendig als ihre andere Seite mitführt und derart *verfügbar hält* – als etwas, das in den »Wirkungsbereich« des Vermögens fällt. Wie bereits betont wurde, hat dessen aktuelle asymmetrische Gestalt zwar die Funktion, in erster Linie die »Innenseite« ihrer differentiellen Urteilsform für die Aktualisierung verfügbar zu machen und dabei die »Außenseite« von derselben auszuschließen; in dem Maße aber, wie das praktische Bewusstsein von meinem Vermögen zu *a* untrennbar mit einem praktischen Bewusstsein von meinem möglichen Vermögen zu *nicht-a* verbunden ist, wird – der Asymmetrie zum Trotz – die Außenseite der Differenzform zugleich als eine potentielle Aktualisierung mit-dargestellt. Und dies müssen wir vor allem deswegen annehmen, weil die Einheit einer differentiellen Vermögensform unbestimmt bleibt. In dem Maße, wie die Bestimmtheit dieser Einheit dem differentiell organisierten Logos entzogen ist, wird dessen unmarkierte Seite im Spiel, das heißt verfügbar, aktualisierbar gehalten. Genau darin unterscheidet sich der Logos als Vermögen von seiner Aktualisierung: Weil der Gebrauch einer Fähigkeit zu bestimmen bleibt (das heißt, weil die Bestimmtheit ihrer Einheit eine Unbestimmtheit behält), determiniert ihre Form die Verwirklichung nicht hinreichend; dies muss vielmehr in und durch die Aktualisierung des Logos selbst »entschieden« werden, wie Aristoteles behauptet.

Aus diesem Grund enthält der Logos eines Vermögens nicht allein eine schlichte Negation des Gegenteils; er etabliert das derart Negierte vielmehr zugleich als eine *mögliche Affirmation* – als etwas, das mit Bezug auf eine konkrete Situation *positivierbar* ist. Niklas Luhmann pointiert diesen Gedanken so: »Alle Negation potentialisiert und bewahrt damit, was sie explizit negiert«.[124] Die Idee einer solchen *Potentialisierung* ist entscheidend, denn erst sie macht verständlich, dass rationale Vermögen nicht »automatisch« durch die Präsenz geeigneter Umstände in den Akt übergehen. Die asymmetrische Form der dem Vermögen zugrundeliegenden Unterscheidung scheint zwar die Weise ihrer Aktualisierung bereits »entschieden« zu haben; doch insofern das Vermögen im Selbstbewusstsein eines Subjekts liegt, hat dieses Subjekt ein implizites Bewusstsein von seinem Vermögen *als einer Unterscheidung* – als etwas, das in seiner Einheit zu bestimmen ist und dadurch auf andere Handlungsmöglichkeiten verweist. Aufgrund

124 Luhmann, *Die Gesellschaft der Gesellschaft*, Erster Teilband, S. 49.

dieser Differentialität weiß das Subjekt daher, dass es stets über andere Möglichkeiten verfügt, und erst dadurch ist ihm sein eigenes Können *als* eine Möglichkeit erschlossen, oder genauer: als *seine* Möglichkeit, die von anderen möglichen Möglichkeiten seiner selbst begleitet wird – und werden muss, soll es sich um ein Vermögen handeln, das die Form einer *two-way capacity* besitzt und derart sein Subjekt zu einer selbstbestimmten Aktualisierung befähigt.

Die Form des praktischen Logos eröffnet somit einen Raum des Urteilens, der durch die Affirmation von *a* zugleich dessen Negation vorstellt und damit auch die Möglichkeit der Affirmation von *nicht-a* enthält. Die Negation, die dem praktischen Logos implizit ist, hat somit die Form eines *unendlichen Urteils* im Sinne Kants: die Form einer »logischen Bejahung vermittelst eines bloß verneinenden Prädikats«.[125] Gerade weil ein solches Urteil das Bejahte allein durch einen Ausschluss charakterisiert – den Ausschluss dessen, wodurch ein Vermögen »positiv« bestimmt ist –, eröffnet es dem Subjekt einen unendlichen Raum des »Anders-Könnens«: Ich kann stets auch solches, das in die unendliche Sphäre von *nicht-a* fällt. Dies bedeutet nicht, dass mein Vermögen de facto unendlich ist; es heißt nur, dass im unendlichen Bereich von *nicht-a* eine unbestimmte Menge von Handlungsmöglichkeiten existiert, zu denen ich *auch* fähig bin. Diese Menge enthält mindestens die Möglichkeit, *a* nicht zu vollziehen oder zu unterlassen, und zwar genau und notwendig dort, wo ich *a* ausüben kann oder soll. Als Aspekt der Form des praktischen Logos betrachtet hat die Negation somit die folgende Bedeutung: In dem Maße, wie ich *a* kann, bin ich zugleich zu unbestimmt anderen Handlungen fähig. Darin muss also der Sinn der aristotelischen These liegen, dass rationale Fähigkeiten Vermögen zu Gegenteiligem sind. Ihrer Form gemäß handelt es sich um eine praktische Affirmation, welche die Möglichkeit einer konträren Affirmation appräsentiert. Auf diese Weise enthält jedes Vermögen in sich eine offene Potentialität, das heißt der aktuelle Besitz eines rationalen Vermögens zu *a* impliziert notwendig die unbestimmte (aber bestimmbare) Möglichkeit von *nicht-a*.[126]

---

125 Kant, *Kritik der reinen Vernunft*, §9, B 97. Slavoj Žižek hat in letzter Zeit immer wieder auf die Bedeutung und Reichweite dieser Urteilsform hingewiesen, vgl. ders., *Tarrying with the Negative. Kant, Hegel, and the Critique of Ideology*, S. 108–114. Vgl. auch ders., *The Parallax View*, S. 21ff.

126 Dadurch, dass diese Möglichkeit ständig präsent bleibt, ist dem Subjekt sein eigenes Können überhaupt erst als eine Möglichkeit erschlossen, denn nur dort, wo auch anderes möglich ist, kann es überhaupt Mögliches geben. Auf das eigene Vermögen in Form einer Möglichkeit bezogen zu sein bedeutet gerade, dass mein Selbstbewusstsein von meinem Können die Form einer Differenz besitzt. Und einzig dann, wenn wir dies voraussetzen können, sind wir in der Lage zu verstehen, inwie-

2.3. *Normaler und transzendenter Gebrauch des Logos.* – Wir sind nun in der Lage, die Frage zu beantworten, was es für die Aktualisierung einer Fähigkeit bedeutet, dass ihr Logos die Form einer einseitig markierten (und dort: intern differenzierten) Unterscheidung besitzt, die eine doppelte Unbestimmtheit impliziert: Der Logos (als Aktualisierung) kann und muss zu sich selbst (als Vermögen) in einen *reflexiven Abstand* treten. Darin besteht ein entscheidendes Strukturmerkmal rationaler Vermögen. Das Subjekt ist in der Lage, sich *aus und mit seinem Vermögen zu seinem Vermögen zu verhalten.* Die Notwendigkeit dieser Reflexivität in der Aktualisierung liegt in der differentiellen Architektur rationaler Vermögen. Denn um den Logos einer Fähigkeit zu verwirklichen, muss die Unterscheidung, in der jener seine Einheit hat, zumindest implizit *als Differenz behandelt werden,* und dies erfordert die (ebenfalls: zumindest implizite) Referenz auf eine weitere Unterscheidung, die den Gebrauch der teleologischen Unterscheidung bestimmt, welche die Form eines praktischen Logos ausmacht. Ein Differenzschema als Einheit zu behandeln heißt, nicht bloß auf dessen markierte Innenseite zu schauen, sondern zugleich auch dessen andere Seite mit zu bestimmen. Mit Blick auf eine je besondere Situation muss sich zeigen lassen, inwiefern *a* (und nicht *nicht-a*) ausgeführt werden soll, und eben dies macht einen Rekurs auf die Außenseite der differentiellen Form eines Vermögens erforderlich, die im Angesicht einer praktischen Situation konkretisierbar ist. Auf diese Weise spielt also die Potentialität des Logos, die in den »offenen Flanken« seines Differenzschemas liegt, eine Rolle in der Aktualisierung: Die Bezugnahme auf den Logos als eine Unterscheidung ist an die laufende Mitkonstituierung kontradiktorischer Möglichkeiten (nicht *a* vollziehen) und konträrer Möglichkeiten (etwas anderes als *a* tun) gebunden.[127] Denn »ich kann gar nicht umhin, ihre Existenz« – das heißt die Existenz »der anderen Möglichkeiten, die *meinem* Möglichen widersprechen« – »durch dieselbe Bewegung zu setzen, die das gewählte Mögliche als meines erzeugt, ich kann nicht verhindern, dass ich sie als *lebendige* Möglichkeiten konstituiere, das heißt als solche, die *die Möglichkeit haben, meine Möglichkeiten zu werden.*«[128] Die besondere Pointe des eingeschlossenen Ausschlusses zu vermeidender Möglichkeiten des Handelns besteht demzufolge darin, dass sie mit Blick auf praktische

---

fern einem handelnden Subjekt die Unterscheidung zwischen seinem Vermögen und dessen Aktualisierung offenbar ist. Nur ein Subjekt, das über ein Bewusstsein von diesem Unterschied verfügt, ist zu einer selbstbestimmten Aktualisierung fähig.

127 Dies ist im Kern ein Sartresches Argument, vgl. Sartre, *Das Sein und das Nichts*, S. 111f.

128 Ebd., S. 111.

Situationen notwendig bestimmbar oder positivierbar werden, worin genau die mögliche Möglichkeit liegt, sie zu »wählen« – das heißt sie anstelle von *a* zu vollziehen.

Wie gesagt: es handelt sich um eine *Möglichkeit*, nicht um eine Notwendigkeit. Und diese Möglichkeit ist ein strukturelles Korrelat des besonderen Charakters der *dynamis meta logou*: dass das Vorliegen geeigneter Bedingungen die Anwendung des Vermögens nicht determinieren kann, sondern allein der Rückbezug (die »Rekursion«) auf dessen Einheit – in Form einer weiteren Unterscheidung, durch deren Gebrauch die Anwendung des praktischen Logos als angemessen dargestellt wird. Eben weil die Ausübung rationaler Fähigkeiten durch die bloße Präsenz geeigneter Bedingungen nicht initiiert wird, muss sie die Gestalt eines Urteils besitzen, das von diesen Bedingungen auf die Realisierung eines praktischen Logos schließt. In seiner asymmetrischen Gestalt beschreibt der Logos einer besonderen Fähigkeit zwar eine normative Form, welche einen Gelingensstandard für seine Aktualisierung festlegt; als *Vermögen* ist er jedoch nicht für sich aus zureichend, um von dem Vorliegen günstiger Bedingungen auf die Richtigkeit seiner Anwendung zu schließen. Darin besteht die Pointe von Aristoteles' Argument in Θ5: Weil die Form eines rationalen Vermögens die Gestalt einer Differenz besitzt, die auf Gegenteiliges bezogen ist, bedarf es einer »Entscheidung« (*orexis* oder *prohairesis*);[129] und weil eine solche Entscheidung nur dann möglich ist, wenn der Logos im Urteilen als eine Unterscheidung mit zwei Seiten behandelt wird, bedarf es einer Markierung der Einheit dieser Unterscheidung, welche die Rolle eines *Grundes* spielt, durch den von den vorliegenden Bedingungen auf die Aktualisierung des Logos geschlossen werden kann.

Der Bezug auf Gründe, der den rationalen Charakter der *dynamis meta logou* ausmacht, ist hier entscheidend: Indem das praktische Urteilen den Logos eines Vermögens als eine Differenz verwendet, bezieht es sich zugleich auf dessen unmarkierte andere Seite und somit notwendig auf die zugrundeliegende *Symmetrie* dieser Differenz – das heißt auf die Ebene der Immanenz beider Seiten. Im Fall von Kants erster *Kritik* beschreibt das »Ich denke«, die Einheit des Erkenntnisvermögens respektive das erkennende Subjekt selbst, jene »ultimative« Einheit, auf deren Basis allein die Mannigfaltigkeit einer Situation erkannt (synthetisiert und differenziert) werden kann. In unserem Fall handelt es sich um *die Einheit des rationalen Handlungsvermögens*, das heißt um die Einheit des *praktischen Subjekts*, des wollenden und handelnden Ich. Sobald sich das praktische Urteilen auf eine *dynamis*

---

129 Vgl. Aristoteles, *Metaphysik*, IX 5. 1048a.

*meta logou* als Differenz bezieht, setzt es implizit die beiden Seiten der Differenz in eine Einheit, die eine Einheit des *Vermögens* beschreibt. Jeder praktische Logos stellt eine Aufteilung dessen vor, zu dem das Subjekt unter den gegeben Umständen fähig ist; der gemeinsame Bereich, in den die beiden Seiten der Unterscheidung fallen, ist demnach der Bereich des Handlungsvermögens im Allgemeinen. Dieses hat den Status des »Letzthorizontes«, der »ultimativen« Einheit, auf die alle differentiell strukturierten Fähigkeiten, über die ein Subjekt verfügt, aufgrund ihrer rekursiven Bestimmbarkeit verweisen müssen. Einen praktischen Logos mit Bezug auf eine Situation im Urteilen zu aktualisieren bedeutet somit, sich implizit auf die Einheit eines praktischen Subjekts, auf die Einheit eines rationalen Handlungsvermögens zurückzubeziehen – wobei diese Rekursion stets die Form von Gründen annimmt, aus denen heraus dieses Subjekt den Logos einer besonderen Fähigkeit ausübt und handelt. Was auch immer im praktischen Urteilen »entschieden« wird – es geschieht auf der Basis der Unterscheidung zwischen Möglichkeiten des Vollzugs, die unter die Einheit des »Ich kann« (oder »Ich will«) fallen, die das praktische Subjekt ist: die Einheit des *Vermögens, nach der Vorstellung von Gründen zu handeln*.

Aus diesem Grund ist es nicht sinnvoll, praktische Fähigkeiten isoliert zu betrachten – und zu behaupten, dass eine besondere Fähigkeit ihre Aktualisierung »vollständig« erklären kann,[130] denn schließlich ist ihre differentielle Form wesentlich eine solche, die als *dynamis* »unvollständig« ist (das heißt Unbestimmtheiten enthält) und erst in einer selbstbezüglichen Aktualisierung bestimmbar wird. Die Asymmetrie, die der differentielle Logos einer Fähigkeit darstellt, beschreibt einen Gelingensstandard, einen normativ spezifizierten *normalen Gebrauch* der Fähigkeit, der, sofern er als *dynamis* vorliegt, niemals »automatisch« in den Akt übergeht. Weil die normative Asymmetrie eines Vermögens stets von einer Potentialität des Anders-Könnens begleitet wird – weil das Vermögen aufgrund seiner Differentialität seine andere Seite verfügbar hält, die somit in der Aktualisierung bestimmbar ist –, kann die Asymmetrie der Möglichkeit nach jederzeit transgrediert, in Frage gestellt, suspendiert, kritisiert, umgekehrt oder rejustiert werden. Durch Re-Symmetrisierung lässt sich zum Beispiel die Bestimmtheit der markierten Seite verändern: Prädikate von *nicht-a* können mit Blick auf *a* so verwendet werden, dass eine alterierte Fähigkeit *a'* entsteht. Genauso wird denkbar, dass Prädikate von *a* mit Blick auf *nicht-a* so aktualisiert werden, dass es sich nicht mehr um einen Voll-

130 Vgl. Kern, *Quellen des Wissens*, S. 227–231.

zug von *a* handelt (dies entspricht zum Beispiel der allgemeinen Möglichkeit der »Fiktion«, der gemimten oder »nachgeahmten« Ausübung von *a*[131]). Rationale Fähigkeiten wären ohne eine derartige Potentialität nicht möglich. Jede gegebene (oder erworbene) Gestalt des Logos ist dadurch, dass sie eine offene und in der Aktualisierung bestimmbare Potentialität mit sich führt, der Kritik fähig[132] – sie kann daraufhin befragt werden, ob ihre Anwendung hier und jetzt angemessen ist oder nicht und ob sich auf ihrer anderen Seite potentielle Handlungen finden lassen, die ihre Innenseite perfektionieren würden. Sobald diese Möglichkeiten von Kritik und Neubestimmung aber existieren, gibt es sofort auch die Möglichkeiten der »Transgression«, des »Missbrauchs« und der Fiktion im Allgemeinen: Der Arzt, der seinen Logos derart ausübt, dass er seinen Patienten vergiftet; der Chemielehrer, der sein Wissen zur Produktion von Methamphetamin verwendet; oder der Politiker, der auf der Theaterbühne einen Politiker spielt.

All dies deutet darauf hin, dass rationale Vermögen nicht allein einem normalen Gebrauch stattgeben, das heißt einer Aktualisierung ihrer »positiv« markierten Seite, sondern ihr Subjekt auch zu einem *transzendenten* Gebrauch befähigen: Ihre Asymmetrie kann re-symmetrisiert und überschritten, das heißt die Grenze ihrer Unterscheidungsform »gekreuzt« werden, und zwar aufgrund des reflexiven Abstandes, in dem das praktische Subjekt zu seinem Vermögen aus strukturellen Gründen steht. In diesem Sinne gehört die unbestimmte Potentialität zur Wesensstruktur rationaler Vermögen, und zwar als Möglichkeit ihrer »Selbst-Transzendenz«, die sich unter anderem in den Formen der Kritik und der Neubestimmung einer Fähigkeit manifestiert.

Die Potentialität der unbestimmten Negation kann natürlich auf sehr verschiedene Weisen realisiert werden. Zunächst enthält sie die ständige Möglichkeit, die Ausübung des Vermögens auch dann, wenn

---

131 Vgl. Derrida, »Signatur Ereignis Kontext«, S. 344–346.

132 Worum es geht, markiert der folgende Eintrag aus Rainald Goetz' Internetblog *Klage* vom 19.09.2007 auf notwendig überspitzte Weise: »XI. Ansprüche an Rationalität:

- und was kannst du?

- Komplexität zupumpen, Widerstände erhöhen, Simplizitäten verunmöglichen, Möglichkeiten

- Moment mal

- verwerfen, Ansprüche stellen, Ergebnisse kritisieren, zerreißen, zurückweisen, widerlegen, einstampfen, alles

- ist ja voll trostlos

- wieso?

- und sonst?

- nichts sonst« (Goetz, *Klage*, S. 212).

sie gesollt, gewollt oder gar heiß begehrt wird, zu unterlassen. Dazu *befähigt* ein rationales Vermögen sein Subjekt. Im gleichen Sinne setzt der Besitz eines solchen Vermögens das Subjekt in jedem Moment, in dem der Logos die Aktualisierung von *a* als angemessen vorstellt, in die Lage, einfach etwas anderes zu tun. Diese Möglichkeit, so kontingent und individuell ihre Verwirklichung auch scheinen mag, wird von einem rationalen Vermögen immer offen gehalten, und zwar aus strukturellen Gründen: Es handelt sich um eine *allgemeine* Möglichkeit, die in erster Linie – ihren womöglich idiosynkratischsten Erscheinungsformen zum Trotz – durch nichts anderes als durch die differentielle Form des Vermögens selbst konstituiert wird, das heißt durch die notwendige Kopräsenz der unbestimmten und je situativ bestimmbaren Potentialität ihrer Außenseite. In diesem Sinne muss man sagen, dass für rationale Vermögen der Zufall kein bloßer Zufall mehr sein kann.

Was diese Potentialität aber darüber hinaus ermöglicht, sind »spezifischere« Arten des Andershandelns, die durch die Innenseite der Form der Logos wesentlich mitbestimmt sind. Denn dadurch, dass diese Innenseite stets von jener Potentialität begleitet wird, befähigt der Logos sein Subjekt zu einer Art »bestimmten Negation« dessen, was ihr »positiver« Gehalt vorstellt. Während die Unterlassung oder das schlichte Etwas-anderes-tun ihre Bestimmtheit von irgendeinem kontingenten Merkmal einer Situation beziehen, die durch den Logos – oder genauer, durch die mitlaufende Positivierung der Außenseite seiner Form – vorgestellt wird, gewinnt jene »bestimmte« Transformation oder Alteration ihre konkrete Gestalt durch den Rückbezug der positivierten Außenseite der Form auf den Gehalt ihrer Innenseite. Die Bestimmtheit beider Seiten, die das praktisch Mögliche in einer konkreten Situation aufteilen, wird in ihrem konträren oder kontradiktorischen Verhältnis selbst als signifikant genommen, und zwar derart, dass die Innenseite als *unselbständig* und ihre Gegenseite als nichtbeliebiges Anderes, als ihr eigener »Widerspruch« erscheint. Auf diese Weise nimmt die einem Vermögen zugrundeliegende Differenz die Gestalt eines *inneren Konflikts* an, der die Unbestimmtheit ihrer Einheit manifest und ihre aktuelle asymmetrische Bestimmung problematisch werden lässt.[133] Ein solcher »substantieller« Konflikt, der die Verfassung eines Vermögen betrifft, macht daher eine Neubestimmung von dessen Form erforderlich, das heißt, wenn man so will, eine »bestimmte Negation«, die eine neue Gestalt des Vermögens ein-

---

133 Hier würde es sich um das *Erscheinen* einer neuen praktischen Wahrheit handeln, die retroaktiv die Korrektheit der asymmetrischen Gestalt eines gegebenen Logos in Frage stellt. Vgl. Hegel, *Phänomenologie des Geistes*, S. 76f.

führt.[134] Hieran erkennen wir, dass die inhärente negative Potentialität des praktischen Logos tatsächlich den *Zukunftsbezug* eines rationalen Vermögens entscheidend modifiziert, den wir bereits im Rahmen der Rekonstruktion von Aristoteles' Auseinandersetzung mit den Megarikern herausgestellt hatten.[135] Sie ermöglicht eine Künftigkeit des Vermögens, eine selbstbezügliche »Entwicklung« seiner Form oder kurz: eine *Geschichte*.[136]

In Anlehnung an Kant und Deleuze wollen wir diejenige Aktualisierung der negativen Potentialität als »transzendenten Gebrauch« des Logos bezeichnen, die in einer derartigen selbstreflexiven »Entwicklung« vorausgesetzt ist, insofern sie die Fähigkeit in einen Widerspruch zu sich selbst bringt. (Als solche konstituiert sie die *Möglichkeit*, nicht aber die Notwendigkeit einer »bestimmten Negation«.) Kant hatte diesen Begriff bekanntlich eingeführt, um die »illegitime« Anwendung der Kategorien des Verstandes jenseits der Grenze der Erfahrung zu beschreiben: Ein transzendenter Gebrauch der Begriffe, die das Erkenntnisvermögen konstituieren, überschreitet die normative Begrenzung seines Anwendungsbereichs.[137] In einen solchen Gebrauch wird das Subjekt durch sein eigenes kognitives Vermögen getrieben, das gerade dort zu wissen verlangt, wo es (noch) nicht weiß.[138] Was mit Blick auf unseren Kontext festgehalten werden sollte, ist der Gedanke, dass ein rationales Vermögen aus internen Gründen mit sich selbst in eine Krise geraten kann – und dass diese Möglichkeit durch die Idee eines transzendenten Gebrauchs verständlich gemacht wird: durch eine Aktualisierung des Logos, welche die normative Grenze seines normalen Gebrauchs (die asymmetrische Gestalt der Differenzform) überschreitet, indem sie einige Bestimmungen der Innenseite negiert und so in jene unbestimmte Potentialität vorstößt, die die Außenseite der Form eröffnet. Ein transzendenter Gebrauch positiviert das eigene »Gegenteil« des Vermögens, und kann so einen »Widerspruch« zum normalen

---

134 Wir spielen freilich auf Hegels Idee der »bestimmten Negation« an, deren Begriff an dieser Stelle nicht im Ansatz entwickelt werden kann. Aus Verlegenheit sei verwiesen auf ebd., 79f., sowie ders., *Wissenschaft der Logik I*, S. 49.

135 Vgl. den Abschnitt 1.3.

136 Wir können das an dieser Stelle nur andeuten; das 6. Kapitel wird darauf näher eingehen.

137 Vgl. Kant, *Kritik der reinen Vernunft*, B 352f.

138 Man könnte darin Kants Version jener Ausrichtung auf Perfektionierung wiedererkennen, die wir im Abschnitt 1.6. mit Bezug auf die Logik von Heideggers »Unkraft« herausgearbeitet haben: das fortgesetzte Engagement mit dem eigenen Unvermögen, das auf eine verbesserte Gestalt des Vermögens bezogen wird.

Gebrauch der Fähigkeit realisieren.[139] Der Dieb, der seine Fähigkeit als heimliche Gabe verwirklicht; der Arzt, der seinen Patienten vergiftet; der Chemielehrer, der Methamphetamin herstellt; der Politiker, der auf der Theaterbühne einen Politiker spielt; ein de Sade'scher Heros, der die Grenzen seiner sexuellen Fähigkeit aufzuheben versucht; eine Gruppe von Physikern, die ihr Wissen durch die Entdeckung der Quantenmechanik revolutioniert: Ihnen allen ist gemeinsam, dass sie einen transzendenten Gebrauch von ihren Fähigkeiten machen, der mal als Scheitern oder Entgleisung erscheint, mal ihren Logos in seiner aktuellen Gestalt in Frage oder zur Disposition stellt, und mal denselben in einen Konflikt mit sich selbst bringt, der als Anstoß für eine Neubestimmung der Fähigkeit fungieren kann. In allen Fällen aber haben wir es mit einer Weise der Aktualisierung einer Fähigkeit zu tun, welche die Einheit ihres differentiellen Logos (zumindest momentan) zum *Problem* werden lässt[140] und derart die Unbestimmtheit dieser Einheit in den Vordergrund rückt.

2.4. *Die Unvereinbarkeit des rationalen Vermögens mit den Prioritätsthesen (Θ 8).* – Die Analyse der letzten Abschnitte hat uns zu drei Ergebnissen geführt: Weil der Logos einer Fähigkeit *erstens* differentiell organisiert ist – er hat die Form einer einseitig markierten Unterscheidung, die ihre negierte Seite im Sinne einer unbestimmten Potentialität des Anderskönnens in dem Maße mitführt, wie die Einheit des asymmetrischen Differenzschemas eines Vermögens unbestimmt ist –, lässt sich der Logos nur auf selbstbezügliche Weise aktualisieren: in der Weise des praktischen Urteilens, das die Differenzform eines Vermögens (implizit) als Differenz verwendet und damit in einer gewissen Distanz zu demselben steht. Dies bedeutet *zweitens*, dass jedes praktische Urteil und jede praktische Überlegung den differentiellen Logos einer Fähigkeit mit (implizitem) Bezug auf die symmetrische Einheit des durch ihn Unterschiedenen aktualisiert, die in der Einheit des praktischen Subjekts oder Handlungsvermögens besteht. Dieser rekursive Bezug nimmt die Form von Gründen an, durch die das Urteilen von der Besonderheit einer praktischen Situation auf die handelnde Ausübung des Vermögens schließen (das heißt: strebend oder überlegt »entscheiden«) kann. In dem Maße aber, wie der Logos im Urteilen als

---

139 Dadurch entsteht eine Situation, die, abstrakt gesprochen, mehrere Reaktionen zulässt: Man kann im Namen des normalen Gebrauchs den transzendenten Gebrauch kritisieren (so Kant in der »Dialektik« der theoretischen Vernunft in der ersten *Kritik*), oder umgekehrt den normalen im Namen des transzendenten Gebrauchs (so Kant in der »Analytik« der praktischen Vernunft in der zweiten *Kritik*).

140 Vgl. dazu Deleuze, *Differenz und Wiederholung*, S. 182f., 212, 245f.

Differenz erscheint, wird *drittens* jene unbestimmte Potentialität der anderen Seite der Unterscheidung im Sinne positivierbarer Möglichkeiten des Anders-Handelns rekonstituiert, so dass eine Form der Aktualisierung des praktischen Logos denkbar wird, den wir als »transzendenten Gebrauch« bezeichnet haben. Erst dann, wenn die Möglichkeiten des normalen und transzendenten Gebrauchs zugestanden werden, lässt sich mit Recht behaupten, dass rationale Fähigkeiten Vermögen zu Gegenteiligem sind. Die *two ways* der Aktualisierung entsprechen dabei natürlich keinen Wahlmöglichkeiten; sie stellen ihr Subjekt nicht vor die Situation, zwischen der Innen- und der Außenseite der Form des Logos zu entscheiden. Sie beschreiben vielmehr zwei Modi der praktischen Bezugnahme auf die Differenzform des Logos: die Weisen eines normalen und eines transzendenten Gebrauchs.

Diese Deutung widerspricht keineswegs der aristotelischen Behauptung, dass *dynameis meta logou* die beiden Seiten ihrer Differenz – oder auch die Möglichkeiten des normalen und des transzendenten Gebrauchs – nicht auf die gleiche Weise für das praktische Urteilen erschließen. In Θ 3 behauptet Aristoteles, dass die Form des Logos seine Innenseite »als solche« enthüllt, während die andere Seite »gemäß eines Zusammenfallens [*kata symbebēkos*]« bestimmt wird.[141] Die These ist nicht so zu verstehen, dass der Bezug auf das Gegenteilige als solcher bloß »akzidentiell« geschieht – etwa wenn zufällig gewisse partikulare Umstände vorliegen, welche die Aktualisierung verhindern. Der Bezug auf die Negation des Vermögens (im Sinne eines unendlichen Urteils) ist vielmehr ein notwendiger, denn er liegt in der differentiellen Form des Logos begründet. Die Ausübung der Fähigkeit zu *a* unter *U* findet stets in Situationen statt, in denen das Vorliegen geeigneter Umstände mit der Gelegenheit zu konträren Vollzügen *zusammenfällt*. »Akzidentiell« ist darum bloß der besondere Gehalt dieser konträren Vollzüge, insofern der Logos der Fähigkeit offen lässt, worin seine andere Seite besteht. Diese fehlende positive Spezifikation widerspricht aber keineswegs der Notwendigkeit, *dass* die Aktualisierung der Fähigkeit mit der Möglichkeit von situativ bestimmbaren anderen Vollzügen zusammenfällt – denn diese Möglichkeit wird durch die Form der Fähigkeit selbst konstituiert: im Sinne jenes unbestimmten, aber (situativ) bestimmbaren Negativen, das gemäß der Struktur eines unendlichen Urteils im Logos einer Fähigkeit »vorgesehen« ist.

Inwiefern setzt uns nun die bisherige Argumentation in die Lage, die aristotelischen Prioritätsthesen zurückzuweisen? Was das logische Primat der *energeia* betrifft, so hatten wir bereits im Abschnitt 1.11.

---

141 Aristoteles, *Metaphysik*, XI 2. 1046b.

deutlich gemacht, dass vor dem Hintergrund dieses Privilegs die Vorstellung eines Vermögens zum Gegenteiligen nicht konsistent zu denken ist: Der Begriff einer Praxisform kann den Logos eines Vermögens nicht hinreichend bestimmen, weil er nicht verständlich macht, wie ein und dasselbe »Prinzip« einer Fähigkeit das Gegenteilige »umfassen« und verwirklichen kann; er ist nicht in der Lage zu erklären, wie ein rationales Vermögen zum Gegenteiligen *befähigt*. Dazu bedarf es eines Differenzbegriffs – eines Logos, der eine differentiell verfasste Form hat –, denn nur auf dieser Basis lässt sich einsehen, dass die Negativität des Gegenteiligen kein Zufall ist, der in die Aktualisierung eines Vermögens wie ein Störfall interveniert. Vollzüge, in denen das Gegenteil realisiert wird, fallen natürlich nicht unter die Einheit der Praxisform; jedoch fallen sie unter die *Einheit der Differenz* eines rationalen Vermögens, das heißt unter die Einheit eines Handlungszusammenhangs mit seiner positivierbaren Negation, die somit eine Potentialität des Andershandelns für den Vollzug bereithält. Die Möglichkeit einer solchen abweichenden Aktualisierung stellt keine sekundäre, abgeleitete Bestimmung eines rationalen Vermögens dar, schließlich liegt die Bestimmtheit von dessen »positiv« markierter Innenseite wesentlich in der *Differenz* zur anderen Seite, die damit – in ihrer bestimmbaren Unbestimmtheit – »gleichursprünglich« zur Form des Logos gehört. Zwar lässt sich behaupten, dass deren Bestimmung durch die markierte Seite und akzidentielle Situationsmerkmale vermittelt ist – darin besteht die Asymmetrie der Differenzform einer Fähigkeit; allerdings gilt dies nicht für ihre Bestimm*barkeit*. Letztere beschreibt eine nichtabgeleitete strukturelle Eigenschaft, und genau dies bleibt auf der Grundlage der logischen Priorität der *energeia* ungedacht.

Der Fehler der neoaristotelischen Deutung liegt somit darin, die Form eines rationalen Vermögens mit einer Praxisform zu identifizieren, die als teleologisch geordneter Zusammenhang von Vollzügen gewissermaßen unmittelbar gegeben ist. Eine solche Auffassung zwingt uns dazu, jede Negativität aus dem Begriff eines rationalen Vermögens zu verbannen. Aber lässt sich die Fähigkeit zum Halten seiner Versprechen überhaupt *ohne* die Möglichkeit denken, seine Versprechen zu brechen? Ohne die Möglichkeit, die Erfüllung eines Versprechens zur Disposition zu stellen oder einen Kompromiss zwischen Nichterfüllung und Erfüllung auszuhandeln? Hat die Praxis des Gebens und Haltens von Versprechen überhaupt einen verständlichen Sinn unabhängig von diesen Möglichkeiten? Und müssen wir nicht den Logos der Negation der Ausübung einer Fähigkeit *in* die Form der Fähigkeit aufnehmen, um diese Möglichkeiten begreifen zu können? Ein Vermögen, dessen Aktualisierung wesentlich auf selbstbezügliche Weise geschieht, »hat« eine Praxisform nur in dem Maße, wie es in einem »Abstand« zu dieser Form steht – wie es sich in der Aktualisierung so oder anders auf diese Form beziehen kann. Ein selbstreflexives Vermögen ist deshalb durch den aristotelischen Begriff der Handlungsform nicht hinreichend bestimmt – weil die *Form* des Vermögens notwendig die Form dieses Selbstbezugs darstellt und als solche die Kontur einer Unterscheidung mit zwei Seiten besitzen muss.

Ein Vollzug des »Gegenteils« einer Fähigkeit – eine misslungene Ausführung, eine unangemessene Unterlassung, ein »Missbrauch«, eine Neuerfindung in der Ausübung, eine Täuschung etc. – müsste dem neoaristotelischen Ansatz zufolge auf ein der Allgemeinheit des Vermögens externes Hindernis zurückzuführen sein, das einen partikulären Charakter besitzt. Wir hätten es mit einem »individuellen« Faktor zu tun, einer Ursache, die restlos auf das besondere Individuum zurückzurechnen ist, das durch ein irrtümliches Urteil, eine fehlgeleitete Motivation, eine Unaufrichtigkeit, eine Marotte oder schlicht durch Unkonzentriertheit die allgemeine Form seiner Fähigkeit verfehlt. Diese Annahme entspricht einer direkten Konsequenz der logischen Priorität der *energeia*. Was aber auf diese Weise aus dem Blick gerät, ist die Tatsache, dass die *allgemeine* Möglichkeit derartiger »individueller« Abweichungen durch die Form des Logos einer Fähigkeit allererst konstituiert wird. Dessen differentielle Form ist die *generische Quelle* solcher Abweichungen – denn diese macht die Positivierung der unbestimmten »negativen« Seite der Differenzform und mit ihr den Bezug auf akzidentielle Merkmale notwendig.

Der Begriff eines Vermögens zu Gegenteiligem widerlegt aber nicht nur die logische Priorität der *energeia*, sondern auch einen zentralen Aspekt ihrer ontologischen Priorität. Wie wir im vergangenen Abschnitt bereits angedeutet haben, lässt sich in einer bestimmten Hinsicht diese Prioritätsrelation sogar umdrehen. Die innere Gegensätzlichkeit des Logos eines rationalen Vermögens – in der Positivierbarkeit der »negativen« Seite und der darin liegenden Unbestimmtheit des Zukunftsbezugs – markiert eine ontologische Priorität der *dynamis* insofern, als die Wirklichkeit einer Praxis (von der das Vermögen in seiner Form ontologisch abhängig ist) *in ihrer Geschichtlichkeit* von jener positivierbaren Negativität abhängig ist, die durch die differentielle Beschaffenheit des Vermögens konstituiert wird. Ohne diese Differentialität besäße die Praxis kein historisches Sein; sie wäre vielmehr auf eine geschichtslose »Natur« reduzierbar, die nichts weiter als ihre gegebene Form reproduziert. Eine Praxis hingegen, die Geschichte *hat*, impliziert die Potentialität, ihre eigene Form auf unabsehbare Weise zu verändern – wobei eine solche Veränderung ihre Möglichkeit in der Praxis selbst haben muss. Und dazu ist erforderlich, der Praxis ein Vermögen zuzuschreiben, dass auf »Gegensätzliches« geht: auf die Reproduktion *und* die Alteration ihrer Form; auf ihre Aufrechterhaltung *und* ihre Transformation. Daher müssen wir Charlotte Witts Beschreibung korrigieren, der zufolge der aristotelische Vermögensbegriff zugleich temporalisiert und naturalisiert sei.[142] Denn in dem Maße, wie der praktische Logos eine Verzeitlichung impliziert, hat er tatsächlich einen *denaturalisierenden* Charakter.

2.5. *Die logische Möglichkeit des Scheiterns (Θ 8)*. – Die vorangegangenen Betrachtungen erlauben uns nun, ein Argument gegen die gelingensfixierte Auffassung von rationalen Fähigkeiten zu formulieren: Sie erlauben uns, die Möglichkeit des Scheiterns als eine *strukturelle* Möglichkeit zu denken,[143] die in der Form des menschlichen Handlungsvermögens liegt und durch den notwendigen Bezug auf eine »Akzidentialität« konstituiert wird. Daher ist der Begriff einer strukturellen Möglichkeit für unseren Kontext von eminenter Bedeutung, denn er markiert exakt den Punkt, an dem ein gelingensfixierter Begriff des Vermögens unhaltbar wird – und an dem wir einen dekonstruktiven Begriff des Vermögens einführen können. Heidegger formuliert die Vorstellung einer wesentlichen Möglichkeit des Scheiterns wie folgt:

> »Jedes Herstellen von etwas, überhaupt jede *dynamis meta logou*, bereitet sich selbst, und zwar notwendig, durch ihr eigenes Vorgehen die ständig mitgehende Gelegenheit zum Fehlgreifen, Versäumen, Übersehen und Unterlassen, und damit trägt jede Kraft *in sich* und *für sich* die Möglichkeit des Absinkens in die *Un-kraft*. Dieses Negativum steht nicht einfach als das Gegenteil neben dem Positiven der Kraft, sondern lauert dieser in ihr selbst auf und dies deshalb, weil jede derartige Kraft ihrem Wesen nach mit der Zwiespältigkeit und also mit einem ›Nicht‹ versehen ist.«[144]

Heidegger stellt hier einen inneren Zusammenhang zwischen drei Gedanken her: dem Gedanken der Negativität oder »Zwiespältigkeit« der *dynamis meta logou*, dem der »ständig mitgehenden« Gelegenheit des Scheiterns und dem ihrer inneren »Unkraft«. Diesen Zusammenhang wollen wir im Folgenden so interpretieren: Die differentielle Form rationaler Vermögen (ihre »Zwiespältigkeit«) konstituiert eine strukturelle Möglichkeit des Scheiterns, die ersichtlich macht, dass ein Subjekt zu einem *Unvermögen aus eigenem Vermögen* fähig ist. Der

---

142 Vgl. Witt, *Ways of Being*, S. 32.

143 Zur Idee einer »strukturellen Möglichkeit« vgl. Derrida, »LIMITED INC a b c ...«, S. 81f.

144 Heidegger, *Aristoteles, Metaphysik Θ 1–3*, S. 154.

Erläuterung dieses Zusammenhangs soll der Rest des vorliegenden Kapitels gewidmet sein.

Was besagt die Rede von einer »strukturellen Möglichkeit des Scheiterns«? Die Wendung stammt bekanntlich von Jacques Derrida. Sie formuliert, beispielhaft mit Bezug auf Austins Sprechakttheorie, eine dekonstruktive Einsicht in das Funktionieren normativ gehaltvoller Akte im Allgemeinen. Derrida hebt eine argumentative Kuriosität hervor, die vielleicht so alt ist wie die Philosophie selbst – ein »Verfahren«, das »bemerkenswert und typisch für jene philosophische Tradition« ist, der Austin, wie Derrida betont, verbunden bleibt und in der Aristoteles, wie wir hinzufügen können, eine sehr prominente Rolle spielt. Dieses Verfahren »besteht im Anerkennen, daß die Möglichkeit des Negativen eine sicherlich strukturelle Möglichkeit ist, daß Mißlingen eine wesentliche Gefahr der untersuchten Operationen [der Aktualisierung rationaler Vermögen] ist; dann wird mit einer fast *unmittelbar gleichzeitigen* Geste, im Namen einer Art idealer Regulierung, diese Gefahr als eine zufällige, äußerliche Gefahr ausgeschlossen, die uns nichts über das untersuchte Phänomen lehrt.«[145] Wir können das gleiche Verfahren bei Aristoteles wiederfinden: Die These, dass rationale Vermögen wesentlich Vermögen zu Gegenteiligem sind, enthält die Einsicht, dass »das Negative« eine notwendige Vollzugsmöglichkeit darstellt; zugleich aber wird diese Möglichkeit als kontingent verstanden und ins Außerhalb rationaler Vollzüge verschoben, so dass in der Konsequenz die »wesentliche Gefahr des Misslingens« als irrelevant für den Begriff vernünftiger Vermögen und ihrer Verwirklichung behauptet wird. Symptomatisch für dieses »bemerkenswerte« Vorgehen ist eine Auslassung, die auch für die aristotelische Tradition charakteristisch ist: die Elision der Frage, »welche Konsequenzen sich aus der Tatsache ergeben, daß ein Mögliches – daß eine mögliche Gefahr – *immer* möglich ist, gewissermaßen eine notwendige Möglichkeit ist. […] Was ist ein Gelingen, wenn die Möglichkeit des Mißlingens weiterhin seine Struktur konstituiert?«[146] »Dekonstruktiv« ließe sich ein solcher Vermögensbegriff nennen, der diese Fragen beantworten kann – der in der Lage ist, verständlich zu machen, was es heißt, dass die Möglichkeit des Fehlgehens oder des abweichenden Handelns im Allgemeinen die Struktur rationaler Vermögen und ihrer Aktualisierung bestimmt – und weshalb im Falle rationaler Vermögen »die Akzidenz niemals ein Unfall« ist.[147]

---

145 Derrida, »Signatur Ereignis Kontext«, S. 342.

146 Ebd., S. 343.

147 Derrida, »LIMITED INC a b c…«, S. 103.

Die Konzeption einer bloß *logischen* Möglichkeit des Scheiterns ist die neoaristotelische Begriffsfigur, die durch jene Auslassung gezeichnet ist. Für neoaristotelische Ansätze misslingt ein Vollzug in dem Maße, wie er mit einer »allgemeinen Form« des Handelns, über die ein Subjekt als rationales Vermögen verfügt, nicht übereinstimmt. Das Scheitern bezeichnet demzufolge eine je besondere Abweichung von der Instanziierung eines Allgemeinen, das die Form eines Vermögens abschließend (und »positiv«) definiert.[148] Dieser Beschreibung gilt der Fall des Misslingens nicht als ein Vollzug, der zu rationalen Vermögen im Allgemeinen gehören könnte: Das Scheitern an der Aktualisierung eines Vermögens kann nicht durch das Vermögen selbst erklärt werden. Ein Vollzug, der den Status der Aktualisierung eines Vermögens besitzt, ist eine Instanziierung von dessen allgemeiner Form. Die Tatsache, dass er diesen Status hat, macht den Vollzug zu einem gelungenen – weshalb die Form eines Vermögens zugleich einen Gelingensstandard für dessen Ausübung beschreibt. Wenn die Vorstellung einer allgemeinen Möglichkeit vor diesem Hintergrund als verständlich gelten soll, dann muss sie eben den Besitz einer Handlungsform (dem Vermögen nach) bezeichnen: die Möglichkeit einer Form, die im gelingenden Handeln verwirklicht und dort auch als solche repräsentiert oder exemplifiziert wird. Um also überhaupt von einem allgemeinen Merkmal eines Vermögens sprechen zu können, müssen wir – der neoaristotelischen Ansicht zufolge – annehmen, dass dieses Merkmal in jeder Aktualisierung repräsentiert wird, schließlich ist dieselbe gerade dadurch bestimmt, dass sie unter die Form eines Vermögens fällt. Die Möglichkeit des Misslingens kann daher kein allgemeines Strukturmerkmal in diesem Sinne sein: Sie entspricht keiner Allgemeinheit, die in allen Aktualisierungen gleichermaßen manifest wird. Die Opposition, die diese Auffassung charakterisiert, ist simpel: Entweder man hat es mit einem gelingenden Vollzug zu tun, der auf das Allgemeine eines Vermögens zurückgeführt werden kann, oder man hat es mit einem gescheiterten Versuch der Aktualisierung zu tun, der folglich nicht durch das Vermögen verursacht worden ist, sondern durch externe, akzidentielle Kontingenzen.

Vor dem Hintergrund dieser Opposition lässt sich die Idee einer strukturellen Möglichkeit nicht denken – denn sie beschreibt gerade ein allgemeines Merkmal, das nicht in jeder Aktualisierung präsent ist: Versäumnisse, Fehlgriffe, Unterlassungen oder Übertretungen geschehen nicht notwendig, wenn rationale Vermögen realisiert werden.

148 Der Fall des Scheiterns, mit dem wir es hier zu tun haben, ist natürlich von demjenigen Fall zu unterscheiden, den wir im Abschnitt 1.6. diskutiert haben: dem Scheitern aus Unvermögen oder »Unkraft«.

Ihre Allgemeinheit liegt vielmehr darin, dass sie *jederzeit möglich* sind: Für das Subjekt eines rationalen Vermögens gilt, dass in jeder Aktualisierung seines Logos die Möglichkeit besteht, *nicht* das zu tun, was dessen Innenseite erschließt, respektive es nicht so zu vollziehen, wie es gemäß der »positiven« Bestimmung zu vollziehen wäre. Heidegger behauptet, dass in der Aktualisierung eines rationalen Vermögens – und zwar aufgrund der notwendigen Mitkonstituierung konträrer Handlungsmöglichkeiten – die Gelegenheit zu abweichenden Vollzügen miterschlossen wird. Daher besteht ständig die Möglichkeit zur Abweichung, die dadurch, dass sie aufgrund der differentiellen Struktur rationaler Fähigkeiten existiert, eine allgemeine Möglichkeit beschreibt.

Solange man jedoch an einem gelingensfixierten Vermögensbegriff festhält, lässt sich allein eine logische Möglichkeit des Scheiterns zugestehen, keinesfalls aber eine strukturelle. Im fünften Buch der *Metaphysik* unterscheidet Aristoteles ausdrücklich zwischen einer Möglichkeit, die eine logische (das heißt eine dem Logos nach widerspruchsfrei denkbare) ist, und einer Möglichkeit, die *gemäß eines Vermögens* besteht.[149] Logische Möglichkeiten beziehen sich auf Sachverhalte und drücken sich in wahrheitsfähigen Aussagen aus, deren Form typischerweise durch »Es ist möglich, dass p« wiedergegeben werden kann. Dabei lassen derartige Aussagen offen, was den möglichen Sachverhalt zu einem wirklichen machen könnte. Aussagen jedoch, die Vermögenszuschreibungen machen, geben eben dasjenige an, was »Anfang« oder »Prinzip« (*archē*) einer Veränderung ist, das heißt was eine Möglichkeit Wirklichkeit werden lässt. Hier wird demnach die Möglichkeit nicht auf denkbare Sachverhalte bezogen, sondern auf Prädikate, die einem Subjekt zugeschrieben werden: »S hat die Möglichkeit, p zu tun oder zu erleiden«.[150] Zwar fallen diejenigen Möglichkeiten, die sich auf Vermögen beziehen, auch in die Klasse der logischen Möglichkeiten – »Es ist möglich, dass p« schließt »S hat die Möglichkeit zu p« ein, beziehungsweise nicht aus. Allerdings lassen sich Möglichkeiten qua Vermögen nicht hinreichend durch logische Möglichkeiten bestimmen.

Das Misslingen stellt nun in dem Maße eine bloß logische Möglichkeit dar, wie es keiner Möglichkeit des Vermögens selbst entspricht. Für neoaristotelische Ansätze setzen Fälle des Scheiterns zwar die Existenz eines rationalen Vermögens – im Sinne der Form eines Gelingensstandards – voraus, um überhaupt als Fehler oder Versäumnisse identifizierbar zu sein; der Grund oder die Ursache ihrer Wirklichkeit liegt

---

149 Vgl. Aristoteles, *Metaphysik*, V 12. 1019a.

150 Vgl. dazu auch Jansen, *Tun und Können*, S. 21f., 24f.

jedoch nicht im Vermögen selbst. Wenn die Möglichkeit des Scheiterns nun aber eine nur logische ist – was macht sie für die neoaristotelische Konzeption zu einer verständlichen Möglichkeit? Wie lassen sich vor diesem Hintergrund Fälle des Scheiterns überhaupt mit der Existenz gelingensfixierter Vermögen in Einklang bringen?

Im Zentrum der neoaristotelischen Vorstellung des Misslingens steht eine bestimmte Auffassung von der begrifflichen Unterscheidung zwischen dem Vermögen und seiner Aktualisierung, die sich folgendermaßen rekonstruieren ließe:[151] Die Tatsache, dass Vermögen nicht per se in Verwirklichung existieren, sondern allererst aktualisiert werden müssen, markiert bereits, dass es nur *endliche* Vermögen geben kann. Der Begriff der Endlichkeit bezeichnet hier in erster Linie nicht die Grenze zwischen Können und Nichtkönnen, die jedem Vermögen eingeschrieben ist;[152] vielmehr handelt es sich um die begriffliche Differenz zwischen dem Allgemeinen, das als Vermögen nur der Möglichkeit nach existiert, und seinen partikularen Aktualisierungen, die wirklich sind. Endlich sind *dynameis* deshalb, weil sie sich von ihrer Verwirklichung unterscheiden und derart in einem *Abstand* zur *energeia* stehen – einem Abstand, der in der Ausübung stets von neuem überwunden werden muss und der die Möglichkeit einräumt, dass die Fähigkeit und der Akt, der sie instanziieren soll, nicht übereinstimmen, das heißt dass der Abstand erhalten bleibt und nicht überwunden wird. Auf diese Weise impliziert der Begriff des Vermögens die logische Möglichkeit des Fehlgehens. Es wäre kein Widerspruch, zu behaupten, dass jemand eine Fähigkeit besitzt, sie zu verwirklichen versucht und dennoch daran scheitert, sie in den Akt übergehen zu lassen. Denn aufgrund des Unterschieds zwischen Vermögen und Akt sind zwei Fälle logisch möglich: dass zwischen beiden eine Relation der Übereinstimmung oder der Nichtübereinstimmung besteht.

2.6. *Der Abstand zwischen Vermögen und Akt: »Mühe« (Θ 8).* – Um aber genauer verstehen zu können, was es im Hinblick auf die Möglichkeit des Scheiterns bedeutet, dass ein Abstand zwischen Vermögen und Realisierung besteht, lohnt ein erneuter Blick auf Θ 8, wo Aristoteles im Rahmen seines Arguments für die ontologische Priorität der *energeia* die Endlichkeit von Vermögen diskutiert. Den Abstand zwischen Vermögen und Akt erläutert er im Kontrast zu unendlichen Bewegungsvermögen, die »ewigen Substanzen« angehören und deren Verwirklichung im Gegensatz zu endlichen Vermögen durch keine Zweiseitigkeit getrübt wird. Insofern sie einer unvergänglichen Subs-

---

151 Die folgende Rekonstruktion verdanke ich Matthias Haase.

152 Vgl. dazu den Abschnitt 1.6.

tanz inhärieren, deren Bewegung »einseitig« auf Ewigkeit gestellt ist, geschieht ihre Aktualisierung kontinuierlich, ohne Unterbrechung, ohne Beginn und ohne Anfang. Unendliche Vermögen, wenn sie denn denkbar sind, entsprechen daher gewissermaßen »megarischen« Potentialitäten, da ihre Existenz (ihre Inhärenz in einer Substanz) nicht von ihrer Verwirklichung unterschieden ist. In Aristoteles Worten: Sie sind »immer verwirklicht, denn sie verfügen an sich und in sich über Bewegung«,[153] weshalb sie auch keine Möglichkeit besitzen, sich *nicht* zu bewegen. Aus dem gleichen Grund können ewige Substanzen im Hinblick auf ihr unendliches Vermögen nicht scheitern. Weil dasselbe in kontinuierlicher Ausübung ist, kann es keine Differenz und mithin keine Nichtübereinstimmung zwischen Vermögen und Bewegung geben.

An dieser Stelle führt Aristoteles scheinbar beiläufig einen Begriff ein, der den Unterschied zwischen endlichen und unendlichen Vermögen deutlich machen soll – und der genau die für unseren Kontext entscheidende Stelle markiert, an der die Aktualisierung von Vermögen »von sich aus« scheitern kann: den Begriff der *Mühe*. Aristoteles argumentiert, dass unvergänglichen Entitäten die Verwirklichung ihrer *dynamis* keine Mühe (*kamnō*) bereitet, denn »bei ihnen [entstehen] Bewegungen nicht hinsichtlich eines auf Kontradiktorisches bezogenen Vermögens [*dynamin tēs antiphaseōs*] [...], so dass etwa die Kontinuität der Bewegung mühevoll wäre [*epiponon*].«[154] Als Beispiel nennt Aristoteles das Bewegungsvermögen der Himmelskörper, dessen Ausübung, ihm zufolge, immer stattfindet. Der Grund scheint für ihn darin zu liegen, dass die *dynamis kata kinēsin* der Planeten keine Zweiseitigkeit (keinen Bezug auf »Kontradiktorisches«) aufweist. Für ein solches Vermögen, das weder durch eine Unterscheidung zwischen konträren Arten der Aktualisierung, noch durch eine Unterscheidung zwischen Aktualisierung und Nichtaktualisierung bestimmt ist, erscheint die Verwirklichung mühelos und jeder Möglichkeit des Misslingens enthoben, eben weil diese Struktur jede mögliche Störung der kontinuierlichen Bewegung a priori ausschließt.

Rationale Vermögen sind hingegen sowohl durch Zweiseitigkeit als auch durch eine Kontrarität ihrer Bezugspunkte charakterisiert, das heißt, ihre Aktualisierung muss zuallererst initiiert werden und schließt sowohl die Möglichkeit der Unterbrechung als auch die der Alteration ein. Diese beiden Merkmale kennzeichnen also ihre Endlich-

---

153 Aristoteles, *Metaphysik*, IX 8. 1050b, Übersetzung aus Jansen, *Tun und Können*, S. 257.

154 Aristoteles, *Metaphysik*, IX 8. 1050b, Übersetzung aus Jansen, *Tun und Können*, S. 256.

keit, aufgrund welcher die Verwirklichung Anstrengung erfordert und der Möglichkeit des Misslingens ausgesetzt ist. Weshalb? Aristoteles behauptet, dass »die Ursache davon [von der Mühe] [...] das Wesen [*ousia*] [ist], wenn [und insofern] es Stoff [*hylē*] und Vermögen und nicht Verwirklichung ist«.[155] Mit *ousia* meint Aristoteles jene Substanz oder Tätigkeit, auf deren Realisierung eine Fähigkeit bezogen ist. Als aktualisierte beschreiben beide eine Einheit aus Stoff und Form: Sie instanziieren ein Allgemeines (eine Form) in einer Materie. Wenn nun die Form als Vermögen existiert und als solche keine Einheit mit ihrer materiellen Realisierung bildet, liegen Stoff und Form getrennt vor, nämlich als Logos eines aktiven Vermögens und passives Potential eines Stoffs. Exakt darin besteht der Abstand zwischen dem Vermögen (zu einem »Werk« oder einer Tätigkeit) und der Verwirklichung (jenes Werks oder dieser Tätigkeit »in einem anderen«). Inwiefern hängt nun dieser so verstandene Abstand mit der Bezogenheit auf »Kontradiktorisches« sowie mit der Anstrengung und dem Scheitern zusammen? Worauf zielt die Rede von »Kontradiktorischem« (*antiphasis*) an dieser Stelle?

Aristoteles bietet hier, genau besehen, zwei Argumente an. Dem oben angeführten Zitat folgend konzentriert sich das erste Argument auf den Aspekt der *hylē*, während das zweite den Aspekt der Form eines Vermögens und dessen innere Struktur berücksichtigt. Im Einklang mit der neoaristotelischen Strategie, die Möglichkeit des Scheiterns an partikularen und kontingenten Umständen festzumachen, liegt für das erste Argument der eigentliche Grund für die Anstrengung in der »Abständigkeit« der *hylē*. Die materiellen Bedingungen, auf die eine rationale Fähigkeit qua Form bezogen ist, existieren nicht als bloße *hylē*, sondern als schon irgendwie geformte. Weil aber diese konkrete Gestalt, in der materielle Bedingungen eine aktuelle Wirklichkeit haben, zur Form einer Fähigkeit im Verhältnis der Kontrarität steht und daher in der Realisierung negiert und transformiert werden muss, kostet die Ausübung einer Fähigkeit Mühe. Der »Bezug auf Kontradiktorisches« scheint hier also nicht die Zweiseitigkeit oder die innere Gegensätzlichkeit von Vermögen zu bezeichnen, sondern die Relation der Form eines Vermögens zu einer ihr (»kontradiktorisch«) entgegengesetzten Gestalt der Materie – die freilich die passive Potentialität impliziert, im Sinne der Form des aktiven Vermögens verändert zu werden.

Was Anstrengung erfordert, ist demnach die Materialisierung einer Form, das In-Form-bringen eines Stoffs. Überall dort, wo beide getrennt

155 Ebd.

existieren und erst noch zusammengebracht werden müssen, gibt es endliche Vermögen und die Notwendigkeit einer Anstrengung. An diesem Punkt scheint mit »Anstrengung« nichts weiter gemeint zu sein als eine gewisse »körperliche Mühe«. Und insofern die Erklärung für diese »Energieleistung« auf den »kontradiktorischen« Zustand materieller Umstände fokussiert ist, scheint die Anstrengung selbst den Status einer bloß *materialen* Bedingung zu besitzen, die zur Form eines Vermögens in dem Moment hinzukommen muss, in dem sie aktualisiert wird. Auf diese Weise ist der Aristoteliker in der Lage, eine Opposition aufrechtzuerhalten, die den Begriff rationaler Vermögen entlang der Differenz zwischen dem Allgemeinen und dem Besonderen in eine logische Unendlichkeit und eine »bloß« empirische Endlichkeit aufteilt. Die Handlungsform eines Vermögens beschreibt eine intrinsische Allgemeinheit, die dem Begriff nach in einer unendlichen Serie von Akten instanziierbar ist; ihre Verwirklichung findet jedoch in einer partikularen und »entgegengesetzten« Materie statt, deren Transformation im Sinne der Handlungsform jene materielle Anstrengungsleistung erfordert, die wie jede materielle Bedingung partikular ist und den Wechselfällen empirischer Kontingenz unterworfen bleibt: Sie erweist sich nicht nur als empfänglich für die Veränderung durch ein bestimmtes Vermögen, sondern für die verschiedensten Weisen des Einflusses – und somit der Ermüdung, Korruption, Dysfunktion, dem Mehr oder Weniger, dem Fehlen etc. ausgesetzt. Diese »Kraft« scheint somit einen paradoxen Status zu besitzen. Sie stellt gleichzeitig einen akzidentiellen »Zusatz« zum Vermögen (zur Handlungsform) und eine notwendige Bedingung dar, die sich allerdings auf die je besondere Verwirklichung, nicht aber auf die Wirklichkeit des Vermögens als solches bezieht. Als bloß »empirische« Bedingung der Realisierung kann sie folglich nicht zur internen Struktur des Vermögens gehören.

Was der Instanziierung einer Handlungsform somit potentiell Widerstände oder Hindernisse entgegensetzt, sind jene kontingenten materiellen Bedingungen, denen die Mühe nicht nur begegnen muss, sondern zu denen sie auch gehört. Gemeinsam bilden sie die Quelle dafür, dass »einiges von dem in der Begriffdefinition [eines Vermögens] Enthaltenen« aufgehoben werden und die Verwirklichung der Form misslingen kann.[156] Und für neoaristotelische Ansätze muss dies so sein, denn andernfalls ließe sich nicht behaupten, dass das Scheitern ein Scheitern an der Aktualisierung (und nicht: ein Scheitern *der* Aktualisierung) eines Vermögens darstellt. Nur wenn das Fehlgehen der Bemühung restlos auf besondere Ursachen und somit auf die kon-

---

156 Aristoteles, *Metaphysik*, IX 5. 1048a.

tingenten und materialen Umstände der Verwirklichung zurückgeführt werden kann, lässt sich die Möglichkeit des Scheiterns als bloß logische verteidigen. Der Begriff von der Endlichkeit rationaler Vermögen, der aus diesem argumentativen Manöver resultiert, entspricht freilich einer »externalisierten« Endlichkeit, denn der Abstand zwischen der (logisch unendlichen) Form und der (empirisch endlichen) Verwirklichung – und mit ihm der Unterschied von Gelingen und Misslingen – ist der Form eines Vermögens selbst äußerlich. Dessen Ausübung bedarf adäquater materialer Bedingungen, die mit der Definition eines Vermögens gesetzt sind, und nur, wenn diese vorliegen, verwirklicht es sich. Die neoaristotelische Vorstellung einer logischen Möglichkeit des Scheiterns impliziert daher die Zurückweisung der Vorstellung einer strukturellen Möglichkeit des Scheiterns. Hinter dieser Auffassung steht natürlich die Idee der strikten *Exteriorität von Fehlerquellen*: Es sind materiale Hindernisse, die eine Aktualisierung scheitern lassen, und nicht das Vermögen und seine allgemeine Form selbst.

2.7. *Die strukturelle Möglichkeit des Scheiterns.* – Die Idee einer strukturellen Möglichkeit des Misslingens, die hier verteidigt werden soll, verweist dagegen auf eine Möglichkeit, die aufgrund des Vermögens besteht. Dies schließt nicht aus, dass externe und kontingente Fehlerquellen vorkommen, jedoch wird damit betont, dass es diese als Korrelate der *inneren* Endlichkeit rationaler Vermögen gibt, das heißt mit Bezug auf ihre differentielle Form. Darin besteht das zweite Argument, das Aristoteles' Ausführungen in Θ8 in eher impliziter Manier enthält respektive andeutet. Denn an der Stelle, an der er bemerkt, dass die Verwirklichung endlicher Vermögen im Gegensatz zu unendlichen Vermögen Anstrengung erfordert, rekurriert er auf den Unterschied zwischen rationalen und nichtrationalen Vermögen und mithin auf zwei verschiedene Erläuterungen des Bezugs »auf Kontradiktorisches [*antiphaseōs*]«, der für die Anstrengung verantwortlich ist: »Denn, was so zu bewegen vermag, vermag auch nicht so [zu bewegen], wie es gewiss bei den rationalen [Vermögen der Fall ist]; [aber auch] ein und dieselben nichtrationalen [Vermögen] sind durch das Anwesendsein und Nicht[-Anwesend-sein] auf Kontradiktorisches [*antiphaseōs*] bezogen.«[157] Der Bezug auf »Kontradiktorisches« entspricht hier also der Struktur der Zweiseitigkeit endlicher Vermögen: dass sie in Verwirklichung oder nicht in Verwirklichung sein können. Doch während Aristoteles die Nichtverwirklichung im Falle nichtrationaler *dynameis* allein auf das »Anwesendsein und Nichtanwesendsein« der adäquaten

157 Aristoteles, *Metaphysik*, IX 8. 1050b, Übersetzung aus Jansen, *Tun und Können*, S. 261.

*hylē* zurückführt, wiederholt er mit Blick auf rationale Vermögen seine Grundbestimmung, der zufolge dieselben zum Gegensätzlichen fähig sind und *deshalb* (von sich aus) die Nichtverwirklichung bewirken können.

Wenn nun mit der so begründeten Zweiseitigkeit rationaler Vermögen eine Anstrengung einhergeht, dann kann diese nicht mehr einseitig mit der »Abständigkeit« materieller Bedingungen erläutert werden. Aus diesem Grund haben wir es im Falle der *dynamis meta logou* mit einer neuen Form der Bemühung zu tun. Das erste Argument hat die Anstrengung – und mit ihr die dem Abstand zwischen Vermögen und Akt korrespondierende Zweiseitigkeit – auf die der Form entgegengesetzte aktuelle Gestalt der *hylē* und ihre Empfänglichkeit für konträre Veränderungen zurückgeführt. Und es ist nun exakt diese Empfänglichkeit für das Gegenteilige, von dem ein Subjekt rationaler Vermögen notwendig – das heißt aufgrund des Logos und dessen differentieller Form – einen Begriff hat. Genau darauf bezieht sich Heidegger in seiner Behauptung, dass die *dynamis meta logou* »sich selbst, und zwar notwendig, durch ihr eigenes Vorgehen die ständig mitgehende Gelegenheit zum Fehlgreifen, Versäumen, Übersehen und Unterlassen [bereitet]«. Die laufende Mitkonstituierung konträrer Vollzugsmöglichkeiten, die eine solche Gelegenheit für einen abweichenden (das Differenzschema des Logos »kreuzenden«) Gebrauch schafft, macht somit andere Formen der Anstrengung erforderlich: »Konzentration«, »Aufmerksamkeit«, Motivation«, »Besonnenheit«, »Selbstbeherrschung« etc. Ein Bedarf an diesen Arten der Bemühung gibt es in dem Maße, wie man es mit einem differentiell organisierten Vermögen zu tun hat, das sein Subjekt jede praktische Situation so sehen lässt, dass die Möglichkeit zu *a* mit der Möglichkeit zu *nicht-a* zusammenfällt – und derart ständig ein Potential der Abweichung oder »Ablenkung« bereithält. Die hier gemeinte Anstrengung gehört somit *in* die selbstbezügliche Aktualisierung eines rationalen Vermögens hinein, insofern die »mitgehende« Möglichkeit des Negativen (die Potentialität einer alterierten Aktualisierung) keine bloß logische Möglichkeit darstellt – etwas, das aus zufälligen Ursachen auch geschehen könnte –, sondern eine *innere* Möglichkeit des Handlungsvermögens: Es sind *meine* Möglichkeiten, die der Logos meines Vermögen miterschließt, und das bedeutet, dass es sich um solche Möglichkeiten handelt, zu denen ich einen Grund haben kann.

Sobald also die innere Differentialität der Form des Logos rationaler Vermögen eingesehen wird, müssen wir das Scheitern als eine Möglichkeit verstehen, die durch das Vermögen selbst konstituiert wird. Inwiefern können wir aber nun mit Derrida behaupten, dass diese strukturelle Möglichkeit *jede* – auch eine gelingende – Aktualisierung in ihrer »funktionellen Struktur« mitbestimmt? Das Misslingen oder, allgemeiner, ein abweichender Gebrauch des praktischen Logos ist strukturell (jederzeit) möglich, weil ein solcher Gebrauch als Möglichkeit in der differentiellen Verfasstheit des Logos liegt. Das zweite aristotelische Argument hat deutlich gemacht, dass mit dem dadurch gegebenen Bezug auf Gegenteiliges ein spezifischer Abstand zwischen Vermögen und Akt konstituiert wird, der eine eigentümliche Form der Anstrengung notwendig macht – eine »Kraft«, die sich unter anderem als Konzentration, Selbstbeherrschung, Sorgfalt oder Aufmerksamkeit manifestieren kann. Es hat demnach den Anschein, als ob die laufende Mitkonstituierung des Gegenteiligen eine virtuelle »Gegen-Kraft« besäße, die als Möglichkeit das Aktuellwerden rationaler Fähigkeiten derart bestimmt, dass es der Mühe bedarf, um in den Akt überzugehen. Hier ist es nicht die konträre aktuelle Gestalt der »Materie« (der Umstände), die der Ausübung des Vermögens einen passiven »Widerstand« entgegensetzt, *sondern das Vermögen selbst*, sofern es von sich aus einen Bezug auf »Kontradiktorisches« einschließt. Und in dem Maße, wie diese Negativität durch die Struktur des Logos selbst konstituiert wird, ist sie *»notwendigerweise als Möglichkeit«* in das Funktionieren (oder die Ausübung) rationaler Vermögen »eingeschrieben«[158] – wodurch sie einen *inneren Abstand* zwischen Vermögen und Akt erzeugt, der exakt den Raum etabliert, in dem das praktische Urteilen im Sinne einer selbstbezüglichen Aktualisierung statt hat. Dieser innere Abstand, der das praktische Urteilen in seiner Form möglich macht, entspricht jener Selbstdistanz des Logos (als Vermögen) zu sich selbst (als Aktualisierung im Urteilen), den wir bereits herausgestellt haben. Dass es diesen inneren Abstand gibt – dass die Potentialität einer alterierten Aktualisierung derart *in* die funktionelle Struktur rationaler Vermögen eingeschrieben ist –, zeigt sich also in jener Kraft oder Anstrengung, die jede Verwirklichung des Logos tragen muss. Und wenn diese Kraft in die funktionelle Struktur der Verwirklichung gehört, dann kann sie dem Vermögen nicht äußerlich sein, im Gegenteil – sie muss einen integralen Bestandteil der rationalen Handlungs- oder Urteilsfähigkeit beschreiben, von dem auch die gelingende Ausübung gezeichnet ist. *Es gibt kein müheloses Gelingen.*

Diese Konsequenz wird allerdings von Aristoteles nicht gezogen. Stattdessen scheint er bei seinem ersten Argument zu bleiben, das den Erklärungsakzent nicht auf die differentielle Verfasstheit rationaler Vermögen, sondern auf den Abstand der *hylē* legt, in der sich das Vermögen realisiert. In dem Maße, wie man sich allein an das erste Argu-

158 Vgl. Derrida, »LIMITED INC a b c ...«, S. 81f.

ment hält, erscheint die Möglichkeit des Scheiterns (aus der Perspektive des Vermögens) als eine bloß logische; trägt man hingegen dem zweiten und eher impliziten Argument von Aristoteles Rechnung, das heißt der eigentümlichen Verfasstheit rationaler Vermögen, dann muss man die Möglichkeit des Scheiterns als eine strukturelle betrachten. Deren innere Gegensätzlichkeit verlangt nicht nur, dass ihr Subjekt sie zuallererst initiiert oder aktiviert, sondern auch, dass dabei stets die Aktualisierung der einen Möglichkeit *gegen* andere Möglichkeiten ihrer selbst durchgesetzt wird. Das bedeutet, dass sich der Abstand zwischen Vermögen und Realisierung nicht erst durch die »kontradiktorische« Gestalt materieller Umstände ergibt, sondern dass sie bereits im Vermögenden selbst liegt: in der selbstbezüglichen Distanz, von der jede Aktualisierung rationaler Vermögen gezeichnet ist. Um ein rationales Vermögen zu verwirklichen, muss diese Distanz überwunden werden, und dies geschieht, wie Aristoteles behauptet hat, durch eine »Entscheidung«, ein praktisches Urteil (*orexis* oder *prohairesis*). Wir können aber nun hinzufügen, dass diese »Entscheidung« nur dann die selbstbezügliche Distanz überwinden und in den Akt übergehen kann, wenn sie zugleich jene »Kraft« oder »Anstrengung« impliziert, die wir mit Bezug auf Aristoteles' zweites Argument in Θ8 markiert haben.[159] Eine strukturelle Möglichkeit des Scheiterns müssen wir also in dem Maße annehmen, wie die Struktur der Gegensätzlichkeit das rationale Vermögen in einen inneren Abstand zu seiner Aktualisierung setzt und damit die Notwendigkeit einer besonderen »Kraft« konstituiert.

2.8. *Unkraft III: Unvermögen als Vermögen.* – Welche Konsequenz ergibt sich nun aus dem internen Zusammenhang zwischen der differentiellen Form rationaler Vermögen und der strukturellen Möglichkeit des Scheiterns hinsichtlich der Frage nach Unvermögen? Im ersten Kapitel[160] hatten wir zwei Ebenen unterschieden, auf denen der Begriff des Unvermögens bei Aristoteles figuriert: auf der Ebene der Verwirklichungsbedingungen und auf der Ebene des Besitzes eines Vermögens. Die erste Bedeutung basiert auf dem in den Logos einer Fähigkeit eingeschlossenen Ausschluss der materialen Umstände, welche die Verwirklichung der Fähigkeit nicht erlauben. Dadurch, dass der Logos von *a* einen Begriff der Bedingungen enthält, unter denen *a* realisierbar ist, impliziert er auch einen Begriff der Bedingungen, unter denen *a* nicht zu realisieren ist, das heißt unter denen das Subjekt *a* nicht vollziehen kann. Dieser Sinn von »Unvermögen« schien uns jedoch als

---

159 In welchem Verhältnis »Kraft« und »Entscheidung« im Urteilen stehen, werden wir zu untersuchen haben.
160 Vgl. 1.6.

trivial, denn er bringt nichts weiter als die Nichtvollziehbarkeit der Fähigkeit in einer Situation zum Ausdruck, in der keine geeigneten Umstände vorliegen. Die zweite Bedeutung artikuliert dagegen zuallererst, so unser ursprünglicher Eindruck, einen nichttrivialen Sinn von »Unvermögen«, welcher der geläufigen Praxis der Zuschreibung dieses Begriffs entspricht: Als unfähig wird ein Subjekt bezeichnet, das in der Situation, in der es, der Definition seines Vermögens gemäß, eigentlich handeln können müsste, nicht tätig werden kann. Hier haben wir es mit einer Privation im Besitz einer Fähigkeit zu tun und nicht, wie auf der ersten Ebene, mit einer »Privation« in den für die Realisierung erforderlichen Umständen. Heideggers Vorstellung eines »Absinkens in die Unkraft«, die als strukturelle Möglichkeit in die Form einer Fähigkeit eingeschrieben sein soll, haben wir im ersten Kapitel als eine Kombination beider Bedeutungen von »Unvermögen« interpretiert: Dadurch, dass praktische Vermögen innerhalb der Umstände ihrer Realisierung auch nichtcharakteristische Aspekte enthalten – respektive auch unter abweichenden Bedingungen vollzogen werden sollen –, engagieren sie ihr Subjekt in eine Beschäftigung mit seinem Unvermögen (auf der ersten Ebene), das unter nichtcharakteristischen Umständen auf eine zu erwerbende zukünftige Gestalt des Vermögens bezogen wird, hinsichtlich der ihre aktuelle Gestalt eine »Privation« (Unvermögen auf der zweiten Ebene) darstellt. In dieser Beschreibung blieb jedoch die *Form* des Logos eines rationalen Vermögens unterbestimmt: Sie war noch nicht in ihrer Differentialität verstanden, sondern als eine in sich geschlossene *energeia* ohne jeden Bezug auf Negativität, die dem Vermögen nach wirklich ist. Dementsprechend schien uns auch Heideggers Idee der »Unkraft« nicht in der Lage zu sein, einen Einwand gegen die aristotelischen Prioritätsthesen zu formulieren.

Sobald jedoch die Einsicht in die differentiell verfasste Form einer rationalen Fähigkeit – und die damit zusammenhängende strukturelle Möglichkeit des Scheiterns – gewonnen ist, ändert sich das Bild. Es erscheint ein neuer Sinn von Unvermögen, der weder derivativ, noch trivial ist. Er beschreibt weder eine Privation in der Wirklichkeit (im Besitz) eines Vermögens noch eine Privation in den Bedingungen der Verwirklichung. Die Privation hat ihren Ursprung vielmehr in der Aktualisierung des Logos selbst – sie liegt in (und geschieht durch) dessen *transzendenten* Gebrauch. Mit Heidegger gesprochen, realisiert sich der transzendente Gebrauch *als* »Absinken« der Fähigkeit in die »Unkraft«: als eine *Verwirklichung von »Unvermögen«* – von dem, zu dem das Subjekt gemäß des normalen Gebrauchs seiner Fähigkeit nicht fähig ist.

Betrachten wir die erste Ebene – die Ebene der Bezogenheit auf externe Bedingungen der Verwirklichung. Wir hatten deutlich gemacht, dass im Falle rationaler Vermögen die einfache Opposition zwischen den Bedingungen, unter denen das Vermögen ausgeübt werden kann, und den Bedingungen, unter denen dies nicht möglich ist, um eine zusätzliche Dimension kompliziert wird. Ein differentiell verfasster praktischer Logos befähigt sein Subjekt nicht allein dazu, in einer konkreten Situation geeignete Umstände für die Ausübung der Fähigkeit zu *a* auszumachen und diese auch als Grund für den Vollzug von *a* zu erkennen; der Logos setzt das Subjekt dabei zugleich in die Lage, dieselben Umstände als Gelegenheit für die Negation der Ausübung von *a* zu sehen, das heißt für den Nichtvollzug oder für einen abweichenden, »parasitären«, die innere Grenze der asymmetrischen Differenzform überschreitenden Vollzug. Was bedeutet dies für die Differenz zwischen Vermögen und Unvermögen?

Dadurch, dass ein rationales Vermögen mit Bezug auf dieselben Bedingungen die Möglichkeit zu gegensätzlichen Vollzügen erschließt, ist das Subjekt im Hinblick auf die Aktivierung seines Vermögen von externen Umständen unabhängig: Die »Entscheidung« über das Ob und Wie der Aktualisierung fällt in den Selbstbezug des Vermögenden, so dass die Funktion, die externe Bedingungen bei der Aktivierung nichtrationaler Vermögen besitzen, im Falle rationaler Vermögen an das praktische Urteilen übergeht. Auf diese Weise ist das Subjekt eines rationalen Vermögens mit Bezug auf sich selbst aktiv und passiv zugleich: Es bestimmt sich selbst in seiner Ausübung – und muss sich von sich selbst auch so bestimmen lassen. Die Problematik, die wir im Abschnitt 1.5. im Hinblick auf den »Einbezug« passiver Potentialitäten respektive äußerer Umstände in die Form eines (aktiven) Vermögens erörtert haben, wiederholt sich somit – unter veränderten Vorzeichen – in der qua praktischem Logos etablierten Selbstbeziehung eines Subjekts: Die interne Grenze zwischen Vermögen (*a* vollziehen können) und Unvermögen (nicht *a* vollziehen können) wird nicht nur im Bezug auf die An- oder Abwesenheit externer Umstände bestimmt, sondern auch im Bezug auf die selbstreflexive Aktualisierung im praktischen Urteilen. Deshalb ist ein Subjekt, das durch sein rationales Vermögen auf Gegensätzliches geht, in der Lage, *sich selbst ein Hindernis zu sein* – und zwar aufgrund der differentiellen Form seines Vermögens und in der Ausübung desselben.

Die Verhinderung des Vollzugs der Fähigkeit zu *a* kommt für Heidegger einem »Absinken in die Unkraft« gleich – darin besteht die erste (und zunächst triviale) Bedeutung von »Unvermögen«. Wenn aber der Grund für diese Verhinderung nicht in der »Abwesenheit« geeigneter Umstände liegt, sondern im Subjekt selbst – oder genauer, im praktischen Urteil, das einen abweichenden oder transzendenten Gebrauch vom Logos einer Fähigkeit macht –, dann haben wir es mit einem momentanen »Absinken« in die Unfähigkeit zu tun, das durch die Fähigkeit selbst ermöglicht wird. *Die Fähigkeit wird von sich selbst her gegen sich selbst aktualisiert* – darin besteht eine Pointe des »Vermögens zum Gegenteiligen«. In einer ersten Annäherung können wir unsere Grundthese demnach so formulieren: Das Handlungsvermögen ist »Unkraft in Bezug auf dasselbe und gemäß desselben«, weil es Vermögen zu Gegenteiligem ist; weil die Fähigkeit zu *a* die Fähigkeit einschließt, »in Bezug auf dasselbe« (nämlich in Bezug auf den Akt *a*) und »gemäß desselben« (nämlich gemäß der – differentiell verfassten – Form von *a*) *sich selbst am Vollzug von* a *zu hindern*, und zwar dadurch, dass der Logos von *a* zugleich den Logos von *nicht-a* als positivierbare Unbestimmtheit enthält.

Mit dieser Formulierung haben wir allerdings erst den einen – negativen – Aspekt des Unvermögens angedeutet, der uns hier interessiert: Eine abweichende oder transzendente Aktualisierung des Logos von *a* lässt das Subjekt momentan zur Verwirklichung von *a* unfähig werden – das heißt an der Verwirklichung von *a* scheitern –, obwohl die Bedingungen für den Vollzug von *a* gegeben sind. Der zweite Aspekt eines solchen »Unvermögens aus eigenem Vermögen« spezifiziert nun diese Aktualisierung des Logos selbst auf eine positive Weise, und zwar als *Vollzug eines Unvermögens*, oder genauer: eines »Un-Vermögens«. Um eine erste Idee zu bekommen, was das heißen soll, müssen wir die Überschreitung der inneren Grenze der asymmetrischen Differenzform eines Vermögens näher befragen, die in einer alterierten Aktualisierung vollzogen wird. Einerseits ist natürlich denkbar, dass das Subjekt statt seiner Fähigkeit zu *a* einfach eine andere Fähigkeit realisiert. Dies entspricht einer Möglichkeit, die durch die Fähigkeit zu *a* selbst (negativ) konstituiert wird: Fähigkeiten mit einem differentiellen Logos situieren einander auf ihrer negativen Seite, insofern sie sich wechselseitig in den gleichen Umständen überkreuzen, die eine Situation bietet. Diesen Wechsel der *dynamis* sollten wir jedoch andererseits von einem transzendenten Gebrauch des Logos unterscheiden, bei dem die Bestimmungen seiner Innenseite auf seiner Außenseite so wiederholt und alteriert (»remarkiert«) werden, dass sie einen inneren Gegensatz zum normalen Gebrauch des Logos bilden. Insofern dabei also keine andere Fähigkeit, die das Subjekt auch besitzt, zum Einsatz kommt,[161] haben wir es tatsächlich mit einem Vollzug zu tun, zu dem das Subjekt eigentlich *nicht fähig ist*: Die asymmetrische Form seines Vermögens zu *a* befähigt ihn zu einem normalen Gebrauch; sobald

---

161 Damit soll nicht gesagt sein, dass nicht Aspekte anderer Fähigkeiten hier ins Spiel kommen – jedoch werden diese Elemente nicht *als* Bestimmungen einer anderen Fähigkeit aktualisiert.

aber Merkmale von *a* in negierter Form (*nicht-a*) auf die Außenseite gezogen werden, um eine Handlung zu bewirken, transzendiert das Subjekt sein Können – und bewegt sich im Bereich seines Un-Vermögens. Inwiefern?

Wir hatten im Abschnitt 2.2. zu zeigen versucht, dass die positivierbare Unbestimmtheit der Außenseite einer Differenzform die Kontur eines unendlichen Urteils im Sinne Kants besitzt: eine »Bejahung vermittelst eines bloß verneinenden Prädikats«. Die Positivierung der Außenseite in einer transzendenten Aktualisierung operiert demzufolge zunächst »vermittelst« einer Verneinung der Innenseite der Form. Deshalb hat sie stets den Charakter, zu welchem Grad auch immer, eines *»Sprungs« ins Unbestimmte* – in das Gebiet der Unbestimmtheit und möglichen Bestimmtheit seines Vermögens, worin sich, einmal mehr, eine Bedeutung von Unvermögen mit einem Sinn von Vermögen koppelt. Der Unterschied zu Heideggers »Unkraft« besteht allerdings darin, dass wir es hier nicht mit abweichenden *Umständen* zu tun haben, die eine lernende Verbesserung des Vermögens motivieren; es handelt sich vielmehr um eine genuine Möglichkeit der Aktualisierung eines differentiellen Logos, die auch unter völlig »normalen« Umständen besteht. Zudem wird im Falle eines transzendenten Gebrauchs kein aktuelles Unvermögen – im Sinne des Nichtkönnens von *a* unter *U(nicht-c)* – als *Privation* eines künftigen Vermögens verstanden, sondern ein aktuelles Unvermögen (eine Privation) »direkt« als ein Vermögen wirksam, und zwar im Sinne eines Könnens von *nicht-a* unter *U*. Daher liegt die etwas ungelenke Schreibweise »Un-Vermögen« nahe, um den eigentümlichen Doppelcharakter des transzendenten Gebrauchs zu markieren.

Mit einem genuinen Unvermögen haben wir es deshalb zu tun, weil die Außenseite des Logos, die im transzendenten Gebrauch aktualisiert wird, nicht diejenige Bestimmtheit besitzt, die für eine Fähigkeit im »normalen« Sinne erforderlich ist. Natürlich sind in jedem transzendenten Gebrauch Bestimmungen im Spiel, in die sowohl die konkrete Negation der Innenseite eingeht als auch Merkmale der Situation, die von der Innenseite im Unbestimmten gelassen werden. Und freilich lässt sich auch behaupten, dass es zur Erwerbs- und Reproduktionsgeschichte einer rationalen Fähigkeit gehört, dass die Außenseite ihrer Form mit Bestimmungen angereichert wird. Dennoch müssen wir beachten, *wie* diese Bestimmungen die negative Potentialität der Fähigkeit positivieren: Denn *ihnen fehlt* – darin liegt die Privation, die den Sinn von »Un-Vermögen« ausmacht – *exakt jene Einheitsmarkierung, welche die Innenseite der Form kennzeichnet und das Subjekt zum normalen Handeln befähigt.*

Dementsprechend muss man sagen, dass das Subjekt in einer transzendenten Aktualisierung eigentlich nicht wirklich weiß, was es gerade tut. Die Handlung erscheint in einer eigentümlich singulären, scheinbar losgelösten Kontur, die neoaristotelische Ansätze natürlich als einen extern erwirkten Unfall deuten, eben weil er nicht mit »dem Allgemeinen eines Vermögens« übereinstimmt. Und das liegt daran, dass sie über keinen Begriff eines Vermögens zum Gegenteiligen verfügen. Eine solche Interpretation kann die Aktualisierung einer Fähigkeit nur im Sinne einer *bestimmenden Urteilskraft* denken, die (auf der Basis der Erkenntnis adäquater Umstände) besondere Vollzüge unter das Allgemeine (der »Praxisform«) subsumiert. Der umgekehrte Fall jedoch, der für den transzendenten Gebrauch charakteristisch ist, operiert dagegen wie eine *reflektierende* Urteilskraft im Sinne der *Kritik der Urteilskraft*:[162] Hinsichtlich einer besonderen Situation und ihrer Singularitäten – das heißt in Hinblick auf das, was durch den Logos exkludiert und darin unbestimmt bleibt: Unerwartetes, Unbekanntes, Ereignishaftes –, geht es darum, durch das Kreuzen der asymmetrisch gebauten Differenzform die *Unbestimmtheit der Einheit* des Vermögens gewissermaßen auszuspielen, ja sie *als solche* zu vollziehen.[163] Im geläufigen Sinne »kann« man so etwas natürlich nicht; das »Reflektierende« des transzendenten Gebrauchs liegt aber darin, dass eben dieses Nichtkönnen gekonnt wird: Ein differentiell strukturierter Logos befähigt das Subjekt dazu, die Grenze seines Differenzschemas zu kreuzen, die ein praktisches Wissen von seinem inkludierten Nichtwissen (oder Nicht-gut-genug-Wissen) scheidet. Die Positivierbarkeit dieses Nichtwissens ist es, die Akte ermöglicht, deren Einheit eine problematische, noch ausstehende, unbestimmte ist. Praktisches Wissen wird in Hinblick auf dasjenige umgesetzt, was man noch nicht weiß – nicht völlig blind, allerdings in »remarkierter« Weise aus den »offenen Flanken« des Logos heraus.

Auf diese Weise ermöglicht der transzendente Gebrauch eine Neubestimmung – eine »bestimmte Negation« oder besser: eine durch künftige Akte progressiv neu zu bestimmende Einheit – des Logos einer Fähigkeit. Der Akt eines transzendenten Gebrauchs modifiziert den Zukunftsbezug, der in den Besitz eines rationalen Vermögens eingeschrieben ist, indem er künftigen Aktualisierungen des Logos die Fluchtlinie eines reflektierenden Gebrauchs vorzeichnet. Er temporalisiert (und de-naturalisiert) damit die Einheit des praktischen Logos,

---

162 Vgl. Kant, *Kritik der Urteilskraft*, B XXVIff., LII, 311ff.

163 An dieser Stelle könnte man – aber auch das sei nur angedeutet – an die Möglichkeit *fiktionaler* Einheitsmarkieren denken, die mithin eine Als-ob-Signifikanz besitzen.

indem er einen Bezug auf noch ausstehende, nachträglich zu spezifizierende Bestimmungen einschließt, worin exakt jene historische Potentialität liegt, die wir gegen die aristotelische Prioritätsthese ins Feld geführt haben. Um jedoch in die Spur einer solchen Fluchtlinie zu gelangen, die ein Akt des transzendenten Gebrauchs eröffnet, bedarf es eines anderen – nennen wir ihn »reflexiven« oder »überlegenden« – Gebrauchs des Logos, der die Gegensätzlichkeit, die sich durch den transzendenten Gebrauch mit Bezug auf den normalen Gebrauch ergibt, in die konkrete Form eines Widerspruchs zusammenzieht und in einer neuen Gestalt des Vermögens »aufzuheben« versucht. Dementsprechend hat der normative Status von transzendenten Vollzügen einen verzeitlichten Sinn, denn solange die Einheit und mithin der »Gelingensstandard« eines Vermögens suspendiert ist, lässt sich auch nicht sagen, ob ein Zug misslungen oder gelungen ist. Vom Ort eines transzendenten Gebrauchs ist derlei auch gar nicht zu bestimmen. Seine Normativität entspricht somit der Zeitlichkeit des Futur II.

2.9. *Die Exemplarizität des Scheiterns.* – Mit den Begriffsfiguren des »Un-Vermögens« und des transzendenten Gebrauchs haben wir eine strukturelle Möglichkeit anzudenken versucht, die einem Vermögen zum Gegenteiligem notwendig angehört. Die Aufgabe, die vor uns liegt, besteht natürlich darin, zu klären, inwiefern sich für diese These tatsächlich argumentieren lässt. Dafür scheint es notwendig zu sein, das eher abstrakte Register unserer bisherigen Überlegungen zu verlassen und ein konkretes Phänomen zu untersuchen, an dem sich die genannten Strukturmerkmale beispielhaft aufzeigen lassen. Der Phänomenkreis, der sich für ein solches Vorhaben anbietet, ist die Familie misslungener, scheiternder Vollzüge. Warum? Die Verwirklichung von Un-Vermögen, beziehungsweise das Resultat eines transzendenten Gebrauchs der praktischen Urteilskraft, *erscheint* zunächst notwendig in der Kontur des Scheiterns – in der Kontur dessen, was dem normalen Gebrauch des Logos widerstreitet, der mit dessen »Gelingensstandard« übereinstimmt. Diejenigen Vollzüge, die nicht geglückt scheinen, die in ihrer Partikularität gewissermaßen verharren, ohne sich in eine Serie von Akten einzuschreiben, welche durch die Innenseite einer Vermögensform vereinheitlicht wird, exponieren eine unbestimmte Bestimmtheit, die sie zu Kandidaten für eine phänomenale Manifestation von Un-Vermögen machen. Anhand der Frage, ob solche Vollzüge Aktualisierungen eines rationalen Vermögens sein können, lässt sich demnach die Thematik genauer studieren, die wir bisher erörtert haben: die differentielle Struktur des Logos eines rationalen Vermögens und die Charakteristik seiner selbstbezüglichen Aktualisierung (dass ein Subjekt sich *aus* seinem Vermögen *zu* seinem

Vermögen verhalten kann); der Gedanke einer strukturellen Möglichkeit des Scheiterns und die Kritik an der gelingensfixierten Konzeption des Handlungsvermögens; die eigenartige »Mühe« oder »Kraft«, die in der Aktualisierung einer differentiellen Fähigkeit liegt, deren Notwendigkeit mit der Negativität rationaler Vermögen sowie mit der damit einhergehenden Möglichkeit des Scheiterns zusammenhängt, und die in einem unklaren Verhältnis zum praktischen Urteilen – zum Handelnkönnen aus Gründen – steht; die Frage nach der Differenz und der Relation zwischen einem normalen (bestimmenden) und einem transzendenten (reflektierenden) Gebrauch des praktischen Logos; sowie die Frage nach der Art und der Erklärung des Unvermögens, die sich im Scheitern (als exemplarischen Fall eines transzendenten Gebrauchs) Bahn bricht.

Wir sollten an dieser Stelle klarstellen, dass die nachfolgenden Untersuchungen weniger an der Analyse einzelner praktischer Fähigkeiten interessiert sind, sondern am Begriff eines allgemeinen praktischen Urteils- und Handlungsvermögens. Bereits im Abschnitt 2.3. wurde darauf hingewiesen, dass der Begriff eines Vermögens zum Gegenteiligem – und mit ihm der Gedanke des Un-Vermögens – nicht auf isolierte partikulare Fähigkeiten restringiert werden kann. Seine formalen Merkmale – dass die Einheit des differentiellen Logos einer Fähigkeit eine unbestimmte ist und nur im Rahmen einer selbstbezüglichen Aktualisierung, das heißt des praktischen Urteilens, realisierbar erscheint – machen vielmehr verständlich, dass es einzelne Fähigkeiten nur als unselbstständige Momente eines allgemeinen praktischen Urteilsvermögens geben kann, das heißt als Momente der Handlungsfähigkeit eines Subjekts im Sinne des selbstbezüglichen Vermögens, nach der Vorstellung von Gründen seine Fähigkeiten zu realisieren. Und dann können wir auch erkennen, dass diejenigen Strukturmerkmale, die wir am Begriff der *dynamis meta logou* eingeführt haben, tatsächlich Strukturmerkmale des menschlichen Handlungsvermögens im Allgemeinen beschreiben, das insofern die Form eines Vermögens zum Gegenteiligen besitzt, als dessen Logos (der »Raum der Gründe«) differentiell organisiert ist und somit stets eine offene Potentialität mitführt. Wie bereits betont wurde, umfasst dieser allgemeine Logos des Urteils- und Handlungsvermögens die Pluralität besonderer rationaler Fähigkeiten; und er umfasst sie derart, dass er die unbestimmte Einheit ihrer Differenzformen in der Gestalt potentieller Gründe, Zwecke, Interessen, Wertsetzungen etc. in sich enthält. Entscheidend ist freilich, dass es sich um *potentielle* Gründe handelt, die das Subjekt als Vermögen besitzt: Die differentielle Form der besonderen Fähigkeiten ist zugleich die differentielle Form der Gründe, als die sie im Logos des Handlungsvermögens wirklich sind. Die innere Gegensätzlichkeit dieses allgemeinen Logos äußert sich dementsprechend darin, dass er in Anbetracht einer praktischen Situation einen Handlungsgrund nur in dem Maße erschließt, wie er andere potentielle Handlungsgründe implizit ausschließt. Weil der Logos das Exkludierte aber zugleich mitführt, besitzt das Subjekt auch einen praktischen Begriff von anderen, gegenteiligen Gründen. Die innere Gegensätzlichkeit des Logos liegt somit nicht nur darin, dass er die dem Subjekt möglichen Handlungen gemäß einer normativen Differenz in konforme und abweichende aufteilt. Die Aktualisierung eines Grundes stellt zwar *ein* praktisches Urteil (respektive einen praktischen Schluss) vor; dasselbe Urteil aber umfasst das Gegenteilige in sich selbst, und zwar nicht derart, dass die Außenseite wie ein stummes, schwaches Rauschen alternativer Möglichkeiten den Gebrauch des Urteilsvermögens begleitet.[164] Die Vorstellung eines Grundes, der eine differentielle Struktur besitzt, sollte vielmehr so verstanden werden, dass sie den Willen eines Subjekts zum Gegenteiligen *befähigt*. Denn dies ist ja Aristoteles' Punkt: Ein begriffliches Vermögen befähigt zum Gegenteiligen. Zu einem Vollzug *a* auf rationale Weise fähig zu sein bedeutet nicht allein, die Gelegenheit und das *know-how* zu *a* zu besitzen, sondern zugleich auch *a* wollen und in ihm einen Wert sehen zu können. Und zu Gegensätzlichem fähig zu sein heißt demnach, *Gegensätzliches zugleich wollen zu können* – was allein auf der Basis eines Vermögens denkbar ist, das seinen Träger in den Stand setzt, *gleichzeitig konträre Handlungsperspektiven auf ein und dieselbe Situation entwickeln zu können.* Aus der strukturellen Bestimmung der inneren Gegensätzlichkeit folgt daher, dass das praktische Urteilsvermögen mit Bezug auf eine Handlungssituation prinzipiell eine Vielheit von Gründen für eine Vielheit von Vollzügen liefert, so dass jede Handlung unter dem Ausschluss anderer (zumindest potentieller) Gründe realisiert werden muss. Man übt sein rationales Können demnach in gewisser Weise immer mit und gegen es selbst aus.

Das Phänomen des Scheiterns, an dem wir diese Behauptungen und die These des Un-Vermögens belegen wollen, siedelt sich somit auf der Ebene der menschlichen Handlungsfähigkeit an. Insofern aber gerade das Scheitern einen exemplarischen Charakter erhält, und zwar in Bezug auf ein allgemeines Strukturmoment, haben wir es mit einer nuancierten und nicht so geläufigen Logik des Beispielhaften zu tun – denn das Scheitern manifestiert sich, wie bereits gezeigt, nicht faktisch in jeder Aktualisierung, sondern stellt eine allgemeine oder ständige Möglichkeit dar. Daher kann es hier nicht um beliebige Vollzüge des

---

164 Es handelt sich schließlich nicht um logische Möglichkeiten, sondern um *meine* Möglichkeiten: um solche, die aufgrund meines Vermögens existieren.

praktischen Vermögens gehen, deren Besonderheit irrelevant ist gegenüber einer allgemeinen Form, die jede ihrer Instanziierungen gleichermaßen repräsentiert. Stattdessen muss unsere Aufmerksamkeit einer besonderen oder singulären Art des Vollzugs gelten, die auf eine *starke* oder *prägnante* Weise eine allgemeine Struktur zum Ausdruck bringen kann – eine Struktur, die gerade eine Struktur der notwendigen Möglichkeit und keine der normativen Notwendigkeit darstellt (eine Möglichkeit also, die in jeder normativ konstituierten Notwendigkeit notwendig mitgegeben ist). Die spezifische Logik des Exemplarischen, die hierbei im Spiel ist, können wir mit Derrida folgendermaßen beschreiben:[165] Es handelt sich darum, ein Allgemeines im Besonderen und ausgehend vom Besonderen zu verstehen, der Bahn einer Reflexion folgend, die in der Singularität des Beispiels keinen beliebigen Fall des Allgemeinen sieht, sondern eine besonders intensive Exemplifikation, einen extremen Ausdruck oder schlicht die stärkste Ausprägung. Im Gegensatz zu einer geläufigen Auffassung, der zufolge ein einzelnes Element in dem Maße, wie es beispielhaft fungiert, seine Besonderheit verliert und mit jedem anderen Element eines Allgemeinen austauschbar wird, ist es gerade die Exemplarizität des einzelnen Phänomens, die – wenngleich auch nicht absolut, so doch hinsichtlich einer strukturellen Einsicht – unersetzbar erscheint und sich als generalisierbar erweisen soll. Diejenige Art des Generellen, die ein solches Beispiel modelliert, kann infolgedessen nicht bloß eine artikulierte Einheit von Eigenschaften sein, die in allen Exemplaren eines Allgemeinen auffindbar wäre. Was das singuläre Beispiel darüber hinaus und in erster Linie demonstriert, ist ein potentielles Maximum, die »Ausreizung« einer Grund*möglichkeit*, die für ein Allgemeines konstitutiv ist.[166]

Die Art des Scheiterns, der wir uns im Folgenden zuwenden werden, ist eine in diesem Sinne starke (wenn nicht sogar die stärkste) Manifestationen des Un-Vermögens, sofern es die Frage des Misslingens betrifft. Sie exponiert eine paradigmatische Form des Misslingens insofern, als sie die These von einer strukturellen Möglichkeit des Scheiterns demonstriert – eines Scheiterns, das nicht auf externe Hindernisse oder eine bloß individuelle Abweichung zurückgerechnet werden kann. Nicht der Abstand also, den die Form des Vermögens von den materialen Bedingungen ihrer Realisierung scheidet, scheint uns diese Art des Misslingens aufzuklären. Vielmehr haben wir es mit

---

165 Vgl. Derrida, *Die Einsprachigkeit des Anderen oder die ursprüngliche Prothese*, S. 25. Vgl. dazu auch Khurana, »›... besser, daß etwas geschieht‹. Zum Ereignis bei Derrida«, S. 240ff.

166 Vgl. zu dieser Idee eines exemplarischen Superlativs Setton, »Mächtige Impotenz. Zur ›Dynamo-Logik‹ des Königsporträts«, S. 217ff.

einer internen Komplikation zu tun, die auf jener differentiellen Struktur der Urteils- und Handlungsfähigkeit beruht, die in diesem Kapitel thematisch war: der strukturellen Möglichkeit eines Abstands nicht nur zwischen dem Vermögen und seiner Ausübung, sondern zwischen dem praktischen Logos *und sich selbst*. Diese Teilung betrifft dabei im Grunde zwei Aspekte, die in jedem rationalen Vermögen eine Einheit bilden müssen: *logos* und *dynamis*, das heißt die *Handlungsgründe*, die das im Vermögen eingebaute praktische Wissen enthält, und die *Kraft*, jene zu realisieren. Diese Kraft steht dabei in einer direkten Beziehung zu jener »Anstrengung«, die im Falle endlicher rationaler Vermögen wesentlich ist. Diejenige Form des Scheiterns, die uns im Folgenden interessieren wird, betrifft demnach ein Auseinanderfallen respektive eine innere Distanz zwischen den Gründen, die der Logos für das Handeln vorstellt, und ihrer »Kraft« zur Verursachung des Handelns. Entscheidend wird dabei sein, dass diese Kraft keine bloß materielle oder empirische Bedingung für die Realisierung eines Vermögens darstellt, denn wir haben es schließlich mit einem *praktischen* Logos zu tun, das heißt nicht mit einem rein »logischen Raum der Gründe«, sondern mit einem »Raum« des Könnens, in dem Gründe eine praktische Wirksamkeit besitzen. Dort aber, wo die interne Relation von Kraft und Grund auseinanderfällt – und das ist aus strukturellen Gründen möglich, weil rationale Vermögen differentiell verfasst sind –, haben wir es mit einer Form des Scheiterns zu tun, der in der philosophischen Tradition der Name der *Akrasia*, der Willensschwäche oder der Unbeherrschtheit gegeben wurde.

Die Akrasia als Inbegriff praktischer Irrationalität ist deshalb für unseren Kontext zentral, weil ihre Existenz mit der differentiellen Form eines rationalen Handlungsvermögens intern zusammenhängt. Ein rationales Vermögen, das im Selbstbezug des Vermögens liegt, ist ein selbstbewusstes Vermögen: Sein Subjekt verfügt über den Begriff oder Logos dieses Vermögens, und das bedeutet, dass es über die Differenz zwischen sich und anderem verfügt, oder genauer: dass dieses Vermögen *als* Bewusstsein von der Differenz zwischen sich und anderem existiert. Daher ist es notwendig, dass das Subjekt eines rationalen Vermögens aufgrund desselben zwischen *rational* und *nichtrational* unterscheidet – zwischen dem, was ein Vollzug seines Vermögens, und dem, was kein Vollzug seines Vermögens darstellt. Nun wissen wir aber bereits, was es bedeutet, dass ein Subjekt aufgrund seines praktischen Logos über einseitig markierte Differenzen verfügt: Die normativ exkludierte Außenseite, die in die Form des Logos pränormativ eingeschlossen ist, kann auf der Innenseite, das heißt auf der Seite dessen, was das Subjekt aus eigenem rationalen Vermögen vollziehen kann, wieder eintreten. Das Subjekt unterscheidet somit aufgrund seines Vermögens unter den Vollzügen desselben zwischen rational und nichtrational – *es unterscheidet seine eigenen Vollzüge in solche, die seine eigenen sind, und solche, die es nicht sind*. Die Konsequenz besteht freilich darin, dass das Nichtrationale zur inkludiert exkludierten Möglichkeit eines rationalen Vermögens selbst wird. Als solches hört es auf, schlicht das Nichtrationale zu sein (etwas, das kein Vollzug eines rationalen Vermögens ist); als in das Reich rationalen Handelns konstitutiv eingeschlossene Möglichkeit bildet sich vielmehr das Irrationale: das *eigene Andere* des rationalen Vermögens, das heißt, wenn man so will, die Vernunft selbst als ihr eigenes Gegenteil (Unvernunft statt Nichtvernunft). Irrationales gibt es nur als genuine Gestalt des Rationalen – als »transzendenter« Gebrauch des Rationalen.

# 3.

# Akrasia I

## Zwei Formen des praktischen Unwissens: Platon, Aristoteles

3.1. *Akrasia und Vermögen.* – Wir möchten demonstrieren, dass es exemplarische Phänomene des Scheiterns gibt, die der aristotelischen Idee einer bloß logischen Möglichkeit des Fehlgehens widersprechen – Phänomene des Scheiterns, die jenen wesentlichen Strukturaspekt menschlichen Könnens exponieren, den wir als Un-Vermögen bezeichnet haben. Die Minimalbestimmung, die den uns hier interessierenden Phänomenen zukommen muss, besteht darin, dass sie nicht durch äußere Hindernisse oder ungünstige Umstände erklärt werden können: Es gibt die Möglichkeit des Misslingens selbst dann, wenn diese externen Bedingungen günstig sind, die Gelegenheit der Verwirklichung gegeben ist, das Subjekt die entsprechende Fähigkeit in hinreichender Weise besitzt und folglich mit all dem Wissen ausgestattet ist, das es benötigt, um die Gelegenheit zu ergreifen und sein Können erfolgreich auszuüben. Vor dem Hintergrund der aristotelischen Vermögenstheorie betrachtet hätte man es dann mit solchen Fällen zu tun, in denen etwas auf der Ebene jener selbstbezüglichen Aktualisierung schiefgeht, die ein rationales Vermögen auszeichnet und die Aristoteles durch die Begriffe der *orexis* und der *prohairesis* beschreibt: das Streben oder die überlegte Wahl. Es handelt sich um Situationen, in denen ein Subjekt aufgrund des Logos seines Vermögens zwar weiß, was hier und jetzt getan werden kann und soll, die derart erschlossene und gebotene Handlungsmöglichkeit aber nicht angestrebt oder gewählt wird. Insofern begegnet uns eine Art des Scheiterns, die den normalen oder bestimmenden Gebrauch eines rationalen Vermögens betrifft. Aufgrund des Logos seines Könnens weiß ein Subjekt, welche Möglichkeit des Handelns vollzogen werden soll (das heißt es muss nicht erst danach suchen), und zugleich hat es die Gelegenheit, diese Handlungsmöglichkeit zu verwirklichen – jedoch realisiert es sie nicht. Der klassischen Vorstellung gemäß handelt es sich um das Problem der *Akrasia*. Das Misslingen besteht hier darin, dass ein Akteur seinem besseren Wissen zuwiderhandelt. Und sofern dieses Scheitern einem Akteur »von Zeit zu Zeit« unterläuft und keine regelmäßige oder einem subjektiven Willensprinzip folgende Handlungsweise darstellt, wird es nicht durch einen Verweis auf die mangelnde Fähigkeit des Akteurs erklärt, sondern durch eine »Schwäche« oder »Unbeherrschtheit« seines Willens.

An diesem Punkt könnte es den Anschein haben, als wäre die Problematik der Akrasia nicht direkt eine Problematik des Vermögens, sondern verweise allein auf eine des Wollens oder Wünschens; und entsprechend könnte sie einzig mit Bezug auf die Bedingungen der Verwirklichung von Vermögen und nicht auf ihre strukturelle Verfasstheit geklärt werden. In dieser Auffassung steckt jedoch ein Missverständnis bezüglich des Verhältnisses von rationalem Können und Wollen. Mit Bezug auf die begriffliche Differenz zwischen Können und Wollen – es gibt Wünsche, die den Bereich des subjektiv Möglichen transzendieren, und es gibt Handlungsmöglichkeiten, die nicht gewollt werden – behandelt jene Auffassung beide als unabhängige Instanzen, die in einer äußerlichen Beziehung zueinander stehen. Das, was ein Subjekt kann, sollte dementsprechend getrennt von dem behandelt werden, was ein Subjekt will oder anstrebt. Einzig dann, wenn es an die Realisierung eines rationalen Vermögens geht, kommt so etwas wie ein Wille oder ein Streben ins Spiel, da dieses darüber zu »entscheiden« scheint, ob und wie ein Vermögen in den Akt übergeht. Allerdings erzeugt eine solche Beschreibung den Eindruck, als würde ein Vermögen wie ein neutrales Medium fungieren, das seinem Subjekt gewisse Handlungsmöglichkeiten bereitstellt, aus denen es nach Maßgabe seines Wollens und Begehrens auswählt.

Diese Auffassung verkennt jedoch bereits die Tatsache, dass ein Subjekt durch den Logos seiner Fähigkeit in einem normativen Verhältnis zu seinem Handeln steht: Sein praktisches Wissen ist auf das »Gute« bezogen, das heißt es impliziert Unterscheidungen zwischen richtigem und falschem Tun und liefert entsprechend die Gründe, aus denen heraus ein Subjekt handelt. Daher sind *dynameis meta logou* zugleich praktische Erkenntnisvermögen: Ihr Subjekt vollzieht sie ausgehend von einem Wissen vom richtigen und falschen Handeln. Die Ausrichtung auf das Gute teilen praktische Erkenntnisse allerdings mit demjenigen, was Aristoteles als Strebungen (oder »Strebevermögen«) bezeichnet.[167] Beide sind ihrem Wesen nach auf Handlungsvollzüge bezogen und beide liefern diejenigen Gründe, auf die in rationalen

---

167 Das Wort »Streben« ist, wie bereits erwähnt, die gängige Übersetzung des griechischen Wortes *orexis* und soll hier auch gemäß der Bedeutungsreichweite verstanden werden, die die Rede von »Strebevermögen« bei Aristoteles hat. Dieses aktualisiert sich nicht nur in Einstellungen des Wollens, des Wünschens oder Begehrens, sondern zugleich auch in Affekten oder Stimmungen (Zorn, Furcht, Eifersucht, Bedauern). »Streben« bezeichnet mithin all das, was der Begriff der »Einstellung« (oder »Proeinstellung«) tragen soll, und dazu gehören flüchtige Launen genauso

Handlungserklärungen rekurriert wird, um einen Vollzug als gut oder als auf ein Gut gerichtet begreifen zu können. Vermögen sind demnach in dem Maße *meta logou*, wie ihre Verwirklichungen durch die Angabe von solchen Gründen erklärbar sind. Und Kandidaten für einen solchen Logos sind freilich nicht bloß praktische Erkenntnisse oder Überzeugungen, sondern ebenfalls Bestrebungen. Das Bewusstsein vom Guten, das in der Ausübung der Handlungsfähigkeit leitend ist, umfasst also praktisches Wissen genauso wie Einstellungen des Wollens oder Wünschens. Erkenntnis- und Strebevermögen gehören somit gleichermaßen zur *inneren Struktur* eines rationalen Handlungsvermögens.

Wir können hier noch eine Überlegung von Anthony Kenny anfügen, mit der aus einem anderen Blickwinkel plausibel wird, dass *orexis* keine externe Beziehung zur *dynamis meta logou* – verstanden als Inbegriff des Vermögens zum rationalen Handeln – unterhält, sondern eines ihrer Strukturmomente benennt:

> »[...] but there is no performance which stands to the faculty of the will in the relationship which the performance of doing sums to the faculty of the intellect. For intending, choosing, deciding, enjoying, regretting are not activities in the way that doing arithmetic, and even learning arithmetic, are activities. One intents, chooses, decides *to do* something, enjoys *doing* it, regrets *having done* it [...] If we regard the will as a faculty, it seems that we must regard the abilities of which it consists as in a sense second-order abilities; as abilities to do things in a certain way, namely voluntarily or intentionally.«[168]

Den Willen als ein menschliches Vermögen zu begreifen bedeutet demzufolge, ihn unmittelbar als Urteils- und Handlungsfähigkeit zu verstehen. Das Strebevermögen aktualisiert sich nicht in Vollzügen wie Bedauern, Wünschen, Wählen, Entscheiden, Genießen etc. – denn dies sind keine Vollzüge, sondern Haltungen zu Vollzügen. Vielmehr aktualisiert es sich in der Ausübung rationaler Vermögen, das heißt in beabsichtigten, gewünschten, gewählten, genussvollen (etc.) Vollzügen. Aus diesem Grund bezeichnet Kenny den Willen als eine »second-order ability«, das heißt als ein Vermögen, das auf die Aktualisierung von Handlungen bezogen ist. Ohne diese interne Bezogenheit ergibt die Rede von einem Willen keinen Sinn. Und ohne eine interne Bezogenheit auf den Willen erscheint die Rede von einem Handlungsvermögen

---

wie Handlungsmaximen, die bereits eine bestimmte *orexis* enthalten müssen, um als Prinzipien willentlichen Agierens gelten zu können.

168 Kenny, *Will, Freedom, and Power*, S. 4.

als sinnlos. *Von sich aus*, das heißt aufgrund seiner selbstbezüglichen (oder »second-order«) Struktur, ist das Strebevermögen auf das Vermögen zu handeln bezogen. Und sein *second-order*-Charakter verdeutlicht, dass sich ein Subjekt durch und mit seinem Strebevermögen zu seinen Handlungsmöglichkeiten verhält. Die *orexis* bezeichnet also einen wesentlichen Bestandteil des praktischen Logos: Strebevermögen und praktisches Erkenntnisvermögen bilden eine Einheit, insofern ein Vollzug in dem Maße als ein Vollzug eines rationalen Vermögens gilt, wie er durch Gründe erklärt werden kann, die Einstellungen des Strebens und praktisches Wissen involvieren. Gemeinsam bilden sie dasjenige, was ein rationales Vermögen zu einem praktischen Vermögen im vollen Sinne macht: Prinzip und Ursache, das heißt »Anfang« (*archē*) der Wirklichkeit einer Handlung zu sein.

3.2. *Akrasia und Handlungsvermögen.* – Wir werden dementsprechend versuchen, die Akrasia als eine Art des Scheiterns zu rekonstruieren, die nicht das Verhältnis zwischen einem rationalen Vermögen und externen Bedingungen betrifft, sondern gewissermaßen das Verhältnis des Logos zu sich selbst. Die Ausgangssituation des Akrates wird durch einen Konflikt zwischen zwei sich ausschließenden Handlungsmöglichkeiten gebildet, die der Logos seines Könnens ihm erschließt. Der klassischen Formulierung gemäß handelt es sich einerseits um eine Einstellung des Strebens, die dem Subjekt Grund gibt, sein Können auf eine bestimmte Weise auszuüben, zum Beispiel die Handlung *a* auszuführen. Andererseits aber verfügt es über eine praktische Erkenntnis, die ihm den Grund liefert, *a* zu vermeiden und stattdessen die Handlung *b* zu vollziehen. Derart steht das Subjekt in einer Situation, in der sein Streben und sein Wissen auseinander laufen: Es begehrt nicht dasjenige, was es seinem »besseren« Wissen zufolge begehren sollte. Akratisch wird das Handeln in dem Maße, so die traditionelle Auffassung, wie entweder das Streben über das Wissen obsiegt oder sich der »Wille« (der hier als diejenige Instanz verstanden wird, die über das Tun und Nicht-Tun entscheidet) von der schlechteren Neigung – anstatt von der besseren Einsicht in das Richtige – leiten lässt. Ein Subjekt, das so handelt, nennt man daher *unbeherrscht, incontinent, akratēs*, oder man attestiert seinem Willen eine »Schwäche«: Es erliegt irgendwelchen fehlgeleiteten »Neigungen« oder »Affekten«, anstatt sich in seinem Streben an seinem besseren Wissen zu orientieren, schließlich liegt darin die »Stärke« des Willens oder eine selbstbeherrschte Aktualisierung rationalen Könnens.

Die klassischen Erklärungen dieser Art des Scheiterns – sofern überhaupt davon ausgegangen wird, dass es eine solche gibt – verfahren zumeist so, dass sie das unbeherrschte Handeln durch die

Wirksamkeit eines nichtrationalen Elements verständlich zu machen versuchen. Denn wenn ein Subjekt seinem besseren Wissen zuwiderhandelt, agiert es nicht vernünftig, sondern vernunftwidrig. Wie also könnte eine solche Handlung als eine Ausübung rationaler Vermögen gelten? Die Namen der »Begierde«, des »Affekts« oder der »Leidenschaft« stehen für jenes nichtrationale Element ein, das gewissermaßen von Außen die Aktualisierung rationalen Könnens stört, das bessere Wissen irgendwie überrumpelt oder untergräbt und damit dem Handeln einen irrationalen Anstrich verleiht. Ein beherrschter Akteur ist dadurch ausgezeichnet, dass er dies nicht zulässt, während ein tugendhafter Akteur seine nichtrationalen Kräfte bereits derart (durch »Gewöhnung«, »Abrichtung« oder »Erziehung«) zugerichtet hat, dass sie schon im Ansatz mit seinem praktischen Wissen übereinstimmen. Solchen Erklärungen zufolge dürfen wir also die Akrasia nicht als eine innere Problematik des praktischen Logos begreifen. Auch wenn sie sich als eine solche manifestieren sollte, das heißt, auch wenn sie sich im Sinne eines Konflikts zwischen zwei Handlungsgründen rekonstruieren ließe – ihre Problemquelle sollte nicht im praktischen Logos selbst gesucht werden, sondern in einer externen und dem rationalen Handeln fremden »Kraft«.

Diese grobe Skizze einer Erklärung bildet die eine Seite der Alternative, vor der sich das philosophische Nachdenken über Akrasia gestellt sah: Entweder ist diese mit Bezug auf externe und nichtrationale Störungen der Verwirklichung einer rationalen Handlungsfähigkeit zu erklären, oder es gibt sie gar nicht. Entweder hat sie den Status eines unvernünftigen Aktes und geht dann auf vernunftwidrige Strebungen zurück, oder sie besitzt den Status einer Aktualisierung des rationalen Vermögens und basiert dann auf einem Irrtum oder einem mangelhaften Wissen, so dass wir es eigentlich nicht mit einem Zuwiderhandeln gegen das bessere Wissen zu tun haben, sondern mit einem schlichten Unwissen. Für diese Option hat Platon argumentiert, für jene Aristoteles. Beide aber setzen dabei *mutatis mutandis* dasselbe Verständnis rationaler Handlungsfähigkeit voraus, das somit jene Alternative allererst konstituiert. Und beide behaupten, dass akratische Vollzüge mit dem Vermögen zum rationalen Handeln nicht nur unvereinbar, sondern zudem auch nicht als *dessen* Vollzüge denkbar sind.

Im Folgenden werden wir versuchen, anhand der Relektüre einiger zentraler Passagen aus den Texten Platons und Aristoteles' über das Problem der Akrasia diese Alternative zu kritisieren. Das platonische Argument für die Inexistenz der Akrasia soll uns dazu dienen, dasjenige Bild von rationalen Vermögen herauszustellen, das durch die Konzession der Möglichkeit der Akrasia ins Wanken geraten müsste (vorausgesetzt, man würde diese als evident annehmen). Der aristotelische Versuch, zugleich an der Möglichkeit der Akrasia und an diesem Bild festzuhalten, wird uns einerseits zeigen, dass damit eine gewisse Brüchigkeit in dieses Bild eingefügt werden muss, durch die sich die Möglichkeit der Selbstbeherrschung zumindest kompliziert. Andererseits können wir an der aristotelischen Erklärung des akratischen Scheiterns auch sehen, inwiefern das Festhalten an diesem Bild dazu zwingt, die »Quelle« jenes Scheiterns (das heißt die irregeleiteten »Begierden«) sowohl zu externalisieren (nämlich ins nichtrationale Außerhalb rationaler Vermögen) als auch zu einem primär »hyletischen« Defekt zu stilisieren. Erst anhand von Davidsons Untersuchungen zur *incontinence* und seiner Kritik an den platonischen und aristotelischen Prämissen werden wir sehen können, dass die Akrasia tatsächlich eine innere Problematik rationaler Vermögen beschreibt, die – in unseren Kontext übertragen – die Behauptung einer strukturellen Möglichkeit des Scheiterns unterstützen kann. Dies wird uns zur Frage führen, in welchem Verhältnis rationale Vermögen zur Möglichkeit irrationalen Handelns stehen – und wie wir, insofern wir dieses Verhältnis als ein innerliches zu begreifen haben, das Bild eines rationalen Handlungsvermögens korrigieren müssen, um diese Möglichkeit verständlich zu machen.

3.3. *Die Kraft des Wissens.* – Diejenigen Passagen aus den platonischen Dialogen, die den klassischen Ausgangspunkt für die meisten philosophischen Behandlungen der Akrasia darstellen, werden mit einer Problematisierung des praktischen Verhältnisses von Streben und Wissen eröffnet. Im vierten Teil des *Protagoras* wirft Sokrates die Frage auf, ob das Wissen auf dem Gebiet des menschlichen Handelns nicht etwas »Starkes, Leitendes, Gebietendes« sei, oder ob eher die »Ansicht der meisten Menschen« zuträfe, der gemäß »irgend etwas anderes« die »Herrschaft« in der Seele habe, »bald Zorn, bald Lust, bald Unlust, zuweilen auch leidenschaftliche Liebe und oftmals Furcht«.[169] Während die Vertreter dieser Ansicht also »von der Erkenntnis nicht besser als wie von einem Sklaven« denken,[170] da sie diese für etwas Schwaches und anderem Unterworfenes halten, vertritt Sokrates selbst die Auffassung, dass das Wissen »zur Herrschaft über den Menschen [berufen]« ist – »dergestalt, dass wer das Gute und Böse richtig erkennt, schlechterdings durch keine Gewalt dazu gebracht werden kann etwas anderes zu tun als was die Erkenntnis gebietet, da es eben keine bessere

---

169 Platon, *Protagoras*, 352. Die Seitenangaben zu den platonischen Dialogen beziehen sich auf die Paginierung der Stephanusausgabe.
170 Ebd.

Gehilfin für den Menschen gibt als die Einsicht«.[171] Für Sokrates bildet das Wissen demnach diejenige Instanz, die beim Vollzug der Vermögen schlechthin leitend ist, denn es *soll* nicht nur »herrschen«, weil es die »beste Gehilfin« ist, sondern es hat auch *faktisch* die größte Macht im Menschen inne: Der Wissende wird stets nach seiner Einsicht in das Gute handeln, und sein praktisches Urteil kann durch keine innere Kraft davon abgehalten werden, in die Tat umgesetzt zu werden.

Dabei verbinden sich für Sokrates unmittelbar zwei Aspekte, die für die »meisten Menschen« getrennt vorliegen. Deren Ansicht zufolge gibt es auf der einen Seite nichtrationale Kräfte wie Begierden, Leidenschaften und Affekte, die sich nach Stärke und Schwäche bemessen und das Subjekt in seinem Tun und Lassen antreiben; die stärkste Antriebskraft (eine Begierde wie der Appetit, ein Affekt wie die Furcht oder der Zorn, eine Leidenschaft wie die Liebe) wird dabei stets dasjenige ausmachen, was den Ausschlag für die Aktualisierung der Handlungsfähigkeit gibt. Auf der anderen Seite befindet sich dagegen die praktische Erkenntnis, die das Handeln nicht wie eine starke Kraft verursacht, sondern in Urteilen über das gute und schlechte Tun begründet. Die Meinung der »meisten Menschen« basiert auf der Vorstellung einer solchen Trennung zwischen Kräften und Erkenntnisvermögen, zwischen Antrieben und Urteilen, Ursachen und Gründen, sowie zwischen dem Angenehmen und dem Guten; und sie beinhaltet die Behauptung, dass zwar praktische Einsichten Handlungen normativ vorschreiben, aber letztlich die Kräfte der Begierden und Affekte es sind, die nicht nur Handlungen tatsächlich verursachen, sondern sogar die Erkenntnis »herumzerren«, das heißt wie einen »Sklaven« instrumentalisieren.[172]

Um diese Ansicht zu widerlegen, wendet sich Sokrates nun dem Phänomen der Akrasia zu. Das Problem, das sich mit der »Willensschwäche« dem Denken stellt, betrifft demnach das Verhältnis von inneren Kräften und rationalen Vermögen, das heißt – deren *Kräfteverhältnis*. Es hat zunächst den Anschein, als würde das »Überwundenwerden durch die Lüste«[173] die »Ansicht der meisten Menschen« belegen: Subjekte handeln nicht selten ihrer praktischen Einsicht zuwider, und zwar deshalb, weil ihre »Lüste« stärker sind als ihr Wissen. Sokrates will dagegen zeigen, dass diese Erklärung des akratischen Scheiterns falsch ist und das Phänomen missversteht, weil sie ein verkehrtes Verhältnis von Kräften und rationalen Vermögen beinhaltet, das heißt weil sie die »Kraft« des Wissens und damit zugleich die Rolle des Unwissens verkennt, das für jenes Scheitern verantwortlich ist.

---

171 Ebd.

172 Ebd.

173 Ebd., 353.

Die Form seiner Argumentation entspricht dabei der dialektischen Verfahrensweise: Es geht darum, einen fiktiven Vertreter der geläufigen Meinung darüber aufzuklären, welche Position er eigentlich vertritt; dabei werden einige Implikationen dieser Position herausgearbeitet, deren Diskussion einerseits zeigen soll, dass die übliche Meinung selbstwidersprüchlich, das heißt nicht haltbar ist, um stattdessen und andererseits die richtige Auffassung ans Licht zu bringen. In einem ersten Schritt bezieht sich Sokrates auf eine evaluative Einstellung, die einen Aspekt der geläufigen Ansicht darstellt: Akratisches Handeln ist »verwerflich«, und eben dies weiß der Handelnde in dem Moment, in dem er sich von seinen Lüsten überrumpeln lässt. Auch wenn er also »überwältigt« wird, so hält er dennoch sein Tun für tadelnswert, eben weil er über das bessere Wissen verfügt. Fragt man nach dem Grund für diesen Tadel, dann liegt dieser, so Sokrates, allerdings nicht in der Verwerflichkeit von Lüsten überhaupt, sondern in den negativen Folgen, die aus dem Genießen resultieren: Die gegenwärtige Lust an gewissen Speisen oder flüchtigen Liebeleien führt zu späteren Übeln, wie etwa Krankheiten oder der Auflösung eigentlich gewollter Beziehungen.[174]

Die Schlussfolgerung, die Sokrates daraus zieht (immer noch auf dem Boden der geläufigen Ansicht stehend), erweist sich als entscheidend: Anfangs hatte es den Anschein, als würden Begierde und Wissen auf Unterschiedliches ausgerichtet sein – einerseits auf das Angenehme, andererseits auf das Gute. Vor diesem Hintergrund entstand der Eindruck, dass der Akrasia ein Konflikt zwischen zwei prinzipiell verschiedenen Maßstäben oder Arten der Zwecksetzung zugrunde liegt, wobei die eine, das Angenehme, über die andere, das Gute, obsiegt; das Angenehme erschien als das Schlechte, das Gute aber als das Unangenehme. Sokrates bemerkt dazu, dass hierbei wohl solche Fälle paradigmatisch seien wie anstrengende Leibesübungen oder schmerzhafte ärztliche Therapien, die zwar auf ein Gut (Gesundheit) bezogen sind, aber dennoch Unlust hervorrufen.[175] Nun stellt sich aber heraus, dass es sich um ein und dieselbe Zwecksetzung handelt: Sowohl Begierde und Leidenschaft als auch das praktische Wissen sind auf dasselbe ausgerichtet, wenn auch unter unterschiedlichem Namen. Denn tatsächlich entspricht bei jenen Beispielen das Gute dem Angenehmen (Gesundheit bedeutet Wohlbefinden) und das Schlechte dem Unangenehmen (Krankheit bedeutet Schmerz und Unlust). Der Unterschied besteht einzig darin, dass zum Zweck einer späteren Annehmlichkeit (respektive eines späteren Guts) eine aktuelle Unannehmlichkeit (res-

---

174 Vgl. ebd., 353f.
175 Vgl. ebd., 354.

pektive ein aktuelles Übel) vorgezogen wird – oder umgekehrt für den Fall der Akrasia: dass wegen einer momentanen Lust eine spätere Unlust (respektive wegen einer momentanen Unlustvermeidung eine größere spätere Unlust) akzeptiert wird. Was die geläufige Meinung also zuvor als »Überwundenwerden durch die Lüste« bezeichnete, muss nunmehr folgendermaßen gedeutet werden: »gegen geringeres Gute mehr Schlechtes in Kauf nehmen« respektive »das Unangenehme [tun], obschon [man es] als solches erkennt, überwunden von dem Angenehmen, das offenbar nicht wert war zu siegen«.[176] Referenz für die Gewichtung des Guten und Schlechten ist aber hier dasjenige, worauf die Begierden und Leidenschaften zielen – die Bewertung einer Handlung seitens der Erkenntnis bezieht sich auf keine andere Quelle als das Lust- und Unlustempfinden.

Auf diese Weise hat Platon zumindest implizit gezeigt, dass das übliche Verständnis der Akrasia nicht notwendig auf einem Widerstreit zwischen zwei Quellen der Bewertung basiert, etwa praktische Vernunft auf der einen und Leidenschaft auf der anderen Seite. Und damit hat er beiläufig auch demonstriert, dass die eher typischen Beispiele für akratisches Scheitern, die im Zusammenhang moralphilosophischer Überlegungen in Anschlag gebracht werden (Pflicht vs. Neigung, Einsicht in das moralisch Gebotene vs. »pathologische« Triebfedern), dazu tendieren, das Problem der Akrasia zu verzerren, da diese nicht auf ein moralisches Fehlgehen reduziert werden kann. Sie bezeichnet vielmehr eine allgemeine Problematik des Handelns, insofern sie selbst dort auftritt, wo es noch gar nicht um moralische Ansprüche geht, sondern um bloße egozentrische Lustmaximierung: Selbst derjenige, der nur nach Lust strebt und seine »sinnlichen« Genüsse über alles stellt, kann auf akratische Weise scheitern, das heißt »gegen geringeres Gute mehr Schlechtes in Kauf nehmen.« Wenn Sokrates hier Gebrauch von der sophistischen Idee einer Identität des Angenehmen und des Guten macht, dann heißt das natürlich nicht, dass damit eine sokratische Position artikuliert würde – sondern vielmehr eine Implikation der geläufigen Meinung. Und deren argumentative Funktion besteht nicht nur darin, die Akrasia als eine allgemeine (und nicht nur moralische) Problematik des Handelns zu fassen und sie von der Opposition zwischen moralischer Vernunft und außermoralischen Lüsten zu lösen, sondern in erster Line darin, die »Lächerlichkeit«[177] der These zu demonstrieren, dass die Akrasia, wenn es sie gibt, einem »Überwundenwerden durch die Lüste« entspricht. Was Sokrates stattdessen zeigen will, betrifft das Wesen rationalen Vermögens: Wenn ein Lebe-

---

176 Ebd., 355f.
177 Ebd., 355.

wesen über den Logos (Wissen, Verstehen, Sprache, Begrifflichkeit, Urteilsvermögen) verfügt, dann wird *stets dieser Logos handlungsleitend sein* – und nichts anderes. Der Hedonist wird folglich nicht von seinen »Lüsten« hin und her gezerrt, sondern hat bereits die Maximierung des eigenen Wohlbefindens zu seiner Maxime, das heißt zum Logos seines Handelns gemacht.

3.4. *Das platonische Argument.* – Gesetzt, so argumentiert Sokrates, dass einerseits das Gute, auf das die praktische Erkenntnis ausgerichtet ist, und das Angenehme, auf das die Begierden zielen, identisch sind, andererseits aber augenblicklich Gutes (Angenehmes) zu späterem Unangenehmen (Schlechten) respektive augenblicklich Unangenehmes (Schlechtes) zu späterem Angenehmen (Guten) führen kann, dann muss ein Subjekt, das in all seinem Handeln dem Logos des Lustprinzips folgt, »das Angenehme und das Unangenehme, sowohl das nahe wie das ferne, übersichtlich zusammenordnen und auf die Waage legen und [...] dann sagen, welche von beiden Seiten im Übergewicht ist«.[178] Wenn sein lustfokussiertes Handeln gelingen soll, dann muss es dieses auf die Basis einer »Wertabschätzung von Lust und Unlust«[179] stellen. Eine verlässliche Bewertung des Mehr oder Weniger von Lust und Unlust kann nur das Wissen liefern, nicht aber die Begierden und Leidenschaften, weil diese so lange auf nur *scheinbar* Angenehmes zielen, wie deren Gegenstände nicht auf den Waagschalen der praktischen Erkenntnis geprüft wurden.[180] Diese allein ist einer *wahren* Gewichtung von Lust und Unlust fähig, weswegen sich derjenige, der sein Glück in der Maximierung seines Lustempfindens sieht, mit Notwendigkeit seiner Erkenntnis und nicht seinen momentanen Leidenschaften anvertrauen sollte. Und eben weil nur das Wissen eine optimale »Wertabschätzung von Lust und Unlust« und mithin das Gelingen seines Handelns »garantieren« könnte, zeigt sich, dass selbst derjenige, der an nichts anderem als dem Lustprinzip orientiert ist, den besten Grund hat, der praktischen Erkenntnis volle »Herrschaft« über sein Handeln zu geben.

Das Einzige, was Sokrates zufolge ein Subjekt daran hindern könnte, sind nicht überwältigende Begierden, sondern »Unwissenheit«.[181] Denn weshalb sollte jemand, der einerseits *wirklich weiß*, dass eine Handlung *x* die beste für ihn jetzt mögliche Handlungsweise darstellt, und der andererseits auch weiß, dass die Gelegenheit zu *x* gegeben

---

178 Ebd., 356.
179 Ebd.
180 Vgl. ebd.
181 Ebd., 357.

ist und es folglich in seiner Macht steht, *x* zu realisieren, etwas anderes als *x* tun? Mit Bezug auf sein Strebevermögen ist einem Subjekt bewusst, was für es lustvoll und schmerzvoll ist, mit Bezug auf sein praktisches Erkenntnisvermögen aber weiß es, wie es die Ziele seines Strebens am besten in die Tat umsetzen kann. Was also sollte es dazu bringen, in seinem Handeln etwas anderes zu beabsichtigen als dasjenige, was sein bestes Wissen ihm sagt? Die geläufige Meinung würde hier antworten: eine »Schwäche« seines Willens, das heißt eine entgegengesetzte Begierde, die *stärker* sei als sein besseres Wissen. Für Sokrates erscheint dies aber nicht nur widersinnig, sondern vollkommen absurd – es sei denn, dieses Subjekt weiß eben nicht, dass *x* zu tun das Beste für ihn ist. Wenn jemand in der Wahl von guten oder lustvollen Handlungen fehlgeht, dann aus *Mangel an Erkenntnis* und nicht aus mangelnder *Stärke* seiner richtigen Erkenntnis.[182] Daher ist es weder eine Schwäche des Willens, noch eine Schwäche des Wissens, die dem akratischem Scheitern zugrunde liegt. Vielmehr handelt es sich stets um ein Nichtwissen, das heißt um ein ephemeres *Unvermögen* zur richtigen Einsicht: Der Scheiternde handelt nicht seinem besseren Wissen zuwider, sondern er verfügt über kein besseres Wissen. Es gibt also keine Akrasia – sondern einzig *uneigentliche* Fälle von »Willensschwäche«, die näher besehen nichts anderes sind als Fälle von Unwissenheit und folglich einer irrtümlichen Erkenntnis entspringen.[183]

Wenn man sich allerdings die sokratische Argumentation genauer anschaut, dann zeigt sich, dass diese Behauptung noch nicht wirklich begründet ist. Was Platon bislang gezeigt hat, bezieht sich auf den unverzichtbaren *Wert*, den das Wissen für den Menschen selbst dann haben sollte, wenn dieser nur nach der größtmöglichen Befriedigung seiner Begierden strebt. Damit ist aber nur das normative Privileg des Wissens ausgesprochen, nicht aber dessen tatsächliche »Herrschaft«. Denn die normative These würde schließlich noch Raum belassen für die übliche Meinung, der zufolge die Lüste aufgrund ihrer vernunftwidrigen Stärke diesen gebotenen Vorrang durchbrechen und die Erkenntnis überwältigen. Erst wenn die Einsicht in den normativen Vorrang des Wissens die Einsicht implizieren würde, dass das Wissen im Menschen etwas schlechthin »Starkes, Leitendes, Gebietendes« *ist*,

---

182 Vgl. ebd., 358.

183 Ein Irrtum liegt an der Basis des akratischen Scheiterns insofern, als das Subjekt eine bestimmte Handlung für die richtige oder angemessene hält, die objektiv falsch oder unangemessen ist. Es hat sich aber deswegen geirrt, weil es (noch) nicht im Besitz dieses objektiven Wissens ist. Daher liegt dem Irrtum eine Unwissenheit zugrunde.

hätte man die Möglichkeit der Akrasia tatsächlich ausgeschlossen – und könnte man mit Recht annehmen, dass ein Subjekt *stets* seinem bestmöglichen Wissen folgte, so irrtümlich und unvollständig dieses auch sei. Eben diesen Schluss vom gebotenen zum faktischen Vorrang des Wissens scheint Sokrates dann auch zu ziehen: »Da sich aber das Heil des Lebens uns als abhängig erwies von der richtigen Wahl der Lust und Unlust nach Maßgabe des Mehr oder Weniger und des Größeren und Kleineren, mag es nun ferner sein oder näher«, und da diese richtige Wahl stets eine Leistung des Wissens darstellt, zeigt sich, »daß nichts mächtiger ist als das Wissen, und daß, wo dies ist, es auch die Herrschaft hat sowohl über die Lust wie über alles andere«.[184] Es hat also den Anschein, als würde Sokrates behaupten, dass mit seiner Argumentation nicht nur das normative, sondern zugleich auch das tatsächliche Privileg des Wissens aufgewiesen sei:

> »Wenn also das Angenehme gut ist, so tut niemand, der weiß oder glaubt, daß anderes besser ist als das, was er zunächst vorhat und was er auch tun kann, das Schlechtere, wenn es doch in seiner Macht steht das Bessere zu tun; und das Unterliegen im Kampf mit sich selbst ist nichts anderes als Unwissenheit, wie die Herrschaft über sich selbst nichts anderes ist als Weisheit«.[185]

Es fragt sich allerdings, welchen Status dieses Argument von der tatsächlichen Macht und Stärke des Wissens besitzt: Wie sollten wir diese *praktische Notwendigkeit* verstehen, dass ein Subjekt in seinem Handeln immer dem folgt, was seiner Ansicht nach das Beste ist – sei es ein bloßer Glaube, ein bloßes Für-wahr-halten oder wirkliche Einsicht? Haben wir es etwa mit einem idealistischen Fehlschluss zu tun, das heißt mit einem Schluss von einer normativen auf eine kausale Notwendigkeit?

Der Status des sokratischen Arguments wird klarer, wenn man im Text des *Protagoras* ein wenig weiter liest: Wenn Sokrates sagt, dass das Wissen, *»wo dies ist,* [...] auch die Herrschaft hat«,[186] dann erinnert er in erster Line an eine Wesensbestimmung des menschlichen Handelns:

> »[D]em Schlechten wendet sich doch niemand freiwillig zu noch auch dem was er für schlecht hält, wie es denn allem Anschein nach überhaupt nicht

184 Platon, *Protagoras*, 357.
185 Ebd., 358.
186 Hervorhebung von mir, D.S.

in der menschlichen Natur liegt sich dem zuwenden zu wollen, was man für schlecht hält, und nicht vielmehr dem Guten«.[187]

Es liegt demnach »in der menschlichen Natur«, gemäß einer *Haltung* zum Guten zu handeln – und dabei stets das Schlechte zu vermeiden und das dieser Haltung zufolge Beste zu vollziehen. Insofern ein menschliches Subjekt also *freiwillig* oder absichtlich handelt, wird es niemals das seiner Ansicht nach Schlechte oder Schlechtere tun, sondern notwendigerweise das seinem Dafürhalten nach Gute oder Bessere. Obgleich der Begriff des Vermögens in der gesamten Abhandlung nicht fällt, lässt sich diese These leicht auf die Natur der menschlichen Vermögen übertragen: Die praktische Erkenntnis und ihre Gewichtung des Besseren und Schlechteren *ist* die »stärkste« Kraft in dem Maße, wie ihr Subjekt »freiwillig« handelt, weil das im freiwilligen Handeln wirksame menschliche Können so beschaffen ist, dass das Wissen vom praktisch Richtigen leitend ist. Und eben dies ist nichts anderes als die Grundbestimmung eines rationalen Handlungsvermögens – aufgrund eines Begriffs, eines Urteils, eines praktischen Wissens oder einer Vorstellung des Richtigen handeln zu können, das heißt *kraft von Gründen*, die im Logos des Könnens erschlossen sind.

Woran also Sokrates erinnert, ist eine Seins- oder Wesensbestimmung des absichtlichen Handelns. Es geht folglich nicht um die Alternative zwischen einem faktischen Kräfteverhältnis einerseits, wo sich Wissen und Streben als zwei konkurrierende Mächte gegenüberstehen, und einer normativen Vorschrift andererseits, der gemäß dem Wissen ein Privileg vor dem Streben gebührt und die ein Subjekt akzeptieren oder nicht akzeptieren könnte. Vielmehr haben wir es mit einer anderen Ebene zu tun, auf die das sokratische Argument eigentlich zielt: Die Überlegung, die den unvergleichlichen Wert der praktischen Erkenntnis für das gelingende Handeln herausstellt, ist die Wiedererinnerung an ein Prinzip, das rationalen Fähigkeiten und ihrer Ausübung schlechthin innewohnt und das entsprechend das menschliche Handlungsvermögen konstituiert. Dieses Prinzip könnte man mit Davidson folgendermaßen paraphrasieren: »Vollziehe die Handlung, die auf der Basis aller verfügbaren relevanten Gründe als die beste beurteilt wird«.[188] Es geht infolgedessen nicht um eine Belehrung, die die »meisten Menschen« davon überzeugen soll, das genannte Prinzip zu akzeptieren und ihm zu folgen – weil ihr Handeln allein dann gelingen kann, wenn sie sich ihrem Erkenntnisurteil über die Gewichtung der Handlungsgründe anvertrauen. Vielmehr stellt die sokratische

187 Platon, *Protagoras*, 358.
188 Davidson, »Wie ist Willensschwäche möglich?«, S. 71.

Überlegung ein konstitutives Prinzip heraus, vor deren Hintergrund überhaupt erst Vollzüge als *rationale* Vollzüge gelten können und die folglich einem praktischen Vermögen (aufgrund seines *meta logou*-Charakters) immer schon eingebaut ist. Und sofern ein Lebewesen überhaupt über ein praktisches Erkenntnisvermögen verfügt, folgt es ihm selbst dann, wenn es noch nie von ihm gehört hat. Es kann sich also nicht aussuchen, ob es jenes Prinzip anwendet oder nicht, denn dieses liegt in der Natur seines Handlungsvermögens. Und was sich in diesem ausdrückt, ist nichts anderes als die grundlegende *Gelingenszentrierung*, die rationalen Vermögen wesentlich eignet.

3.5. *Die Inexistenz der Akrasia.* – Damit wäre jenes Bild der Ausübung rationalen Könnens umrissen, das mit der Existenz der Akrasia unvereinbar ist: Nur derjenige Vollzug kann als eine Aktualisierung rationaler Vermögen verstanden werden, der dem Rationalitätsstandard entspricht, demzufolge wir uns in unseren Bestrebungen und Vollzügen von unserem bestmöglichen Wissen leiten lassen. In dem Maße, in dem wir dieses Wissen *wirklich* haben, so argumentiert Sokrates, ist es unmöglich, dass wir etwas anderes tun als eben dasjenige, was dieses Wissen uns sagt. Deshalb weist Sokrates die »Ansicht der meisten Menschen« zurück, der zufolge eine praktische Überzeugung vom richtigen Handeln von den »Lüsten« überwältigt und »wie ein Sklave herumgezerrt« werden könnte. Denn wenn ich weiß, dass ich sowohl die Gelegenheit als auch das Vermögen besitze, *x* oder *y* zu vollziehen, und wenn ich zugleich weiß, dass *x* zu tun besser ist, als *y* zu tun, werde ich *x* notwendigerweise mehr wollen als *y*, oder anders gesagt: Sobald ich mir tatsächlich bewusst gemacht habe, dass *x* besser ist als *y*, verfüge ich über einen Grund, *x* zu wollen und zu vollziehen. *Y* in die Tat umzusetzen hieße vor diesem Hintergrund jedoch, etwas zu tun, wozu ich keinen Grund habe. Wie könnte ich also freiwillig oder absichtlich, das heißt im Wissen um einen besseren mir verfügbaren Handlungsgrund, das Schlechtere wählen? Wie könnte eine noch so starke Begierde mich »verführen«, wenn ich dieses Wissen doch tatsächlich besitze? Wie könnte ich von der Erkenntnis, dass *x* besser ist als *y*, den praktischen Schluss ziehen, *y* zu vollziehen (schließlich muss rationales Handeln stets als Realisierung einer praktischen Inferenz rekonstruierbar sein)? Eine starke Begierde zu *y* kann meinen Willen nur in dem Maße bestimmen, wie ich schlicht nicht weiß, dass mir eine Handlung *x* offen steht, die besser ist als *y*.

Für Platon ist also ausgemacht, dass ein rational handelndes Wesen seinem besseren Wissen nicht zuwiderhandeln kann – was daran liegt, dass jenes Prinzip keine Norm ist, von der wir uns wahlweise leiten lassen können oder nicht, sondern eine Wesensbestimmung rationalen Handelns. Wenn wir diesem Prinzip zuwiderhandeln, dann unabsichtlich, denn andernfalls könnten wir nicht mehr verstehen, dass rationale Vermögen wesentlich dadurch ausgezeichnet sind, auf das Gelingen ihrer Vollzüge ausgerichtet zu sein. Dass dem Prinzip nicht absichtlich zuwidergehandelt werden kann, bedeutet aber, dass nur eine Unwissenheit als einzig mögliche Ursache des Scheiterns denkbar ist. Daher erscheint es unmöglich, akratisch zu agieren, das heißt auf absichtliche Weise das bessere Wissen zu ignorieren und gewissermaßen das Misslingen des eigenen Handelns anzuvisieren. Denn nur ein solches Handeln, das jenem Rationalitätsprinzip entspricht, dürfen wir als freiwillig oder absichtlich verstehen – alles andere wäre keine wirkliche Aktualisierung rationaler Vermögen. Infolgedessen können wir, Platon zufolge, nicht an der Möglichkeit der Akrasia festhalten, ohne diese Idee rationalen Könnens und Verhaltens über Bord zu werfen. Und um dies zu vermeiden, muss dasjenige Scheitern, was *prima facie* als Akrasia erscheint, auf einem Unwissen oder einer fehlerhaften Erkenntnis basieren: Es geht um ein Scheitern, das ein Subjekt retrospektiv in dem Maße erkennen kann, wie es einsehen muss, dass das beste ihm verfügbare Wissen unzureichend war.

Wir dürfen dabei allerdings nicht vergessen, dass Platon jenen Rationalitätsstandard zugleich in Termini von Stärke und Herrschaft beschreibt. Sokrates scheint zwar das Gegenteil zu behaupten, wenn er sagt, dass »das Unterliegen im Kampf mit sich selbst [...] nicht anderes [ist] als Unwissenheit« und »die Herrschaft über sich selbst nichts anderes ist als Weisheit«.[189] Der Grund liegt für Sokrates jedoch darin, »daß nichts mächtiger ist als das Wissen und daß, wo dies ist, es auch die Herrschaft hat über die Lüste wie über alles andere«.[190] Auf diese Weise akzentuiert er die Notwendigkeit, dass ein Subjekt seinem besten Wissen (das heißt seiner praktischen »Weisheit«) folgt – sofern es nichts anderes als sein rationales Können ausübt. Und diesen Aspekt des Bildes rationaler Vermögen müssen wir festhalten: Die praktische Erkenntnis führt in dem Maße mit Notwendigkeit zum Handeln (unter der Bedingung, dass die äußeren Umstände dies nicht verhindern), wie sie schlechthin »die Herrschaft hat«, das heißt, wie sie die *stärkste Kraft* ist. Der Rationalitätsstandard, dem besten aller (»verfügbaren relevanten«) Handlungsgründe zu folgen, hat für Platon seine Wirklichkeit – und das heißt seine praktische *Wirksamkeit* – darin, dass sich ein rationales Subjekt von der am stärksten gebietenden Erkenntnis leiten lässt. Wirklich zu wissen, dass $x$ zu tun besser ist, als $y$ zu tun, heißt zugleich, dass dieses Wissen im Subjekt die stärkste

189 Platon, *Protagoras*, 358.
190 Ebd., 357.

Kraft entfaltet – und nicht etwa eine Begierde zu *y*; andernfalls verfügt man nicht wirklich über das Wissen. Das für praktische Rationalität adäquate Selbstverhältnis des Handelnden impliziert also eine Rezeptivität oder eine Empfänglichkeit, die derart auf die »Autorität« des Wissens geeicht ist, dass dessen Urteil über das beste Handeln im Sinne der stärksten Macht wirken kann – schließlich darf der Vollzug nicht bloß zufälligerweise mit dem besten Wissen übereinstimmen, sondern er muss dies notwendigerweise. Erforderlich ist daher, dass die beste Erkenntnis zugleich die *Ursache* des Vollzugs darstellt. Was man als konstitutiven Standard oder apriorisches Prinzip praktischer Rationalität zu beschreiben geneigt ist, fasst Platon also zugleich im Sinne der schlechthin gebietenden Macht der praktischen Erkenntnis – das heißt diese Erkenntnis ist insofern die stärkste, als ein Subjekt, das sie wirklich hat, »schlechterdings durch keine Gewalt« – so zum Beispiel auch nicht durch die von »Lüsten« – »dazu gebracht werden kann etwas anderes zu tun als was die Erkenntnis gebietet«.[191] Wir werden auf diesen Aspekt der Stärke oder Macht zurückkommen müssen; an dieser Stelle soll es genügen, die Redeweise von einem fundamentalen Standard, »unter« dem ein rationales Subjekt *per se* steht, mit einer Redeweise zu konfrontieren, die ihr entgegengesetzt zu sein scheint: Das Gute ist – oder muss – die stärkste Kraft sein. Der Standard, dem besten aller (»verfügbaren relevanten«) Handlungsgründe zu folgen, heißt darum für Platon zugleich, sich von der stärksten Kraft leiten zu lassen.

3.6. *Der aristotelische Einspruch.* – Der platonischen Argumentation zufolge steht weder ein Konflikt zwischen zwei Quellen der Orientierung des Handelns, noch eine Spannung zwischen Strebenskräften und Erkenntnisvermögen am Ursprung der (scheinbaren) Akrasia. Vielmehr handelt es sich um ein Problem *innerhalb* desjenigen Logos, der rationalen Vermögen zugrunde liegt. Daher gibt es keine Akrasia – zumindest nicht im Sinne eines »Überwundenwerdens durch die Lüste«. Würden wir der sokratischen Vorstellung von dieser Art des Scheiterns folgen, so müssten wir davon ausgehen, dass dieses stets auf einem falschen Wissen, einem irrtümlichen Logos, einem Unwissen basiert. Und nur, weil dem so ist, erscheint es für Sokrates möglich, dass man einerseits den verkehrt Handelnden tadeln darf (denn einzig dann, wenn er auf der Basis eines Verstehens agiert, lässt sich sagen, dass er »freiwillig«, das heißt absichtlich handelt und eben darum »schuldfähig« ist) und dass andererseits sein unzureichendes

191 Ebd., 352.

Handlungswissen korrigiert werden kann, das heißt, dass er belehrbar ist.[192] Wenn es tatsächlich Fälle von Akrasia gäbe, in denen die schiere Stärke nichtrationaler – und als solcher der Belehrung unzugänglicher – Kräfte das bessere Wissen unterlaufen können, dann ließe sich faktisch nichts tun: Das wissende Subjekt wäre nicht nur machtlos gegenüber seinen inneren Trieben, sondern damit auch der Möglichkeit einer »freiwilligen« Handlungswahl beraubt, weil jene Triebe ihm jederzeit einen Strich durch die Rechnung machen könnten. Doch insofern am Grunde des Scheiterns keine unbelehrbare und »blinde« Kraft steht, sondern eine solche, von der das Subjekt weiß, das heißt die gebietende Kraft eines fehlerhaften Logos, dann haben wir es mit einem absichtlichen Handeln und einem lernfähigen Wissen zu tun, so dass sein Subjekt durch Belehrung in die Praktiken so initiiert werden kann, dass ein Scheitern aus internen Gründen vermeidbar wird. Auf diese Weise kann sein Handlungsvermögen eine bessere innere Verfassung erhalten, wodurch sich das Unwissen mehr und mehr minimiert und Irrtümer entsprechend seltener werden. Und diese gute Verfassung rationaler Vermögen trägt den Namen der *Tugend*, der auch das Hauptinteresse Platons im *Protagoras* gilt: Das Argument gegen die Möglichkeit eines »Überwundenwerden[s] durch die Lüste« dient primär dazu, die Behauptung zu stärken, dass alle Tugenden ihre Einheit darin haben, dass sie allesamt Aspekte ein und desselben praktischen Wissens sind.

Die Frage allerdings, der wir uns nun zuwenden müssen, betrifft die *Struktur jenes Unwissens*, das dem Scheitern zugrunde liegt. Für Platon handelt es sich um ein bloßes Nichtwissen – nicht im Sinne eines Versehens, sondern eines Zurückbleibens hinter der richtigen Einsicht in das Gute: Der angebliche Akrates verfügt über kein wirkliches Wissen vom besseren Handeln, denn sonst hätte er dieses und nicht das schlechtere vollzogen. Für Aristoteles jedoch lässt sich dieses Problem nicht so leicht aus der Welt schaffen. In seiner Diskussion der Akrasia in der *Nikomachischen Ethik* weist er die sokratische These von der Unmöglichkeit der Unbeherrschtheit zurück: Sokrates' Behauptung »widerstreitet offensichtlich den Tatsachen [*phainomena*]«.[193] Damit konzediert er der »Ansicht der meisten Menschen«, dass es tatsächlich Fälle von Akrasia gibt und dass sie in irgendeiner Weise mit der Stärke von Affekten, Begierden oder Leidenschaften zu tun haben. Das heißt aber nicht, dass Aristoteles die sokratische Auffassung im Ganzen bestreitet, im Gegenteil: Was er im siebten Buch der *Nikomachischen Ethik* zu zeigen versucht, ist vielmehr, dass der Kern der platonischen

---

192 Vgl. ebd., 358.

193 Aristoteles, *Nikomachische Ethik*, VII 2. 1145b.

Argumentation der geläufigen Meinung nicht widerspricht beziehungsweise dass jene mit der Auffassung vereinbar ist, dass der Akrates eigentlich von der Falschheit seines Handelns weiß.

Damit kompliziert sich jedoch die Idee der Unwissenheit, die am Grund des akratischen Handelns steht. Denn wenngleich Aristoteles die sokratische Handlungstheorie teilt, der zufolge absichtliches Handeln mit Notwendigkeit *meta logou* ist, das heißt jederzeit einem Bewusstsein vom richtigen Tun folgt, so sieht er dennoch die Möglichkeit gegeben, dass ein Subjekt seinem besseren Wissen zuwiderhandelt. Dieses Zuwiderhandeln geschieht für Aristoteles auf der Basis einer mangelhaft *aktualisierten* Erkenntnis, welche die Struktur eines *Unwissens bezüglich jenes Wissens* besitzt. Wir haben es demnach nicht mit einer bloßen Unwissenheit, einer schlichten Zurückgebliebenheit des Erkenntnisvermögens zu tun: Das akratische Unwissen entspricht keinem Unvermögen im Sinne der abgeleiteten Privation eines Vermögens, das ein Subjekt »zu der Zeit, wo es zu haben geeignet ist, [...] nicht hat«.[194] Denn tatsächlich *hat* der Akrates das richtige Wissen, jedoch scheint sein aktuelles Bewusstsein irgendwie hinter diesem Besitz an Wissen zurückzubleiben. Eigentlich verfügt er über das Wissen, dass dieser Akt, den er gerade vollzieht, schlecht ist und ein anderer Akt der bessere wäre. Im Augenblick des Vollzugs jedoch realisiert er dies nicht, sondern bleibt darüber im Unwissen: sein Akt erscheint ihm nicht so, wie er aus der Perspektive seines besseren Wissens erscheinen würde, hätte er diese präsent gehabt. Daher haben wir es Aristoteles zufolge einmal mehr mit einer privativen Struktur zu tun, denn der Akrates aktualisiert seinen Logos auf eine unvollständige oder mangelhafte Weise. Für Aristoteles hat diese Form der Privation allerdings eine spezifische Ursache, die nicht im Logos selbst zu verorten ist, sondern in nichtrationalen Strebungen (Begierden, Affekten, Leidenschaften). An diesem Punkt, an dem er Partei für die »Ansicht der meisten Menschen« ergreift und damit der sokratischen Argumentation zu widersprechen scheint, geht er also von Kräften aus, die gewissermaßen von Außen in die Ausübung rationaler Vermögen intervenieren – und deren Intervention dazu führt, dass diese eine privative Kontur erhält.

Der Problematik der Akrasia liegt für Aristoteles demnach, anders als für Platon, ein problematisches Verhältnis zwischen nichtrationalen Strebenskräften und dem Erkenntnisvermögen zu Grunde. Um dies plausibel zu machen, ohne dem platonischen Bild rationaler Vermögen zu widersprechen, muss er vier Aspekte des akratischen Handelns

194 Aristoteles, *Metaphysik*, IX 1. 1046a.

reformulieren, die in der sokratischen Argumentation missverständlich oder unzureichend dargestellt sind: Worin besteht das akratische Unwissen? Steht dieses in einem Zusammenhang mit Affekten oder Leidenschaften, und wenn ja, in welchem? Inwiefern kann der akratische Akt als ein »freiwilliger« begriffen werden? Basiert er auf einer *prohairesis* oder nicht? Zunächst schlägt Aristoteles vor, »nach dem Affekt [zu] fragen, und welche Art von Unwissenheit es sein soll, wenn er aus Unwissenheit entsteht«.[195] Er scheint jedoch sogleich dieser Fragestellung zu widersprechen, wenn er sofort hinzufügt: »es ist klar, daß der Unbeherrschte erst dann seine falsche Meinung erhält, wenn er schon im Affekte ist«.[196] Zeitlich geht der schädliche Affekt dem Unwissen also voran, und dies weist darauf hin, dass er die Ursache der »falschen Meinung« darstellt, die der Handelnde erst gar nicht gehabt hätte, wäre er nicht »im« Affekt gewesen. Die Unwissenheit (respektive eine falsche oder mangelhaft aktualisierte Erkenntnis) bleibt natürlich der Grund des akratischen Scheiterns, sie wird aber verursacht durch eine Leidenschaft, deren Stärke dem richtigen Maß des affektiven Strebens zuwiderläuft. Das richtige Maß aber ergibt sich, dem praktischen Rationalitätsstandard gemäß, aus der Übereinstimmung mit dem praktischen Wissen, das mithin die Quelle der normativen Beurteilung des Strebens darstellt.

In dem Maße also, wie Aristoteles im Einklang mit der »Ansicht der meisten Menschen« an der Möglichkeit der Akrasia und infolgedessen an der Vorstellung festhält, dass ihre Ursache in schädlichen Affekten und Strebungen zu suchen sei, scheint er der sokratischen These von der Struktur des absichtlichen Handelns, das heißt der uneingeschränkten »Macht« des besten Wissens, widersprechen zu müssen. Dies vermeidet Aristoteles jedoch dadurch, dass er der sokratischen Einsicht Rechnung trägt, der zufolge die Handlungsregie des praktischen Erkenntnisvermögens im Menschen nur in dem Maße scheitern kann, wie eine (zumindest partielle) Unwissenheit im Spiel ist. Denn diese Einsicht lässt immer noch der Möglichkeit Raum, dass starke Leidenschaften die Ursache einer *aktuellen* Unwissenheit sind, insofern sie die Aktualisierung eines *potentiellen* Wissens verhindern, über das ein Subjekt trotzdem verfügt. Wäre das Wissen hingegen voll und ganz aktuell, das heißt *wirklich*, könnte nichts dessen herrschende Rolle trüben. Mit Rückgriff auf die Differenz zwischen Vermögen und Verwirklichung, oder allgemeiner: zwischen Potentialität und Aktualität, behauptet Aristoteles demnach, dass man *wissend und unwissend zugleich* sein kann – und dass mithin Fälle von Akrasia möglich sind,

---

195 Ebd.
196 Ebd.

wo ein Subjekt durch starke Leidenschaft seinem besseren Wissen zuwiderhandelt. Zu klären wäre aber nun, wie Aristoteles dafür im Einzelnen argumentiert, welchen Sinn von Unwissenheit er dabei vorschlägt und wie er sich damit zum Verhältnis von Kräften und Vermögen stellt.

3.7. *Das aristotelische Argument.* – Im fünften Abschnitt des siebten Buchs der *Nikomachischen Ethik* verfährt Aristoteles in vier Schritten:[197] (i) Zunächst führt er die für seine Argumentation zentrale Unterscheidung zwischen dem Haben (*echein*) und dem Verwenden (*chrētai*) von Wissen ein,[198] – eine Unterscheidung, die er im zweiten Buch von *Über die Seele* am Beispiel des Wissens präzisiert hat. Dort differenziert er zwischen zwei Stufen der Wirklichkeit (*entelecheia*) eines Vermögens. Die »erste Entelechie« bezeichnet das Haben eines Vermögens, das nicht ausgeübt wird: Auf dieser Stufe hat sich der Prozess des Erwerbs einer rationalen Fähigkeit »vollendet«, die somit in einem Subjekt Wirklichkeit angenommen hat – so zum Beispiel im Falle eines Arztes, der die Fähigkeit zu heilen besitzt, weil er das medizinische Wissen erworben hat, dieses aber nicht anwendet, insofern er gerade vorm Fernseher sitzt. Die »zweite Entelechie« besteht hingegen in der Verwirklichung des Vermögens, das heißt, sie beschreibt die aktuelle Ausübung derjenigen Vollzüge, die in der ersten Wirklichkeit eines Vermögens nur im Sinne von möglichen Verwirklichungen existieren – so zum Beispiel im Falle des Arztes, der gerade seinen Patienten untersucht.[199] Auf der Basis dieser Differenz kann Aristoteles behaupten, dass der Akrates durchaus ein Wissen vom richtigen Tun *hat*, diesem Wissen aber in dem Maße zuwiderhandelt, wie er es nicht aktualisiert, das heißt *nicht anwendet* und entsprechend aus einem aktuellen Unwissen heraus agiert.[200] Denn ein Wissen zu besitzen bedeutet nicht, es ständig »präsent« zu haben, und weil sich dies so verhält, scheint es logisch möglich zu sein, dass man seinem besseren Wissen nicht folgt und stattdessen etwas tut, das diesem eigentlich widerspricht. Der Akrates weiß es also besser, da er das Wissen in erster Entelechie besitzt; und er weiß es zugleich nicht besser, weil ihm dasselbe Wissen nicht in zweiter Entelechie bewusst ist. Er handelt also auf der Basis eines Unwissens bezüglich seines eigenen Wissens.

---

197 Hier und im Folgenden orientiere ich mich (ohne ihr in jedem Punkt zu folgen) an der Rekonstruktion, die Richard Robinson vorgeschlagen hat, vgl. Robinson, »Aristotle on Akrasia«, S. 188–195.

198 Vgl. Aristoteles, *Nikomachische Ethik,* VII 5. 1146b.

199 Vgl. Aristoteles, *Über die Seele,* II 5. 417a.

200 Vgl. Aristoteles, *Nikomachische Ethik,* VII 5. 1146b

(ii) In einem zweiten Schritt versucht Aristoteles, genauer zu differenzieren, wie Wissen und Unwissen hier zu verstehen sind. Zu diesem Zweck rekurriert er auf seine Theorie des praktischen Schließens, indem er die Form der Ausübung von Handlungsvermögen im Sinne eines Syllogismus deutet: Eine Handlung (der Genuss einer Süßigkeit) oder ein praktisches Urteil (»Diese Süßigkeit zu genießen ist jetzt angebracht«) realisieren die Konklusion, die aus dem logischen Zusammenhang zwischen einer allgemeinen Prämisse (»Alles Süße sollte genossen werden«) und einer besonderen Prämisse (»dieses Ding ist süß«) folgt.[201] Die »Fähigkeit«, Süßigkeiten zu genießen, enthält demnach ein allgemeines Wissen (das neben dem Obersatz wohl die »Kriterien« enthält, gute Süßigkeiten von schlechten zu unterscheiden), das besondere (oder ein Wahrnehmungs-) Wissen, ein bestimmtes Ding als Süßigkeit zu erkennen, sowie den praktischen Logos von den Bewegungen, die ausgeführt werden müssen, um genussvolle Handlungen zu vollziehen. Wenn ein Subjekt ein Ding als Süßigkeit identifiziert und die Zeit für den Eintritt in die Praxis des Genießens für gekommen hält, wird es mit Notwendigkeit jenen praktischen Schluss ziehen, das heißt die entsprechende Fähigkeit realisieren:

> »Die eine Meinung ist allgemein, die andere hat mit dem Einzelnen zu tun, für das bereits die Wahrnehmung [*aisthēsis*] zuständig ist. Wenn nun aus beiden Sätzen *einer* wird, dann muss die Seele im einen Fall [bei der theoretischen Erkenntnis] notwendigerweise die Schlussfolgerung bejahen und im Fall von Prämissen, die ein Tun betreffen, sofort handeln. Zum Beispiel: Wenn man alles Süße genießen soll, dieses hier als ein bestimmtes Einzelding aber süß ist, dann muss notwendigerweise derjenige, der das Vermögen hat und nicht gehindert wird, dies zugleich auch tun«.[202]

Angewendet auf die Differenz zwischen dem Haben und dem Anwenden von Wissen, kann Aristoteles nun sagen, dass es möglich ist, nur die allgemeine Prämisse zu verwenden, nicht aber die besondere:[203] Der Handelnde hat ein Bewusstsein davon, dass alles Süße gekostet werden soll, er erkennt aber nicht, dass vor ihm eine wahre Köstlichkeit liegt – obgleich seine Fähigkeit ihn mit allem ausgestattet hat, dies zu sehen. Er weiß, dass er alle süßen Nahrungsmittel kosten soll (und will), sieht aber nicht, dass dieses wahrnehmbare Ding die Eigenschaft hat, süß und essbar zu sein (respektive er partikularisiert nur eines

---

201 Das Beispiel findet sich, leicht abgewandelt, bei Aristoteles selbst, vgl. ebd., VII 5. 1147a.

202 Ebd.

203 Vgl. ebd.

der beiden Prädikate). Man könnte diesen Fall natürlich auch anders beschreiben, etwa indem man sagt, dass der Handelnde sein allgemeines Wissen (»Alles Süße soll genossen werden«) nur besitzt, nicht aber gebraucht – denn »Gebrauchen« kann hier eigentlich nur besagen, dass er sein allgemeines Wissen auf die besondere Situation anwendet – was darauf hinausliefe, das allgemeine Wissen in den Stand eines Obersatzes und dessen Partikularisierung in den Stand eines Untersatzes zu bringen, und zwar indem er handelnd die Konklusion realisiert. Insofern er über ein Wissen vom Allgemeinen verfügt, aber daran scheitert, dieses Allgemeine in der besonderen Situation zu erkennen, kann er die entsprechende praktische Schlussfolgerung nicht ziehen und wird den entsprechenden Akt nicht in die Tat umsetzen: Er weiß *nicht wirklich*, dass es in dieser Situation richtig ist, dieses Objekt zu genießen. Ein Fehler des wahrnehmenden Wissens scheint so dafür verantwortlich zu sein, dass Unter- und Obersatz nicht *einen* Satz – einen Syllogismus, einen Handlungsgrund – bilden und so im nur Möglichen seines Logos verbleiben. Und wenn der Handelnde stattdessen einen anderen Syllogismus aktualisiert, der durch jenen Syllogismus allerdings ins Unrecht gesetzt worden wäre (hätte er ihn gebildet), so folgt er einer »falschen Meinung« von demjenigen, was in der Situation das Richtige zu tun ist. »Unbeherrscht« ist sein Tun aber in dem Maße, wie er dennoch ein Bewusstsein von der allgemeinen Prämisse besitzt, die er versäumt hat, hier und jetzt anzuwenden. Er agiert seinem besseren Wissen zuwider, weil er nicht wirklich, das heißt in zweiter Entelechie weiß, dass hier und jetzt ein Fall dieses Allgemeinen vorliegt.

(iii) Im dritten Schritt seines Arguments klärt uns Aristoteles darüber auf, dass man in einem zweifachen Sinne hier von »Wissen haben aber dennoch nicht anwenden« sprechen kann: In der einen Bedeutung haben wir es mit einer Situation zu tun, die der des Schlafenden entspricht, dessen Erkenntnisvermögen (sehen wir mal vom komplizierten Fall des Traumes ab) nur in erster Entelechie wirklich sind.[204] Vergleichbar ist der Schlafende mit dem Akrates insofern, als dieser im Unwissen über den wahrnehmbaren Gegenstand ist und also mit Bezug auf die fragliche Eigenschaft »schläft« – weshalb er keinerlei aktuelles Bewusstsein von dem entsprechenden Syllogismus hat. In einer zweiten Bedeutung aber spricht man von »Wissen haben aber dennoch nicht anwenden« bei Wahnsinnigen, Betrunkenen oder Lernenden (sowie sogar bei Schauspielern): Sie alle, die sich überraschenderweise in dieser Nachbarschaft wiederfinden, haben »auf gewisse Weise« ein Wissen – »und auch nicht«.[205] Sie haben es insofern, als

---

204 Vgl. ebd.
205 Ebd.

sie ein Bewusstsein von ihm besitzen, und dies merkt man zum Beispiel dann, wenn sie dieses Wissen sprechend aktualisieren. Jedoch haben sie es nicht wirklich, da sie es nicht verstehen. Die Lernenden zum Beispiel »reihen Sätze aneinander, haben aber noch kein Wissen«;[206] genauso der Trunkene und der Wahnsinnige, die sich, so Aristoteles, in einem körperlichen Zustand befinden, der die Ausübung ihrer rationalen Vermögen stört: Teile ihres Wissens beim Sprechen zu aktualisieren heißt für sie zugleich, nicht zu wissen, wovon sie reden. Sie haben diese Teile des Wissens auf eine privative Weise, das heißt nicht so, wie man ein Wissen eigentlich, das heißt *wirklich* und *wirksam*, besitzt. In dieser Hinsicht vergleicht Aristoteles die Lage des Trunkenen und Wahnsinnigen mit der Lage der Unbeherrschten, das heißt mit denjenigen, »die sich in Affekten befinden«:[207] Sie mögen vielleicht ein aktuelles Bewusstsein von den richtigen Haltungen ihres praktischen Wissens haben und in ihrer Rede davon Zeugnis ablegen; durch die Einwirkung starker Affekte oder Begierden jedoch (analog zum Einfluss von Alkohol oder eines psychophysischen Defekts) scheinen sie daran gehindert zu werden, wirklich zu wissen, was sie da sagen und tun. Diese Kräfte verursachen ein defizitäres Wissen, da sie es *unwirksam* machen – weshalb das aktuelle Bewusstsein von diesem Wissen merkwürdig »kraftlos« erscheint. Die Unbeherrschten besitzen den Logos des richtigen Handelns daher nicht so, wie man ein praktisches Wissen besitzt. Dessen Gehalte sind ihrer (normativ gebotenen) Kraft beraubt, und nur derjenige, der sich ihrer Kraft wirklich – das heißt aktuell – gewahr ist, hat diese Gehalte verstanden. Wenn die Unbeherrschten etwa Ober- und Untersätze praktischer Syllogismen der Form nach korrekt artikulieren, dann »sprechen« sie »in der Weise, wie es die Schauspieler tun«:[208] sie sagen die Sätze nur auf – vielleicht glaubhaft, vielleicht täuschend »authentisch«. Verfügten sie aber über ein tatsächliches Verständnis ihrer Rede, würden sie mit Notwendigkeit den Schluss daraus ziehen und entsprechend handeln.[209] Da die Unbeherrschten, genauso wie die Trunkenen, im Prinzip über rationale Vermögen verfügen, müssten sie normalerweise in der Lage sein, sie auf korrekte Weise auszuüben. Daher sollten wir Aristoteles so verstehen, dass sie durch ihre Affektivität daran gehindert werden, den richtigen Logos ihrer rationalen Vermögen (im doppelten Sinne)

---

206 Ebd.

207 Ebd.

208 Ebd.

209 Denn, wie oben bereits zitiert, »wenn man alles Süße genießen soll, dieses hier als ein bestimmtes Einzelding aber süß ist, dann muss notwendigerweise derjenige, der das Vermögen hat und nicht gehindert wird, dies zugleich auch tun« (ebd.).

zu realisieren: ihr Wissen ist außer sich, weil es seiner normativen Kraft beraubt ist. Dabei erscheint allerdings, gemäß der Analogie zu den Betrunkenen und Wahnsinnigen, eine gestörte *physis* die Ursache des defizitären aktuellen Wissens zu sein, denn »Zornesausbrüche, sexuelle Begierden und manches dieser Art verändern offensichtlich auch die körperliche Verfassung, und in einigen Menschen bewirken sie sogar Schübe von Wahn«.[210] Wir haben es demnach im Falle des Akrates mit einer in ihrem körperlichen (das heißt hyletischen) Teil beeinträchtigten *psychē* zu tun. Wenn ein Subjekt nicht von Affekten ergriffen ist, also »normalerweise«, befindet es sich nicht im Unwissen über das, was es an praktischem Wissen besitzt. Es kann dieses jederzeit aktualisieren, das heißt es sich aktuell bewusst machen und handelnd anwenden. Für die Zeit des starken Affekts jedoch regrediert es transitorisch in den Zustand eines lernenden Kindes, das den Sinn des Wissens nur äußerlich reproduzieren, nicht aber wirklich verstehen und nach ihm handeln kann.

(iv) Im letzten Schritt bezieht Aristoteles dieses Argument auf seine Ausführungen zum praktischen Syllogismus – um damit an den Punkt zu gelangen, wo er zeigen kann, dass die sokratische Doktrin mit der geläufigen Meinung in Einklang zu bringen ist. Zunächst unterstreicht Aristoteles noch einmal das platonische Bild von der Ausübung rationaler Vermögen, das heißt die praktische Notwendigkeit, dass ein von der »Seele« bejahter praktischer Schluss – sofern er sich auf den Bereich des Könnens bezieht und die Gelegenheit zum Handeln gegeben ist – unmittelbar ausgeführt wird, oder anders gesagt, dass das Wissen dort, »wo es ist« (wo es in der »Seele« *aktuell* ist), »die Herrschaft hat« über das Handeln.[211] Wenn dem aber so ist, dann kann etwas anderes als das Wissen (zum Beispiel eine Begierde oder ein Affekt) nur in dem Maße im Handeln leitend sein, wie das Wissen selbst nicht angewendet wird, das heißt wie es in der »Seele« *nicht aktuell* präsent ist. Vor diesem Hintergrund illustriert Aristoteles die Situation des Unbeherrschten wie folgt:

> »Wenn also eine allgemeine Meinung in der Seele vorhanden ist, die das Genießen verbietet, und eine andere, dass alles Süße angenehm ist, dies hier aber süß ist (und diese Meinung in Betätigung ist [*hautē de energei*]), und wenn nun gerade eine Begierde in der Seele vorhanden ist, dann sagt die eine [Meinung], man solle dies fliehen, die Begierde aber treibt an; denn sie kann jeden Körperteil bewegen. Daher ergibt sich, dass man auf gewisse Weise durch Überlegung und Meinung unbeherrscht sein kann, und zwar

---

210 Ebd.

211 Vgl. Platon, *Protagoras*, 357.

durch eine Meinung, die nicht als solche der richtigen Überlegung entgegengesetzt ist, sondern akzidentiell [*kata symbebēkos*] – denn entgegengesetzt ist ihr die Begierde, nicht die Meinung«.[212]

Diese Passage ist ein wenig verwirrend, insofern sie im Unklaren belässt, wie wir den Syllogismus (oder die Syllogismen) zu verstehen haben, welche die Situation des Unbeherrschten strukturieren.[213] Die wahrscheinlich triftigste Deutung, die auch Richard Robinson in seiner Lektüre vertritt,[214] geht davon aus, dass Aristoteles an dieser Stelle von zwei Inferenzen spricht.[215] Insgesamt nennt er vier Instanzen, die

---

212 Aristoteles, *Nikomachische Ethik*, VII 5. 1147a-b.

213 Da an der Stelle, an der Aristoteles am deutlichsten eine Konklusion artikuliert – »dann sagt die eine [Meinung], man solle dies fliehen [*hē men oun legei pheugein touto*]« –, ungewiss ist, worauf sich »dies [*touto*]« grammatikalisch bezieht, bleibt auch unklar, aus welchen Prämissen die Konklusion gebildet ist. Es gibt hier drei Möglichkeiten: (i) *touto* referiert auf *touti* in »dies hier aber süß ist [*touti de gluku*]«, das heißt auf den aktuellen süßen Gegenstand, den der Untersatz der »anderen« Meinung enthält; oder (ii) es verweist ohne grammatisches Korrelat, aber sinngemäß auf diejenige Handlung, die durch jene »erste Meinung« und eine ihr entsprechende Partikularisierung inferentiell verneint werden würde, nämlich: die Handlung des Genießens dieses süßen Gegenstands; oder (iii) das *touto* steht in Verbindung zur Begierde [*epithymia*], das heißt zu demjenigen, worauf die Begierde zielt, nämlich das Genießen dieses bestimmten süßen Gegenstands. Dementsprechend bezieht sich die genannte Konklusion (»man solle dies fliehen«) entweder nur auf die erste Meinung (die »allgemeine Meinung, die das Genießen verbietet«) und *virtuell* auf einen ihr entsprechenden Untersatz, den der Akrates aber eben nicht bildet, oder sie bezieht sich auf diejenigen Prämissen, in die irgendwie *alle* zuvor formulierten Meinungen eingehen (vgl. die Deutung in der übernächsten Fußnote).

214 Vgl. Robinson, »Aristotle on Akrasia«, S. 191f.

215 In der englischen Übersetzung von Terence Irwin wird dagegen eine Interpretation vertreten, die nur einen Syllogismus annimmt. Die Stelle in der genannten Übersetzung lautet: »Suppose, then, that someone has the universal belief hindering him from tasting; he has the second belief, that everything sweet is pleasant, and this is sweet, and this belief is active; but it turns out that appetite is present in him. The belief, then, [that is formed from the previous two beliefs] tells him to avoid this, but appetite leads him on, since it is capable of moving each of the [bodily] parts. The result, then, is that in a way reason and belief make him act incontinently. The [second] belief is contrary to the correct reason, but only coincidentally, not in its own right. For the appetite, not the belief, is contrary [in its own right] to the correct reason« (Aristotle, *Nicomachian Ethics*, S. 104). Im Kommentar (vgl. ebd., S. 260) macht Irwin deutlich, dass er »the universal belief hindering him from tasting« als Obersatz versteht; er schlägt vor, ihn als »nothing pleasant must be tasted« zu formulieren. Den dazu gehörigen Untersatz aber sieht er in der Konklusion, die aus dem »second belief« (»everything sweet is pleasant, and this is sweet«) folgt, also: »this is pleasant«. Dieser interpretative Zug scheint allerdings nicht nur unnötig kompliziert, sondern zudem unplausibel, schließlich ist es nicht möglich,

zusammengenommen einen akratischen Akt verständlich machen sollen:

(O1) eine allgemeine Prämisse, »die das Genießen verbietet«;

(O2) eine weitere allgemeine Prämisse, der zufolge »alles Süße angenehm ist«;

(U2) eine besondere Prämisse, die besagt, dass »dies hier süß ist«; sowie

(B) eine Begierde, die wohl auf der Basis der Konklusion, die aus O2 und U2 folgt (nämlich dass dies hier angenehm ist), den Genuss dieses einzelnen Gegenstandes anstrebt.

O1 und O2 sind Teile des praktischen Wissens, das heißt, das akratisch handelnde Subjekt *hat* die mit ihnen artikulierten allgemeinen Gehalte in erster Entelechie. Insofern Aristoteles aber nur mit Bezug auf die zweite Meinung (also O2 und U2) bemerkt, dass sie »in Betätigung ist [*energei*]«, können wir davon ausgehen, dass das Subjekt hier ein *aktualisiertes* Wissen von dem praktischen Syllogismus besitzt, der durch die Prämissen O2 und U2 expliziert wird. Im Umkehrschluss heißt dies allerdings, dass es von O1 *kein* aktuelles Bewusstsein hat.

Aristoteles zieht aus diesem Setting drei Konsequenzen: *Erstens* gebietet die »erste Meinung« (O1), von dem Gegenstand, der in U2 bezeichnet wird, Abstand zu nehmen respektive die Handlung des Genießens, die auf diesen Gegenstand bezogen ist, zu meiden. Es wäre allerdings zu beachten, dass das Subjekt hier, wie gerade schon betont, kein aktuelles Bewusstsein von dieser Konklusion besitzt, denn wenn es O1 angewendet (und das heißt mit Bezug auf einen wahrnehm-

---

vom angeblichen Obersatz (»Nothing pleasant must be tasted«) und diesem Untersatz (»This is pleasant«) zu dem Schluss zu gelangen, den Aristoteles nennt, nämlich zu demjenigen, der »to avoid this« sagt. Eine allgemeine Prämisse »hindering him from tasting« muss demnach in irgendeiner Weise zu der Konklusion führen, die das Kosten dieses besonderen Gegenstandes verneint. Dass Aristoteles aber nun keine »minor premise« nennt, die von jenem Obersatz zu dieser Konklusion führt, ist nicht verwunderlich, denn zuvor hat er eben dafür argumentiert, dass der Akrates aufgrund und im Moment seiner Leidenschaft von der besonderen Prämisse nichts weiß respektive sie nicht so besitzt, wie man ein praktisches Wissen besitzt. Den Hinweis *hautē de energei* (»and this belief is active«) bezieht Irwin irrtümlicherweise sowohl auf den »universal belief« als auch auf den »second belief«, wohingegen es sinnvoller ist, ihn nur als Spezifikation des »second belief« aufzufassen, der demzufolge *im Gegensatz* zur ersten Prämisse (die nur als *eneî* bezeichnet wird, also als »gehabt«, »vorhanden« oder bloß seiend) aktuell wirksam ist. Betrachtet man fürderhin auch die Stelle *Nikomachische Ethik*, VII 5. 1147b, wo Aristoteles das Resultat jener Passage auf den Punkt zu bringen versucht und dabei gerade auf das Fehlen oder das defizitäre Bewusstsein von der zweiten Prämisse abhebt, wird verständlich, weshalb jene Passage einen Untersatz vermissen lässt: denn eben dies zeichnet die Situation des Akrates aus.

baren Einzelgegenstand partikularisiert) hätte, würde es, Aristoteles zufolge, »notwendigerweise« jene genussvolle Handlung unterlassen. Und insofern er in dieser Passage weder von einer solchen Anwendung spricht, noch eine fünfte Instanz vorsieht, die eine Minorprämisse (U1) formulieren würde, kann Robinson mit Recht denjenigen Teilsatz, der jene Konklusion formuliert (»dann sagt die eine [Meinung], man solle dies fliehen [*hē men oun legei pheugein touto*]«), so deuten: »The word *legei* is vague enough to mean no more than that the right universal premiss *tends* to forbid the act, and *would* forbid it if joined to its own particular premiss in actuality«.[216]

Die Nichtaktualität dieser partikularen Prämisse hängt nun *zweitens* mit der Aktualität einer Begierde zusammen, die zum Vollzug eben derjenigen Handlung führt, die mit Bezug auf O1 verboten wäre (hätte das Subjekt den kompletten Syllogismus aktualisiert). Dass der Agent nicht wirklich (das heißt in zweiter Entelechie) von dem Verbot weiß, *diesen* Gegenstand zu kosten, und dass dieses Wissen ein bloß potentielles bleibt, wird demnach durch die Begierde verursacht. Aristoteles schreibt ihr also die Kraft zu, die Aktualisierung von Wissen zu verhindern – er betont aber auch, dass sich diese Kraft nicht auf das allgemeine Wissen richtet, sondern einzig auf die Wahrnehmung.[217] Die Anwendung des allgemeinen Wissens auf die besondere Situation wird demnach dadurch gestört, dass die Begierde die Wahrnehmung derart in Mitleidenschaft zieht, dass letztere nicht alle relevanten Partikularitäten der Situation richtig in den Blick bekommt: sie sieht nur, dass dieser Gegenstand süß und essbar ist, allerdings übersieht sie ein anderes Situationsmerkmal, das zur Aktualisierung von O1 und somit zu dem wirklichen Wissen über die Schlechtigkeit des Genießens dieses Gegenstandes geführt hätte. Mit Rekurs auf den dritten Schritt seines Arguments kann Aristoteles freilich den Fall konzedieren, dass das Subjekt zwar die relevante Eigenschaft der Situation wahrnimmt und vielleicht sogar so auffasst, wie es das allgemeine Wissen (O1) vorschreibt; jedoch stellt Aristoteles sofort klar, dass der Unbeherrschte dieses Bewusstsein »so [besitzt], dass das Besitzen kein Wissen ist, sondern ein Sprechen wie das des Betrunkenen, der Verse des Empedokles aufsagt«.[218] In diesem Fall haben wir es also, wie bereits ausgeführt, mit einem unwirksamen, kraftlosen, normativ abgestumpften Wissen zu tun, dessen praktischer Gehalt für das Subjekt nur noch erwähnbar oder zitierbar, nicht aber *anwendbar* ist. Ein wirkliches Wissen hingegen ist frei von einer derartigen Privation, und insoweit

---

216 Robinson, »Aristotle on Akrasia«, S. 192.

217 Vgl. Aristoteles, *Nikomachische Ethik*, VII 5. 1147b.

218 Ebd.

dieses anwesend ist, kann den Handelnden nichts (außer externe Zwänge) vom richtigen Vollzug abhalten.

> »Denn nicht, wenn das, was als Wissen im eigentlichen Sinn gilt, vorhanden ist, entsteht der Affekt, und es wird auch nicht dieses Wissen durch den Affekt hin- und hergezerrt, sondern wenn das wahrnehmende Wissen vorliegt«.[219]

Auf diese Weise kann Aristoteles das platonische Bild praktischer Rationalität aufrechterhalten, ohne der »Ansicht der meisten Menschen« widersprechen zu müssen: Starke Begierden oder Affekte sind zwar in der Lage, den Handelnden zum schlechten Handeln zu verleiten, jedoch vermögen sie es nicht, denjenigen Logos, der das rationale Handlungsvermögen im eigentlichen Sinne auszeichnet (nämlich das Wissen vom Allgemeinen der Praxis), zu »überwältigen«. Wirkliches (und darin wirksames) praktisches Wissen führt mit Notwendigkeit zum Handeln, so dass der Rationalitätsstandard (»vollziehe die Handlung, die auf der Basis aller verfügbarer relevanter Gründe als die beste beurteilt wird«) nur in dem Maße verletzt werden kann, wie das praktische Wissen eben nicht wirklich, das heißt nicht in zweiter Entelechie wirksam ist. Der Begriff eines aktuellen Unwissens (hinsichtlich der Potentialität des verfügbaren Wissens) beschreibt eben diese Inaktualität des relevanten Wissens in zweiter Entelechie, die in einer unbeherrschten Handlung resultiert: Denn wenn das Wissen aktuell, das heißt wirklich bewusst wäre, hätte das Subjekt nicht unbeherrscht handeln können, sondern mit Notwendigkeit das Richtige getan. Was Aristoteles dem platonischen Bild rationaler Handlungsfähigkeit hinzufügt, ist demnach die Möglichkeit, dass ein starker Affekt jene Inaktualität verursacht – und zwar dadurch, dass sie in erster Linie einen transitorischen körperlichen Zustand (vergleichbar mit dem von Betrunkenen oder Wahnsinnigen) hervorruft, der wiederum die Ausübung der Wahrnehmungsfähigkeit stört, ohne dabei allerdings das allgemeine Wissen antasten zu können. Im Effekt jedoch verhindert die allzu starke Begierde die besondernde Aktualisierung des allgemeinen Wissens, so dass ein akratischer Vollzug geschehen kann.

*Drittens* betont Aristoteles, dass unbeherrschte Handlungen trotzdem Verwirklichungen eines Vermögens *meta logou* sind, da sie »auf gewisse Weise durch Überlegung und Meinung«[220] herbeigeführt werden. Wir haben es daher mit einem »freiwilligen« oder absichtlichen Vollzug zu tun, schließlich gibt es eine praktische Inferenz, ausge-

---

219 Ebd.
220 Ebd.

drückt durch O2 und U2, die Kraft eines Begehrens realisiert wird. Dieser Logos, mit dem die akratische Handlung übereinstimmt, wird allerdings durch einen verfügbaren, wenngleich inaktuellen praktischen Schluss (nämlich das aus O1 und einer unbekannten Minorprämisse resultierende Verbot des Genießens eines besonderen Gegenstands) ins Unrecht gesetzt – das heißt, hier liegt ein Konflikt im Innern des praktischen Wissens vor, von dem das Subjekt aufgrund der Inaktualität der besseren Inferenz allerdings nicht wirklich weiß. Wäre es sich dieses Konflikts bewusst geworden, hätte es sicherlich eine Überlegung angestrengt und sich mit Notwendigkeit für die Unterlassung der Handlung des Genießens entschieden. Aristoteles sagt daher sofort, dass diese Entgegensetzung des Logos zu sich selbst einen bloß akzidentiellen Charakter besitzt und nur aufgrund einer konträren Begierde verständlich wird. Denn der Schluss, dass ein bestimmtes Objekt angenehm ist (weil es süß ist), widerspricht nicht dem Schluss, dass das Genießen dieses Objekts zu vermeiden sei. Diese Konklusion steht nur zu dem Wunsch im Gegensatz, der sich auf den Genuss der Süßigkeit richtet, so dass der Logos sich nicht mit sich selbst in einen Widerspruch verwickelt hat, sondern tatsächlich die richtige praktische Erkenntnis mit einer Begierde. Die letztere müssen wir demnach im Sinne einer vernunftwidrigen Strebung begreifen, die das Subjekt – für den Moment der »Ergriffenheit« durch diese Strebung – der vollen Fähigkeit zum rationalen Handeln beraubt. Diejenigen Vollzüge, die eine Inferenz durch die Einwirkung einer vernunftwidrigen Strebenskraft realisieren, sind also nur im akzidentiellen oder, wenn man so will, parasitären Sinne rational – und heißen darum für Aristoteles »unbeherrscht«.

3.8. *Unabsichtliche Unbeherrschtheit.* – Inwiefern aber hat Aristoteles, mit und gegen Platon, die Möglichkeit der Akrasia verständlich gemacht? Es dürfte klar geworden sein, dass er in dem Maße, wie er an den Prämissen Platons (das heißt am platonischen Bild rationaler Vermögen) festhält, zu einem ähnlichen Ergebnis wie dieser kommen musste: Unbeherrschtheit im vollen Sinne ist unmöglich. Aristoteles zufolge behauptet Sokrates: »Niemand [...] handelt gegen das Beste in der Überzeugung, dies zu tun, sondern [man handelt so nur] aufgrund von Unwissenheit [*di' agnoian*].« Und er fügt sofort hinzu: »Diese Aussage nun widerstreitet offensichtlich den Tatsachen«.[221] Und obgleich, oder eher: *weil* er die entsprechenden Tatsachen durch die Einwirkung einer arationalen Kraft (auf die Fähigkeit zur Erfassung aller relevanten Partikularitäten einer Situation) erklärt, vertritt Aristoteles eine im

221 Aristoteles, *Nikomachische Ethik,* VII 3. 1145b.

Prinzip platonische Auffassung, nämlich dass keiner, der ein wirkliches Wissen vom besseren Handeln hat, das Gegenteil davon tun könnte, sondern nur »aufgrund von Unwissenheit«. Der einzige Unterschied zur sokratischen These besteht darin, dass Aristoteles den Besitz der besseren praktischen Überzeugung in erster Entelechie und die Unwissenheit in zweiter Entelechie verstanden wissen will. Im Resultat aber stimmt er mit Sokrates darin überein, dass das *wirkliche* Anwenden eines besseren Wissens Unbeherrschtheit ausschließt: Denn die Wirklichkeit des Wissens führt unmittelbar zum Handeln. Wie sollte also Unbeherrschtheit im strengen Sinne geschehen können?

Was Aristoteles tatsächlich erklärt hat, ist also nicht das *gewollte* (absichtliche), sondern das *ungewollte* (unabsichtliche) Zuwiderhandeln gegen das bessere Wissen.[222] Ausgeschlossen ist damit, dass ein Subjekt sich der widerstreitenden Handlungsmöglichkeiten ($x$ = die

---

222 Im dritten Buch der *Nikomachischen Ethik* definiert Aristoteles eine gewollte Handlung wie folgt: Das »Gewollte [*hekousion*]« dürfe als »dasjenige gelten, dessen Ursprung [*archē*] im Handelnden selbst liegt, wobei er die einzelnen Bedingungen [*ta kath' hekasta*] kennt, unter denen die Handlung stattfindet« (ebd., III 3. 1111a). Durch Privation – das heißt durch »Verneinung und Hinwegnahme« einer der beiden Bestimmungen, die die Definition des Gewollten ausmachen (vgl. Aristoteles, *Metaphysik*, IX 2. 1046b) – ermittelt er die zwei Bedeutungen, in denen man von ungewollten Akten sprechen kann: »Als ungewollt gilt üblicherweise das, was durch Zwang [*bia*] oder aufgrund von Unkenntnis [*agnoia*] geschieht« (Aristoteles, *Nikomachische Ethik*, III 1. 1109b). Bei einem Verhalten, das in einem externen Zwang seinen Anfang nimmt, liegt der Ursprung des Aktes nicht im Subjekt, weshalb dieser zu einem ungewollten wird. Eine Handlung hingegen, die aus Unwissenheit geschieht, hat ihren Ursprung zwar im Subjekt, sollte aber dennoch als ungewollt eingestuft werden, da sich das Subjekt nicht aller relevanter Partikularitäten der Handlungssituation bewusst ist (vgl. ebd., III 2. 1110b): wie etwa, einem klassischen Beispiel zufolge, das weit ausholende Gestikulieren eines Sprechers, der aus Versehen eine andere Person schlägt; da der Sprecher nicht weiß, dass sich knapp hinter ihm eine Person befindet, wendet sich seine gewollte Geste in den ungewollten Akt des Schlagens. Eine unbeherrschte Handlung, die im Unwissen über ein verfügbares besseres Wissen vollzogen wird, ist in diesem Sinne ungewollt: Da der aristotelische Akrates ein eingeschränktes Wahrnehmungswissen von der Handlungssituation hat, sieht er nicht wirklich, dass er diese bestimmte Süßigkeit nicht genießen darf. Wohlgemerkt – der unbeherrschte Vollzug wird nicht dadurch zu einem ungewollten, dass eine Begierde ihn verursacht; erst der vernunftwidrige Effekt der Begierde, nämlich das Übersehen (oder »benebelte« Sehen) eines relevanten Situationsmerkmals, macht seinen Akt zu einem unabsichtlichen. Solange ein Subjekt die situativen Gegebenheiten hinreichend im Blick hat und aufgrund einer Begierde handelt, scheint weder Unbeherrschtheit, noch Ungewolltheit vorzuliegen. Deshalb betont Aristoteles, dass diejenigen Vollzüge, denen Begierden oder Affekte zugrunde liegen, nicht per se unfreiwillig zu nennen sind – da ansonsten alles Streben (das nach dem Angenehmen genauso wie das nach dem Guten) unter die Rubrik »ungewollt« fallen müsste.

Süßigkeit genießen vs. $y$ = den Genuss der Süßigkeit unterlassen) wirklich bewusst wird und auf der Basis von Überlegungen zu dem Urteil kommt, dass $y$ zu tun besser ist als $x$ – aber dennoch mit vollem Bewusstsein $x$ vollzieht. Vor dem Hintergrund der aristotelischen Auffassung, dass ein nichtkonditionales Urteil (»$y$ sollte jetzt getan werden«), sofern es in zweiter Entelechie bewusst ist, unmittelbar den Vollzug von $y$ herbeiführt (sofern kein äußeres Hindernis vorhanden ist), erscheint jenes Szenario als pure Imagination. Entweder befindet sich das unbeherrschte Subjekt im Augenblick des Vollzugs im Unwissen darüber, dass ein besseres Wissen eigentlich verfügbar und ein anderes Handeln geboten ist, oder seine affektive »Ergriffenheit« beraubt das Subjekt der Möglichkeit, sich selbst (das heißt sein Bewusstsein von der besseren Handlung) hinreichend zu verstehen. In beiden Fällen verhält es sich unbeherrscht, weil ihm aufgrund einer Unwissenheit (in zweiter Entelechie) der Irrtum unterläuft, eine schlechtere Handlung für die hier und jetzt angemessene zu halten.[223]

Die Alternative, die das philosophische Nachdenken über Akrasia geprägt hat, ist also, näher besehen, von eher marginaler Bedeutung: Die gegen Platon gewendete Auffassung, dass unbeherrschte Handlungen möglich sind, kann diese nur insofern zulassen, als sie durch eine nichtrationale, das heißt eine dem Logos äußerliche Kraft zustande kommen. Wir haben es daher nicht mit einem Vollzug zu tun, der auf das rationale Handlungsvermögen zurückgeht, sondern (zum Teil) auf eine »extern« erwirkte *Privation* (oder »Beraubung«) desselben – das heißt auf ein momentanes, pathologisch induziertes Unvermögen im aristotelischen Sinne. Und dieses Unvermögen kann infolgedessen keinesfalls als *Möglichkeit gemäß eines rationalen Vermögens* verstanden werden. Ganz gleich also, ob wir uns an die platonische Idee halten, der zufolge das pseudo-akratische Scheitern auf einer Unwissenheit basiert, oder an die aristotelische Idee, der zufolge die Misere des Unbeherrschten einer vernunftwidrigen Strebung zu verdanken sei – in beiden Fällen konzedieren wir eine logische Möglichkeit des Fehlgehens und schließen eine strukturelle aus. Richard Robinson bringt die Konsequenz der aristotelischen Haltung folgendermaßen auf den Punkt:

223 Wie hätte es sich aber beherrschen können, wenn es doch im entscheidenden Moment kein wirksames Bewusstsein von einer besseren Handlungsalternative hat (respektive dieses Bewusstsein nicht wie ein praktisches Wissen besitzt)? War es nicht schlicht – machtlos? Die Reue, die der Akrates danach empfinden mag, hat ihr Fundament darin, dass die ungewollte Handlung dennoch eine absichtliche (und insofern: eine im akzidentiellen Sinne rationale) war; sie liefert jedoch kein Argument gegen diese »Machtlosigkeit«, mit der er geschlagen war.

»In the first place, it is objected that [...] he would have left unexplained the most essential and most paradoxical kind of *akrasia*. For pure essential *akrasia* occurs, it is said, when a man does wrong although he understands perfectly and completely, at the very moment of doing the act, that it is wrong. [...] I believe on the contrary that he would rather have been stupid if he had tried to [explain] that, because this case does not occur. It is a wholly imaginary case, whereas Aristotle wished to explain realities. It does not happen that a man sets himself to consider, in its totality and all its parts, an argument forbidding him to do a certain act, while at the same time he yields to a strong desire and does as the desire wishes. The human mind is not adapted to do two things at the same time while giving full attention to each. During the crisis of his passion the acratic can hardly even remember the words that would express the argument. If by exception he does still remember the words, he does so only like a drunken man reciting verses by Empedocles without understanding them, as Aristotle remarks«.[224]

3.9. *Lechzen und Kratzen.* – In dem Maße allerdings, wie diejenige praktische »Dummheit« tatsächlich vorkommt, mit der der Unbeherrschte seinen Akt vollzieht, muss sich die Philosophie jener »Dummheit« stellen, diese »most paradoxical kind of *akrasia*« für erklärenswert zu halten. Wenn der Unbeherrschte weder aus Unwissen, noch im Unwissen um sein eigenes besseres Wissen diesem zuwiderhandelt, dann haftet der Widersinn akratischen Vollzügen unheilbar an. Sie setzen sich in sich selbst ihrem rationalen Charakter entgegen und sind derart weder einer rationalen, noch einer nichtrationalen oder schlicht kausalen Erklärung allein zugänglich. Derartige Fälle für erklärenswert zu halten ist somit eine Folge ihres *prima facie* unerklärlichen Charakters. Müsste man nicht einen philosophischen »Starrsinn« dort attestieren, wo der akratische Widersinn für unmöglich deklariert wird – vorausgesetzt, eine solche Deklaration liefe darauf hinaus, »offensichtlich den Tatsachen« zu widersprechen? Die Frage nach der Existenz der paradoxesten Art der Akrasia scheint jedoch einem Widerstreit im Sinne Lyotards anheimzufallen:[225] Weil die unbeherrschte Handlung nicht dasjenige bessere Wissen manifestiert, das der Unbeherrschte dennoch besitzt, und dessen Äußerungen, Aristoteles zufolge, nicht als Beleg für das wirkliche Haben dieses Wissen gelten können, haben wir schlicht keine Möglichkeit, die Existenz von Akrasia (im strengen Sinne) zu validieren. Wenn der Akrates sich anschickt, Anerkennung für die Tatsache seiner »Dummheit« zu suchen, wird ihm entweder der Platoni-

224 Robinson, »Aristotle on Akrasia«, S. 195f.
225 Vgl. Lyotard, *Der Widerstreit*, S. 17–21.

ker erwidern, dass er nicht unbeherrscht gehandelt hat, weil er schlicht über kein besseres Wissen verfügte, oder der Aristoteliker wird ihm erklären, dass er nicht wirklich gehandelt hat, weil sein Bewusstsein von einer vernunftwidrigen Leidenschaft eingenebelt wurde. Auf jeden Fall wird man vor diesem Hintergrund unterstellen, dass der akratische Widersinn irreal ist. Diese Alternative kennzeichnet die eine Seite des Widerstreits, auf dessen anderer Seite die hilflose Behauptung des Unbeherrschten steht, dass die Akrasia in ihrer paradoxesten Art eine Erfahrungstatsache, eine Evidenz ist. Infolgedessen lässt sie sich nicht beweisen, sondern nur bezeugen. Eine Philosophie, die diesen Zeugnissen keinen Glauben schenkt, wird sich mit der platonischen oder aristotelischen Argumentation zufriedengeben und dem Akrates ein Selbstmissverständnis attestieren. Diejenigen jedoch, denen die krasse Form der Akrasia evident erscheint, bleibt nichts anderes übrig, als ihre *strukturelle Möglichkeit* (wenn schon nicht ihre Wirklichkeit) auszuweisen.

Ein Beispiel: Ich verspüre den Wunsch, den (heute bereits) zehnten Kaffee zu trinken, weiß aber zugleich, dass ich davon wohl starkes Sodbrennen bekommen werde. Mein Wunsch nach dem Espresso wird durch die Überlegung motiviert, dass ich mittlerweile recht müde bin, aber noch nicht ins Bett gehen kann, da ich unbedingt noch irgendeine Arbeit fertigstellen will, wofür ich wohl noch mindestens die halbe Nacht brauchen werde. Meine Prognose aber, dass der zehnte Espresso ein heftiges Sodbrennen auslösen wird (nach dem neunten hatte sich dieses bereits leicht angekündigt), und meine Abneigung gegen die damit zusammenhängende Pein, scheinen mir einen guten Grund zu geben, vom zehnten Kaffee abzusehen. Da mir aber leider keine alternativen, verfügbaren und akzeptablen Mittel zum Wachbleiben einfallen, und meine Lust auf Kaffee doch recht intensiv ist, wäge ich ab, ob meine Konzentrationsfähigkeit durch Sodbrennen stärker in Mitleidenschaft gerät als durch Müdigkeit. Ich komme zu dem Schluss, dass die Aussicht auf Sodbrennen und die damit verbundene Störung meiner Aufmerksamkeit für die Arbeit mir einen besseren Grund gibt, die Sache mit dem Kaffee sein zu lassen, als meine Müdigkeit und meine Espressolust, die für denselben sprechen. Ich gehe in die Küche und bereite den Kaffee zu.

Teil meines Grundes für den zehnten Kaffee ist die Intensität meines Wunsches, während die Erwartung meiner Abneigung gegenüber Sodbrennen einen Teil meines Grundes ausmacht, den zehnten Kaffee zu meiden. Dieser Grund wird zweifellos zu dem Zeitpunkt an Mächtigkeit gewinnen, an dem ich Sodbrennen habe, gegenüber dem Zeitpunkt, an dem ich es noch nicht habe – aber weiß, dass ich es haben werde. Und die Intensität meines Wunsches wird wohl unweigerlich erloschen sein, wenn er befriedigt ist, die Überdosis Koffein den Schließmuskelmechanismus meines Magens (der den Rückfluss von Nahrung oder Säuren in die Speiseröhre verhindert) in Mitleidenschaft zieht und der Schmerz in der oberen Magengegend mir die Aufmerksamkeit für meine Arbeit raubt. An diesem Punkt werde ich wohl den Affekt der Reue entwickeln, mir ein paar Selbstvorwürfe machen und mich ob meiner Unbeherrschtheit tadeln.[226] Muss ich mich aber dafür anklagen, meine Selbstbeherrschung verloren zu haben? Sollte ich etwa annehmen, dass ich durch den intensiven Wunsch nach dem zehnten Kaffee meiner Handlungsfähigkeit beraubt wurde? Oder ist es nicht eher so, dass ich dieser Fähigkeit zu keinem Zeitpunkt »beraubt« war, dass ich somit diese und keine andere ausgeübt habe, wenngleich auf eine Weise, die ich im Nachhinein bedauern muss? Ich war mir meiner Gründe bewusst, habe überlegt, was ich tun sollte, und dann gehandelt, ohne mir mein Tun nachträglich erklären zu können – denn den Effekt des Sodbrennens wollte ich eigentlich nicht in Kauf nehmen. Ich weiß nur, dass ich anscheinend der Intensität eines Wunsches nachgegeben habe, der mir neben einigen Überlegungen zwar einen Grund für den Genuss des zehnten Espressos geliefert hat, den ich jedoch vor dem Hintergrund anderer Überlegungen als »schlechten« Grund beurteilt habe.

Der Unterschied zur aristotelischen Darstellung der Akrasia besteht zunächst darin, dass in diesem Beispiel die Rede von einer leidenschaftlichen »Ergriffenheit«, die mich meiner Urteilsfähigkeit berauben würde, merkwürdig klingt. Wenn Robinson im Hinblick auf die Akrasia von einer »crisis of passion« spricht oder wenn Aristoteles jene mit »epileptischen Anfällen« vergleicht,[227] wird zwar die These

---

226 Eine derartige Unbeherrschtheit beruht, wie Aristoteles in *De anima* ausführt, auf der menschlichen »Wahrnehmung von Zeit«: Einander widerstreitende Strebungen sind in dem Maße möglich, wie die Erkenntnis und das Streben mit Bezug auf die Zeit entgegengesetzt sind, »denn einerseits befiehlt die Vernunft aufgrund des Zukünftigen [das heißt hier: der zukünftigen Abneigung gegen Sodbrennen], Abstand zu nehmen, andererseits [befiehlt] die Begierde aufgrund des Gegenwärtigen [das Entgegengesetzte, nämlich: trink den Kaffee!]« (Aristoteles, *Über die Seele*, III 10. 433b). Die Kräfte meines Strebens und Widerstrebens scheinen demnach gegenwartsbezogen zu sein, das heißt, ihre Intensität korreliert der Gegenwart einer aktuellen Imagination (der Vorstellung des Kaffees) oder inneren Wahrnehmung (der Qual des Sodbrennens). Meine Gründe gegen das Kaffeetrinken beinhalten das Wissen um die Zukunft des Sodbrennens, wobei dieses Wissen einen im Vergleich zur Intensität des Wunsches eher schwächeren Affekt hervorruft. Die affektive Stärke, von der die Gründe für den Espresso getragen werden, erscheint in dieser Hinsicht ungleich mächtiger zu sein als derjenige Affekt, welcher die Gründe dagegen begleitet.

227 Vgl. Aristoteles, *Nikomachische Ethik*, VII 8. 1150b.

illustriert, dass der Unbeherrschte kraft seiner starken Begierde keinen Zugang mehr zu seinem besseren Wissen findet und entsprechend »seine Beherrschung verliert«. Die pathologischen Metaphern tendieren jedoch dazu, das Phänomen der Akrasia zu verzerren. Ihre Funktion besteht sicherlich darin, den Aspekt einer transitorisch gestörten rationalen Handlungsfähigkeit zu betonen – eine Störung, die eben dazu führt, dass der Rationalitätsstandard verletzt wird, demzufolge wir in unserem Handeln unserem bestmöglichen Wissen folgen. Die Fälle allerdings, bei welchen die aristotelische Beschreibung wirklich triftig ist, scheinen eher Spezialfälle von Unbeherrschtheit zu sein – um es kurz zu sagen: »Affekthandlungen« –, deren Generalisierbarkeit mehr als fraglich ist. Eine Bemerkung von Austin, die auch Davidson zitiert,[228] mag dies verdeutlichen:

> »Angenommen, ich habe eine große Vorliebe für Eis, und am High Table wird eine Eisbombe, die der Personenanzahl entsprechend in Stücke geschnitten ist, serviert. Ich spüre die Versuchung, mir zwei Stücke aufzutun, und handele dementsprechend, womit ich der Versuchung erliege; es ist auch vorstellbar (aber warum notwendig?), daß ich damit gegen meine Grundsätze verstoße. Aber verliere ich damit meine Selbstbeherrschung? Lechze ich gierig, kratze ich die Bröckchen vom Teller und schlinge sie herunter, ohne die Bestürzung meiner Kollegen zu bemerken? Aber nicht im geringsten. Häufig erliegen wir der Versuchung mit Ruhe und Finesse.«[229]

Gesetzt, Austin verstieße gegen einen seiner Grundsätze – er wäre ein typischer Fall des aristotelischen Akrates: Indem er die zwei Stücke isst, handelt er im Einklang mit einem Logos, welcher der »zweiten Meinung« aus dem Beispiel der *Nikomachischen Ethik* nicht unähnlich sein dürfte (und der zu einer Konklusion führt, die ein ausgeprägtes Urteil über den Genusswert der Eisbombe darstellt) – ein Logos, der mit dem starken »Drang« (oder der »Versuchung«) verbunden ist, sich mehr Stücke zu gönnen, als der Handelnde es selbst für angemessen hält. Die praktische Unwirksamkeit dieser Überzeugung sollte nun aber nicht zu der Vorstellung verleiten, dass die intensiv empfundene Vorliebe notwendig eine »Benebelung« des praktischen Urteilsvermögens verursacht – oder gar, dass sich das Subjekt für den Moment im Unwissen über seine eigene Überzeugung befindet. Das fehlende Lechzen und Bröckchen-kratzen, mit dem Austin eine solche Beschreibung karikiert, indiziert vielmehr, dass es überhaupt keiner »distortion«,

---

228 Vgl. Davidson, »Wie ist Willensschwäche möglich?«, S. 54.
229 Austin, »Ein Plädoyer für Entschuldigungen«, S. 381, Endnote 14.

»cloudedness« oder »defectiveness«[230] der praktischen Urteilsfähigkeit bedarf, um akratisch zu agieren: In dem Augenblick, in dem der Eisliebhaber zwei Stücke auf seinen Teller häuft, weiß er nicht nur, dass dies unangemessen ist (vielleicht schämt er sich sogar ein bisschen), er versteht sogar die Bedeutung dieses Urteils vollkommen. Das Einzige, was ihn von einem selbstbeherrschten Eisliebhaber unterscheidet, besteht eben darin, dass er das Gegenteil dessen vollzieht, was dieser tun würde. Die Beschreibungen der kognitiven Situation, in der sich der Selbstbeherrschte und der Unbeherrschte befinden, sind demnach nicht wesentlich voneinander unterschieden. Und mehr noch: Beide werden auf diese Weise *innerhalb* des Rahmens situiert, den die aristotelische Definition rationaler Handlungsfähigkeit (sie ist ein »Vermögen zu Gegenteiligem«) absteckt. Warum sollte also der unbeherrschte Eisliebhaber etwas anderes vollzogen haben als dasjenige, was er Kraft seines rationalen Vermögens (und der Handlungsgründe, die es ihm liefert) auch vollziehen kann?

---

230 Vgl. dazu McDowell, »Virtue and Reason«, S. 54f. McDowell versucht an dieser Stelle, die aristotelische Konzeption der Akrasia zu verteidigen, der zufolge das Scheitern des Subjekts, sich von seinem besseren Wissen leiten zu lassen, »by a defectiveness in the approximations to those deliverances that he has« erklärt werden soll (ebd., S. 55). Dasjenige also, was sein praktisches Wissen von der Handlungssituation (das heißt derjenigen am »High Table«) ihm an Handlungsgründen liefert, enthält, so McDowell, ein »clouded, or unfocused« Urteil (über die Unangemessenheit, zwei Stücke zu nehmen), verursacht »by the impact of a desire to act otherwise« (ebd., S. 54). Den Austinschen Protest, »that one can fail to act on a reason, and even on a reason one has for acting otherwise, without there needing to be any clouding or distortion in one's appreciation of the reason one flouts« (ebd., S. 55), hält er zwar für korrekt, meint aber, dass daraus kein Einwand gegen das aristotelische Konzept der Tugend folge. Im Gegensatz zum Selbstbeherrschten urteilt der Tugendhafte nicht auf der Basis einer Gewichtung seiner Gründe für oder gegen eine Handlung, im Gegenteil; sein Urteilsvermögen ist so verfasst, dass es ihm einen und nur einen Handlungsgrund liefert, und aus diesem wird er handeln. Alle anderen möglichen Handlungsmotive sind dabei unmittelbar »silenced« (ebd., S. 55f.), so dass der Tugendhafte erst gar nicht in die Verlegenheit gelangen kann, einem weniger gewichtigen Grund den Vorzug vor dem besten Grund zu geben. Mit diesem Argument mag McDowell vielleicht die aristotelische Idee der Tugend verteidigen können, nicht aber die aristotelische Erklärung der Akrasia. Mit der letzteren versucht Aristoteles vielmehr, den Unterschied von Beherrschtheit und Unbeherrschtheit verständlich zu machen, das heißt, es geht ihm im fünften Teil des siebten Buches der *Nikomachischen Ethik* nicht primär um den Tugendhaften – sondern um dessen »Vorstufe«, den Selbstbeherrschten im Gegensatz zum Unbeherrschten. Austins Einwand, dass es ein moralistisches Vorurteil wäre, das akratische Handeln durch einen affektiv verursachten Defekt der Urteils- oder Handlungsfähigkeit zu erklären, hat McDowell demnach keineswegs entkräftet.

Es besteht also Anlass zur Vermutung, dass die Akrasia eine Möglichkeit ist, die aufgrund der Struktur rationaler Vermögen besteht. Denn wenn kein (bzw. nicht notwendig ein) verzerrtes oder durch starke Passionen »benebeltes« Urteilsvermögen das Problem des Unbeherrschten begreifbar macht, dann können wir weder die platonische Idee praktischer Rationalität (das heißt die Idee, dass die Wirklichkeit des besseren Wissens notwendig zum Akt leitet), noch die aristotelische Vorstellung einer externen Störkraft ohne weiteres gegenzeichnen. Anders formuliert, wir müssen die Erklärungen der Akrasia in zwei wesentlichen Punkten umarbeiten: *Erstens* bedarf es einer Neubeschreibung der Form der Verwirklichung eines rationalen Handlungsvermögens, die durch das Modell des praktischen Schließens artikuliert wird. Eine solche Neubeschreibung steht vor der Aufgabe, dieses Modell so zu modifizieren, dass es die Möglichkeit der Akrasia (»in its most paradoxical kind«) erlaubt. Davidson scheint in dieser Hinsicht einige wichtige Schritte unternommen zu haben, weshalb wir uns im Folgenden einer Lektüre seines Aufsatzes *Wie ist Willensschwäche möglich?* widmen werden. *Zweitens* ist eine Reakzentuierung jener vernunftwidrigen Begierden oder Affekte erforderlich, die Aristoteles zufolge den »Nebel« im praktischen Verstehen verursachen. Welchen Status haben sie in Bezug auf rationales Handeln, wenn sie einerseits Kräfte bezeichnen, die »der Vernunft« (potentiell) widerstreiten, andererseits aber ebenso als Gründe beschreibbar sind, aus denen ein Subjekt handelt? Oder kurz: wie haben wir das Verhältnis von Kräften zu rationalen Vermögen zu verstehen? Der Weg, der uns zu einer Antwort bringen soll, wird eine bestimmte Lesart der platonischen These enthalten, der zufolge das wirkliche Haben des besseren Wissens unmittelbar zum Vollzug führt und daher Unbeherrschtheit ausschließt, sowie der aristotelischen These, dass Unbeherrschtheit nur in dem Maße möglich erscheint, wie das bessere Wissen nicht wirklich oder nur auf privative Weise wirklich ist. Insofern aber die pathologisierende Metaphorik, mit der Aristoteles diese Privation erläutert, tendenziell Verwirrung stiftet, müssen wir nach einer anderen Beschreibung des privativen Moments im unbeherrschten Handeln Ausschau halten. Was ist es eigentlich, das dem besseren Wissen im Fall des Akrates »fehlt«, insofern dieser sowohl dessen kognitiven Gehalt als auch dessen normativen Status durchaus begreift? Unsere Antwort wird lauten: Ihm »fehlt« die Kraft.

# 4.

## Akrasia II

## Irrationale Rationalität: Davidson

»›Das Prinzip des unzureichenden Grundes!‹, wiederholte Ulrich. ›Sie sind doch Philosoph und werden wissen, was man unter dem Prinzip des zureichenden Grundes versteht. Nur bei sich selbst macht der Mensch davon eine Ausnahme; in unserem wirklichen, ich meine damit unserem persönlichem Leben und in unserem öffentlich-geschichtlichen geschieht immer das, was eigentlich keinen rechten Grund hat.‹«
(Robert Musil, *Der Mann ohne Eigenschaften*)

4.1. *Unbeherrschtheit und Rationalität.* – Zu Beginn seines Willensschwäche-Aufsatzes präzisiert Davidson, weshalb sich *incontinence* dem Denken als ein Paradox präsentiert: In dem Maße, wie unser Bild des rationalen Handelns von derjenigen Formulierung des Rationalitätsstandards geprägt ist, den Platon und Aristoteles herausgestellt haben, können wir die Möglichkeit des *absichtlichen* oder gewollten Zuwiderhandelns gegen das bessere Wissen nicht mehr einsehen. Denn »insofern jemand absichtlich [oder rational] handelt, handelt er im Hinblick auf das, was nach seiner Vorstellung (seinem Urteil) das Bessere ist«.[231] Die Idee eines absichtlichen Zuwiderhandelns gegen das »seiner Vorstellung nach Bessere« lässt sich damit nicht vereinbaren. Um diese logische Unvereinbarkeit genauer zu fassen, unterscheidet er zwei Prinzipien, die der Rationalitätsstandard impliziert. Das erste (P1) artikuliert die begriffliche Verbindung, die zwischen Wünschen (oder Wollen) und Handeln besteht, das zweite (P2) die begriffliche Verbindung, die zwischen praktischen Urteilen und Wünschen besteht:

»P1. Wenn der Handelnde $x$ in höherem Maß zu tun wünscht als $y$ und glaubt, es stehe ihm frei, entweder $x$ oder $y$ zu tun, wird er, sofern er entweder $x$ oder $y$ absichtlich tut, absichtlich $x$ tun. [...]

231 Davidson, »Wie ist Willensschwäche möglich?«, S. 45.

P2. Wenn der Handelnde urteilt, die Ausführung von *x* wäre besser als die Ausführung von *y*, dann will er *x* in höherem Maße als *y*.«[232]

Zusammengenommen widersprechen diese Prinzipien offensichtlich der Annahme, dass Akrasia möglich ist. Davidsons Ambition besteht darin, zu zeigen, dass ihre Existenz mit P1 und P2 logisch in Einklang zu bringen und mithin gar nicht als Paradox zu bezeichnen ist. Er verfolgt damit ein ähnliches Ziel wie Aristoteles – mit dem Unterschied freilich, dass es ihm um ein absichtliches und nicht um ein unfreiwilliges Zuwiderhandeln gegen das bessere Wissen geht. Aristoteles versucht das Paradox der Unbeherrschtheit dadurch zu vermeiden, dass er zwei Bedeutungen unterscheidet, in denen man ein Wissen vom richtigen Handeln haben kann: Besitzt man das Wissen in zweiter Entelechie, gilt P2, während ein Wissen in bloß erster (und entsprechend ein Unwissen in zweiter) Entelechie akratisches Agieren ermöglicht. Da die Wirklichkeit der Akrasia für Aristoteles aber nur durch die schädliche Wirkung von Begierden oder Affekten erklärt werden kann, die das praktische Urteilsvermögen des Agenten eintrüben, wird man nicht sagen können, dass ihr ein absichtliches Handeln entspricht. Aller Unbeherrschtheit muss folglich etwas Überwältigendes und Rationalität Verzerrendes zugrunde liegen. Dieser Lösungsweg steht für Davidson freilich nicht offen, da er das Vorkommen von Akrasia in ihrer scheinbar paradoxesten Form für evident hält. Klar sein dürfte allerdings schon an dieser Stelle, dass er die logische Vereinbarkeit der Akrasia mit den beiden Prinzipien P1 und P2 nur behaupten kann, wenn er zugleich annimmt, dass der Unbeherrschte kein Urteil der Form »*x* zu tun ist besser als *y*« (wirklich) bildet, denn ansonsten würde sofort P2 (und mithin P1) greifen. Wie aber sieht dann dessen Bewusstsein von der besseren Handlungsalternative aus, wenn es weder diese Form besitzt, noch einer pathologischen Verzerrung gleichkommt?

Offensichtlich ist P2 der Knackpunkt. Unbeherrschtes Handeln besteht (»der Ansicht der meisten Menschen« zufolge) darin, einer starken Begierde oder einem intensiven Wunsch nachzugeben und damit zugleich dem eigenen Erkenntnisurteil eine Absage zu erteilen. Wenn man Akrasia für eine Erfahrungstatsache hält, stellt die Ablehnung von P2 also die am nächsten liegende Option dar. Man braucht nur auf Fälle zu verweisen, in denen man *x* mehr wünscht, *y* aber für besser hält. Davidson begegnet dem mit einem platonischen Argument: »Insofern jemand wirklich (aufrichtig) zu sollen glaubt, [muss] diese Über-

232 Ebd.

zeugung in seinem Verhalten erkennbar werden (und daher natürlich auch in seiner Neigung zu handeln oder in seinen Wünschen)«.[233] Wenn also ein Subjekt das praktische Urteil wirklich fällt, dass *x* zu tun besser ist als *y*, wird sich dies notwendig in seinem Wollen und Handeln niederschlagen – ansonsten hat er das Urteil nicht wirklich gefällt. Für Platon führt diese Überlegung natürlich zur Schlussfolgerung, dass es überhaupt keine Fälle von Akrasia geben kann – eine Schlussfolgerung, die Davidson nicht akzeptiert. Er muss also zeigen, inwiefern P2 nicht im Widerspruch zur Existenz der Akrasia steht.

Davidson konzediert sofort, dass das platonische Argument insofern kein Argument gegen die Ablehnung von P2 liefert, als es selbst nichts weiter als eine Formulierung von P2 (und insofern eine Petitio principii) darstellt.[234] Der eigentliche Grund, weshalb dieses Prinzip zusammen mit P1 als zwingend erscheint, das heißt weshalb der enge Zusammenhang zwischen praktischem Wissen (respektive dem wirklichen Fällen eines Urteils der Form »*x* zu tun ist besser als *y*«), Wünschen und Vollzug nicht aufgegeben werden kann, liegt für Davidson in einer »sehr einleuchtenden« Auffassung über das »Wesen« des intentionalen Handelns und des praktischen Schließens:[235] Jemand handelt in dem Maße absichtlich, wie er aus einem Grund oder wegen eines Grundes handelt. Ein solcher Grund enthält nach Davidson mindestens zwei Teile: (1) eine sogenannte Proeinstellung des Handelnden (ein moralischer Grundsatz, ein sexuelles Begehren, ein ökonomisches Ziel, eine soziale Konvention, eine politische Überzeugung, eine Zwangsvorstellung, ein Wunsch, ein Spleen, etc.), die eine Wertsetzung hinsichtlich eines praktischen Sachverhalts (eines Zwecks, einer bestimmten Art von Handlung, einer Sorte praktischer Gegenstände etc.) zum Ausdruck bringt und die diesen Sachverhalt somit als gesollt und/oder gewollt charakterisiert, sowie (2) ein Wissen, eine Wahrnehmung oder ein Glaube, dass eine besondere Handlung, die das Subjekt (unter den gegebenen Umständen) vollziehen kann, den praktischen Sachverhalt verwirklicht oder zu dessen Verwirklichung förderlich ist.[236] Den logischen wie praktischen Zusammenhang zwischen (1) und (2) artikuliert das aristotelische Modell des praktischen Schließens: (1) entspricht dabei der allgemeinen, (2) der besonderen Prämisse, wobei das Subjekt mit und in seiner Handlung den Schluss aus diesen Prämissen zieht oder realisiert. Dies lässt sich insofern behaupten, als die Prämissen (1) und (2), auf denen ein praktisches Urteil basiert, zugleich

233 Ebd., S. 51.
234 Vgl. ebd.
235 Vgl. ebd., S. 57.
236 Vgl. ebd. sowie ders., »Handlungen, Gründe und Ursachen«, S. 19f.

den Grund darstellen, der den entsprechenden Akt erklärt. Sofern also die allgemeine Proeinstellung (Majorprämisse) und das besondere, situationsbezogene Wissen (Minorprämisse) aktualisiert werden, das heißt wirklich oder in zweiter Entelechie gegeben sind, wird das Subjekt – sofern keine Hindernisse dazwischenkommen – deren Konklusion unmittelbar vollziehen. Dies behauptet Aristoteles, und auf dieser Auffassung basieren die beiden Prinzipien P1 und P2.

4.2. *Der praktische Konflikt.* – Als zentral erweist sich Davidsons Entscheidung, P1 und P2 unter Bezugnahme auf relationale Urteile zu fassen.[237] Im Gegensatz zu Platon und Davidson analysiert Aristoteles die Situation des Akrates hingegen mit Referenz auf absolute Urteile: Ein unbeherrschtes Subjekt hält aufgrund seines allgemeinen Wissens (etwa: »Das Genießen von Süßigkeiten ist in Situationen von der Art *S* zu unterlassen«) und seiner Situationswahrnehmung (»Dies ist eine Süßigkeit, und ich befinde mich in einer *S*-Situation«) ein bestimmtes Handeln für schlechthin richtig (»Das Genießen dieser Süßigkeit ist in dieser *S*-Situationen zu unterlassen«), und dennoch tut es etwas anderes. Dadurch, dass Davidson allgemeine Urteile aber als relationale formuliert (»Es ist in *S*-Situationen besser, Süßigkeiten nicht zu genießen als sie zu genießen«), wird er nicht nur der Tatsache gerecht, dass zur Beschreibung der Akrasia relationale Urteile hinreichend sind, sondern auch der differentiellen Verfasstheit des praktischen Logos. Als »Vermögen zu Gegenteiligem« erschließen rationale Vermögen ihrem Subjekt stets mehrere Handlungsmöglichkeiten – denn ansonsten wären sie keine »two-way«, sondern »one-way capacities«. Eine Weise, diese Differentialität zum Ausdruck zu bringen, besteht darin, praktische Urteile als relationale zu beschreiben: Mit Bezug auf seine Situationswahrnehmung und aufgrund seines rationalen Könnens erschließt sich einem Subjekt stets (und zumindest implizit) eine Mehrzahl von Handlungsmöglichkeiten, insofern es über Gründe verfügt, diese zu realisieren (oder nicht zu realisieren). Eine praktische Inferenz, die zum Handeln führt, muss daher eine Möglichkeit (einen möglichen Grund) im Gegensatz zu anderen Möglichkeiten normativ und/oder voluntativ auszeichnen, das heißt einer Möglichkeit $x$ ein größeres Gewicht als anderen Möglichkeiten ($y$, $z$, etc.) verleihen. In der aristotelischen Auffassung derartiger Urteile ist dagegen der differentielle Charakter des praktischen Vermögens und mithin die Tatsache, dass das Wesen rationaler Fähigkeiten gerade in der Eröffnung einer Mehrzahl von Handlungsmöglichkeiten liegt, tendenziell elidiert.

---

237 Vgl. Davidson, »Wie ist Willensschwäche möglich?«, S. 43f.

Und nur vor dem Hintergrund dieser Auslassung kann Aristoteles die Situation des Akrates als einen Streit zwischen Vernunft und Begierde stilisieren – als wäre die richtige Handlungsmöglichkeit alleinige Sache des Logos, so dass die schlechte Handlungsmöglichkeit nur auf die Kappe der Begierde gehen kann, die mithin einzig aus Zufall mit einem anderen Logos übereinstimmt, der von sich aus niemals zum Handeln geführt hätte.

Was an dieser Beschreibung schief ist, lässt sich an den drei Einwänden demonstrieren, mit denen Davidson der aristotelischen These begegnet, dass man P1 und P2 nur in dem Maße zuwiderhandeln kann, wie ein Begehren das Urteilsvermögen momentan eintrübt und somit die Aktualisierung der richtigen praktischen Schlussfolgerung verhindert. Aus dem Bewusstsein eines Begehrens heraus zu handeln heißt für Davidson *erstens*, nicht ohne Grund zu agieren – man handelt schließlich mit Absicht. Und wenn man ein starkes Begehren hat, impliziert dies zugleich das Fällen eines ausgeprägten Urteils über die Erwünschtheit dessen, was man begehrt. In dem Maße also, wie der Akrates über einen Grund verfügt, das heißt eine Proeinstellung (die zugleich ein Werturteil und einen Wunsch enthält) und eine ihr entsprechende situationsbezogene Wahrnehmung aktualisiert, verwirklicht er mit seiner Handlung eine praktische Inferenz. Und weil Inferenzen einen praktischen Charakter nur dann haben, wenn sie eine wie auch immer geartete Einstellung des Strebens enthalten, kann die Übereinstimmung der Begierde mit einem Logos kein Zufall sein: Denn der Akrates würde über keinen Grund für seine Handlung verfügen, wenn sein Begehren mit keinem Urteil über den Wert dieser Handlung einhergegangen wäre.

Wir können nun genauer sehen, inwiefern das aristotelische Beispiel aus der *Nikomachischen Ethik* eine falsche Fährte legt. Aristoteles' Formulierung – »[w]enn nun eine allgemeine Meinung in der Seele vorhanden ist, die das Genießen verbietet, und eine andere, dass alles Süße angenehm ist, dies hier aber süß ist (und diese Meinung in Betätigung ist), und wenn nun gerade eine Begierde in der Seele vorhanden ist«[238] – legt nahe, dass die Aktualität der Begierde und die Aktualität der zweiten »Meinung« in keinem inneren Zusammenhang stehen. Dass die Begierde wirksam ist, erscheint ihm genauso kontingent wie ihr »Zusammenfallen« mit einem Logos. Wenn auch die Wirksamkeit der Begierde keiner logischen Notwendigkeit gehorcht – ihr Zusammenfallen mit einem Logos oder einem Urteil ist in dem Maße unabdingbar, wie wir eine unbeherrschte Handlung auf eine Absicht und

238 Aristoteles, *Nikomachische Ethik*, VII 5. 1147a-b.

mithin auf einen Grund zurückführen wollen. Aristoteles aber sieht sich gezwungen, diesen internen Zusammenhang zwischen Strebung und Urteil zu bestreiten und stattdessen den Rationalitäts-externen Status von Begierden zu behaupten, um seine These von der externen Störung der rationalen Handlungsfähigkeit zu begründen. Und an der Vorstellung einer externen Störung muss er festhalten, um die Wahrheit von P1 und P2 zu erweisen, das heißt, um nicht die These von der praktischen Notwendigkeit zu gefährden, dass ein wirkliches Urteil über die Richtigkeit einer Handlung zum Vollzug derselben führt. Was aber, wenn ein Subjekt ein solches Urteil wirklich fällt, daneben aber auch ein weiteres Urteil aktualisiert, das die Erwünschtheit einer anderen Handlung artikuliert? Aristoteles scheint mit seiner Deutung genau diesen Fall, das heißt die Möglichkeit eines *wirklichen Konflikts* zwischen Handlungsgründen (und darin enthaltenen Strebungen) nicht zuzulassen – einen Konflikt, der offensichtlich die Ausgangslage der Akrasia in ihrer paradoxesten Art charakterisiert.

Davidsons *zweiter* Einwand gegen die aristotelische Behandlung der Unbeherrschtheit besteht genau darin: dass sie »*keine richtige Erklärung einfacher Fälle moralischen Konflikts geben kann*«.[239] Für Aristoteles liefert der praktische Logos letztlich einen und nur einen Handlungsgrund, so dass die Verwirklichung einer anderen Handlungsmöglichkeit allein externen Faktoren zuzurechnen ist. Damit aber scheint er nicht nur seiner Intuition über die Struktur rationaler Vermögen zu widersprechen, sondern auch »der Erfahrung«: Denn wieso sollte es nicht möglich sein, dass ein Subjekt ein Urteil »*x* zu tun ist besser als *y*« mitsamt einer dazugehörigen Strebung bildet und gleichzeitig ein konträres Urteil nebst »Begierde« entwickelt, die zu dem Schluss »*y* zu tun ist besser als *x*« führen?

> »Unter einem Fall moralischen Konflikts verstehe ich eine Sachlage, bei der gute Gründe vorliegen sowohl für die Ausführung einer Handlung, als auch für die Ausführung einer anderen, die die erstere ausschließt (vielleicht durch Unterlassung dieser Handlung). Ein Konflikt in diesem minimalen Sinne besteht immer dann, wenn dem Handelnden Überlegungen bewusst sind, die für sich genommen zu wechselseitig unvereinbaren Handlungen führen würden.«[240]

Ein solcher Konflikt ist schon allein aus strukturellen Gründen möglich, da er diejenige Situation kennzeichnet, in welcher der *two-way*-Charakter des rationalen Könnens offenbar und dem Handelnden auf

---

239 Davidson, »Wie ist Willensschwäche möglich?«, S. 60.
240 Ebd.

starke Weise bewusst wird. Die Möglichkeit eines absichtlichen Zuwiderhandelns gegen das bessere Wissen basiert auf einem derartigen Konflikt: Nur wenn das Subjekt von zwei (oder mehreren) Wegen des Handelns weiß und zugleich nach beiden Handlungsweisen strebt, kann es derjenigen, die es für besser hält, mit Absicht entgegenhandeln. Diese Art der Akrasia für inexistent zu erklären bedeutet daher letztlich, das Vorkommen derartiger (dem Logos *innerlicher*) Konflikte zu bestreiten und damit auch die strukturellen Implikationen der differentiellen Form rationaler Vermögen zu unterschätzen. Mehr noch – es heißt, mitsamt der Unbeherrschtheit auch die Möglichkeit der Selbstbeherrschung unverständlich werden zu lassen. Denn damit sich einem Handelnden die Alternative zwischen beherrschtem und unbeherrschtem Verhalten überhaupt stellen kann, bedarf es der Voraussetzung eben jener »Zwickmühle«, »bei der gute Gründe vorliegen sowohl für die Ausführung einer Handlung, als auch für die Ausführung einer anderen, die die erstere ausschließt« – das heißt, man muss einen Konflikt zwischen konträren Handlungsmöglichkeiten unterstellen, auf den der Unbeherrschte mit einer falschen und der Beherrschte mit einer richtigen Handlung reagiert.

4.3. Orexis *und* prohairesis. – Wahrscheinlich aber müssen wir Aristoteles gar nicht unterstellen, dass er solche Konflikte nicht zulassen darf. Denn es scheint nicht schwierig zu sein, das aristotelische Argument mit Bezug auf die Davidsonsche Idee praktischer Dilemmata zu reformulieren. Der Unterschied zwischen beherrschten und unbeherrschten Handlungen ergäbe sich aus der Differenz zwischen *orexis* (der Begierde, die zum Vollzug von *y* drängt) und *prohairesis* (dem relativen Urteil über die normative Superiorität von *x* über *y*): Indem der Akrates voreilig seinem Begehren folgt, nimmt er den Konflikt nicht wahr, während der Beherrschte gerade dadurch ausgezeichnet ist, dass er von diesem weiß und entsprechend mit Überlegungen reagiert, im Zuge derer er zu einer *prohairesis* gelangt und seinem Begehren eine Abfuhr erteilt.

In der aristotelischen Philosophie des Handelns sind beide Begriffe nicht auf ein und derselben Ebene situiert. Denn während eine wie auch immer geartete *orexis* alles absichtliche oder rationale Tun mitbestimmt, beschreibt die *prohairesis* eine spezifische und ausgezeichnete Form desselben, insofern sie die Weise kennzeichnet, in der sich ein Subjekt ausdrücklich zu seinem Können, das heißt zu seinem praktischen Wissen und Streben verhält.[241] In der *Nikomachischen Ethik*

241 Vgl. Aristoteles, *Nikomachische Ethik*, III 4. 1111b.

betont Aristoteles zunächst, dass die *prohairesis* weder als ein Streben (Begierde, Leidenschaft oder Wollen) noch als eine praktische Erkenntnis gedeutet werden kann, insofern beide für sich noch nicht hinreichend sind, um eine Handlungs*entscheidung* zu begründen: Gegenstand von Bestrebungen kann auch Unmögliches oder solches werden, das die Reichweite von Fähigkeiten übersteigt,[242] während praktische Erkenntnisse (zum Beispiel die Überzeugung, dass ich *x* tun sollte) zwar auf den Bereich der Vermögen bezogen sind, jedoch nicht notwendig dazu führen, dass ein Subjekt sich für das entscheidet, was dieselben empfehlen – etwa dann, wenn es nicht danach strebt.[243] Daher deutet Aristoteles die *prohairesis* oder Handlungsentscheidung als eine Form des praktischen Urteilens, die sowohl Strebungen als auch Erkenntnisse bewertend verknüpft. Er definiert sie knapp als »ein mit Überlegung verbundenes Streben (*orexis bouleutikē*) nach den Dingen [...], die in unserer Macht stehen«.[244] Vor dem Hintergrund der aristotelischen Handlungstheorie, der zufolge alles Tun teleologisch verfasst sei, involviert eine *prohairesis* somit (mindestens) zwei Terme: Sie besteht stets darin, einen bestimmten Vollzug um einer »Proeinstellung« willen zu wählen.[245] Zunächst hat Aristoteles damit jedoch nichts anderes zum Ausdruck gebracht als dasjenige, was Davidson mit Bezug auf jedes intentionale Handeln behauptet: In einer absichtlichen Ausübung rationaler Vermögen realisiert sich die praktische Einheit von Streben und Wissen auf eine je bestimmte Weise, und zwar in Form einer Inferenz. Für Aristoteles besitzt ein solcher Schluss den Charakter einer *prohairesis* aber nur insofern, wie ihm eine praktische *Überlegung* vorangegangen ist, die entsprechend in die Definition der *prohairesis* eingeht: Eine Handlungsentscheidung basiert stets auf einem Prozess des inneren »Beratschlagens« – einer

---

242 An dieser Stelle wäre aber zumindest anzumerken, dass daraus nicht folgt, dass der Bezugspunkt (die »Quelle« oder der Ort) des Wollens und Wünschens ins Außerhalb der Vermögen und ihres Logos fällt. Denn insofern rationale Vermögen differentiell verfasst sind, impliziert ihr Logos auch eine mögliche Vorstellung dessen, was nicht in ihrer Macht liegt. Das praktische Wissen, das ein Subjekt dazu befähigt, eine bestimmte Praxis auszuüben, enthält zugleich ein Vorstellungsvermögen darüber, was das Subjekt (noch oder schlechthin) nicht zu leisten imstande ist. Und aufgrund dieses Strukturmoments, das heißt dieses (im praktischen Logos) eingeschlossenen Ausschlusses (dessen, was nicht in der Macht des Vermögens liegt), *kann* ein Subjekt das Unmögliche begehren: es ist in der Lage, sein Streben auf dasjenige zu richten, was es nicht kann.

243 Vgl. Aristoteles, *Nikomachische Ethik*, III 4. 1111b-1112a, sowie dazu Kenny, »The Nature of Prohairesis«, S. 70–74.

244 Aristoteles, *Nikomachische Ethik*, III 5. 1113a.

245 Vgl. dazu ebd. sowie Kenny, »The Nature of Prohairesis«, S. 77f.

Möglichkeit des expliziten und reflexiven Sich-zu-sich-verhaltens, die mit einem rationalen Handlungsvermögen gegeben ist.

Aristoteles zufolge beziehen sich praktische Überlegungen auf den Bereich der Handlungsvermögen: »Wir überlegen [...] diejenigen Dinge, die in unserer Macht stehen und durch Handeln bewirkt werden können [*prakta*]«,[246] das heißt, wir überlegen mit Hinsicht auf diejenigen Handlungen, die wir ausführen oder nicht ausführen können. Allerdings reflektieren wir nicht auf schlechthin alles, zu dem wir fähig sind, sondern nur hinsichtlich derjenigen Dinge, »wo ungewiss ist, wie sie ausgehen werden, und dort, wo unbestimmt ist, wie zu handeln ist«.[247] Im Falle routinierten Handelns (wie etwa bei der reproduktiven Ausführung technischer Fertigkeiten) oder »blindem« Regelfolgen (wie etwa bei der Anwendung syntaktischer Normen beim Sprechen und Schreiben) übt man seine Vermögen zwar intentional, nicht aber nach Maßgabe reflexiver Überlegungen aus. Insofern ein Subjekt die Normen einer Praxis verinnerlicht, das heißt eine Fähigkeit erworben und bereits die Absicht gebildet hat, seine Fähigkeit zu realisieren, fließen die internalisierten Normen der Praxis sofort in die Vorsätze der praktischen Inferenzen ein, die sein Handeln realisiert. Nur in denjenigen Handlungssituationen, in denen das Wissen von den Regeln das Handeln nicht hinreichend bestimmen kann und keine Klarheit bezüglich des zu Tuenden und zu Vermeidenden herrscht, gibt es Entscheidungsbedarf und entsprechend Grund zu Überlegungen.[248] Nur dort also, wo der *two-way*-Charakter rationaler Vermögen offenbar wird und dessen praktischer Logos eine bemerkbar problematische Einheit bildet, besteht Anlass, reflexiven Gebrauch von seinem Vermögen zu machen.

Das Vorliegen eines praktischen Konflikts von der Art, die Davidson hinsichtlich der Erklärung der Akrasia als zentral erachtet, stellt offensichtlich einen solchen Fall dar, in dem ein Subjekt Grund zum Überlegen hat. Die aristotelische Erklärung der Akrasia ließe sich vor diesem Hintergrund folgendermaßen modifizieren: Das Problem des Unbeherrschten besteht darin, dass er durch die Wirkung seiner Begierde daran gehindert wird, den Konflikt zu sehen. Denn wäre jener andere praktische Syllogismus, der durch die Begierde gewissermaßen der Verdrängung anheimfällt und somit unentdeckt in erster Entelechie verbleibt, wirklich bewusst geworden, hätte das Subjekt auch ein Bewusstsein von den konträren Handlungsmöglichkeiten gewonnen. Ein solches Bewusstsein zu haben bedeutet aber für Aristoteles,

---

246 Aristoteles, *Nikomachische Ethik*, III 5. 1112a.

247 Ebd., 1112b.

248 Vgl. dazu auch Kenny, »The Nature of Prohairesis«, S. 76f.

praktische Überlegungen anstellen zu müssen und auf diesem Wege zu einem Urteil (das heißt zu einer *prohairesis*) darüber zu gelangen, welche der Handlungsmöglichkeiten die bessere ist. An diesem Punkt kommen freilich P1 und P2 ins Spiel, so dass der Beherrschte notwendig seinem überlegten Urteil über die bessere Handlungsalternative folgen wird. Ausgeschlossen erscheint vor diesem Hintergrund somit der Fall, dass ein Subjekt seinem überlegten Urteil zuwiderhandelt. Unbeherrschtheit findet für Aristoteles nur dann statt, wenn eine vernunftwidrige *orexis* das Vermögen zu praktischen Überlegungen außer Kraft setzt und zum unreflektierten Handeln »zwingt«, und zwar an der Stelle, wo Überlegungen und mithin eine andere Handlungsweise angebracht sind. Das Scheitern des Unbeherrschten liegt demnach in dem Versäumnis, sich überlegend zu sich selbst zu verhalten.

4.4. *Willensschwäche.* – An dieser Stelle aber müssen wir Davidsons *dritten* Einwand berücksichtigen: Aristoteles schließt aus, dass es Unbeherrschtheit dort geben kann, wo ein Subjekt seine Fähigkeit zu überlegen ausübt. Daher sollten wir annehmen, dass das Unwissen des Akrates in erster Linie einem Unwissen bezüglich jenes Konflikts entspricht, der zwischen seinem Begehren und seinem praktischen Wissen entstanden ist. Mit dieser Deutung stehen wir nun allerdings vor dem Problem, dass wir den Akrates nur schwerlich für sein unbeherrschtes Tun verantwortlich machen können[249] – eben weil sein Unwissen ihn der Möglichkeit beraubt, über seine Lage Klarheit zu gewinnen und sodann eine richtige oder falsche Handlungsentscheidung treffen zu können. Insofern hat Ross Recht, wenn er bemerkt, dass Aristoteles keinen Begriff von *Willensschwäche* besitzt:[250] Denn dieser Begriff setzt voraus, dass in der Situation des Akrates eine Instanz der überlegten Handlungsentscheidung eine wesentliche Rolle spielt – der »Wille«, das heißt der reflexive Selbstbezug des praktischen Subjekts (der eine vergleichbare Funktion erfüllt wie dasjenige, was Aristoteles als Fähigkeit zur Überlegung und *prohairesis* bezeichnet).

Die übliche Auffassung der Willensschwäche scheint aber alles andere als unproblematisch zu sein. Das Interessante an diesem Begriff liegt sicherlich darin, dass er mit der Betonung der Rolle der Reflexion nicht nur der Dimension des praktischen Selbstverhältnisses eine explizite Kontur gibt, sondern dass er damit auch die Möglichkeit eines inneren Konflikts einräumt, zu dem sich das Subjekt (in Form des Willens) verhalten kann. Die Problematik dieses Begriffs liegt jedoch nicht in dieser Vorstellung des Willens, sondern in der Weise, in der

249 Vgl. Davidson, »Wie ist Willensschwäche möglich?«, S. 63.
250 Vgl. Ross, *Aristotle*, S. 222ff.

der Konflikt sowie die »Schwäche« des Willens üblicherweise interpretiert werden: Der Konflikt wird schlicht als Streit zwischen einer per se falschen Seite (der »Leidenschaft«) und einer per se richtigen Seite (der »Vernunft«) gedeutet; entsprechend gibt sich ein schwacher Wille der Leidenschaft hin, während ein starker oder beherrschter Wille die Vernunft triumphieren lässt. Letztere bezeichnet dabei zumeist irgendwelche moralischen Normen oder gemeinschaftlichen Werte, während jene alle egoistischen Neigungen und Zielsetzungen zumeist sinnlichen Begehrens zusammenfasst. »Besseres Wissen« bedeutet hierbei also nichts anderes als »irgendein Urteil zugunsten der richtigen Seite (Vernunft, Sittlichkeit, Familie, Vaterland)«.[251] Platon hatte bereits gezeigt, inwiefern diese (moralistische) Auffassung das Phänomen der Akrasia verkürzt und verfehlt: Denn auch der hemmungslose Egoist, für den ohnehin nur die Seite der »Leidenschaft« zählt, kann unbeherrscht handeln. Davidson fügt dem noch hinzu, dass sich leicht Fälle nennen lassen, in denen es rationaler ist, einer sogenannten Begierde anstelle einer sittlichen Norm zu folgen.[252] Entsprechend handelt ein Subjekt in einer derartigen Situation unbeherrscht, wenn es sich von der sogenannten Seite der Sittlichkeit »verleiten« lässt.

Die Tragik des Akrates besteht für Aristoteles jedoch darin, dass er noch nicht einmal in die Situation geraten kann, in der sich die Frage von Willensschwäche oder -stärke stellt. Denn der Einsatz dieser reflexiven Instanz namens »Wille« wird durch etwas verhindert, das sich im Vorfeld seines Bewusstseins und somit jenseits seiner Kontrolle ereignet zu haben scheint – ein *Kräftegeschehen*, bei dem eine Strebung eine Art Kettenreaktion verursacht (»wie eine Kugel die andere wegstößt«[253]). Was die Strebung »wegstößt«, sind primär diejenigen Wahrnehmungsempfindungen, die zur Aktualisierung eines anderen Urteils und mithin zum Bewusstsein eines Konflikts geführt hätten, das wiederum durch eine Reihe von Überlegungen fortgesetzt worden wäre und letztlich in eine *prohairesis* gemündet hätte. Legt man die andere Deutung des Unwissens (»ein besseres Wissen haben, aber nicht anwenden«) zugrunde, die dem Akrates ein privatives Bewusstsein von der besseren Inferenz bescheinigt (ein Bewusstsein, das Aristoteles mit dem trunkenen Rezitieren von Empedokles-Versen vergleicht), dann müssen wir die Beschreibung des psychischen Kräftegeschehens modifizieren: Die Strebung würde nicht die Wahrnehmung »wegstoßen«, sondern eine andere Strebung, die zum richtigen Logos gehört. Dadurch, dass diese »fehlt« oder »abgelenkt« wird, hat der Akrates

251 Davidson, »Wie ist Willensschwäche möglich?«, S. 64.

252 Vgl. ebd., S. 55.

253 Aristoteles, *Über die Seele*, III 11. 434a.

ein *geschwächtes* (und in diesem Sinne unvollständiges) Bewusstsein vom besseren Urteil, das er derart nicht wirklich fällt. Dieses Urteil kann er nicht mehr im Sinne einer Proeinstellung wahrnehmen und entsprechend nicht sehen, dass er in einen Konflikt zwischen konträren Handlungsgründen geraten ist. Unter Umständen mag ihm dieses Urteil als fremd erscheinen – so, als wäre es nicht sein eigenes. Beide Beschreibungen des Kräftegeschehens laufen aber auf ein und dieselbe Schlussfolgerung hinaus: Der Akrates ist schlicht machtlos, obgleich er mit Absicht gehandelt hat. Seine intentionale Handlung gleicht daher jenem peinlichen Ereignis, das durch den deutschen Namen der Inkontinenz oder Blasenschwäche bezeichnet wird. Gemeint ist der unkontrollierte Harnverlust, der auf der Unfähigkeit basiert, den Urin bewusst zurückzuhalten. Diese Unfähigkeit entspricht aber keiner Schwäche des Willens, sondern sie verdankt sich einer gestörten *physis* (in diesem Falle des Harntrakts, der Blase, des Nervensystems), und darin ist der Inkontinente mit dem Akrates vergleichbar, von dem Aristoteles behauptet, dass seine Begierde eine Beeinträchtigung des Körpers analog zum Wahnsinn oder zur Trunkenheit verursacht.

Als verantwortlich für sein Tun – und daher: als »willensschwach« – können wir den Akrates aber nur in dem Maße betrachten, wie er auf der Basis eines Bewusstseins von seinem Konflikt handelt. Daher lautet der dritte Einwand Davidsons, dass das aristotelische Bild »keine sinnvolle Darstellung eines Konflikts im Innern der Seele des Betreffenden erlaubt, denn es läßt dem entscheidenden Vorgang der Abwägung von Überlegungen keinen Raum«.[254] Das Paradox der Akrasia anzuerkennen bedeutet folglich, sich diesem »Vorgang der Abwägung von Überlegungen« zu widmen und sich zu fragen, wie man erklären kann, dass auf der Ebene von praktischen Überlegungen und Schlussfolgerungen Unbeherrschtheit möglich ist. Davidson beansprucht zu zeigen, dass man die *logische* Möglichkeit der Akrasia auf dieser Ebene einräumen kann, ohne dabei mit den Prinzipien P1 und P2 in einen Widerspruch zu geraten. Aristoteles konzediert zwar, wie bereits ausgeführt, die logische Möglichkeit des Fehlgehens und mithin diejenige der Akrasia, allerdings heißt dies für ihn zugleich, die Wirklichkeit der Akrasia durch die Wirkung nichtrationaler Strebungen zu erklären. Wenn Davidson eine logische Möglichkeit der Unbeherrschtheit auf derjenigen Ebene aufzuzeigen beansprucht, auf der Aristoteles sie ausschließt (nämlich auf der Ebene praktischer Überlegungen), muss daraus keine explanatorische These über die Exteriorität ihrer Ursache folgen. Im Gegenteil, wir werden später sehen, inwiefern Davidsons

254 Davidson, »Wie ist Willensschwäche möglich?«, S. 63.

Argumente auf eine *strukturelle* Möglichkeit des Scheiterns zumindest hindeuten.

4.5. *Davidsons Argument*. – Um die Möglichkeit der Akrasia (in ihrer zunächst paradox erscheinenden Form) auf der Ebene der praktischen Reflexion denken zu können, ohne P1 und P2 bestreiten zu müssen, bedarf es einer Re-Interpretation desjenigen Verständnisses vom praktischen Schließen und Überlegen, das die Akrasia im Sinne der Willensschwäche auszuschließen scheint. Davidson verfährt bei seiner Deutung in drei Schritten:

(i) Wie sieht die »sinnvolle Darstellung eines Konflikts im Innern der Seele« aus, der die Ausgangslage der Akrasia kennzeichnet? – Ein Konflikt besteht dann, wenn »der Akteur sowohl für die Ausführung als auch für die Unterlassung einer Handlungsweise triftige Gründe hat bzw. – was aufs Gleiche hinausläuft – triftige Gründe für den Vollzug zweier einander ausschließender Handlungen«.[255] Dem Handelnden sind demnach verschiedene praktische Schlussfolgerungen bewusst, die jeweils »gute Gründe« zum Vollzug oder Nichtvollzug einer Handlung liefern. Über »gute Gründe« für sich gegenseitig ausschließende Handlungen verfügt er dann, »wenn die Gründe dafür und die Gründe dagegen gewichtig sind und beinahe gleich viel wiegen«.[256] Es scheinen derart zwei mögliche Syllogismen vorzuliegen, ohne dass dem Subjekt zunächst klar ist, welchem er den Vorzug geben soll:

M1: Handlungen mit der Eigenschaft *p* sind zu meiden.
m1: Dieser Akt *x* hat die Eigenschaft *p*.
C1: *x* ist zu meiden.

M2: Handlungen mit der Eigenschaft *q* sind erstrebenswert.
m2: Dieser Akt *x* hat die Eigenschaft *p*.
C2: *x* ist erstrebenswert.

Die *prohairesis* oder das Urteil, in dem der Prozess der Überlegung kulminiert (und dem der Akrates zuwiderhandelt), kann nicht schlicht darin bestehen, den Syllogismus der »besseren« Seite zu übernehmen, denn dies hieße, dass das Subjekt den Konflikt bereits entschieden hätte – was allerdings voraussetzt, dass es nicht nur die Gründe der »besseren« Seite, sondern auch der »schlechteren« berücksichtigt hat. Das Abwägen von Handlungsgründen muss daher angesichts all derjenigen Gründe geschehen, die in der Konfliktsituation von Relevanz sind, und dies beinhaltet die Inferenz der Gegenseite.[257] Eine *prohaire-*

---

255 Davidson, »Paradoxien der Irrationalität«, S. 96.
256 Ebd., S. 97.
257 Vgl. Davidson, »Wie ist Willensschwäche möglich?«, S. 64.

*sis* der Form »*x* nicht zu tun ist besser als *x* zu tun« muss demnach auf der Basis *aller* relevanten Überlegungen gebildet werden:

M3: Handlungen mit der Eigenschaft *p* sind zu meiden und Handlungen mit der Eigenschaft *q* sind erstrebenswert.
m3: Dieser Akt *x* hat die Eigenschaften *p* und *q*.
C3: *x* ist zu meiden.

Weil dies aber keine wirkliche Inferenz darstellt (C3 folgt nicht aus M3 und m3), bedarf es einer Beurteilung des Verhältnisses zwischen den beiden Inferenzen. Was bisher fehlt, ist demnach eine weitere Majorprämisse, welche den normativen Status der konfligierenden Gründe gewichtet, das heißt die normative Überlegenheit der Eigenschaft *p* gegenüber der Eigenschaft *q* begründen könnte. Die logische Priorität von C1 über C2 (das heißt das Fällen von C3) wäre dann die Konsequenz:

M4: M3 und »Bei Handlungen, denen die Eigenschaften *p* und *q* zukommen, besitzt die Eigenschaft *p* ein größeres Gewicht.«
m4: m3 und »Bei diesem Akt besitzt *p* ein größeres Gewicht.«
C4: *x* ist zu meiden.

Eine solche Lösung lässt sich allerdings nur in dem Maße aufrechterhalten, wie man zugleich voraussetzt, dass alle Konflikte mit Bezug auf ein höheres Prinzip der Gewichtung entscheidbar sind. Damit ist man aber entweder zu der Behauptung gezwungen, dass der Logos des Handlungsvermögens im vorhinein eine stabile Hierarchie von praktischen Prinzipien enthält, oder man muss die These vertreten, dass dieser Logos auf einem einzigen Moralprinzip aufgebaut ist, das eine solche Hierarchie zureichend begründet. Ganz gleich, für welchen Weg man sich entscheidet – das Urteil (C4), wonach die Vermeidung von *x* besser ist als der Vollzug von *x*, schließt nach P1 und P2 unmittelbar aus, dass *x* realisiert wird (C2) und mithin, dass akratisches Handeln möglich ist. C2 und C4 stehen unrettbar in einem kontradiktorischen Verhältnis, und auf dieser Basis sind die Prinzipien P1 und P2 mit der Möglichkeit der Akrasia logisch nicht vereinbar.

(ii) Davidsons Kritik muss sich demzufolge auf diejenige Auffassung vom praktischen Schließen richten, die diesem Ergebnis zugrunde liegt. Für ihn beruht die logische Unvereinbarkeit von P1 und P2 mit der Akrasia auf einer Misskonstruktion des praktischen Syllogismus – dem sogenannten deduktiven Paradigma. Diesem zufolge urteilen und handeln wir auf der Basis allquantifizierender Prinzipien, die wir in Anbetracht einer besonderen Situation subsumierend anwenden, so dass die Konklusion deduktiv aus ihren Prämissen folgt. Universale Prinzipien geben somit die notwendige und hinreichende Bedingung an, unter der eine Konklusion gilt (während das besondere Urteil, das die Minorprämisse bildet, die Erfüllung dieser Bedingung ausdrückt). Diese deduktive Relation zwischen Handlungsgründen und Vollzügen setzt zudem voraus, dass die allgemeinen Prämissen des Handelns einen explizierbaren Gehalt haben, auch wenn wir uns nicht immer (oder auch nur selten) in der Lage sehen, ihn auch zu formulieren. Daher müssen wir annehmen, dass sie grundsätzlich kodifizierbar und entsprechend hierarchisierbar sind. Davidson argumentiert nun, dass wir in dem Maße, wie wir an der deduktiven Auffassung des praktischen Schließens festhalten, kein angemessenes Verständnis von demjenigen Konflikt gewinnen können, der die Alternative von beherrschten und unbeherrschten Vollzügen konstituiert, und dass uns damit auch die logische Vereinbarkeit von P1 und P2 mit der Akrasia unverständlich werden muss. Insofern man allgemeine Prämissen als allquantifizierende Prinzipien begreift, die im Zusammenhang mit einer besonderen Situationswahrnehmung deduktiv oder subsumierend in Handlungen umgesetzt werden, steht man vor dem Problem, einen Konflikt (zwischen den Konklusionen praktischer Schlüsse) annehmen zu müssen, der durch wahre allgemeine Normen hervorgerufen wird. Wenn man an dieser Stelle nicht schlicht leugnen möchte, dass wahre allgemeine Prinzipien jemals in einen praktischen Widerspruch münden könnten (was wiederum die Annahme eines letzten Moralprinzips oder einer a priori bestehenden Hierarchie von Prinzipien – und damit die These von der Unmöglichkeit der Akrasia – erzwingen würde), kommt man nicht umhin zu konzedieren, dass der Handelnde diesen Widerspruch nicht mit deduktiver Logik lösen kann: Sobald universale Prinzipien zu widersprüchlichen Konklusionen führen, ist der deduktive »Mechanismus« ausgehebelt und ein Urteil im Sinne von C4 auf logischem Wege nicht mehr zu erreichen.[258]

Davidson zufolge stellt sich allerdings dieses Problem gar nicht, weil unser praktisches Wissen nicht durch die Angabe allquantifizierender Prinzipien expliziert werden kann. Die deduktive Auffassung beruht vielmehr auf einer falschen Konzeptualisierung der Allgemeinheit des praktischen Wissens (das im Syllogismus an der Stelle der Majorprämisse situiert ist): Nicht jeder Bruch eines Versprechens und nicht jede Lüge sind schlecht,[259] und dies bedeutet für Davidson, dass die Allgemeinheit praktischer Prämissen – sofern man diese in Termini der Extension oder Quantifizierung weiterhin fassen möchte – nur eine

---

258 Vgl. Davidson, »Wie ist Willenschwäche möglich?«, S. 61f., 64f.

259 Vgl. ebd., S. 66f., sowie Davidson., »Paradoxien der Irrationalität«, S. 96f.

»approximative« Allgemeinheit besitzt und entsprechend nicht kodifizierbar ist.[260] Die Allgemeinheit praktischer Urteile (zum Beispiel »Menschen sollen nicht rauchen«) hat also deswegen nur eine annähernd allquantifizierende Reichweite, weil nicht jeder besondere Akt, der sie instanziiert (wie zum Beispiel der Versuch des kettenrauchenden Künstlers, das Rauchen inmitten des Vollendungsprozesses seines größten Meisterwerks aufzuhören), notwendig eine gute Handlung darstellt. Da man aber nun die allgemeinen Gründe oder Prämissen des Handelns nicht mehr als notwendige und hinreichende (das heißt als allquantifizierende) Bedingungen der Richtigkeit einer Handlung begreifen darf, muss folglich die Geltung der praktischen Konklusion relativiert werden. Davidson schlägt vor, diese Einsicht durch die Verwendung des sogenannten *prima-facie*-Operators zu formalisieren. Im praktischen Schließen stehen die Prämissen in keiner deduktiven Relation zur Konklusion, sondern in einer *prima-facie*-Relation: »Wenn ein Vollzug eine Lüge ist, dann ist er prima facie verfehlt«. In dieser Hinsicht gleichen praktische Inferenzen, wie Davidson argumentiert, Schlüssen aus probabilistischen Indizien, die keine deduktive, sondern eine induktive Kontur besitzen.[261] Von der konditionalen Prämisse »Wenn das Barometer fällt, wird es beinahe gewiss regnen« lässt sich, sofern das Barometer tatsächlich fällt, nicht darauf schließen, dass es regnen wird. Denn dies hieße, das wahrscheinliche Regnen als ein Ereignis aufzufassen, das durch das Fallen des Barometers verursacht wird. Eine solche Schlussfolgerung wäre unsinnig, da sie die Form der Deduktion eines Urteils aus einem allquantifizierenden Prinzip dort aufrechterhält, wo die allgemeine Prämisse nicht die Ursache (respektive die notwendige und hinreichende Bedingung für das Stattfinden) eines Ereignisses angibt, sondern nichts weiter als ein Anzeichen für ein mögliches Ereignis. Eine solche Prämisse kann demzufolge nicht als zureichender Grund für den Schluss auf das mögliche Stattfinden eines Ereignisses interpretiert werden, eben weil die Rede von zureichenden Gründen bei *pf*-Schlüssen[262] keinen Sinn macht. Daher sollte man mit Bezug auf das praktische Schließen das Missverständnis ver-

---

260 Vgl. dazu auch McDowell, »Virtue and Reason«, S. 58, 67.

261 Die Analogie, die Davidson zu induktiv-nomologischen Schlussfolgerungen bildet, bezieht sich nicht auf den Gegensatz zwischen Induktion und Deduktion (und schon gar nicht auf den nomologischen Gesichtspunkt). Davidson will also nicht behaupten, dass praktische Inferenzen induktive Schlüsse sind (es gibt schließlich keine empirischen Belege für die Richtigkeit einer praktischen Konklusion), sondern dass jene diesen in einer Hinsicht gleichen, nämlich in der Funktionsweise des *prima-facie*-Operators.

262 Hier und im Folgenden soll das Präfix »*pf*-« im Sinne von »prima-facie-« gelesen werden.

meiden, dem *pf*-Operator die Funktion eines attributiven Prädikats zu verleihen, das innerhalb einer Aussage oder eines Urteils zur Anwendung kommt (etwa: »*x* ist *prima facie* verfehlt« + »dies ist ein *x*« = »dies ist *prima facie* verfehlt«), eben weil dann die deduktive Form des Schließens unangetastet bliebe. »*Prima facie*« besitzt für Davidson stattdessen die Funktion eines Junktors, der Aussagen verbindet respektive die Verknüpfung eines Urteils mit seinem Grund modalisiert: »Aus der Tatsache, dass ein Vollzug eine Lüge ist, folgt prima facie, dass er verfehlt ist«.[263] Ein Prinzip der Art »Lügen ist schlecht« ist daher *kein zureichender Grund* (und mithin kein allquantifizierendes Prinzip), aus dem deduktiv folgen würde, dass ein bestimmter Akt des Lügens schlecht ist. Da die Allgemeinheit dieses Prinzips einen »approximativen« Status besitzt, berechtigt sie nur zu dem *pf*-Schluss, dass ein Akt des Lügens als tadelnswert einzustufen ist.

Auf diese Weise behält die Konklusion einer praktischen Inferenz einen *konditionalen* Charakter. Ein deduktiver Schluss (»Wenn ein Akt eine Lüge darstellt, ist er schlecht« + »Dieser Akt ist eine Lüge« = »Dieser Akt ist schlecht«) berechtigt hingegen zu einem nichtkonditionalen Schluss, weil die Majorprämisse eine konditionale Allquantifizierung ausdrückt und die Minorprämisse die Kondition der Majorprämisse erfüllt. Daher führt ein deduktives praktisches Schließen mit Notwendigkeit zum Handeln: Ein Subjekt, das eine solche Inferenz (»Dieser Akt des Lügens ist schlecht«) wirklich zieht, wird das Lügen vermeiden. *Pf*-Konklusionen erreichen allerdings keinen nichtkonditionalen Status, weil ihnen kein allquantifizierendes Prinzip zugrunde liegt und mithin noch zusätzliche Bedingungen erfüllt sein müssen, damit die Konklusion Gültigkeit beanspruchen kann.

Für den Fall des praktischen Konflikts folgt aus diesen Überlegungen zunächst, dass der logische Widerspruch zwischen C1 und C2 (sowie von C2 und C3) verschwunden ist. Denn wenn man das praktische Dilemma so darstellt, dass alle Konklusionen den Status von *pf*-Urteilen besitzen, die in einem konträren Verhältnis stehen, liegt keine Kontradiktion vor, weil *pf*-Aussagen einander logisch nicht ausschließen können: Das Urteil »Aus M2 und m2 folgt *prima facie*, dass *x* erstrebenswert ist« bildet mit dem Urteil »Aus M1 und m1 folgt *prima facie*, dass *x* zu meiden ist« keinen Widerspruch. Und wenn man auch das abwägende Urteil über das normative Gewicht der Handlungsgründe (also entweder C3 oder C4) im Sinne einer *pf*-Konklusion umschreibt, hätte man jene Kontradiktion vermieden, die zwischen C2 und C3

---

263 Vgl. Davidson, »Wie ist Willensschwäche möglich?«, S. 65–67.

(oder C4) und mithin zwischen dem Prinzip praktischer Rationalität (P1 und P2) und der Akrasia besteht.[264]

(iii) Allerdings ist mit dieser Feststellung noch nicht viel gewonnen, da wir nun an einem unbequemen Punkt angelangt zu sein scheinen: Ein Subjekt, das nur auf der Basis von *pf*-Schlussfolgerungen urteilen würde, käme niemals zum Handeln, weil ihm seine Konklusionen nicht mitteilen, ob ein Akt nun richtig oder falsch ist. Davidson gesteht daher sofort zu, dass man bei dieser Relativierung des praktischen Schließens nicht stehen bleiben darf.[265] Solange Inferenzen isoliert betrachtet werden, bleibt tatsächlich unverständlich, inwiefern überhaupt von *praktischem* Schließen die Rede sein kann. Das Erfordernis von zusätzlichen Bedingungen oder Prämissen, um die Konditionalität eines *pf*-Schlusses aufzuheben respektive um die verschiedenen Gründe und konträren Überlegungen zu gewichten, zwingt dazu, einen »weiteren Horizont« von Gründen mit einzubeziehen, vor dessen Hintergrund diese Gewichtung und jene Aufhebung der Konditionalität logisch zulässig werden kann. Das Problem besteht allerdings darin, dass die Isolierung von einzelnen Gründen die eigentliche Leistung des Modells des praktischen Syllogismus darstellt. Dieses Modell hat die Funktion, eine Handlung durch einen Grund (oder zwei Prämissen) zu erklären, und zwar durch denjenigen Grund, aus dem ein Subjekt die Handlung vollzogen hat. Darin liegt dann aber auch seine Grenze:

> »Was sich in der ex-post-facto-Atmosphäre des Erklärens und Rechtfertigens als *der* Grund herausstellt, war für den Handelnden zur Zeit seiner Handlung oftmals nur ein Grund unter vielen, eben *ein* Grund. [...] Die Aufgabe des praktischen Syllogismus erschöpft sich darin, daß er eine Handlung als etwas darstellt, was unter einen Grund fällt; mithin läßt er sich nicht verfeinern zu einer Rekonstruktion des praktischen Schließens, das die Gewichtung konkurrierender Gründe involviert. [...] [F]ür eine normative Darstellung wertenden Schließens gibt der praktische Syllogismus [kein] Vorbild ab.«[266]

Mit der Darstellung einer praktischen Inferenz gibt man demnach das *Resultat* einer wertenden Gewichtung konträrer Gründe an. Der Prozess des Abwägens von Gründen mitsamt der Vielzahl inferentieller Relationen, die dabei zum Tragen kommen, wird sich einer solchen Darstellung notwendig entziehen. Für Davidson folgt daraus, dass man ein anderes »Verfahren« finden muss, das »die relative Stärke der ver-

---

264 Vgl. ebd., S. 62, 67.

265 Vgl. ebd., S. 67f.

266 Davidson, »Handlungen, Gründe und Ursachen«, S. 37.

schiedenen Wünsche und Überlegungen« in der Handlungssituation bewerten kann – ein Verfahren, das »als Ausgangspunkt nicht die verfeinerte Form dessen nehmen [sollte], womit aufgrund eines einzigen Wunsches zu rechnen ist«.[267]

In *Virtue and Reason* zieht McDowell eine andere (wenngleich auch partiell mit Davidson vergleichbare) Konsequenz aus der Kritik am deduktiven Paradigma des praktischen Schließens. Ähnlich wie Davidson deutet er die Ebene des Allgemeinen nicht im Sinne einer Menge von allquantifizierenden und kodifizierbaren Handlungsprinzipien; stattdessen begreift er sie mit Aristoteles als Idee eines guten Lebens, das heißt als eine »conception of how one should live«.[268] Eine solche stellt freilich keine ausschließlich individuelle Angelegenheit dar, sondern wird nur auf der Basis unserer »familiar forms of life« verständlich, die wir durch das Hineinwachsen in soziale Praktiken erwerben. Eine derartige Idee des guten Lebens enthält die Gesamtheit der »concerns«[269] oder, in Davidsons Worten, die Gesamtheit der »relevanten Grundsätze, Meinungen, Einstellungen und Wünsche« eines Handelnden.[270] Da diese »concerns« jedoch keine bloße Summe, sondern eine auf ein Ideal der Exzellenz hin organisierte (wenngleich nicht kodifizierbare) Einheit bilden, müssen wir sie zunächst in ihrer Ganzheit an diejenige Stelle setzen, welche die Majorprämisse in praktischen Inferenzen einnimmt. Der Relativierung der deduktiven Rolle des allgemeinen Wissens begegnet McDowell nun mit der Idee, der Minorprämisse oder dem besonderen Wahrnehmungswissen einen wesentlicheren Stellenwert beizumessen: Eine Gewichtung der Handlungsmöglichkeiten kann nicht mit Blick auf allgemeine Urteile (Prinzipien, Regeln) allein und unabhängig von den Singularitäten einer Situation geleistet werden, sondern sie entscheidet sich wesentlich durch die Weise, wie ein Subjekt die Situation wahrnimmt, in der es sich befindet. Dasjenige Situationsmerkmal, das für den Wahrnehmenden »hervorsticht« (etwa die Tatsache, dass mein Freund zu straucheln beginnt), markiert zugleich den allgemeinen »concern« (etwa die Sorge um das Wohlergehen meines Freundes), der für das richtige Handeln in der vorliegenden Situation (etwa die Handlung der Hilfeleistung) das größte Gewicht besitzt. Die Wahrnehmung geschieht hierbei freilich nicht unabhängig von der Gesamtheit der »concerns«, jedoch kann die Auswahl des richtigen Anliegens oder Interesses nicht allein vom Blickwinkel meines allgemeinen praktischen Wissens her

---

267 Ebd.

268 McDowell, »Virtue and Reason«, S. 68.

269 Für McDowell: die Einheit der Tugend, vgl. ebd., S. 67.

270 Davidson, »Wie ist Willensschwäche möglich?«, S. 69.

erfolgen – eben weil dieses nicht im vorhinein zureichend festlegt, auf welche Art von Situationen ich auf welche Weise zu reagieren habe. Daher nimmt McDowell an, dass Situationswahrnehmungen stets im Sinne einer eigentümlichen »Interaktion« zwischen der Ebene des Allgemeinen und des Besonderen stattfinden. Das Handeln aus Gründen (respektive die Aktualisierung rationaler Vermögen) müssen wir uns dann, McDowell zufolge, im Sinne einer »interaction« zwischen dieser »conception« und dem partikulären Wissen über eine Handlungssituation vorstellen – eine Interaktion, die nicht deduktiv von »oben« nach »unten« verläuft, sondern in beide Richtungen.[271]

Wie und ob wir uns einen Reim auf diese McDowellsche »interaction« machen können, soll uns hier nicht weiter interessieren; wichtig ist vielmehr, dass eine solche Interaktion die Erklärungsfähigkeit des Modells des praktischen Syllogismus genauso übersteigt wie der Vorgang der Gewichtung widerstreitender Gründe. Da wir keine Möglichkeit haben, diese Interaktion auf allgemeine Weise und im vorhinein unter Normen oder logische Regeln zu bringen, muss uns das allgemeine Zustandekommen des Resultats, das sie liefert, uneinsehbar werden, nämlich ein hervorstechendes (»salient«) Merkmal der Situation zu markieren, das bereits die Auswahl des situativ angemessenen »concern« aus der Einheit der »conception of how one should live« enthält und somit den entscheidenden Grund liefert, aus dem das Subjekt handelt. Man kommt hier nur weiter, wenn man eine Festschreibung bezüglich des *Vermögens* macht, oder genauer, eine Festschreibung hinsichtlich der *exzellenten Verfassung* (im Sinne von *aretē*) dieses praktischen Urteilsvermögens, das bei der Interaktion zwischen allgemeinem und besonderem Wissen ausgeübt wird. McDowell geht es freilich um das antike Konzept der Tugend, das eben jene exzellente Verfassung bezeichnen soll. Da wir aber nur dann, wenn sich das Subjekt voll und ganz tugendhaft geriert, voraussetzen können, dass die Ausübung seines in erster Linie perzeptiven Urteilsvermögens einen und nur einen (und natürlich den einzig richtigen) Grund liefert – und dabei alle anderen möglichen Gründe unmittelbar zum Schweigen bringt (»silenced«)[272] – wäre es nicht triftig, diese Voraussetzung für die Situation desjenigen in Anschlag zu bringen, der vor der Alternative zwischen Selbstbeherrschung und Unbeherrschtheit steht. Vielleicht dürfen wir annehmen, dass er unter anderem auch das Handlungserfordernis sieht, das ein tugendhaftes Situationswissen ausmacht, und insofern wäre es in den Stand des »besseren Wissens« zu bringen, dem der Unbeherrschte zuwiderhandelt. Jedoch dürfen wir nicht sagen, dass er dieses Wissen

---

271 Vgl. McDowell, »Virtue and Reason«, S. 69.
272 Vgl. ebd., S. 56, 70.

wie ein tugendhaftes Wissen besitzt. Die Idee der Tugend schließt die Möglichkeit der Akrasia logisch aus, und zwar bereits an deren Wurzel: dem Vorkommen praktischer Konflikte. Ein tugendhaft organisierter Logos liefert konfliktfrei das je richtige Situationswissen und streicht damit unmittelbar die Möglichkeit jener Zwickmühle aus, die den Konflikt des Selbst- und Unbeherrschten ausmacht. Da aber rationale Vermögen im »Normalbetrieb« eine Vielzahl von Handlungsmöglichkeiten eröffnen, lässt sich von nahezu jeder einzelnen Handlung sagen, dass etwas für sie und etwas gegen sie spricht;[273] die Idee der Tugend ist mit der Vorstellung eines solchen »Normalbetriebs« unvereinbar.

Wir werden auf die Frage nach der Gewichtung von Gründen zurückkommen müssen; an dieser Stelle reicht es zunächst aus, den Ausweg zu nennen, den Davidson im Hinblick auf das Problem der Akrasia wählt: Die zusätzlichen Bedingungen oder Prämissen, die gegeben sein sollten, damit ein einzelnes *pf*-Urteil zum Vollzug einer Handlung führt, müssen, so hatten wir schon angedeutet, in einem weiteren Horizont von Gründen gesucht werden. Die Formulierung »weiterer Horizont« bleibt freilich vage, aber es erscheint vielleicht als ausreichend, sie im Lichte all derjenigen situativen Umstände, Einstellungen, praktischen Überzeugungen und Wünsche zu deuten, die ein Subjekt mit Bezug auf eine bestimmte Situation *als relevant* erachtet.[274] Ein abwägendes Urteil, wonach eine bestimmte Handlung hier und jetzt besser ist als andere mögliche Handlungen, geschieht also unter Berücksichtigung aller für relevant gehaltenen Fakten, Einstellungen und Strebungen – und dies reicht aus, damit ein Subjekt einen *pf*-Schluss auf das bessere Handeln »dekonditionalisieren« kann, das heißt darauf verzichten darf, zusätzliche Gründe oder Umstände hinzuzunehmen, um ein praktisches (handlungseffektives) Urteil zu fällen. Natürlich behält die Inferenz, dass unter Berücksichtigung aller relevanten Umstände eine bestimmte Handlung besser ist, zunächst ihren konditionalen Status, schließlich sind keine allquantifizierenden Prinzipien verfügbar, aus denen ein nichtkonditionales Urteil direkt (deduktiv) zu gewinnen wäre. Insofern aber das Subjekt glaubt, dass es in der Handlungssituation alle relevanten Aspekte einbezogen hat und nichts ausgelassen hat, was bei der praktischen Beurteilung einer Situation berücksichtigt werden muss, hat es – pragmatisch gesehen –

---

273 Vgl. Davidson, »Paradoxien der Irrationalität«, S. 97.

274 Eine solche »Summe [von] relevanten Grundsätze[n], Meinungen, Einstellungen und Wünsche[n]« (Davidson, »Wie ist Willensschwäche möglich?«, S. 69), die hinsichtlich einer Handlungssituation ins Spiel kommt, ist natürlich im Prinzip auf die *gesamte* (oder »holistische«) *Potentialität des praktischen Wissens* bezogen, aus der sie einen Ausschnitt darstellt.

Grund genug, ein nichtkonditionales Urteil zu fällen, und das heißt: zu handeln. Wenn ein Subjekt also auf der Basis aller Aspekte, die seiner Ansicht nach in einer praktischen Situation relevant sind, zu dem konditionalen Schluss gelangt, dass (»all things considered«) eine bestimmte Handlung *a* besser ist als *b*, befindet es sich in der Lage, weitere Bedingungen für irrelevant zu beurteilen, den *pf*-Operator seiner Schlussfolgerung abzulösen und das nichtkonditionale Urteil zu fällen, dass *a* in der Tat besser ist als *b*.[275]

> »Folgendes sind die Minimalelemente solchen Schließens: Der Handelnde akzeptiert einen Grund (bzw. eine Menge von Gründen) *r* und meint, daß *pf(a* ist besser als *b, r*), und diese bilden den Grund, weshalb er urteilt, daß *a* besser ist als *b*. Unter diesen Bedingungen wird der Handelnde *a* tun, sofern er entweder *a* oder *b* absichtlich tut, und sein Grund für die Ausführung von *a* anstelle von *b* wird identisch sein mit dem Grund, aus dem er urteilt, *a* ist besser als *b*. Diese modifizierte Darstellung des Handelns aus einem Grund läßt P1 und P2 unangetastet, und Aristoteles' Bemerkung, die Konklusion (eines praktischen Schlusses) sei eine Handlung, bleibt zwingend.«[276]

Damit ist Davidson an den Punkt gelangt, wo er zeigen kann, dass P1 und P2 die logische Möglichkeit der Akrasia zulassen: In dem Maße, wie wir den Akrates als jemanden charakterisieren dürfen, der das konditionale Urteil »*a* ist unter Berücksichtigung aller Umstände besser als *b*« fällt, *ohne die Konditionalität dieses Urteils aufzuheben*, ergibt sich kein Widerspruch zu dem Rationalitätsstandard, demzufolge das Fällen eines *nichtkonditionalen* Urteils »*a* ist besser als *b*« zum Vollzug von *a* führt (sofern man ein Handlungsurteil nur in dem Maße *wirklich* fällt, wie das Urteil keinen konditionalen oder *pf*-Charakter besitzt). Es wurde bereits gesagt, dass das Verhältnis von konditionalen und nichtkonditionalen Urteilen kein kontradiktorisches ist, so dass der Akrates dadurch, dass er *b* vollzieht, keinen *logischen* Fehler begeht. Sein Scheitern besteht allein darin, dass er sein besseres Urteil nicht dekonditionalisiert, denn hätte er dies getan, wäre er gemäß P1 und P2 zum besseren Handeln gelangt.[277] Aus diesem Grund kann man

---

275 Eine Anmerkung zu Davidsons Schreibweise im folgenden Zitat: »*pf(a* ist besser als *b, r*)« bezeichnet ein Urteil, wonach aus der Menge aller relevanter Überlegungen (Umstände, Einstellungen, Grundsätze, Wünsche, etc.), die Davidson mit dem Buchstaben *r* abkürzt, *prima facie* folgt, dass die Handlung *a* besser ist als die Handlung *b*.

276 Davidson, »Wie ist Willensschwäche möglich?«, S. 68.

277 Die Idee des *pf*-Charakters praktischer Inferenzen sollte uns natürlich nicht zu der Idee verleiten, dass ein Subjekt in *jeder* Handlungssituation nur dann agiert,

dem Unbeherrschten keinen logischen Lapsus vorwerfen. Sein Fehler besteht für Davidson eher darin, dass er *irrational* urteilt und handelt, und dies ist etwas anderes als einen logischen Fehltritt zu begehen – schließlich impliziert das praktische Urteilen des Akrates keine logische Kontradiktion.[278] Die Irrationalität des Unbeherrschten liegt eher darin, dass er, anstatt seinem besseren Urteil zu folgen, eine bestimmte Menge von Gründen *r* (die mindestens M2 und m2 beinhaltet) akzeptiert, die ihn zu der *pf*-Schlussfolgerung leitet, dass eine Handlung *x* vollzogen werden soll (oder, relational ausgedrückt, dass *x* besser ist als *nicht-x*), und dieses Urteil ist es, das er dekonditionalisiert. Sein Handeln besitzt daher einen grundsätzlich rationalen Charakter, eben weil der Akrates einen Grund hat, der durch die Angabe der entsprechenden Inferenz zum Ausdruck gebracht wird. Zugleich aber urteilt er auf der Basis eines *weiteren* Horizonts von Gründen *r'* (die *r* und mehr enthält, das heißt mindestens M1 und m1), dass *x* zu meiden besser ist als *x* zu vollziehen, und dieses reflexive Urteil ist dem vorherigen insofern überlegen, als es eine größere Menge an relevanten Gründen mit einbezieht.[279] Sein Versäumnis jedoch, aus diesem normativ überlegenen Urteil die praktische Konsequenz zu ziehen, lässt sich nicht mehr rationalisieren: er agiert irrational. Die Frage, weshalb er nicht *nicht-x* vollzogen hat, kann daher mit der Nennung eines Grundes nicht mehr beantwortet werden, denn »dafür hat der Handelnde keinen Grund«.[280]

4.6. *Akratische Privation.* – Mit diesem Argument scheint Davidson sein Ziel erreicht zu haben: Er hat eine Beschreibung der Akrasia vorgestellt, die mit P1 und P2 insofern logisch vereinbar ist, als der Akrates

---

wenn es sein *pf*-Urteil mit Bezug auf die Gesamtheit relevanter Fakten und Überlegungen neu beurteilt und sodann in ein nichtkonditionales Urteil (das heißt in eine Handlung) überführt. Dieser Zwischenschritt ist nur dann vonnöten, wenn es sich in einer Konfliktlage befindet und entsprechend Gewichtungen vornehmen muss. In denjenigen Situationen jedoch, in denen es keine konfligierenden Handlungsgründe gibt, beschränkt sich die Menge der relevanten Gründe eben auf den Grund, den das Subjekt hat. Daher wird es in einer konfliktfreien Situation auch die entsprechende Inferenz gewissermaßen unmittelbar »dekonditionalisieren«, das heißt sie vollziehen. Der Zwischenschritt, der den *pf*-Charakter der Inferenz aufhebt, muss hier nicht eigens gemacht werden, weil die Inferenz aufgrund der Abwesenheit gegenteiliger Gründe erst gar nicht in der Kontur einer *prima facie*-Relativierung erscheint.

278 Vgl. Davidson, »Wie ist Willensschwäche möglich?«, S. 70, 72, sowie ders., »Paradoxien der Irrationalität«, S. 97f., 100; auf den Unterschied zwischen Irrationalität und logischem Fehler werden wir später zurückkommen.

279 Vgl. Davidson, »Wie ist Willensschwäche möglich?«, S. 69.

280 Ebd., S. 71.

die bessere praktische Erkenntnis bloß in Form eines *pf*-Urteils – oder genauer: in Form eines *secunda facie*-Urteils (einer reflexiven Schlussfolgerung »unter Berücksichtigung aller Umstände«) – und nicht in Form eines nichtkonditionalen Urteils besitzt. Entscheidend für sein Argument ist somit die begriffliche Differenz zwischen konditionalen und nichtkonditionalen Schlüssen, und diese Unterscheidung gestattet uns, so Davidson, die *logische Möglichkeit der Akrasia* einzusehen. Sie tritt damit an diejenige Stelle, die für Aristoteles die Differenz zwischen dem Haben (der ersten Entelechie) und dem Anwenden (der zweiten Entelechie) des besseren Wissens eingenommen hat. Der Form nach vertritt Davidson insofern ein ähnliches Argument wie Aristoteles, als er die Möglichkeit der Akrasia durch Rekurs auf ein *privatives* Moment einsichtig zu machen versucht: In dem Maße, wie wir akratisches Handeln und die Geltung des Rationalitätsstandards (P1 und P2) für evident halten, müssen wir behaupten, dass dem Akrates etwas fehlt, das heißt, dass er irgendwie hinter diesen Standard zurückfällt. Aristoteles zufolge besteht die Privation darin, dass der Akrates kraft seiner Begierde der Möglichkeit (oder seines Vermögens) beraubt ist, das bessere Urteil, über das er in erster Entelechie verfügt, wirklich zu fällen. Für Davidson besitzt der Akrates zwar das bessere Urteil in zweiter Entelechie (er wendet sein Wissen in seinen Überlegungen an), allerdings nur in konditionaler Form. Was also fehlt, damit diesem besseren Urteil auch der entsprechende Vollzug folgt, ist jener Schritt, den wir als »Dekonditionalisierung« beschrieben haben und der aus einem *pf*- oder *secunda facie*-Urteil eine Handlung macht. Können wir darin nicht eine Version des aristotelischen Arguments wieder erkennen, dem zufolge der Akrates das bessere Urteil *nicht wie ein praktisches Wissen* anwendet? Ein praktisches Wissen anzuwenden würde entsprechend bedeuten, nicht bei einem konditionalen Urteil stehen zu bleiben, da ein solches noch nicht zum Handeln führen kann. Um die Anwendung des praktischen Wissens (wonach eine bestimmte Handlung besser ist als andere Handlungsmöglichkeiten) im vollen Sinne zuschreiben zu dürfen, ist vielmehr die Unterstellung eines nichtkonditionalen Urteils vonnöten – eines Urteils, das ein Subjekt auf der Basis seiner Überzeugung, alle in einer Situation relevanten Aspekte berücksichtigt zu haben, auch fällen müsste.

Vielleicht sollten wir daher Davidsons Argument so lesen, dass er eine Präzisierung der aristotelischen Beschreibung der Akrasia anbietet. Derart ergibt sich für uns eine Traditionslinie von Präzisierungen, deren jede den Anspruch vertritt, die Möglichkeit der Akrasia dort zu erweisen, wo die Vorgängertheorie sie als unmöglich behauptet hat. Platon hat eine Version des praktischen Rationalitätsstandards vorgestellt, auf deren Basis akratisches Handeln undenkbar scheint: Sofern wirkliches praktisches Wissen mit Notwendigkeit zum Handeln führt, kann der Fall praktischer Irrationalität, in dem der Handelnde seinem besseren Wissen zuwiderhandelt, gar nicht entstehen. Mithin agiert der sogenannte Unbeherrschte gar nicht unbeherrscht, da er es schlicht nicht besser weiß. Für Aristoteles hingegen lassen sich akratische Handlungen nicht leugnen: Der Akrates weiß es besser, nur hat er leider den Kontakt zu seinem besseren Wissen, das er in erster Entelechie besitzt, aufgrund der Einwirkung von »Leidenschaften« derart verloren, dass er nicht in der Lage ist, es zu verwirklichen. Davidson widerspricht Aristoteles nun in zwei wichtigen Punkten: Erstens sind unbeherrschte Handlungen absichtlich, das heißt, sie sind mit Bezug auf eine praktische Inferenz erklärbar; der Akrates handelt aus einem Grund, der nicht als akzidentielle oder zufällige Übereinstimmung einer nichtrationalen Strebung mit einem Logos interpretiert werden kann, sondern als eine »Proeinstellung«, die sowohl einen allgemeinen Wunsch als auch ein Urteil über den Wert derjenigen besonderen Handlung impliziert, die mit dem Wunsch angestrebt wird. Daraus folgt zweitens, dass es alles andere als zwingend erscheint, dem Akrates ein gestörtes oder beraubtes Urteilsvermögen zu attestieren: Mit Bezug auf eine Situation hat er ein Bewusstsein von konträren Handlungsmöglichkeiten, die einen Konflikt in dem Maße bilden, wie er (*prima facie*) gute Gründe besitzt, beide zu verwirklichen. Die Überlegungen, die er daraufhin anstellt, werden (auf welchem Wege auch immer) in ein überlegtes Urteil münden, wonach die eine Handlung unter Berücksichtigung aller relevanten Gründe besser ist als die andere. Unbeherrschtheit ist nach Davidson an dieser Stelle möglich: Das Subjekt vollzieht die weniger gute Handlung, weil sein besseres Urteil im Stande eines konditionalen (*secunda facie*) Urteils verbleibt.

Damit hat Davidson eine andere Beschreibung dessen angeboten, was alle Erklärungen der Akrasia teilen: Sie schreiben dem Akrates eine Privation im Hinblick auf das wirkliche Fällen des besseren Urteils zu. Und indem sie dies tun, charakterisieren sie das akratische Subjekt als ein *unvermögendes* gemäß der Aristotelischen Definition des Unvermögens: als »die einem [...] Vermögen entgegengesetzte Privation«.[281] Folgt man Platon, dann hat man es im scheinbaren Fall der Akrasia mit einem *einfachen Unvermögen* zu tun, wobei das privative Moment auf der Ebene des qua Vermögen im Subjekt existierenden praktischen Wissens liegt: Der Unbeherrschte ist deshalb schlicht ein Unwissender, weil der Logos seines Vermögens mangelhaft organisiert ist. Aristoteles zufolge ist es allerdings nicht notwendig, dem scheiternden Subjekt

281 Aristoteles, *Metaphysik* IX 1.1046a.

ein privativ verfasstes Wissen zuzuschreiben, denn die Problematik der Akrasia entsteht allein dort, wo Wissen im praktischen Urteilen *angewendet* wird, das heißt beim Schritt vom Haben einer Möglichkeit zu ihrer Aktualisierung. An dieser Stelle situiert Aristoteles demnach die akratische Privation. Er schreibt dem Unbeherrschten ein *pathologisch erwirktes Unvermögen* zu, das heißt ein solches, das durch den Einfluss arationaler Kräfte entsteht.[282] Das Subjekt scheitert daran, sein Urteilsvermögen adäquat auszuüben, und es ist ein *Defekt seines Charakters*, der für Aristoteles dieses Scheitern erklärt – ein Defekt, der nicht nur am Ursprung des Scheiterns, sondern auch bereits am Ursprung des Konflikts zwischen der pathologischen und der überlegten Strebung steht, denn die dem Charakter nach Unbeherrschten sind geradezu durch die Gegensätzlichkeit ihrer Strebungen definiert: »Die Antriebe (*hormé*) der Unbeherrschten gehen in entgegengesetzte Richtungen«.[283] In vermögenstheoretische Termini gefasst besagt die Rede von einem Charakterdefizit zunächst, dass die Konfliktsituation (wie das akratische Tun) auf eine Art Spaltung der praktischen Urteilskraft in einen rationalen und einen inhärent irrationalen Teil zurückgeht, der das Subjekt in der ständigen Möglichkeit irrationaler Handlungen hält. Solange also nichtrationale Strebungen seinen »Charakter« mitformen, ohne in Übereinstimmung mit seinem Logos zu sein, bleibt das Subjekt in seinem Begehren gespalten. Und diese Spaltung kommt in dem Maße einem Unvermögen gleich, wie sie die rationale Ausübung des Handlungsvermögens der ständigen Möglichkeit einer Störung durch den irrational begehrenden Teil aussetzt: Der Fähigkeit zu handeln fehlt die »exzellente« Organisation.

Auch wenn wir in Davidsons Argument demnach eine Version des aristotelischen erkennen können, heißt dies nicht, dass wir keinen Schritt weiter gekommen sind. Im Gegenteil. Folgt man Davidsons Überlegungen, so kann die Demonstration der logischen Möglichkeit der Akrasia nicht mehr mit einer Theorie von der Exteriorität ihrer Ursache kombiniert werden: Der akratische Akt »in its most paradoxical kind« ist gerade nicht das Resultat einer pathologischen Störung der Ausübung des Vermögens – er hat den Status einer Handlung und ist insofern durch die Angabe eines praktischen Syllogismus erklärbar.

---

282 »Pathologisch« sollte hier im Kantischen Sinne verstanden werden, das heißt im Sinne einer Logik des »pathos«, der Leidenschaften, so dass die Privation, die das akratische Unvermögen charakterisiert, einem Mangel an praktischer Vernunft entspricht: Die Ursache der Handlung liegt nicht im praktischen Logos, sondern in der leidenschaftlichen Affektion durch ein Objekt respektive durch einige Merkmale einer empirischen Situation.

283 Aristoteles, *Nikomachische Ethik*, I 13. 1102b.

Die Frage, die sich aber nun stellt, betrifft die Weise, in der Davidson das privative Moment, das heißt die Ursache der Akrasia erklären will, wenn er dabei weder auf die platonische Idee eines einfachen noch auf die aristotelische Idee eines pathologischen Unvermögens (und dessen Psychologie des Charakterdefizits) zurückgreifen kann. Das Problem, dem hier begegnet werden muss, lautet demnach: Wie kann eine Ausübung rationalen Könnens schief gehen, ohne dass ein vernunftexterner Faktor eingreift? Wie haben wir die akratische Privation oder das akratische »Unvermögen« zu begreifen, wenn die eine und das andere nicht mehr durch die Spaltung zwischen vernünftigem Wollen und pathologischem Begehren plausibel zu machen sind? Denn in dem Maße, wie eine Erklärung durch ein dem rationalen Vermögen äußerliches Moment ausfällt, droht nun Davidsons Beschreibung der Unbeherrschtheit selbst unplausibel zu werden: »wie ist es möglich, daß jemand urteilt, *a* sei unter Berücksichtigung aller Umstände [das heißt *secunda facie*] besser als *b*, ohne zu urteilen, daß *a* besser als *b* ist?«[284]

4.7. *Die Lücke im praktischen Schließen.* – Woran also liegt es, dass die überlegte Entscheidung des Akrates nicht handlungseffektiv wird? Wie ist es möglich, dass ein Subjekt ein reflektiertes Urteil über das bessere Handeln fällt, ohne es zugleich als nichtkonditionales Urteil zu nehmen? Fast hat es den Anschein, als beginge der Unbeherrschte dadurch, dass er diesen Schritt nicht geht, einen simplen logischen Fehler. Wir dürfen allerdings nicht vergessen, dass dieser Schritt nichts anderes als der Schritt zum Handeln selbst ist und dass sich dementsprechend die Dekonditionalisierung eines überlegten *secunda facie*-Urteils (oder kurz: eines *sf*-Urteils) erst im Vollzug der entsprechenden Handlung vollendet. Und im Fehlen einer solchen Vollendung liegt diejenige Privation, die wir Davidson zufolge im Fall der *incontinence* annehmen müssen: Der Akrates handelt weder aus Unwissen (Platon), noch im Unwissen (Aristoteles) um das bessere Urteil; was ihm abgeht, ist vielmehr, dass er sein besseres Urteil nicht praktisch werden lässt – dass dieses nicht das Niveau eines *effektiven* Urteils (oder kurz: *ef*-Urteils) erreicht. Was uns das Beispiel der Akrasia zunächst vor Augen führt, ist die Möglichkeit, dass der Schritt zur Handlung ausbleibt, obgleich das Subjekt in logischer Hinsicht im Besitz aller Voraussetzungen ist, diesen Schritt zu gehen. Unsere Ambition muss natürlich darin bestehen, diese Möglichkeit als eine *strukturelle* zu erweisen – was zu der Behauptung nötigt, dass der Fall der Akrasia insofern als

---

284 Davidson, »Wie ist Willensschwäche möglich?«, S. 68.

exemplarisch anzusehen ist, als er einen *Abstand* freilegt, der das praktische Schließen vom Handeln distanziert. Dieser Abstand ist freilich ein Korrelat der differentiellen Verfasstheit des praktischen Logos: Aus den strukturellen Bestimmungen der inneren Kontrarität und Zweiseitigkeit folgt, dass mit Blick auf eine partikulare Handlungssituation die Ausübung des Urteilsvermögens *prinzipiell* eine Vielheit von Gründen für eine Vielheit von Vollzügen liefert, so dass der praktische Logos dadurch, dass er sein Subjekt auf Gegenteiliges bezogen sein lässt, eine besondere Distanz zwischen Vermögen und Akt *innerhalb der Aktualisierung des Vermögens* konstituiert – eine »Lücke« nicht zwischen der ersten und der zweiten Entelechie, sondern *innerhalb* der zweiten Entelechie des praktischen Wissens. Betrachtet man diese Lücke von der Perspektive des praktischen Schließens, erscheint sie in der Form eines Abstandes zwischen einem *sf*-Urteil und einem nichtkonditionalen *ef*-Urteil. Der Fall der Akrasia zeigt demnach, dass ein Subjekt über logisch zureichende Gründe verfügen kann, sein *sf*-Urteil zu dekonditionalisieren, ohne mit Notwendigkeit diesen Schritt auch zu vollziehen.

Die Vorstellung eines solchen Abstands ist natürlich mit derjenigen Idee eines Abstandes zwischen Vermögen und Handlung verwandt, mit dem Aristoteles die logische Möglichkeit des Scheiterns erklärt hat: Das *sf*-Urteil gibt diejenige Möglichkeit des Handelns an, welche die praktische Reflexion mit Bezug auf eine besondere Situation normativ auszeichnet, während der Schritt zum nichtkonditionalen *ef*-Urteil den Schritt zur Verwirklichung markiert. Die Tatsache dieses Abstands kann somit die logische Möglichkeit einsichtig machen, dass die gebotene Möglichkeit nicht mit dem Vollzug übereinstimmt, der »unter« dem Sollen der praktischen Reflexion steht. Der wesentliche Unterschied zwischen Aristoteles' und Davidsons Idee des Abstands liegt jedoch in der Art und Weise, in der sie begründet wird. Aristoteles führt den Abstand zwischen Vermögen und Akt auf den Abstand zurück, der zwischen einer allgemeinen Form (das heißt im Falle rationaler Vermögen: dem allgemeinen Wissen) und den »materiellen« Partikularitäten liegt, der von der allgemeinen Form als Bedingung ihrer Verwirklichung gefordert wird. Letztere müssen daher »günstig« oder der allgemeinen Form angemessen sein, damit sich diese verwirklichen kann. Es handelt sich demnach um eine Differenz zwischen dem »Innen« und dem »Außen« eines Vermögens. Im Falle der Akrasia sind es vernunftwidrige Strebungen, die an der Stelle derjenigen Exteriorität erscheinen, die den gelingenden Vollzug des rationalen Vermögens unter ungünstige Bedingungen stellt und dadurch verhindert – respektive, in Heideggers Worten, das rationale Vermögen intern in eine »Unkraft« umschlagen lässt. Bei Davidson geht es zwar ebenfalls um eine Kluft zwischen dem Allgemeinen und dem Besonderen, nämlich um die *pf*- oder *sf*-Lücke, welche das (nicht deduktiv) auf eine partikulare Situation bezogene allgemeine Wissen im Hinblick auf die Bestimmung des richtigen Tuns in einen Abstand zum Vollzug der Handlung setzt. Allerdings resultiert diese logische Distanz nicht aus einem externen Hindernis, das irgendwelche (dem Subjekt innerlichen oder äußerlichen) Kontingenzen der Umsetzung des allgemeinen Wissens entgegensetzt, sondern sie basiert auf der Struktur des rationalen Vermögens selbst, das heißt, sie liegt in der Art und Weise, wie das praktische Wissen in Anbetracht einer besonderen Handlungssituation ausgeübt wird. Der Abstand (zwischen *sf*-Urteil und Handlung) ist infolgedessen ein *innerer* Abstand (zwischen *sf*- und *ef*-Urteil). Daher dürfen wir die Akrasia als exemplarisch bezeichnen: Ihr Beispiel offenbart auf eindringliche Weise, dass es diesen inneren Abstand gibt, insofern die unbeherrschte Handlung ihn nicht schließt, sondern gerade als solchen bestehen lässt.

Offenkundig wird dieser innere Abstand in dem Maße, wie das praktische Wissen mit sich selbst uneins wird, das heißt sich in einen praktischen Konflikt verwickelt. Diese Möglichkeit ist aus strukturellen Gründen gegeben, insofern das Vermögen zum rationalen Handeln ein Vermögen zu Gegenteiligem einschließt und entsprechend in Anbetracht ein und derselben Situation eine Mehrzahl konträrer Handlungsmöglichkeiten eröffnet. Wenn dies in einen Konflikt führt, dann haben wir es nicht mit einer vernunftwidrigen »Begierde« auf der einen und einem vernünftigen Urteil auf der anderen Seite zu tun, sondern mit zwei ihrer Natur nach rationalen Urteilen, die vom Subjekt normativ gewichtet werden müssen. Der logische Abstand, der sich im Konfliktfalle zwischen den konfligierenden *pf*-Urteilen und dem Handeln offenbart, *kann* vom Vermögenden auf der Basis seines rationalen Vermögens selbst überbrückt werden, das heißt, er ist dazu in der Lage (und wird dabei auch nicht von externen Kräften unfähig gemacht), und zwar dadurch, dass er sich überlegend zu seinem Konflikt verhält: Er übt sein praktisches Urteilsvermögen so aus, dass er sich auf die Gesamtheit der situativ relevanten Fakten und Gründe bezieht, wobei wir wohl unterstellen müssen, dass sein Urteilsvermögen die Fähigkeit impliziert, alle relevanten Aspekte sehen oder als solche erkennen zu können, und dies wird sicherlich von der »Exzellenz« der Verfassung (*aretē*) seines Vermögens abhängen.[285] Wie auch immer

285 Wie gesagt, diese »Exzellenz« kann nicht mit Bezug auf hinreichend bestimmte allgemeine Normen expliziert werden, eben weil wir es nicht mit einem kodifizierbaren Wissen zu tun haben. Daher erscheint hier der Rekurs auf das Konzept der Fähigkeit als entscheidend, insofern es in die explanatorische Lücke der Expli-

wir das Ziehen der Grenze zwischen Relevantem und Irrelevantem verstehen sollten – sobald das Subjekt im Hinblick auf alle relevanten Gründe (respektive auf all diejenigen, die es dafür hält) urteilt, kann es die Prämissen seiner *pf*-Konklusion als zureichend begreifen und entsprechend ein *ef*-Urteil fällen. Der »zweite Blick« auf jenen weiteren Horizont von Gründen berechtigt dazu, dem »ersten Blick« derjenigen Urteilsperspektive zu trauen, die sich im Konflikt mit anderen *pf*-Urteilen befindet und die sich vor diesem Hintergrund als die bessere herausstellt.

Das zentrale Problem im Fall der Akrasia besteht darin, dass der Unbeherrschte diesen Schritt nicht vollzieht. Obgleich sein Handlungsvermögen wesentlich auf das Gelingen seiner Vollzüge ausgerichtet ist, übt das Subjekt sein besseres Können, das heißt seine Fähigkeit, den Abstand zwischen seinem besseren *pf*-Urteil und dem Handeln zu überbrücken, nicht aus – und zwar ohne dass es von einer externen Instanz daran gehindert würde. Alles spielt sich hier innerhalb des Selbstverhältnisses ab, das der rational Vermögende zu seinem praktischen Wissen (das heißt dem darin liegenden Konflikt) unterhält. Und eben diese Tatsache legt die Vermutung nahe, *dass die Überbrückung des Abstands zwischen* sf-*Urteil und Handlung nicht nur eine Frage der logisch zureichenden Gründe darstellt.* Wenn die Überbrückung dieses Abstands dem Könnenden selbst obliegt, und er die Fähigkeit dazu (ohne Eintrübung oder »distortion«) besitzt, so wird die Tatsache, dass er diese Überbrückung nicht vollzieht, nur auf der Grundlage der komplexen Struktur seines Vermögens einsichtig: aufgrund der Tatsache, dass diese Fähigkeit eine *zweiseitige* Natur besitzt und mithin, in Agambens Terminologie, eine Potenz-zu und eine Potenz-nicht-zu impliziert. Wenn rationale Vermögen konstitutiv auf Gegenteiliges ausgerichtet sind und darin für den Vermögenden die doppelte Möglichkeit liegt, jede der gegenteiligen Handlungen zu vollziehen oder nicht zu vollziehen, dann gilt dies nicht nur für den Moment des praktischen Konflikts, sondern auch noch an der Stelle, an der das Subjekt das überlegte *sf*-Urteil bildet, dem zufolge eine der gegenteiligen Handlungen besser ist als die andere. Es kann und sollte sich zur besseren Handlung entscheiden und das entsprechende Urteil dekonditionalisieren –

---

zierbarkeit oder Kodifizierbarkeit springt: Das schlechthin gute Handeln lässt sich nur vom Ort und aus der Perspektive eines solchen Subjekts einsehen, das diese Fähigkeit besitzt. Und in dem Maße, in dem der Begriff der Fähigkeit die Last trägt, die objektive Richtigkeit des Handelns in besonderen Situationen zu erklären (und zwar dort, wo wir keine universalen Kriterien mehr angeben können), müssen wir die Fähigkeit als vollkommen unterstellen: als perfekt, als ideal, beinahe als »übermenschlich«.

es *kann* dies aber auch lassen. Letzteres mag unvernünftig sein, jedoch ist es nichts anderes als sein rationales (zweiseitiges, differentielles) Vermögen selbst, das ihn dazu befähigt. Was der Akrates demzufolge realisiert, ist die Möglichkeit, den Abstand zwischen seinem besseren *pf*-Urteil (dem besseren Sollen) und der besseren Handlung nicht aufzuheben, und zwar dadurch, dass er den Abstand zwischen seinem schlechteren *pf*-Urteil (dem schlechteren Sollen) und der entsprechenden Handlung überbrückt. Er verwirklicht also, wenn man so will, eine gewisse Potenz-nicht-zu, und dies deutet darauf hin, dass wir bisher eine Dimension des rationalen Könnens nicht einbezogen haben, vor deren Hintergrund verständlich werden kann, wie es möglich ist, dass der Akrates seinem besseren Urteil nicht folgt. Denn wenn dieser dadurch ausgezeichnet ist, dass er jenen Schritt nicht geht, dann dürfen wir die reflexive Berücksichtigung aller relevanten Gründe nicht als alleinigen Faktor gelten lassen, der den Schritt von einem konditionalen Urteil zu einer Handlung einsichtig macht. Schließlich handelt der Akrates, und zwar aufgrund eines Urteils, das anscheinend nicht in Anbetracht aller relevanten Gründe gefällt wurde.

4.8. »*The best, everything considered*«. – Wir werden uns daher im Folgenden zwei Problembereichen widmen: Wenn, wie das Beispiel der Akrasia demonstriert, das Verfügen über logisch zureichende Gründe nicht hinreichend ist, um den Vollzug einer Handlung (das heißt die Dekonditionalisierung eines *pf*-Urteils, das Fällen eines *ef*-Urteils) zwingend zu machen, müssen wir uns *erstens* fragen, welche andere Dimension des rationalen Könnens es einzubeziehen gilt, um die Vollendung des Schritts zum Handeln einsichtig zu machen. Bevor wir uns aber dieser Frage zuwenden, sollten wir *zweitens* den Status oder das Gewicht hinterfragen, den jener »zweite Blick« auf die Gesamtheit aller relevanter Gründe und Fakten für das Urteilen und Handeln eigentlich besitzt, durch den die Dekonditionalisierung eines *pf*- oder *sf*-Urteils in logischer Hinsicht triftig wird. Davidson behauptet, dass wir in unserem praktischen Schließen gewöhnlich zu nichtkonditionalen Urteilen kommen, ohne dabei sämtliche Gründe explizit in Betracht zu ziehen.[286] Akratische Vollzüge, die offensichtlich auf Urteilen basieren, die nicht mit Blick auf die Gesamtheit relevanter Gründe gebildet wurden, stellen darin also keine Absonderlichkeit dar. Das bewusste Verfügen über logisch zureichende Gründe führt nicht nur nicht notwendigerweise zum Vollzug der entsprechenden Handlung, sondern es ist auch dazu gar nicht vonnöten: Zum Handeln (respektive zur Bildung eines

---

286 Vgl. Davidson, »Wie ist Willensschwäche möglich?«, S. 68f.

*ef*-Urteils) bedarf es zumeist keiner expliziten logischen Vergewisserung, um Urteile in Vollzüge umsetzen zu können. Davidson schlägt deswegen zunächst eine Charakterisierung der Unbeherrschtheit vor, »die das mißliche ›unter Berücksichtigung aller Umstände‹ vermeidet«.[287] Anstatt also den Bezug auf die Gesamtheit des Relevanten zu betonen, fokussiert diese Charakterisierung die Relation zwischen dem Grund, aus dem der Akrates handelt, und dem besseren Grund, dem er dabei zuwiderhandelt. Letzterer wird dadurch zu einem besseren Grund, dass er eine *größere* Menge an Überlegungen und Umständen mit einschließt als dasjenige Urteil, das der unbeherrschten Handlung zugrunde liegt: »Er [der Akrates] tut *x* aus dem Grunde *r*, doch er hat einen Grund *r'*, der *r* und noch mehr umfaßt, auf dessen Grundlage er eine Alternative *y* als besser beurteilt als *x*.«[288]

Diese Charakterisierung macht zwar noch nicht verständlich, wodurch der Unbeherrschte in die Lage kommt, sein »schlechteres« Urteil zu dekonditionalisieren. Was sie aber leistet, ist zweierlei: Einerseits zeigt sie, dass der Schritt vom besseren *pf*-Urteil zu einem *ef*-Urteil aus der Perspektive des Handelnden *nicht* als logisch zwingend erscheint und dass sein Fehler keinem logischen Lapsus entspricht. Andererseits trägt sie der Tatsache Rechnung, dass *ef*-Urteile nicht notwendig im Hinblick (sprich: durch einen »zweiten Blick«) auf die Gesamtheit relevanter Gründe gebildet werden. Daraus folgt natürlich nicht, dass jedes praktisch wirksame Urteil nicht durch jene Gesamtheit – und mehr noch: durch das *ganze* praktische Wissen, über das ein Handelnder verfügt – *bedingt* ist: Sowohl der normative Status als auch der Gehalt eines Urteils hängt wesentlich von seinem Ort im inferentiell gegliederten, holistischen »Raum« praktischer Gründe ab; jenseits dieser Situierung verliert er seine Verständlichkeit. Dies »bedeutet jedoch nicht, daß jedes Urteil vernünftig ist oder vom Handelnden auf der Basis jener Gründe gehalten wird, noch bedeutet es, daß das Urteil durch einen Prozeß der Schlußfolgerung auf dieser Basis gebildet worden ist«.[289] Nun, warum nicht?

Zunächst und zumeist bilden wir die praktischen Urteile, die unsere Handlungen begründen, *nicht explizit* in Anbetracht eines weiteren Horizonts relevanter Gründe und Fakten, und schon gar nicht mit Blick auf die holistische Gesamtheit des praktischen Wissens. McDowells Argument in *Virtue and Reason*, sofern wir provisorisch von den kognitivistischen Implikationen seines moralischen Realismus abstrahie-

---

287 Ebd., S. 69.
288 Ebd.
289 Ebd., S. 70.

ren können,[290] lässt sich auch so lesen, dass uns zunächst und zumeist bereits in der Art und Weise, in der wir eine Handlungssituation *wahrnehmen*, derjenige Handlungsgrund quasi unmittelbar erschlossen ist, aus dem wir agieren – und zwar dadurch, dass ein Merkmal der Situation in unseren Augen hervortritt (ein süßer Gegenstand, ein stolpernder Freund etc.), aufgrund dessen wir urteilen, dass eine bestimmte Reaktionsweise angemessen ist (zum Beispiel den Gegenstand zu kosten oder den Freund zu stützen).[291] Im Hervortreten eines Merkmals in der Wahrnehmung manifestiert sich also bereits das praktische Wissen eines Subjekts. Derartige Wahrnehmungen sind demnach auf besondere Situationsmerkmale fokussiert, die vor dem Hintergrund des Logos, der die Handlungsfähigkeit eines Subjekts ausmacht (das heißt vor dem Horizont einer Vorstellung von guten Leben und ihrer Gliederung von »concerns«), auf eine bestimmte Weise verstanden werden – nämlich im Sinne von handlungseffektiven Gründen. Diese Fokussierung, in der jener Hintergrund des praktischen Logos als Voraussetzung implizit bleibt, macht zugleich verständlich, weshalb es möglich ist, solche Wahrnehmungen im Sinne von praktischen Urteilen zu deuten, die in dem Maße nicht in der Kontur einer *pf*-Inferenz erscheinen, wie keine konträren Situationswahrnehmungen im Spiel sind. Es ist somit der »erste Blick« auf die Handlungssituation, in dem sich der praktische Logos des Handlungsvermögens auf effektive Weise – das heißt im Sinne eines *ef*-Urteils – aktualisiert. Solange also keine gegenteiligen praktischen Wahrnehmungen bewusst werden, bedarf es keines »zweiten Blicks« auf die Situation und auf einen weiteren Horizont von relevanten Gründen.

Damit wird aber auch deutlich, inwiefern die Art und Weise, in der ein Subjekt den Logos seines Vermögens aktualisiert, eine Mixtur aus Einsicht und Blindheit darstellt: *In* der Wahrnehmung eines hervorstechenden Situationsmerkmals treten andere Merkmale zurück, das heißt im »ersten Blick« auf eine Situation »übersehen« wir zugleich andere Situationsmerkmale (und mithin andere Handlungsmöglichkeiten). Wie wir mit Blick auf die Argumentation des zweiten Kapitels

---

290 McDowells Bild eines moralischen Erkenntnisvermögens – das wie eine perzeptive Kognition eine (moralische) Tatsache der Situation sowohl reportiert als auch als erstrebenswert darstellt – ist mit der These unvereinbar, dass unsere praktische Urteilsfähigkeit strukturell ein Vermögen zu Gegenteiligem ist. Aus diesem Grund beziehen wir uns hier nur auf McDowells Modell praktischer Wahrnehmung – und *nicht* auf seine weiterführende Behauptung eines moralischen Kognitivismus, das heißt auf die These, dass es objektive normative Fakten gibt, die allein auf der Basis eines tugendhaft verfassten Erkenntnisvermögens perzipierbar sind.
291 Vgl. McDowell, »Virtue and Reason«, S. 51f., 55, 68f.

sagen können, ist diese »Blindheit« ein strukturelles Korrelat der Aktualisierung des praktischen Logos.[292] Sobald eines seiner Elemente – ein Grund, ein Urteil – in einer Situationswahrnehmung bewusst wird, hat es eine differentielle Form, deren eine Seite (die Handlungsmöglichkeit, die mit Bezug auf ein Situationsmerkmal normativ ausgezeichnet wird) markiert ist, während die andere Seite (andere Handlungsmöglichkeiten, die anderen Situationsmerkmalen korrelieren, aber dem differentiellen Gehalt des Urteils implizit sind und auf ebenso implizite Weise normativ abgewertet werden) unmarkiert bleibt. Das »Übersehen« anderer Situationsmerkmale (und mithin anderer, eventuell konträrer Handlungsgründe) ist daher kein schlichtes Nichtsehen, insofern sie implizit mitgesehen werden. Teil dieser in der wissenden Wahrnehmung eingeschlossenen – oder, wenn man so will, »eingefalteten« – Blindheit ist aber eine Blindheit bezüglich der *Einheit* der Differenz, das heißt des weiteren Horizonts von Gründen, der die normative Auszeichnung der entsprechenden Handlung logisch bedingt. Diese beiden korrelativen Blindheiten – und mit ihnen die *pf*-Charakteristik des praktischen Wahrnehmens – werden durch eine Art des *Vertrauens* »neutralisiert« oder latent gehalten, die *idealiter* den Selbstbezug des Subjekts zu seiner rationalen Handlungsfähigkeit bestimmt: das Vertrauen, dass der qua Situationswahrnehmung herausragende Grund der richtige und gewichtigste ist und dass mich also meine Fähigkeit, den angemessenen, hier und jetzt »besten« Grund zu sehen, nicht trügt. Das Vermögen zum rationalen Handeln wirklich zu haben bedeutet demnach, zu diesem Vertrauen berechtigt zu sein. Ob sich dieses Vertrauen für den Handelnden in den meisten Fällen nun als gerechtfertigt oder nicht gerechtfertigt erweist – an dieser Stelle ist entscheidend, dass es sein Subjekt in den Stand versetzt, ein praktisches Wahrnehmungsurteil, das aufgrund der inneren Kontrarität und Zweiseitigkeit des Logos zunächst eine *pf*-Kontur besitzt, quasi *unmittelbar zu dekonditionalisieren* (das heißt zu handeln).

Von daher wird verständlich, inwiefern ein Subjekt zu *ef*-Urteilen kommen kann, ohne jene Gesamtheit relevanter Gründe im Auge zu haben. Und genauso ist auch der Akrates zu demjenigen Urteil gelangt, das seiner unbeherrschten Handlung zugrunde liegt. In seinem Falle kompliziert sich aber die Lage dadurch, dass er über eine Situationswahrnehmung verfügt, die ihn in einen praktischen Konflikt verwickelt. Deshalb erscheinen die konfligierenden Urteile als *pf*-Inferenzen, weshalb er in den Modus der praktischen Überlegung übergehen muss, um so zu einem Handlungsurteil zu gelangen. Es hat jedoch

---

292 Vgl. dazu Haase und Setton, »Transparenz | Intransparenz. Zur Ontologie kulturellen Seins«, S. 208–217.

den Anschein, als ob der Akrates irgendwie die »Blindheit« und mit ihr die Latenz des *pf*-Charakters seines schlechteren Urteils bewahren und über die bessere Sicht seiner Überlegungen hinaus aufrechterhalten konnte.[293] Und dies ist nur denkbar, wenn der praktische Konflikt einer Art *inneren Entzweiung* des Logos gleichkommt, das heißt wenn die Perspektive des überlegten Urteils von der Perspektive des abgewerteten Urteils gewissermaßen abgespalten ist. Wir werden weiter unten sehen, inwiefern die Vorstellung einer solchen Abspaltung eine notwendige Annahme darstellt, um den akratischen Umgang mit praktischen Konflikten zu verstehen. An dieser Stelle sollten wir allerdings erst einmal die Voraussetzungen einholen, die uns in den Stand versetzen, die Möglichkeit einer derartigen inneren Entzweiung begreifen zu können.[294] Und dabei werden wir auf jene andere Dimension rationaler Vermögen stoßen, die wir einbeziehen müssen, um die Vollendung des Schritts zum Handeln einsichtig zu machen.

4.9. *Gründe als Kräfte (»Das PDUG«).* – Die Grundidee, auf der Davidsons Handlungstheorie basiert, kann uns einen Zugang zu dieser anderen Dimension eröffnen. Damit wir eine Handlung durch einen Grund erklären können, so Davidson, müssen beide in *doppelter* Hinsicht aufeinander bezogen sein: Einerseits ist erforderlich, dass der Grund in einem *logischen* oder inferentiellen Verhältnis zur Handlung steht. Sein Gehalt muss daher so verstanden werden, dass er der Handlung einen spezifischen normativen Wert verleiht, das heißt sie in einer

---

293 Und darin besteht dann offensichtlich jene Unvernünftigkeit, die akratischen Handlungen anhaftet. Die logische Güte eines Urteils hängt von einem weiteren Horizont von Gründen ab, und nur dasjenige *pf*-Urteil, das in Anbetracht dieses Horizonts als gerechtfertigt erscheint, verdient es, dekonditionalisiert zu werden. Das praktische Urteil, das der akratischen Handlung zugrunde liegt, erfüllt offensichtlich nicht diese Bedingung: Der Akrates hat es in den Stand eines nichtkonditionalen Urteils gebracht, und der unvernünftige Charakter dieses Zuges besteht darin, dass er jenen »zweiten« Blick auf den weiteren Horizont von Gründen ignoriert. Es lässt sich nicht inferentiell vom Horizont *aller* (relevanten) Fakten und Gründe herleiten – obgleich der Akrates auf der Basis eines *Teils* dieser relevanten Fakten und Gründe zu dem Urteil gelangt, dass sein Akt erstrebens- oder wünschenswert ist. Infolgedessen können wir die Tatsache der Akrasia nur mit Bezug auf die Idee eines praktischen Konflikts begreifen. Die Existenz eines solchen Konflikts weist freilich noch nicht darauf hin, dass das Subjekt »unvernünftig« urteilt, schließlich hat es zunächst logisch gute Gründe für beide Handlungen. »Unvernünftigkeit« liegt erst dann vor, wenn das Subjekt auch nach seinem überlegten Urteil, wonach einer der beiden Vollzüge normativ besser ist als der andere, das nunmehr für schlechter gehaltene Urteil weiterhin aufrechterhält – und nach der Verwirklichung der entsprechenden Handlung strebt.

294 Vgl. dazu das fünfte Kapitel.

besonderen Weise als wünschenswert oder angemessen auszeichnet. Auf diese Weise macht die Angabe eines Grundes verständlich, *warum* die Handlung ausgeführt wurde.[295] Andererseits aber muss der Grund zugleich auf *kausale* Weise auf die Handlung bezogen sein, denn nur dann ist er auch in der Lage, die Tatsache ihres Stattfindens erklären zu können. In dieser Hinsicht macht die Angabe eines Grundes verständlich, dass es *dieser und kein anderer* Grund war, der zu der Handlung geführt hat.[296] Dass eine logische Relation zwischen einem Grund und einer Handlung besteht, *rechtfertigt* die Handlung; ihr Bestehen stellt derart die Bedingung der Möglichkeit bereit, auf deren Basis ein Grund eine Handlung »rationalisieren« kann, das heißt auf deren Basis man von einem Vollzug rationaler Vermögen sprechen darf. Da es aber schließlich sein kann, »daß man einen Grund für eine Handlung hat und diese Handlung auch ausführt, ohne daß dieser Grund derjenige ist, weshalb man die Handlung vollzogen hat«[297] – oder auch: dass man einen Grund für eine Handlung hat, ohne diese Handlung zu vollziehen –, darf man bei der logischen oder inferentiellen Beziehung zwischen Grund und Handlung nicht stehen bleiben. Weil diese logische Relation also »nur« die Bedingung der *Möglichkeit* eines rationalen Vollzugs konstituiert, müssen wir eine zusätzliche Voraussetzung machen, unter der wir berechtigt sind, die *Wirklichkeit* der Handlung auf den Grund zurückzuführen. »Wesentlich für die Beziehung zwischen einem Grund und einer durch ihn erklärten Handlung ist die Vorstellung, daß der Handelnde die Handlung ausgeführt hat, *weil* er diesen Grund hatte«.[298] Um dies aber sagen zu können, muss der Grund mehr als nur ein rechtfertigender Grund sein – er muss als *wirklicher* und *wirksamer*, das heißt als *Ursache* der Handlung verstanden werden. Dass eine kausale Relation zwischen einem Grund und einer Handlung besteht, erklärt daher erst, *dass* die Handlung aus einem Grund, und zwar aus *diesem* und keinem anderen Grund, vollzogen wurde. Somit markiert die kausale Relation die Bedingung der Wirklichkeit, auf deren Basis ein bestimmter Grund eine bestimmte Handlung »rationalisiert«. In logischer Hinsicht verhalten sich Gründe zu Handlungen wie Prämissen zu Konklusionen; in kausaler Hinsicht verhalten sie sich wie Ursachen zu Wirkungen. Eine Handlung gibt es

---

295 Und es ist diese logische Dimension, auf die wir uns in der Untersuchung der Akrasia bisher in erster Linie bezogen hatten.

296 Vgl. hier und im Folgenden Davidson, »Handlungen, Gründe und Ursachen«, insbes. S. 27–31, sowie ders., »Paradoxien der Irrationalität«, S. 93f., 99.

297 Davidson, »Handlungen, Gründe und Ursachen«, S. 28.

298 Ebd.

folglich nur dann, wenn sie in dieser doppelten Weise auf einen Grund (oder eine Menge von Gründen) bezogen ist.

Dies ist also die Stelle, an der Davidson den Begriff der Kausalität ins Spiel bringt und Platon den praktischen Logos in einem Vokabular von Macht und Herrschaft beschreibt: dort, wo ein Grund bewirkt, was aus ihm folgt. Offensichtlich liegt hier der neuralgische Punkt einer philosophischen Erläuterung praktischer Irrationalität. Davidson behauptet, dass das Phänomen irrationaler Handlungen die zweifache Natur der Relation zwischen Grund und Handlung exemplarisch vor Augen führt, und zwar dadurch, dass es eine *Differenz* zwischen der logischen und der kausalen Dimension dieser Relation offenbart: Akratische Akte demonstrieren, dass »der in kausaler Hinsicht stärkste Grund kein Grund zu sein braucht, der nach dem Urteil des Handelnden die stärksten (besten) Handlungsgründe liefert.«[299] Darin besteht also die Einsicht, die Davidsons Analyse der logischen Möglichkeit der Akrasia herausgestellt hat: Allein auf der konzeptionellen Basis der inferentiellen Logik des praktischen Schließens, der zufolge Handlungen durch ihre logische Beziehung zu Gründen und diese durch ihren logischen Ort in einem inferentiellen Zusammenhang zu erklären sind, ist weder die Frage nach der Möglichkeit akratischer Akte, noch die Frage nach der Wirklichkeit von Handlungen (der Bildung von *ef*-Urteilen) befriedigend zu beantworten. Derjenige Aspekt, der in dem auf die Logik inferentieller Relation reduziertem Bild vom Handeln fehlt – der Aspekt, der am »besseren« Urteil des Akrates vermisst wird und der im »Normalfall« des Handelns die Bildung nichtkonditionaler *ef*-Urteile vollendet – liegt in der *kausalen* Dimension von Gründen.

Was Davidson mit seiner Problematisierung des Modells des praktischen Schließens demnach aufgedeckt hat, ist eine Version des »Prinzips des unzureichenden Grundes«, das Robert Musil in seinem *Mann ohne Eigenschaften* für das menschliche Handeln formuliert hat und das im Eingangsmotto dieses Kapitels nachzulesen ist. Musils Ulrich erklärt dort, dass »der Mensch« »nur bei sich selbst« vom Prinzip des zureichenden Grundes eine Ausnahme macht: »in unserem wirklichen, ich meine damit unserem persönlichem Leben und in unserem öffentlich-geschichtlichen geschieht immer das, was eigentlich keinen rechten Grund hat.«[300] In einem *wirklichen* Leben – also in einem solchen, dessen Vermögen zu handeln durch die differentielle Struktur einer inneren Gegensätzlichkeit und Zweiseitigkeit bestimmt ist und bleibt – kann es deshalb kein Prinzip des (logisch) zureichenden (und deshalb

---

299 Davidson, »Einleitung«, S. 9.

300 Musil, *Der Mann ohne Eigenschaften*, S. 134. Vgl. dazu auch Vogl, *Über das Zaudern*, S. 61–65.

handlungseffektiven) Grundes geben, weil auf dem rein logischen Weg einer praktischen Reflexion kein Grund gebildet werden kann, der den Status eines *all-out judgements* (eines effektiven Urteils über die beste aller möglichen Handlungen) erreichen könnte.[301] Wenn man also den Fall akratischen Handelns allein aus der Perspektive der logisch-inferentiellen Handlungserklärung betrachtet, hat es den Anschein, als wäre die kausale Dimension eine *zusätzliche* Bedingung, die erfüllt sein muss, um einen effektiven Grund zu konstituieren. Davidson selbst jedoch scheint seine These von der doppelten Struktur der Relation zwischen Grund und Akt auf diese Weise zu verstehen – denn für ihn sind die beiden Dimensionen dieses Verhältnisses einander äußerlich: Die kausale Verknüpfung zwischen Grund und Handlung hat ihre Bestimmtheit in einem Kausalgesetz, das unabhängig von der normativen Relation die Effektivität eines Grundes ausmacht.[302] Die Angabe eines Grundes erklärt eine Handlung nur in dem Maße, wie deren Beziehung sowohl einer nomologischen Kausalbeschreibung als auch einer inferentiellen Erklärung zugänglich ist. Eine Handlungserklärung im vollen Sinne kann also nicht allein mit Bezug auf die Logik des praktischen Schließens geliefert werden; es bedarf vielmehr der Supplementierung durch eine Kausalerklärung. Sobald eine der beiden Beschreibungen nicht mehr zutrifft, haben wir es entweder mit keiner Handlung zu tun, oder mit einem irrationalen Vollzug, bei dem nur noch die Kausalbeschreibung, nicht aber die inferentielle Erklärung adäquat ist.

In der Konsequenz erscheint es dann allerdings als zufällig, ob die Geltung und die Effektivität eines Grundes koordiniert sind oder nicht. Die Schwierigkeit von Davidsons Auffassung besteht infolgedessen darin, dass er *keinen Begriff eines praktischen Vermögens* besitzt und entsprechend das Problem falsch situiert, dass die Rede von der Kau-

---

301 Die »différance« des Logos führt dazu, dass *im Prinzip* stets und zumindest virtuell konträre Gründe im Spiel sind, welche die Geltung eines umfassenden Reflexionsurteils im Stand eines *pf*-Urteils, das heißt seine Geltung in der Schwebe halten und herausfordern – eben *weil* sie als Ausgeschlossene durch dieses Urteil genauso eingeschlossen bleiben wie andere mögliche Weisen der Gewichtung durch die verwendete Weise der Hierarchisierung der situativ relevanten Gründe. Und jene ausgeschlossenen Gründe und Ordnungen der Gründe bleiben selbst nach dem umfassenden Reflexionsurteil der überlegten Gewichtung im Spiel, da sie der Möglichkeit nach dieses Urteil im Rahmen einer erneuten und nachträglichen Reflexion auf die Situation retroaktiv problematisieren können. Aus diesem Grund ist das logische Maximum, dass der reflexive Gebrauch eines rationalen Vermögens zu erreichen vermag, das *sf*-Urteil, dass »unter Berücksichtigung aller Umstände« eine bestimmte Handlung *x* besser ist als alle anderen.

302 Vgl. Davidson, »Handlungen, Gründe und Ursachen«, S. 28.

salität von Gründen hier lösen soll. Den Unterschied, der zwischen der kausalen und der logisch-inferentiellen Dimension des Verhältnisses von Grund und Akt besteht und der durch das Phänomen irrationaler Handlungen exemplarisch offenbart wird, sucht Davidson in der allgemeinen Bestimmtheit von Kausalgesetzen, die von der Bestimmtheit inferentieller Relationen unabhängig sind. Diese Weise, den Unterschied zwischen der Normativität und der Kausalität von Gründen zu erläutern, ist jedoch nicht in der Lage, die Problematik aufzuklären, die irrationalen Handlungen anhaftet. Denn in dem Maße, wie die Wirksamkeit von Gründen in einer Bestimmtheit gesucht wird, die von inferentiellen Relationen unabhängig ist, haben wir es nicht mehr mit der Kausalität von Gründen zu tun, sondern eben mit der Kausalität von physikalischen Ereignissen oder psychischen Zuständen, die nicht *als Gründe* wirksam sind. Ein physikalistisches (oder auch ein funktionalistisches) Kausalverständnis entsorgt also die logische Relation, die zwischen einem Grund und einem Vollzug gegeben sein muss, um überhaupt von einer Handlung sprechen zu können.[303]

Um behaupten zu können, dass *ein Grund* die entscheidende kausale Rolle in der Hervorbringung einer Handlung spielt, müssen wir sicherlich annehmen, dass er in irgendeinem Sinne gegeben, das heißt wirklich oder aktuell ist, um in einem kausalen Verhältnis zu einem Vollzug stehen zu können. Nichts aber zwingt uns dazu, diese Gegebenheit oder Aktualität im Sinne physikalischer Ereignisse (oder funktional spezifizierter psychischer Zustände) zu modellieren. Um von einer Kausalität von Gründen sprechen zu können, bedarf es demnach einer *anderen Auffassung von ihrer Wirklichkeit* – einer Auffassung, welche die Bestimmtheit der Kausalwirkung im normativen Gehalt eines Grundes verankert (und nicht in einem nomologischen oder funktionalen Zusammenhang, welcher der inferentiellen Relation zwischen Grund und Handlung äußerlich ist). Der Unterschied zwischen der kausalen und der normativen Dimension, den akratische Handlungen exponieren, muss dementsprechend ein *immanenter Unterschied* sein: Die Kausalität eines Grundes – die Verursachung der logischen Folge eines Grundes – wird nicht unabhängig von der inferentiellen oder normativen Relation zwischen Grund und Handlung verständ-

303 Diese Einsicht setzt uns mithin in eine Opposition zu Davidsons eigenem Verständnis von der Kausalität von Handlungen. Im Rahmen der vorliegenden Untersuchung ist es nicht möglich, den Kausalitätsbegriff angemessen zu diskutieren, der Davidsons Theorie zugrunde liegt. In den Abschnitten 5.5.–5.6. werden wir einige Bemerkungen machen, die andeuten, wie ein Argument gegen Davidsons nomologisches Kausalverständnis aussehen könnte, das unsere Thesen unterstützt, die im Folgenden erörtert werden sollen.

lich. Um aber die Differenz zwischen der logischen (inferentiellen) und der kausalen Dimension von Gründen denken zu können, müssen wir zugleich behaupten, dass die Kausalität eines Grundes *nicht auf dessen inferentiellen Gehalt reduzierbar ist* – denn ansonsten lässt sich weder das Phänomen irrationaler Handlungen noch der Schritt zur Dekonditionalisierung von *pf*- oder *sf*-Urteilen begreifen.

Um dieser doppelten begrifflichen Anforderung gerecht zu werden, bedarf es einer Konzeption von der »Immanenzebene« des Handelns, welche die Nichtreduzierbarkeit der Effektivität und der Normativität von Gründen zu denken erlaubt. Diese »Immanenzebene«, so die These, liefert der Begriff eines praktischen Vermögens. Das nächste Kapitel wird der Aufgabe gewidmet sein, diese These zu begründen. Was wir an dieser Stelle festhalten sollten, ist die Überzeugung, dass eine philosophische Beschreibung der Weise der *Aktualisierung* eines rationalen Handlungsvermögens mit dem inferentiellen Modell des praktischen Syllogismus nicht auskommen kann, sondern letzteren konsequent als einen *zugleich* normativen und kausalen Zusammenhang verstehen muss. Um diesen immanenten Zusammenhang terminologisch zu markieren – dass die Wirksamkeit von Gründen im normativen Gehalt von Gründen liegt, ohne auf diesen reduzierbar zu sein –, werden wir im Folgenden konsequent von einer *Kraft* von Gründen sprechen.[304] Gründe sind in dem Maße Kräfte, wie sie Aktualisierungen eines praktischen Vermögens sind; erst auf dieser begrifflichen Basis wird verständlich, dass praktische Inferenzen inhärent kausale Relationen zum Ausdruck bringen, ohne dass der kausale auf den inferentiellen Aspekt reduzibel wäre.[305]

---

304 Zu diesem Begriff der Kraft vgl. insbes. Menke, *Kraft. Ein Grundbegriff ästhetischer Anthropologie*, S. 51–62.

305 Um die Rede von einer Kraft von Gründen im Folgenden besser einordnen zu können, ist es wahrscheinlich hilfreich, sich an diejenige weite Bedeutung zu erinnern, die Aristoteles dem Begriff der Wirkursache (der zweite Sinn von *aition*) verliehen hat (vgl. Aristoteles, *Metaphysik* V 2. 1013a-b): Eine Ursache in diesem Sinne ist all das, was als »Anfang« einer Bewegung oder Veränderung gelten kann – wobei eben diese Bedeutung in der aristotelischen Bestimmung der *dynamis* verwendet wird: *dynamis* nennt Aristoteles ein Prinzip (*archē*) der Bewegung oder Veränderung; und insofern der Begriff der Ursache mit dem Begriff des Prinzips an dieser Stelle identisch ist (vgl. ebd., 1013a), bestimmt Aristoteles Vermögen durch ihre kausale Beziehung zu bestimmten Bewegungen oder Veränderungen. Ein rationales oder praktisches Vermögen bildet da keine Ausnahme. Die aristotelischen Beispiele für die zweite Bedeutung von *aition* (im Sinne der »Wirkursache«) machen nun klar, wie weit diese Bestimmung zu verstehen ist: Berater sind die Wirkursache derjenigen Handlungen, die ihrem Rat folgen; die »Bildnerkunst« ist die Ursache der Bildsäule, und zwar »als Ursprung der Bewegung«, die das Erz verändert und so die Bildsäule hervorbringt (ebd., 1013b). Damit wird deutlich, dass die Anwendung des

Damit setzten wir uns also nicht nur von Davidsons Theorie praktischer Kausalität ab, sondern auch von solchen Auffassungen, die glauben, die Kausalität von Gründen auf die Logik inferentieller Beziehungen reduzieren und sie dementsprechend als ein theoretisch zu vernachlässigendes Epiphänomen betrachten zu können. Kräfte sind nicht bloß der (seelische) Ausdruck oder die mentale Manifestation inferentieller Gehalte, sondern deren *wesentliche Artikulationsform*. Sie beschreiben die »Seinsweise« von Gründen, insofern sie in zweiter Entelechie gegeben sind. Als aktualisierter Logos eines Vermögens ist ein Grund eine Kraft: eine Fähigkeit zur Verursachung von Handlungen *auf dem Weg ihrer Verwirklichung*. Dass Gründe als Kräfte aktuell sind – dass die Kraft die (»zweite«) Wirklichkeit von Gründen beschreibt, die gerade in ihrer praktischen *Wirksamkeit* liegt –, bedeutet demnach, dass sie subjektiv wirklich sind und mithin eine wirksame Bestimmung des Handelns eines Subjekts darstellen.[306] Wenn wir also sagen wollen, dass die Vorstellung eines Grundes eine (entscheidende) kausale Rolle bezüglich des Stattfindens einer Handlung spielt, dann muss dieser Grund eine gewisse Wirklichkeit im Subjekt (in seiner »Seele« oder seinem »Geist«) haben: Es ist notwendig, dass der Logos eines rationalen Vermögens aus der ersten Entelechie (dem Haben von Wissen) in die zweite Entelechie (das Anwenden von Wissen) heraustritt, um als Ursache der Wirklichkeit desjenigen Vollzugs operieren zu können, die das Subjekt fähig ist zu vollziehen.

Was in diesem »Heraustreten« des Logos geschieht, entspricht natürlich genau demjenigen, was wir bereits als das »wirkliche« Fällen eines

---

Begriffs der Wirkursache weder auf physikalische Ereignisse oder materielle Entitäten restringiert werden darf, noch eine unter Naturgesetze zu bringende Relation zu ihren Wirkungen bezeichnen muss, um als »Anfang« einer Handlung oder eines Werkes zu gelten. Das Wissen des Künstlers (das heißt die *technē* der Bildnerei) spielt genauso wie der Rat des Beraters eine kausale Rolle hinsichtlich des Zustandekommens von Bewegungen oder Veränderungen, das heißt der Entstehung der Bildsäule oder des Vorkommens einer Handlung; deshalb können sie erklären, *dass* etwas entstanden ist oder vollzogen wurde – und nicht allein: warum.

306 Wir sollten an dieser Stelle daran erinnern, dass eine der zentralen Einsichten, die der aristotelischen Analyse der Akrasia zugrunde liegen, eben darin besteht, die Verwirklichung des praktischen Logos an dessen *Wirklichkeit* zu binden: Ein Subjekt folgt nur in dem Maße »wirklich« seinem Logos, wie es diesen *aktualisiert* oder »anwendet«; das »bloße« Haben von Gründen reicht für die Ausführung einer Handlung nicht aus, wie das Beispiel der Akrasia zeigt. Wenn das bessere Urteil nicht wirklich gefällt wird, das heißt, wenn es nicht das Niveau der zweiten Entelechie erreicht, führt es auch nicht zu der entsprechenden Handlung. Davidsons Behauptung, dass ein Grund und eine Handlung nicht nur logisch, sondern auch kausal verknüpft sein müssen, ist eine (wenngleich noch deutungsbedürftige) Weise, diese aristotelische Einsicht zu formulieren.

Urteils (und mithin als »wirkliches« Wollen) bezeichnet haben. Die Notwendigkeit der Einführung des Attributs »wirklich«, die Verstärkung und der Nachdruck, der damit zum Ausdruck kommt, ist freilich symptomatisch. Platons Argument im *Protagoras*, dass der Schein der Akrasia allein der Tatsache geschuldet ist, dass das Subjekt nicht wirklich weiß und nicht wirklich will, und die entsprechende Formulierung des Rationalitätsstandards »zweiter Ordnung« bei Davidson indizieren bereits die Notwendigkeit eines »Grans an Hysterieüberschuss« im praktischen Logos – und mithin die Geltung des Prinzips des unzureichenden Grundes (wobei dasjenige, was hier nicht zureicht, exakt der bloß inferentiell oder logisch zureichende Grund ist). Musils *Mann ohne Eigenschaften* führt dieses Prinzip als Antwort auf eine Verunsicherung an, die sein Freund Leo Fischel ob der Wendungen »wahre Vaterlandsliebe«, »wahres Österreich« und »wahrer Fortschritt« überfallen hatte: »Ich weiß«, entgegnet Fischel auf Ulrich, »was Fortschritt ist, ich weiß was Österreich ist, und ich weiß wahrscheinlich auch, was Vaterlandsliebe ist. Aber vielleicht vermag ich mir, was wahre Vaterlandsliebe, wahres Österreich und wahrer Fortschritt ist, nicht richtig vorstellen.«[307] Der Frage nach dem Sinn des Attributs »wahr« in diesen Wendungen – und mit ihr, so könnten wir sagen, der Frage nach dem Sinn des Attributs »wirklich« im »wirklichen Wollen« und »wirklichen Urteilen« – begegnet Ulrich mit der lapidaren Gegenfrage: »Wissen Sie, was ein Enzym oder was ein Katalysator ist? [...] Das trägt materiell nichts bei, aber es setzt die Geschehnisse in Gang.«[308] Die strukturelle Forderung nach einem »wirklichen« Wollen und Urteilen, eingebaut in den Gebrauch eines rationalen Handlungsvermögens, ist die Forderung nach einer Art Auto-Katalysierung, nach einer enzymatischen Energie, die ein Subjekt aufgrund seines differentiell verfassten Vermögens und durch dasselbe in seine Gründe investieren muss, damit sie etwas »in Gang« setzen. Der Gedanke einer Kraft von Gründen bezeichnet exakt die Weise, in der Gründe (im Sinne der zweiten Entelechie) *wirklich* sind.

Der Begriff der Kraft beschreibt derart eine dreistellige Relation der Wirksamkeit zwischen Grund, Subjekt und Handlung: Er beschreibt einen Grund so, dass er in einem oder für ein Subjekt wirksam ist, und zwar gegen (mögliche) konträre Gründe und in Richtung der Bewirkung einer Handlung. Der normative Gehalt eines Grundes ist sicherlich Korrelat seiner inferentiellen Situierung im Logos, wodurch der Grund auch eine erklärende Funktion hinsichtlich des Handelns besitzt. Die Kraft eines Grundes jedoch ist nicht auf diese normative Situierung

---

307 Musil, *Der Mann ohne Eigenschaften*, S. 134.
308 Ebd.

reduzierbar, denn die wirksame Wirklichkeit eines Grundes kann durch diese Situierung nicht vollständig erklärt werden: Sie ist *nicht allein* die logische Konsequenz im Subjekt bereits etablierter Gründe, *weil es gerade die Kraft ist, die eine derartige Etablierung oder Instituierung von Gründen zum Ausdruck bringt.* »Kraft« besagt demnach, dass Gründe überhaupt im Logos eines Vermögens als wirksame eingesetzt oder angeeignet, das heißt »in Kraft sind«. Entsprechend lässt sich von der Grundstruktur der menschlichen Handlungsfähigkeit die Notwendigkeit einer ganzen »Kultur der Forcierung« ableiten: eine Arbeit der Institutionalisierung, des Festhaltens, der Beglaubigung, der Treue, der Motivierung, die stets das In-Kraft-kommen, -sein und -bleiben derjenigen Gründe und Urteile betrifft, in denen sich unser praktisches Vermögen ausdrückt. Sobald wir von diesem Moment einer Kraft von Gründen abstrahieren – sobald wir das Moment einer *Subjektivierung* von Normen, Zwecken oder Werten außer Acht lassen, das Moment ihrer »Aneignung«, die der Geltung dieser Normen oder dem Recht dieser normativen Elemente in rein logischer Hinsicht *nichts hinzufügt* (außer ihrer Wirksamkeit), die aber auch aus demselben Grund keiner logischen Ableitung zugänglich ist, da es keinen logischen Grund gibt, aus dem eine solche Subjektivierung folgen würde –, muss uns unsere Handlungsfähigkeit unverständlich werden: Denn ohne jene »Bekräftigung« oder »Forcierung« wären wir weder in der Lage zu verstehen, wie wir überhaupt auf der Basis der inneren Gegensätzlichkeit unseres Könnens in die Lage kommen, Handlungsurteile zu bilden und zu vollziehen, noch würden wir die innere Komplexität in den Blick bekommen, die unser Vermögen uns bietet.

Wenn dies zutrifft, so können wir sofort eine wichtige Konsequenz verbuchen: Logisch zureichende Gründe (für die Dekonditionalisierung eines *sf*-Urteils) verbleiben in dem Maße in einem Abstand zur Handlung, wie sie nicht zugleich in hinreichender Weise *als Kraft* wirklich oder gegeben sind. Denn insofern ein Element des praktischen Logos nur in dem Maße den wirklichen Grund einer Handlung darstellt, wie es zugleich als Ursache der Handlung fungiert, ist dasjenige, was den Schritt zum wirklichen Vollzug respektive den Schritt von einem *pf*-Urteil zu einem nichtkonditionalen *ef*-Urteil verständlich macht, die Kraft, die das aktualisierte Wissen oder das Urteil besitzt, das heißt die Kraft, die *in* der Aktualisierung des Logos eines Vermögens liegt. Wenn man den logischen Aspekt der Relation zwischen Grund und Handlung isoliert, so wird man nur zur Bedingung der Möglichkeit eines rationalen Vollzugs gelangen, nicht aber zur Bedingung seiner Wirklichkeit. Von einem rein logischen Gesichtspunkt insistiert daher ein Abstand zwischen Gründen und dem Stattfinden entsprechender Handlungen. Diesem Abstand korreliert auf der kausalen Ebene des Verhältnisses zwischen Grund und Handlung jene doppelte Potenz, die gleichermaßen ein strukturelles Ingrediens der rationalen Handlungsfähigkeit darstellt: die Potenz, den Abstand zwischen *pf*-Urteil und Vollzug zu überbrücken oder nicht zu überbrücken. Praktische Normativität und kausale Kontingenz implizieren sich wechselseitig.

4.10. *Die alogische Kraft des Logos.* – Die Einsicht in die doppelte immanente Struktur des Verhältnisses zwischen dem Logos des Handlungsvermögens und seinem Vollzug führt uns im Hinblick auf das Problem der Akrasia zu zwei wichtigen Konsequenzen: Erstens sollten wir die strukturelle Möglichkeit einer gewissen »Disharmonie« zwischen den beiden Dimensionen des Logos eines Vermögens zugestehen; und zweitens müssen wir den Begriff der Wirklichkeit des praktischen Wissens rejustieren, der nach Platon, Aristoteles und Davidson die notwendige und hinreichende Bedingung beschreibt, unter der ein Subjekt sein rationales Vermögen ausübt.

(i) Das Beispiel der Akrasia führt uns auf exemplarische Weise vor Augen, dass wir zwischen den beiden untrennbaren Aspekten des Verhältnisses von Gründen und Handlungen unterscheiden müssen: Sie demonstriert die Möglichkeit, dass sich diese beiden Aspekte in einem *Ungleichgewicht* befinden. Einerseits erfüllt ein akratischer Akt grundsätzlich die Bedingungen, unter denen von der Aktualisierung eines praktischen Vermögens gesprochen werden kann: Der Akrates hat einen Grund, den Vollzug auszuführen, und dieser Grund ist sowohl logisch als auch kausal mit dem Vollzug verknüpft. Andererseits aber erscheint dem Subjekt dieser Grund nicht als zureichend, um die Handlung auszuführen, weil es über einen normativ besseren Grund verfügt, anders zu agieren. In dieser Hinsicht erfüllt der akratische Akt offensichtlich nicht alle Bedingungen, die ihn zu einem rationalen Vollzug im vollen Sinne machen; die Handlung und ihre Ursache stehen nicht in einer angemessenen logischen Relation, und dies macht jene zu einer *irrationalen* Handlung: »Im Fall der Irrationalität bleibt die kausale Beziehung erhalten, während die logische Beziehung fehlt oder verzerrt wird«.[309]

Davidson betont mehrmals, dass eine derartige Irrationalität nur dann auftreten kann, »wenn Rationalität offensichtlich am Platz ist«,[310] das heißt, wenn die (logisch) unangemessene kausale Beziehung zwischen solchen Elementen besteht, die normativ gehaltvoll sind. Da aber das akratische Urteil und die akratische Handlung, isoliert betrachtet, durchaus »rationalisiert« werden können und mithin nicht

---

309 Davidson, »Paradoxien der Irrationalität«, S. 100.
310 Ebd., S. 99.

allein in einer kausalen, sondern auch in einer logischen Beziehung stehen, kann Irrationalität niemals mit Bezug auf nur ein Urteil festgestellt werden: »no factual belief *by itself*, no matter how egregious it seems to others, can be held to be irrational«.[311] Einzig in Bezug auf andere Urteile (oder einen weiteren Horizont von Gründen) lässt sich ein Urteil als irrational und dessen kausale Beziehung zum Handeln als unangemessen einstufen. Das Ungleichgewicht zwischen dem normativen Gehalt und der Kraft eines Grundes – und mithin das Stattfinden einer akratischen Handlung – basiert daher auf dem *Verhältnis*, in dem verschiedene Handlungsgründe zueinander stehen und das Gegenstand derjenigen Überlegungen ist, die ein Subjekt in Anbetracht eines praktischen Konflikts anstellt. Wir hatten gesehen, dass das Wesen rationaler Vermögen gerade darin besteht, mit Bezug auf Handlungssituationen konträre Handlungsmöglichkeiten und entsprechend eine Mehrzahl von Handlungsgründen zu erschließen. Bezogen auf den Doppelaspekt, in dem die Wirklichkeit von Gründen für ein Subjekt gegeben ist, lässt sich behaupten, dass jene konträren Gründe im Hinblick auf ihren logischen Gehalt in einem differentiellen Verhältnis der normativen Gewichtung und im Hinblick auf ihre Kausalität (oder ihr kausales Potential) in einem *differentiellen Kräfteverhältnis* stehen. Entsprechend können Gründe im Bezug auf andere Gründe sowohl besser oder schlechter als auch stärker oder schwächer sein.

In seiner Ausgangslage beschreibt der Fall der Akrasia eine Situation, in der das Subjekt über (*prima facie*) gute Gründe verfügt, zwei einander ausschließende Handlungen (*x* und *y*) auszuführen. Auf der Basis von Überlegungen bildet das Subjekt das *sf*-Urteil, wonach die Handlung *x* »unter Berücksichtigung aller Umstände« besser ist als die Handlung *y*, es vollzieht jedoch *y*. Die Ursache des Vollzugs von *y* ist demnach der »schlechtere« Grund, während das »bessere« Urteil kausal unwirksam bleibt. In logischer Hinsicht ist der Grund für *x* dem Grund für *y* also überlegen (das heißt, er wird vom Subjekt so beurteilt), in kausaler Hinsicht jedoch verursacht nicht der bessere, sondern der weniger gute Grund die Handlung. Diese Tatsache legt die Annahme nahe, dass der Grund für *y* (kausal) *stärker* – obzwar nicht (normativ) *besser* – als der Grund für *x* ist. Das überlegte Urteil, wonach unter Berücksichtigung aller relevanten Fakten und Gründe die Handlung *x* besser ist als die Handlung *y*, scheint also deswegen nicht in ein nichtkonditionales *ef*-Urteil und entsprechend in den Vollzug von *x* überführt worden zu sein, weil die Kraft desjenigen Grundes, der für *y* spricht, dies verhindert hat. Die Art und Weise, in der

---

311 Davidson, »Incoherence and Irrationality«, S. 192.

dem Subjekt dieser Grund gegeben war, zeitigte einen Effekt, der durch die Gesamtheit der relevanten Gründe (das heißt inferentiell) keine Rechtfertigung besaß. Aus der Perspektive des »schlechteren« Grundes ergab sich jedoch ein anderes Bild: Denn die Tatsache, dass das Subjekt das überlegte Urteil gebildet hat, wonach *x* unter Berücksichtigung aller Umstände besser ist als *y*, führte zu dem *nicht-logischen* Effekt, dass es sein überlegtes Urteil ignorierte oder gar ablehnte, und zwar ausgehend vom Blickwinkel seines Grundes für *y*.[312] Die Kraft, die für den Unbeherrschten seinem »schlechteren« Urteil anhaftete – und nicht: dessen normativer Status vor einem weiteren Horizont relevanter Gründe – hatte ihn dazu veranlasst, die bessere Handlung nicht auszuführen. Insofern haben wir es im Fall der Akrasia mit der kausalen Wirksamkeit eines Grundes zu tun, ohne dass der Grund ein zureichender Grund für seine Wirkung wäre; andererseits aber verfügt der Unbeherrschte über einen besseren Grund, »der nicht das verursacht, wofür er ein hinreichender Grund ist«.[313]

(ii) Dadurch, dass die Akrasia eine derartige »Schräglage« zwischen dem inferentiellen und dem kausalen Aspekt von Gründen exponiert, demonstriert ihr Beispiel auf exemplarische Weise eine strukturelle Konsequenz, die mit dieser zweifachen Bestimmtheit einhergehen kann: Sie erschüttert die wohl natürlich scheinende Auffassung, dass der beste Grund notwendigerweise auch die stärkste Ursache darstellt. Und es ist wohl exakt diese Auffassung, die nicht zuletzt Platons Zurückweisung der Möglichkeit der Akrasia zugrunde liegt: Denn wenn Platons Sokrates sagt, »daß nichts mächtiger ist als das Wissen

---

312 Vgl. dazu Davidson, »Wie ist Willensschwäche möglich?«, S. 70: »Es ist nichts Paradoxes in der Annahme, jemand meine, daß all seine Überzeugungen und Werte für eine bestimmte Handlungsweise sprechen, während er zugleich durch ebendiese Überzeugungen und Werte zur Ablehnung dieser Handlungsweise veranlaßt wird. Wenn *r* jemandes Grund für die Meinung, daß *p*, ist, so muß, daß er *r* vertritt, meines Erachtens eine Ursache sein dafür, daß er die Meinung, daß *p*, vertritt. Aber – und dies ist hier das Entscheidende – daß er *r* vertritt, kann *bewirken* [Hervorhebung von mir, D.S.], daß er für *q* eintritt, ohne daß *r* sein Grund ist«. In *Deception and Division* führt Davidson diesen Punkt näher aus: Dort beschreibt er die Situation, in der »the sum of the evidence available to the agent points to the truth of some proposition, which inclines the agent to believe it (make him treat it as more likely to be true than not). This inclination (high subjective probability [i.e. ein *sf*-Urteil auf der Basis aller relevanter Überlegungen]) causes him, in ways to be discussed, to seek, favour or emphasize the evidence for the falsity of the proposition, or to disregard the evidence for its truth. The agent then is more inclined than not to believe the negation of the original proposition, even though the totality of the evidence available to him does not support this attitude« (Davidson, »Deception and Division«, S. 200).

313 Davidson, »Paradoxien der Irrationalität«, S. 99.

und daß, wo dies ist, es auch die Herrschaft hat«,[314] dann trägt er nicht nur der kausalen Dimension des praktischen Logos explizit Rechnung (nämlich durch seine Verwendung von Begriffen wie Macht oder Herrschaft), sondern er behauptet damit auch nichts anderes, als dass das bessere Wissen, »wo dies ist«, auch die stärkste Kraft besitzt. Die Position, die bei Platon und Aristoteles hervorgetreten ist, lautet auf den Punkt gebracht folgendermaßen: Wenn ich *wirklich* weiß, dass *x* zu tun gut oder das Beste ist, will ich auch notwendigerweise *x* tun; und wenn ich dies *wirklich* will (und zusätzlich die Gelegenheit zu *x* gegeben ist), dann werde ich *x* auch notwendigerweise vollziehen. Liest man diese These vor dem Hintergrund der platonischen Verknüpfung von Wissen und Macht respektive vor dem Hintergrund von Davidsons Theorie von den zwei Dimensionen des Verhältnisses zwischen Gründen und Handlungen, dann steht der Begriff des Wissens offensichtlich für das Bewusstsein von der normativen Superiorität von *x* über *y*, während der Begriff des Wollens angibt, *dass* dieses Bewusstsein, »wo dies ist«, notwendigerweise die Herrschaft innehat oder im Subjekt die stärkste Kraft besitzt.

Die daran anschließende Frage, der sich vor allem Aristoteles gewidmet hat, lautet natürlich: Was heißt hier »wo dies ist«? Worin besteht das Wirklichsein des besseren Wissens? Für Platon scheint es zu genügen, jemandem überhaupt ein praktisches Erkenntnisvermögen zuzuschreiben, um unterstellen zu können, dass in seinem Fall das Wissen stets die »Herrschaft« innehat. Aristoteles macht jedoch klar, dass die Zuschreibung von praktischem Wissen noch nicht ausreicht, um diesem zugleich das Attribut der »Herrschaft« anhängen zu können. Denn wir müssen einerseits zwischen dem bloßen Besitz und der Anwendung, sowie andererseits zwischen einer nur privativen und einer wirklichen Anwendung des praktischen Wissens unterscheiden. Nur im letzten Fall dürfen wir davon ausgehen, dass das Wissen »herrscht« und dass das Subjekt mit Notwendigkeit ihm gemäß handelt – indem es die Möglichkeit (respektive das Vermögen zum Vollzug) seiner praktischen Erkenntnis vollendet und die entsprechende Handlung vollzieht.

Vor dem Hintergrund von Davidsons Argumentation sind wir nun in der Lage, den Unterschied zwischen einer privativen und einer wirklichen Anwendung im Sinne der doppelten Qualität des Logos von rationalen Vermögen zu interpretieren: Eine wirkliche Anwendung der besseren Erkenntnis besteht darin, dass sich das bessere Urteil auch im Sinne der stärksten Kraft (und darin: als Ursache einer Handlung)

---

314 Platon, *Protagoras*, 357.

manifestiert, während einer nur privativen Anwendung eben dieses Kraftmoment »fehlt«. Daraus würde sich eine Lesart von P1 und P2 ergeben, der zufolge die Beziehung von besserem Urteil, Wollen und Handlung dann (und nur dann) eine Beziehung der notwendigen Ko-Implikation ist, wenn der beste Grund auch die stärkste Ursache ist. Die konditionale Formulierung von P2 – »Wenn der Handelnde urteilt, die Ausführung von *x* wäre besser als die Ausführung von *y*, dann will er *x* in höherem Maße als *y*«[315] – verknüpft also das Urteil und das Streben nicht kausal, sondern sie gibt eine analytische Implikation des Begriffs vom wirklichen Fällen eines praktischen Urteils an: Ein Wissen hat (oder aktualisiert) man dann wie ein *praktisches* Wissen, wenn dieses die Stärke oder die Kraft (das heißt den entschiedenen »Willen«) impliziert, die dem Wissen gemäße Handlung zu vollziehen. Das Problem des Akrates besteht jedoch darin, dass sein besseres Urteil das durch P1 und P2 beschriebene Niveau an (kausal wirksamer) Wirklichkeit nicht erreicht. Die Privation, die im Falle der Unbeherrschtheit im Spiel ist, ist demnach *keine logische Privation*, sondern ein *»Fehlen« der Kraft*: Ein Subjekt kann sich der normativen Superiorität des besseren Grundes über den schlechteren Grund durchaus bewusst sein, ohne dass der bessere Grund auch in kausaler Hinsicht die »Herrschaft« innehat. Das Beispiel der Akrasia lehrt uns also, »daß der in kausaler Hinsicht stärkste Grund kein Grund zu sein braucht, der nach dem Urteil des Handelnden auch die stärksten (besten) Handlungsgründe liefert«.[316] Um verstehen zu können, wie es möglich ist, dass ein Subjekt irrational urteilt und handelt, müssen wir demnach die Möglichkeit einräumen, dass Gründe auf eine Weise wirksam sein können, die ihrem normativen Status nicht entspricht. Vor uns liegt daher die Aufgabe, diese Möglichkeit zu erklären.

---

315 Davidson, »Wie ist Willensschwäche möglich?«, S. 45.
316 Davidson, »Einleitung«, S. 9.

# 5.

# Akrasia III

## Kraft und Grund

»Welche Einheit finden wir in diesen verschiedenen Aspekten der Unaufrichtigkeit [*mauvaise foi*]? Sie ist eine gewisse Kunst, widersprüchliche Begriffe zu bilden, das heißt solche, die eine Idee und die Negation dieser Idee in sich vereinen.«
(Jean-Paul Sartre, *Das Sein und das Nichts*)

5.1. *Die Gegebenheitsweise praktischer Gründe.* – Die Möglichkeit der Akrasia liegt in der Verfasstheit unseres praktischen Vermögens – so lautet die These, auf die es hier ankommt: Praktische Irrationalität ist der rationalen Handlungsfähigkeit immanent. Diese Immanenz hat für uns eine doppelte methodische Relevanz: Der Begriff eines praktischen Vermögens ist es, der uns das Phänomen irrationaler Handlungen verständlich macht; und umgekehrt ist es das Phänomen irrationaler Handlungen, das uns in seiner Exemplarizität über wesentliche Strukturmerkmale eines rationalen Vermögens aufklärt.

Im letzten Kapitel haben wir mit Davidson einige Schritte unternommen, um diese Auffassung zu verteidigen. In seinem Aufsatz *Wie ist Willensschwäche möglich?* verortet Davidson die philosophische Problematik irrationaler Phänomene in der Spannung, in der sie zu demjenigen Verständnis praktischer Rationalität stehen, das durch die Prinzipien P1 und P2 formuliert wird. Anhand einer Umarbeitung unseres Verständnisses vom Handeln aus Gründen – einer Umarbeitung des Modells des praktischen Syllogismus – hat Davidson versucht, den Schein der logischen Unvereinbarkeit zu beseitigen: Das praktische Urteilen des Unbeherrschten erreicht nicht das Niveau, auf dem P1 und P2 gilt; seinem überlegten Urteil mangelt es an derjenigen »Kraft« oder Effektivität, die das bessere Wissen in einen notwendigen Bezug zum Wollen und Handeln setzt. Wenn es Davidson gelungen ist, die *logische* Möglichkeit der Akrasia einsichtig zu machen (die logische Paradoxie aufzulösen), so stellt sich freilich nun für uns die Frage, inwiefern auf dieser Basis die *strukturelle* Möglichkeit der Akrasia – Irrationalität als Akt eines rationalen Vermögens – denkbar wird. Davidson zufolge verletzt der Akrates zwar nicht den sogenannten Rationalitätsstandard, der ein praktisches Vermögen in seiner Rationalität bestimmt; insofern scheint zumindest ein Einwand gegen die

These von der Immanenz der Akrasia ausgeräumt zu sein. Der Akrates scheitert jedoch an einem Rationalitätsprinzip »zweiter Ordnung«, das Davidson auch als »Tugend der Selbstbeherrschung« bezeichnet und das eben jene »Dekonditionalisierung« des besseren Urteils betrifft, die der Akrates nicht vornimmt: »Vollziehe die Handlung, die auf der Basis aller verfügbaren relevanten Gründe als die beste beurteilt wird.«[317]

An diesem Punkt präsentiert sich das Problem der Akrasia in der Form einer vertieften Paradoxie, welche die folgende Gestalt hat. *Einerseits* ist ein akratischer Akt ein solcher, der das praktische Selbstverständnis eines Subjekts und mithin die Rationalität seines Handelns unterläuft: Der Akt erfolgt gegen die eigene Absicht, wider besseres Wissen und unter Ausschluss des überlegten Urteils. In einer solchen Situation geschieht dasjenige, was Jonathan Lear einen »reflexiven Zusammenbruch« nennt:[318] einen Zusammenbruch der Fähigkeit, sich das eigene Tun reflexiv verständlich zu machen. Der Verstoß gegen das Rationalitätsprinzip »zweiter Ordnung« – das zu tun, was man für richtig oder besser hält – scheint mithin die Auffassung nahezulegen, dass die Akrasia kein Produkt eines rationalen Vermögens sein kann. *Andererseits* ist der irrationale Vollzug jedoch ein solcher, für den das Subjekt die Verantwortung trägt und den es folglich nicht auf eine Ursache jenseits seiner eigenen Handlungsfähigkeit zurückführen kann. Die Erfahrung des akratischen Aktes negiert hier weder die eigene »Urheberschaft« des Subjekts, noch die grundsätzliche Charakteristik intentionalen Handelns: Der Akt basiert auf Gründen und stellt somit die logische Konsequenz aus einem Set von Prämissen dar; er ist »propositional transparent«,[319] das heißt, er geht auf eine Konstellation von Urteilen und mithin auf die Produktivität eines praktischen Urteilsvermögens zurück. Aus diesem Grund müssen wir sagen, dass ihm die Eigenschaft der Intentionalität in einer paradoxen Weise zukommt: Er ist absichtlich oder gar wissentlich gegen die eigene Handlungsabsicht vollzogen worden. Akrasia erscheint daher in der Kontur einer Handlung (und nicht in derjenigen eines bloßen Verhaltens oder einer bloßen Aktivität): Sie ist eine Aktualisierung der eigenen Handlungsfähigkeit, ein Akt der »Spontaneität« des rationalen Könnens.

Genuine Irrationalität gibt es nicht jenseits dieser Paradoxie. Um akratische Handlungen »in its most paradoxical kind«, das heißt als Aktualisierungen eines rationalen Vermögens, verstehen zu können, müssen wir dementsprechend die Paradoxie (nicht auflösen, son-

---

317 Davidson, »Wie ist Willensschwäche möglich?«, S. 71.

318 Lear, »Ruhelosigkeit, Phantasie und der Begriff des Geistes«, S. 50.

319 Gardner, *Irrationality and the Philosophy of Psychoanalysis*, S. 16.

dern) denken.[320] Es muss uns gelingen, ein rationales Vermögen so zu beschreiben, dass es die Fähigkeit einschließt, sich so zu realisieren, dass es zu einem Zusammenbruch des reflexiven Selbstverständnisses kommt. Und dies impliziert die Behauptung, dass die Vernunft zum »Unvernünftigen« fähig ist, oder dass sie es selbst ist, die dem Subjekt fremd, unverständlich und unvernünftig erscheinen kann. Der entscheidende Punkt, auf den wir im letzten Kapitel gestoßen sind, liegt in dem Gedanken einer *Kraft von Gründen*. Was es zu denken gilt, ist die Vorstellung, dass ein Grund über seine normative Grenze hinaus und somit gegen das Rationalitätsprinzip (das »Prinzip der Selbstbeherrschung«) wirksam werden kann, das einen Grund als Grund konstituiert.

Der Schlüssel für die Einsicht in die immanente Möglichkeit irrationaler Akte liegt daher in einer Neubeschreibung dessen, worin die *Gegebenheitsweise praktischer Gründe* besteht. Was bedeutet es, dass Gründe Aktualisierungen eines praktischen Vermögens sind? Im Sinne der Fähigkeit, nach der Vorstellung von Gründen zu handeln, macht der Begriff eines praktischen Vermögens die Weise verständlich, in der es praktische Gründe gibt. Er erlaubt uns einerseits, die strukturelle Möglichkeit von praktischen Konflikten einzusehen: Weil ein rationales Vermögen konstitutiv auf Gegensätzliches bezogen ist, geht die Präsentation eines Grundes wesentlich mit der (zumindest latenten) Kopräsenz gegenteiliger (und zumindest potentieller) Gründe einher. Andererseits setzt uns der Begriff des Vermögens in die Lage, das Verhältnis zwischen Gründen und Handlungen als ein doppeltes zu begreifen: Wir sollten diese Relation gleichzeitig als eine *logische* (als Aktualisierung der Fähigkeit, von Prämissen auf eine Konklusion zu schließen) und als eine *kausale* (als Aktualisierung der Fähigkeit, Handlungen hervorzubringen) betrachten. Diese Annahme ist notwendig, denn als Aktualisierung eines praktischen Vermögens befähigt die Vorstellung (das Haben) von Gründen ein Subjekt zum Vollzug einer Handlung: Sie spielt eine kausale Rolle in der Ausführung eines Aktes. Wenn Aristoteles zufolge das Resultat eines praktischen Schlusses eine wirkliche Handlung sein soll, dann muss der Syllogismus zugleich eine Kausalverbindung beschreiben – eine Relation der *Kraft* zwischen einem Grund (als Komposition von Ober- und Untersatz) und einem

320 Allein als paradoxe beschreibt die Akrasia eine Form der genuinen Irrationalität. Eine Erklärungsstrategie, die irrationale Phänomene so auffasst, dass sie auf eine (normativ irrelevante) Absicht zurückgehen, die nur dadurch eine Handlung verursachen konnte, dass sie (zum Beispiel) durch den kausalen Einfluss von nicht-rational verfassten mentalen Prozessen »manipuliert«, »verzerrt« oder »verstärkt« wird, beseitigt die Paradoxie – und mithin die Irrationalität der Handlung.

Vollzug (als Konklusion). Exakt dies bringt die Behauptung zum Ausdruck, dass Gründe Kräfte sind: dass die praktische Vorstellung eines Grundes zugleich dasjenige ist, worin die Kraft zur Verwirklichung einer Handlung liegt.

Die Erläuterungsfunktion des Begriffs der Kraft lässt sich allerdings nicht darauf reduzieren, das syllogistische Modell der logischen Handlungserklärung schlicht um den kausalen Aspekt der Ausführung zu vervollständigen. Denn überall dort, wo die logische Auffassung des syllogistischen Erklärungsmodells versagt – wo sie, wie im Fall des irrationalen Handelns, auf einen »Abstand« zwischen Urteil und Handlung stößt, der mit den Mitteln der logischen Handlungserklärung nicht überbrückt werden kann – begegnet uns ein Symptom, das die Notwendigkeit einer anderen theoretischen Perspektive vor Augen führt. Das Phänomen der Akrasia wird nur in dem Maße verständlich, wie wir eine Konzeption von Gründen voraussetzen, welche von einer *immanenten Differenz* zwischen ihrer Geltung und ihrer Kraft ausgeht.[321] Ein akratischer Akt ist ein solcher, der auf einen praktischen

321 An dieser Stelle dürfte deutlich werden, dass die Unterscheidung zwischen der Geltung und der Kraft von Gründen nicht mit der wohl gängigeren Differenz von Evaluation und Motivation (vgl. Kusser, *Dimensionen der Kritik von Wünschen*, S. 108–163) zusammenfällt. Die Rede von evaluativen und motivationalen Einstellungen scheint vorauszusetzen, dass wir es mit zwei distinkten Aspekten von Wünschen zu tun haben, die zwar »empirisch« zumeist zusammenfallen, aber unterschiedlichen Quellen entspringen: Evaluationen sind bewusste propositionale Haltungen, die auf Gründe zurückgehen, während Motivationen in psychischen Dispositionen wurzeln, die nicht notwendig bewusst und das Resultat von Urteilsprozessen darstellen. Worum es hier demgegenüber geht, ist, wenn man so will, eine andersartige Deutung der Differenz zwischen Motivation und Evaluation – nämlich im Sinne von zwei immanenten Aspekten, die im Verhältnis von Grund und Handlung liegen. Beide Aspekte bilden eine *notwendige Einheit*, die allerdings nicht so verstanden werden sollte, dass der »evaluative« Aspekt einseitig den »motivationalen« Aspekt bestimmt. Deren Einheit ist vielmehr die Einheit einer wechselseitigen Implikation: keine Geltung ohne den Rückbezug auf Gründe, die *schon in Kraft sind* oder Kraft besitzen, und keine Kraft ohne Rückbezug auf Gründe, denen das Subjekt Geltung zuschreibt. Im Folgenden soll jedoch gezeigt werden, dass diese Ko-Implikation von Grund und Kraft nicht allein eine notwendige Einheit beschreibt, sondern tatsächlich die *Einheit einer Differenz*, insofern der Wechselbezug innerhalb eines differentiellen, in sich konträren Logos verortet ist. Diese innere Gegensätzlichkeit eines praktischen Vermögens macht, dass die Kraft von Gründen mit Bezug auf ihre Geltung *strukturell* einen Überschuss aufweist – was bedeutet, dass deren immanentes Verhältnis temporalisiert ist, das heißt die Struktur der Nachträglichkeit besitzt: Ein Moment von Geltung oder Kraft kann der Möglichkeit nach ausstehen und auf eine Zukunft verweisen, in der Gründe noch zu validieren sind oder »forciert« werden sollten. Eine solche Auffassung einer *differentiellen Einheit* schließt demnach aus, die hier gemeinte Geltung eines Grundes mit einer evaluativen Einstellung und

Konflikt zurückgeht und die kausale Folge eines schlechteren Grundes darstellt. Er ist die Manifestation einer Kraft, deren normativer Status unangemessen ist gegenüber denjenigen Gründen, die vom Handelnden selbst für besser erachtet werden. Die akratische Privation besteht demzufolge nicht notwendig in der fehlenden Aktualität des besseren Wissens oder einem mangelnden Bewusstsein vom besseren Grund, sondern im Fehlen der Kraft des besseren Wissens: Letzteres behält seinen logischen *sf*-Status und verbleibt so »kraftlos« oder schwach. Das Fehlen der Kraft verweist darauf, dass das Subjekt sein besseres Urteil nicht »dekonditionalisiert«, insofern wir im Akt der Dekonditionalisierung jenes Moment einer Bekräftigung erkennen können, durch das eine Handlung bewirkt wird. Wir haben es daher mit einem problematischen Verhältnis zwischen der Kraft und der Geltung eines Grundes zu tun. Wie ist dieses Verhältnis zu denken, wenn es möglich sein soll, dass die Kraft des besseren Grundes zugleich schwächer sein kann, *ohne* dass die gegen-normative Kraft (des schlechteren Grundes) auf eine Ursache zurückginge, die dem rationalen Vermögen extern wäre?

Das ist die Frage des vorliegenden Kapitels. Der methodologischen Maxime gemäß, das Phänomen irrationaler Handlungen im Hinblick daraufhin zu untersuchen, was es uns über den Begriff eines rationalen Vermögens zeigt, soll die folgende These entwickelt werden:[322] Grund und Kraft gehören intern zusammen. Ein Grund bewirkt (kausal), was (logisch) aus ihm folgt. Das Phänomen der Akrasia zeigt uns allerdings, dass die Kraft von Gründen nicht darauf reduzierbar ist, ihre logische Folge zu bewirken. Das Kraftmoment beschreibt vielmehr eine Wirksamkeit von Gründen, welche die allein logische Bestimmung der normativen Folge exzediert. Und weil diese Wirksamkeit über seine logische Bestimmtheit hinausgeht, ist die Kraft eines Grundes nicht durch seinen inferentiellen Wert oder seine logische Folge ausreichend spezifiziert. Zur Konstitution der Kausalität von Gründen – zur Hervorbringung der logischen Folge von Gründen – bedarf es eines *Kraftüberschusses*. Dieses alogische Moment eines Kraftüberschusses geht in die Konstitution der *Normativität* von Gründen mit ein. Unser rationales Handlungsvermögen sollten wir demnach so verstehen, dass es die Fähigkeit einschließt, in der Aktualisierung des praktischen Logos Gründe derart zu erschließen, dass sie mit einem Überschuss an Kraft einhergehen.

---

die Kraft eines Grundes mit einer motivationalen Disposition gleich zu setzen – die auf der Annahme zweier verschiedener Quellen (einer »rationalen« und einer »psychischen«) basiert.

322 Diese Pointierung des Grundgedankens verdanke ich Christoph Menke.

5.2. *Das Fortwirken des praktischen Konflikts.* – Am Ende des letzten Kapitels sind wir zu einer Deutung gelangt, die mit der aristotelischen Erklärung der Akrasia offensichtlich verwandt ist: Wir vertreten eine Version von Aristoteles These, der zufolge eine unmäßige Kraft – eine dem normativen Status von Gründen nicht angemessene Kraft – dafür verantwortlich ist, dass praktisches Wissen, praktische Gründe oder Urteile eine nur privative Wirklichkeit (im Sinne der zweiten Entelechie) im Subjekt annehmen. Dasjenige, was wir am aristotelischen Verständnis der Akrasia festhalten wollen, besteht also in der Einsicht, dass die volle Wirklichkeit des praktischen Wissens durch Kräfte verhindert werden kann. Worin wir uns aber von Aristoteles absetzen, betrifft den Status, den derartige Kräfte mit Bezug auf das rationale Handlungsvermögen besitzen: denn sie sind nichts anderes als die Kräfte des Logos selbst.

Eine *dynamis meta logou* zu haben bedeutet nicht nur, über ein Wissen vom richtigen Handeln zu verfügen, sondern zugleich auch die Kraft zu besitzen, dieses Wissen vollziehen zu können respektive praktisch werden zu lassen. Und da rationale Vermögen auf Gegenteiliges bezogen sind, und zwar in sowohl normativer als auch kausaler Hinsicht, implizieren sie dadurch, dass sie ihrem Subjekt konträre Handlungsmöglichkeiten erschließen, auch konträre Kräfte. Aufgrund der differentiellen Verfasstheit des praktischen Logos müssen wir die Aktualisierungen eines praktischen Vermögens so denken, dass sie eine *implizite Reflexivität* aufweisen: Urteile und Schlüsse beziehen sich in dem Maße auf Handlungen, wie sie zugleich auch in einem Verhältnis zu anderen Urteilen und Schlüssen stehen. Die differentielle Organisation des Logos eines Vermögens manifestiert sich in seinen Aktualisierungen also derart, dass die Urteile eines Subjekts stets ein Urteilen über andere Urteile einschließen – die Konstitution ihres Gehalts beinhaltet eine implizite Aufteilung, Gewichtung, Differenzierung anderer Gründe und mithin eine implizite Selbstsituierung des Urteils im Verhältnis zu anderen Gründen. Die Kraft, die im Akt des Urteilens liegt, ist somit *einerseits* Korrelat einer solchen normativen Selbstsituierung, sie ist, wenn man so will, ihr »Ausdruck« (aber sie erschöpft sich nicht darin). Im Hinblick auf andere (ko-präsente) Urteile hat deshalb die Aktualisierung eines Urteils normative *und* kausale Konsequenzen, das heißt, auf der Basis ihrer normativen Bezüge entfaltet sie zugleich spezifische Effekte in anderen Urteilen. Diese Effekte jedoch – und das ist der Punkt – können *andererseits* unter gewissen Voraussetzungen von ihrer normativen Bestimmtheit abweichen. Ein praktischer Konflikt stellt eine derartige Voraussetzung dar: *Konfligierende Handlungsgründe verhalten sich auf der Ebene ihres normativen Gehalts anders zueinander als auf der Ebene ihrer Kraft.*

Dies bedeutet nicht, dass im Konfliktfall der normative Gehalt und die Kausalität von Gründen notwendig divergieren; es heißt nur, dass die logisch ausgezeichneten Gründe nicht schon allein dadurch, dass sie normativ promoviert wurden, die effektiven sind. Auf diese Weise wird deutlich, inwiefern wir an der aristotelischen Grundintuition festhalten können, ohne der »vernunftwidrigen« Kraft einen externen Status zuzuschreiben.

Die Möglichkeit einer irrationalen Aktualisierung rationaler Vermögen lässt sich stattdessen einsehen, wenn wir den praktischen Konflikt so auffassen, dass er sich über das Resultat derjenigen Überlegungen hinaus verlängert, die das Subjekt in Anbetracht des Konflikts anstellt. Der Konflikt hat sich also nicht schlicht mit dem überlegten Urteil über das bessere Handeln erübrigt, sondern die beiden konfligierenden Perspektiven bleiben weiter bestehen, der »schlechtere« Grund weiterhin wirksam – und eben darin können wir die Kraft von Gründen im Unterschied zu ihrem normativen Status erkennen. Wir sollten demnach einen erneuten Blick auf die Art des Konflikts werfen, vor dessen Hintergrund akratisches Handeln als Ausübung rationalen Könnens verständlich wird.

In seinem Aufsatz »Widerspruchsfreiheit in der Ethik« hat Bernard Williams argumentiert, dass praktische Konflikte nicht auf ihren kognitiven oder logischen Aspekt reduziert werden dürfen. Das Problem, das sich mit einem praktischen Konflikt stellt, erschöpft sich nicht darin, den logisch besseren Grund zu identifizieren und entsprechend den schlechteren Grund *ad acta* zu legen. Durch einen Vergleich von praktischen Konflikten mit Konflikten zwischen kognitiven Überzeugungen auf der einen und Wünschen auf der anderen Seite versucht Williams, diesen Punkt deutlich zu machen. Für uns ist dieses Vorgehen insofern von Relevanz, als der Vergleich mit kognitiven Widersprüchen in erster Linie die logische Dimension von praktischen Konflikten erhellen kann, während der Vergleich mit widerstreitenden Wünschen ihren kausalen Aspekt zu akzentuieren hilft.[323]

---

323 Es muss an dieser Stelle konzediert werden, dass Williams nicht von praktischen, sondern von *ethischen* Konflikten spricht, und dass der Vergleich mit Wunsch- und Überzeugungskonflikten daher sinnvoll erscheint, weil hier drei verschiedene Konfliktarten vorliegen. Wenn wir versuchen, Williams Argumentation, die auf ethische Konflikte bezogen ist, auf praktische Konflikte im Sinne Davidsons zu generalisieren, wird natürlich der Vergleich mit Wunschkonflikten insofern unsinnig, als diese klarerweise einen Fall von praktischen Konflikten darstellen. Da unser Punkt aber darin besteht, rein kognitive und nicht-kognitive Konflikte als abstrakte Modelle aufzufassen, um die Dimensionen der Geltung und der Kraft in praktischen Konflikten verständlich zu machen, ist der Vergleich nicht unsinnig: Der Logos kann, sofern er praktisch ist, weder auf seinen kognitiven Aspekt noch

Die Spannung zwischen kognitiven Überzeugungen ist primär eine logische Spannung, das heißt, sie besteht in einem Widerspruch oder einem Widerstreit[324] auf der Ebene ihres Gehalts und betrifft so in erster Linie ihre Wahrheit oder Geltung (denn beide Überzeugungen können nicht zugleich wahr sein). Ein solcher Konflikt lässt sich entscheiden, indem man die richtige Überzeugung herausfindet und entsprechend die falsche verwirft. Das Bewusstsein, dass zwei kognitive Überzeugungen sich widersprechen oder einander widerstreiten, führt nun unmittelbar dazu, dass »wenigstens eine von ihnen geschwächt« wird, wenn nicht gleich beide.[325] Im Hinblick auf praktische Konflikte können wir eine derartige logische Schwächung der Geltung so deuten, dass die beteiligten Urteile einen *pf*-Charakter besitzen: Es ist zunächst nicht klar, welches der beiden Urteile besser ist, und dies gibt dem Subjekt Grund, mit Bezug auf einen weiteren Horizont von Gründen und Tatsachen zu überlegen und den Konflikt auf diese Weise zu ent-

---

auf seinen nicht-kognitiven (sprich: strebenden) Aspekt reduziert werden. Genauso wenig sollte man ihn jedoch als Zusammensetzung einer Erkenntnis- und einer Strebenshaltung verstehen, denn dies hieße zu unterstellen, dass beide unabhängig voneinander verständlich sind. Eben dies ist aber bei praktischen Gründen nicht möglich. Dort, wo es um die Wirksamkeit von Gründen geht – und darum handelt es sich, wenn wir Gründe als Aktualisierungen einer *dynamis meta logou* begreifen – müssen wir zwei irreduzible und wesentlich aufeinander bezogene Dimensionen annehmen, die nicht als getrennte oder unabhängige kognitive und nicht-kognitive Elemente vorliegen: der praktische Logos ist an und für sich selbst *orexis*. Daher haben Wunsch- und Überzeugungskonflikte allein Modellcharakter: In künstlicher Isolierung sollen erstere den kausalen Aspekt und letztere den logischen Aspekt exemplifizieren, die beide praktischen Konflikten innewohnen. Wir wollen also weder sagen, dass Gründe Überzeugungen entsprechen, noch wollen wir behaupten, dass Kräfte Wünsche bezeichnen – denn die Momente der Geltung und der Kraft bilden eine Einheit. Die Kraft eines Grundes »bemisst« sich weder daran, wie sehr die entsprechende Handlung (respektive ihr Objekt) gewünscht oder erstrebt wird, noch ist sie durch das »Lustprinzip« konstituiert (das heißt durch die Intensität, in der die Vorstellung einer Handlung oder eines Objekts das subjektive Gefühl der Lust und Unlust affiziert). Als »Kraft« wollen wir vielmehr einen *formalen* Aspekt von Gründen beschreiben.

324 Williams unterscheidet zwischen widersprüchlichen und widerstreitenden Überzeugungen: Widersprüchliche Erkenntnisurteile sind logisch unvereinbar, insofern sie in einem direkten Widerspruch zueinander stehen (zum Beispiel ›Ich habe eine Glatze‹ und ›Ich habe keine Glatze‹), während widerstreitende Urteile aus einem rein logischen Gesichtspunkt vereinbar sind (zum Beispiel ›Morgen ist Donnerstag‹ und ›Morgen habe ich keinen Arzttermin‹), durch zusätzliche Überzeugungen jedoch einen Konflikt bilden (etwa der Glaube, dass ich am 16. März einen Arzttermin habe, und dass dieser Tag der morgige Donnerstag ist). Vgl. Williams, »Widerspruchsfreiheit in der Ethik«, S. 264ff.

325 Ebd., S. 269.

scheiden. Im Falle widersprechender oder widerstreitender kognitiver Überzeugungen hat eine solche Entscheidung die Konsequenz, dass das falsche Erkenntnisurteil verworfen wird: »denn die Entscheidung, eine Überzeugung sei nicht wahr, heißt, daß man diese Überzeugung aufgibt, sie also nicht mehr vertritt«.[326] Auf die Ebene praktischer Konflikte übertragen würde dies bedeuten, dass der schlechtere Grund *verworfen* wird, und zwar in dem Sinne, dass aus ihm keine Handlung folgen soll. Weil der Grund in logischer Hinsicht seine praktische Relevanz verloren hat, lässt ihn das Subjekt fallen, so dass dieser, wenn man so will, zum Schweigen gebracht wird.

Ein Streit zwischen Wünschen führt hingegen genauso wenig zu einer Schwächung der beteiligten Strebungen, wie die überlegte Entscheidung eines solchen Streits mit dem Schweigen des unterlegenen Wunsches einhergeht. Wenn ich einen Wunsch wirklich habe, dessen Erfüllung jedoch durch die Gegenwart eines widerstreitenden Wunsches in Gefahr gerät, schwächt dies nicht mein Begehren, sondern schafft eher eine Situation des »inneren Ringens«.[327] Ebenso verhält es sich auf der kausalen Ebene praktischer Konflikte: Die Tatsache, dass ein Handlungsgrund durch die Entdeckung eines Konflikts mit einem anderen Handlungsgrund (*prima facie*) logisch geschwächt wird, heißt nicht notwendig, dass er aufhört, ein *starker* Grund zu sein; die Präsenz konträrer Gründe kann vielmehr zu einem *Anwachsen* der Kraft eines Grundes führen. Das Verhältnis der konfligierenden Gründe entspricht auf dieser Ebene daher einem differentiellen Verhältnis antagonistischer Kräfte. Das praktische Sollen, das durch die beiden Gründe zum Ausdruck gebracht wird, lässt sich von einem solchen Antagonismus nicht ablösen – respektive nur um den Preis einer Reduktion des Konflikts auf seine logische oder rein kognitive Dimension. Indem man aber die Kraft-Dimension des Logos entsorgt, bringt man sich auch um ein angemessenes Verständnis des praktischen Konflikts:[328] Williams zufolge würde man das Interesse, das in der überlegten Entscheidung praktischer Konflikte leitend ist, missverstehen, wenn man es auf das Bemühen verkürzte, das Richtige (oder Bessere) zu finden und das Falsche (oder Schlechtere) loszuwerden. Wenn ich mich in einer solchen Konfliktsituation befinde, »denke ich nicht im Sinne der Irrtumsvermeidung. Falls ich überhaupt konstruktiv denke, so sind meine Gedanken auf das bestmögliche Handeln gerichtet, und dies ist eine geistige Verfassung, die das Vorhandensein beider *Sollen anerkennt*«.[329] Beide

---

326 Ebd.

327 Ebd., S. 273

328 Vgl. ebd., S. 279.

329 Ebd., S. 274.

Gründe anzuerkennen und entsprechend zu überlegen, worin in dieser Lage das »bestmögliche Handeln« besteht, kann entsprechend nicht bedeuten, einen der beiden Gründe zu verwerfen – im Gegenteil, wie der Vergleich mit Wunschkonflikten zeigt. Charakteristisch für solche Konflikte ist beispielsweise der reflexive Wunsch, beide Strebungen zu verwirklichen, oder – insofern der Konflikt ja gerade darin besteht, dass dies unmöglich ist – niemals in diese Zwickmühle geraten zu sein (oder auch: dass die Umstände andere wären, etc.). Aus diesem Grund betont Williams, dass Entscheidungen für den einen und gegen den anderen Wunsch mit einem mehr oder weniger starken Gefühl des Bedauerns einhergehen, und dieses Gefühl markiert offensichtlich, dass der zurückgewiesene Wunsch weiter *in Kraft ist*. Die Suche nach Ersatzbefriedigungen oder Kompromissen, die Wiederkehr des Wunsches in ähnlichen Situationen oder auch die psychische Arbeit, das entsprechende Begehren zu mildern oder zu verschieben,[330] sind allesamt Symptome dafür, dass der unterlegene Wunsch alles andere als erledigt ist und, obgleich er in logischer Hinsicht eine Schwächung erfahren hat, seine Kraft behält – die aufgrund der normativen Schwächung wohl noch eine gewisse Steigerung oder Dringlichkeit erhält.

Um zu einem angemessenen Verständnis praktischer Konflikte zu gelangen, müssen wir nun *beide* Merkmale – das heißt sowohl die Ähnlichkeit zu kognitiven als auch zu voluntativen Konflikten – in ein Bild integrieren. Der praktische Konflikt beschreibt zunächst eine Situation, in der ein Subjekt über Gründen verfügt, zwei konfligierende oder unvereinbare Handlungen auszuführen. Eine überlegte Entscheidung darüber, welcher Grund der bessere ist, führt unweigerlich zu dem Ergebnis, dass der schlechtere Grund normativ zurückgestuft und aufgeschoben oder abgewiesen wird; ihm muss folglich seine Kausalität genommen werden. In dem Maße aber, in dem die in den Konflikt verwickelten Einstellungen oder Gründe zugleich den Charakter von Kräften besitzen, bleibt der abgewiesene Grund *wirksam*, weil ihn das Subjekt als »guten« Grund anerkannt hatte und entsprechend weiterhin danach strebt, ihm gemäß zu handeln – der Tatsache zum Trotz, dass es von der normativen Superiorität einer anderen Handlungsweise überzeugt ist. Vor diesem Hintergrund wird überhaupt erst begreifbar, weshalb so etwas wie Selbstbeherrschung nötig ist: Die Alternative von *enkratia* und *akrasia* erhält allein auf der Basis der Einsicht, dass ein abgewerteter Grund als Kraft insistieren kann, einen verständlichen Sinn. Denn nur unter der Voraussetzung, dass die konfligierenden Urteilsperspektiven in einer antagonistischen Relation stehen und

330 Vgl. ebd., S. 270, 274.

dass dieser Antagonismus auch dann noch bestehen bleibt, wenn ein überlegtes Urteil über das bessere Handeln gebildet wurde, entsteht für das Subjekt eine Situation, in der es *sich beherrschen* sollte, oder genauer, in der es die *fortgesetzte* Wirksamkeit der normativ zurückgewiesenen Urteilsperspektive blockieren muss. Wenn man allein den kognitiven oder logischen Aspekt praktischer Konflikte berücksichtigt, muss einem schleierhaft bleiben, was mit den Begriffen der Selbstbeherrschung und der Unbeherrschtheit eigentlich gemeint ist.

5.3. *Die Abspaltung von Gründen.* – Die Beschreibung der Struktur praktischer Konflikte, die wir im Anschluss an Williams gewonnen haben, liefert uns ein Szenario, das uns eine Wirksamkeit von Gründen anschaulich macht, die nicht zugleich normativ hinreichende Gründe für die Vollzüge sind, die sie verursachen. Der praktische Konflikt enthält zwei konträre Einstellungen, die sich sowohl logisch widersprechen oder widerstreiten als auch in einem antagonistischen Kräfteverhältnis stehen; dieser Antagonismus bleibt auch dann noch in Kraft, wenn das Subjekt mit seinem überlegten Urteil den logischen Widerspruch oder Widerstreit entschieden hat, denn insofern der Zug des überlegten Urteils gerade darin besteht, die Geltung der konfligierenden Gründe zu gewichten, tritt er damit zugleich (als wirksames Urteil) in ein Spannungsverhältnis zur Kraft derjenigen Urteile, die durch ihn normativ abgewertet wurden. Der Kräftekonflikt verlagert sich so in einen Antagonismus zwischen dem überlegten Urteil, das dem Subjekt Grund gibt, die Handlung *x* auszuführen, und dem damit abgewiesenen Urteil, wonach die Handlung *y* erstrebenswert ist. *Dieser* Widerstreit lässt sich natürlich nicht mehr im Sinne einer normativen Gewichtung entscheiden – diese Frage hat das Subjekt bereits beantwortet –, sondern sein Ausgang ist eine Frage des Kräfteverhältnisses, das heißt eine Frage der Kraft des Akts der Gewichtung selbst und der Weise, wie diese sich zu den Kräften der abgewerteten Gründe verhält.

Wenn dem so ist, dann müssen wir eine wichtige Konsequenz ziehen: Der Ausgang des höherstufigen Konflikts (ganz gleich, wie er aussieht) schließt *mit Notwendigkeit eine »zusätzliche« Kraft* ein – eine Kraft, die zwar nicht zwangsläufig mit einem Verstoß gegen die Geltung des besseren Wissens einhergeht, die aber wie eine Verstärkung oder Neutralisierung zu diesem »hinzutritt«. Vollzieht das Subjekt die (irrationale) Handlung *y*, dann hat sich das schlechtere Urteil durchgesetzt und mithin eine Wirksamkeit entfaltet, die durch dessen normativen Status nicht gerechtfertigt erscheint. Allerdings haben wir es hier mit keiner bloßen Kraftwirkung zu tun, einem schlichten Triumph des Stärkeren über das Schwächere, schließlich geht es um eine Effektivität, die wesentlich durch den normativen Gehalt eines Urteils konstituiert ist: Das Subjekt handelt aus seinem »schlechteren« Grund, *als ob* es das überlegte Urteil nicht gefällt hätte. Die (irrationale) Überschüssigkeit der Kraft, welche die normativ abgewertete Seite des Konflikts aufweist, schließt eine Art Entkopplung des schlechteren Urteils von der Perspektive des besseren Wissens ein – so dass jenes vom normativen Effekt desselben gewissermaßen ausgenommen wird. Eine widerlogische Wirksamkeit wird erst dadurch zu einer solchen, dass sie zugleich auf der logischen Ebene des Urteilens (das heißt an oder mit normativen Gehalten) geschieht, und zwar im Sinne einer (logisch unangemessenen) Neutralisierung der normativen Konsequenz derjenigen Einstellung, die vom Subjekt unter Berücksichtigung eines weiteren Horizonts von Gründen als die bessere bewertet wird. Auf der Basis dieser »Abspaltung« war es dem Subjekt möglich, gleichzeitig *aus* einem Grund und *ohne* Grund zu handeln: aus einem Grund, der als Grund irrelevant geworden war.

Vollzieht das Subjekt hingegen die (selbstbeherrschte) Handlung *x*, dann steht der verursachte Akt zwar in einem angemessenen logischen Verhältnis zu der »Gesamtheit« der Gründe, die das Subjekt hat, jedoch bedurfte es dazu einer Blockierung oder »Abdrängung« desjenigen Urteils, das trotz seiner Zurückweisung durch die deliberative Entscheidung weiterhin wirksam war. Die normative Abwertung dieses Grundes musste also auch hier mit einem zusätzlichen Krafteffekt einhergehen, damit der bessere Grund – gegen den anderen, irrational fortwirkenden Grund – eine Handlung hervorbringen konnte: entweder durch eine nachdrückliche Verstärkung des besseren Wissens, oder durch eine nachdrückliche Blockierung der Kraft des schlechteren Urteils. Weil aber dessen Kraftüberschuss gerade darin besteht, das »schlechtere« Urteil von der Perspektive des besseren Wissens abzusondern – so dass dieses Urteil wirksam werden kann, als hätte es kein besseres Urteil gegeben –, haben wir es dennoch in beiden Fällen (in dem der Selbstbeherrschung und dem der Akrasia) mit einer Wirksamkeit von Gründen zu tun, die ein Moment des Widerlogischen insofern impliziert, als sie gegen andere Gründe geht, die das Subjekt aufrechterhält. Beide Fälle sind freilich nicht symmetrisch; aber durch die Abspaltung entsteht eine Situation, in der sowohl eine selbstbeherrschte als auch eine irrationale Handlung notwendig mit einem Überschuss an Kraft – wenn auch nicht in der gleichen Weise – einhergehen.

Es mag der Anschein entstehen, als wären Begriffe wie »Abspaltung« oder »Abdrängung« an dieser Stelle übertrieben. Nehmen wir an, ich telefoniere mit meinem Freund A und wir tragen irgendeine Kontroverse aus (sagen wir, über die Angemessenheit von Begriffen wie Abdrängung oder gar Verwerfung im Zusammenhang mit praktischen Konflikten). A schaut auf die Uhr und erkennt, dass er nur noch knapp zehn Minuten Zeit hat, um den nahe gelegenen Supermarkt aufsuchen zu können – und das muss er, glaubt A, da sich sonst sein Abendessen auf eher unvorteilhafte Weise gestalten würde. Während ich weiterrede, überlegt er kurz, legt die Gründe für die Fortsetzung der Debatte und die Gründe für den Supermarkteinkauf auf die Waage, kommt zu dem Schluss, dass die Seite des Supermarkteinkaufs klarerweise gewichtiger ist, und will das Telefonat abbrechen – nicht aber, bevor er mir nicht genau dieses Beispiel mit ironischem Unterton vorträgt, um die Unangemessenheit meiner Idee zu demonstrieren, dass bei konfligierenden Handlungsgründen die Umsetzung des besseren Urteils mit einer Abdrängung oder Abspaltung des gegenteiligen Urteils einhergeht. Und er hat natürlich Recht. Allerdings, so male ich mir nachträglich aus, hätte ich zu bedenken geben können, dass sein »Konflikt« zumindest in einem wichtigen Merkmal mit Williams Beschreibung kompatibel ist. Denn dadurch, dass er mir und sich sofort in Aussicht gestellt hat, in etwa einer halben oder dreiviertel Stunde wieder anzurufen, wurde sein »Konflikt« bereits im Ansatz entschärft. Er fand einen Kompromiss, *beiden* Gründen stattzugeben, und darin waren seine Überlegungen tatsächlich auf das »bestmögliche Handeln« ausgerichtet und somit auf der Basis der Anerkennung »beider Sollen« überhaupt erst verständlich. In diesem Fall gab es deshalb überhaupt keinen Anlass, den als weniger gewichtig eingeschätzten Grund (für die Fortsetzung des Telefonats) unterdrücken oder in einem anspruchsvolleren Sinne ausschließen zu müssen, im Gegenteil: ihm wurde ja stattgegeben.

Gesetzt aber, ich hätte eben dieses Argument A noch mitteilen können – und damit seinen Ehrgeiz geweckt, woraufhin ihm einige Gegenargumente eingefallen wären, denen er auch noch prompt hätte Ausdruck verschaffen wollen, was er aus verständlichen Gründen allerdings ein wenig überhastet getan hätte, worauf ich aus vielleicht ebenfalls verständlichen Gründen mit gesteigerter Nervosität und einer leicht hektischen Gegenrede reagieren würde – eine Gegenrede, die A ungern so hätte stehen lassen wollen, etc. Kurz, mein Freund geriete dadurch, dass wir uns in eine erhitzte Debatte verstrickten, in einen kleinen praktischen Konflikt. Seine Gründe für die unmittelbare Fortsetzung des Gesprächs erhielten in dem Maße zusätzliches Gewicht, wie seine Situationswahrnehmung weitere Gründe erschließt (und damit vor allem auch: zusätzliche Kraft), ohne aber in seinen Augen, so möchten wir annehmen, zu einer Revidierung seines vorangegangenen abwägenden Urteils zu führen, schließlich dürfte ihm ein ordentliches Abendessen allemal wichtiger sein als meine begrifflichen Probleme. Zudem würde die Zeit immer knapper, und in Anbetracht der

Tatsache, dass er gerade von hässlichen Schienbeinschmerzen geplagt wird (die auf den immerhin hübschen Namen »shin splints« hören) und infolgedessen schlecht zu Fuß ist, müsste er, seinen besseren Gründen zufolge, jetzt wirklich loseilen und mich in meiner Nervosität fürs Erste zurücklassen. Nehmen wir aber an, dass seine »schlechteren« Gründe dennoch derart in ihm wirksam gewesen wären, dass er sich von der hitzig gewordenen Debatte absorbieren ließ, so dass der Supermarkt seine Pforten geschlossen hätte, ohne dass mein Freund für sein Abendessen sorgen konnte: er wäre »Opfer« einer (harmlosen) »Unbeherrschtheit« geworden.

Der entscheidende Punkt ist der Folgende: Müssen wir nicht voraussetzen, dass A sich von der Debatte nur in dem Maße absorbieren lassen konnte, wie er sich seinem besseren Urteil und seinen besseren Gründen gegenüber distanziert oder für eine gewisse Zeit verschlossen hätte? Und käme dies nicht einer »Abspaltung« gleich – denn wie hätte er sonst in der Lage gewesen sein können, seinen besseren Gründen zuwiderzuhandeln? Dies zu behaupten bedeutet nicht, ihm (mit Aristoteles) zu unterstellen, dass er den Zugang zu diesen Gründen verloren hat, weil die Batterie seiner Affekte und »fehlgeleiteten« Bestrebungen eine Beeinträchtigung seines Urteilsvermögens erwirkte; es heißt nur, ihm zu unterstellen, dass er *aus der Perspektive* seiner »schlechteren« Gründe (das heißt insoweit er aus dieser Perspektive agierte) den wirksamen Bezug zu den »besseren« Gründen weniger verloren denn zeitweilig *außer Kraft gesetzt* hätte. Und dies muss wiederum nicht bedeuten, dass sein praktisches Bewusstsein mit Bezug auf die eine oder die andere Perspektive getrübt worden sei. Es liegt nichts Paradoxes in der Annahme, dass man zwischen zwei völlig bewussten Urteilsperspektiven »hin und her gerissen« sein kann, obgleich man eigentlich davon überzeugt ist, dass die eine besser ist als die andere (Williams Rede von einem inneren »Ringen«). Aus diesem Grund wäre A auch durchaus in der Lage gewesen, sich zu beherrschen, das Telefonat abzubrechen und mich auf später zu vertrösten. Nur hätte er sich dazu »zusammenreißen« müssen, und eben dies würde implizieren, dass er all den »schlechteren« Gründen, die immer noch in ihm wirksam sind, mit Nachdruck eine Abfuhr erteilt – dass er sie in ihrer »unmäßigen« Kraft depotenziert. Das klingt freilich dramatischer, als es ist. Jedoch sollten wir, zu welchem Grad auch immer, etwas in der folgenden Art annehmen: Insofern die Perspektive der wirksamen schlechteren Gründe eine Distanzierung gegenüber den besseren Gründen enthält, lässt sich ein selbstbeherrschtes Handeln aus deren Perspektive nur um den Preis einer (zumindest momentanen) Ausschließung, Ausschaltung oder Wegdrängung der Kraft jener schlechteren Gründe bewerkstelligen. Andernfalls gäbe es schlicht keinen Anlass, sich zu beherrschen.

5.4. *Davidsons gespaltener Geist*. – Wenn mein Telefonat mit A im Sinne des soeben gezeichneten Szenarios geschehen wäre, hätte sich zu seinen »shin splints« ein – wenn auch ungleich verschmerzbarerer und ungleich kürzerer – »mind split« dazugesellt, eine Art Spaltung seines praktischen Urteilens, das in zwei gegenläufige Perspektiven auseinanderfällt. Wie aber haben wir diesen Vorgang zu verstehen? Offensichtlich rühren wir hier an einen Punkt, den nahezu alle philosophischen Erklärungen praktischer Irrationalität machen: Um die Möglichkeit eines Aktes wider besseres Wissen verständlich zu machen, bedarf es der Annahme irgendeiner *Spaltung im menschlichen Willen* – denn allein ein Wille, der sich gegen sich selbst wendet oder sich von sich selbst distanziert, ist in der Lage, (absichtlich oder unabsichtlich) gegen seine eigene Absicht zu agieren. Die entscheidende Frage aber lautet natürlich, wie eine solche Spaltung verständlich zu machen ist und welche Relevanz sie für die allgemeine Bestimmung einer rationalen Handlungsfähigkeit besitzt.

In seinem Aufsatz »Paradoxien der Irrationalität« hat Davidson diesen Gedanken einer Spaltung des Willens im Rückbezug auf »einige der wichtigsten Thesen Freuds« – gemeint ist wohl in erster Linie Freuds Behauptung, neurotisches (und sogar psychotisches) Verhalten durch den Begriff der *Ichspaltung* erklären zu können[331] – einzuführen versucht: Um irrationale Phänomene zu erklären, sollten wir einige Grundintuitionen der Psychoanalyse gegenzeichnen, sofern diese »pauschal genug formuliert werden [*are stated in a sufficiently broad way*]« und dabei konsequent nicht als empirische, sondern als konzeptuelle Thesen formuliert werden.[332] Im wesentlichen laufen diese Intuitionen für Davidson auf die folgenden drei Behauptungen hinaus: »It is only by postulating a kind of compartmentalization of the mind«, *erstens*, »that we can understand, and begin to explain, irrationality«.[333] »Untergliederung« bedeutet, dass »der Geist [...] eine Reihe halb unabhängiger Strukturen [enthält], wobei diese Strukturen durch mentale Attribute wie Gedanken, Wünsche und Erinnerun-

331 Vgl. Sigmund Freud, *Abriß der Psychoanalyse*, S. 132ff.; vgl. auch ders., »Die Ichspaltung im Abwehrvorgang«, S. 59.

332 Davidson, »Paradoxien der Irrationalität«, S. 90. *Begrifflich* (und nicht empirisch) ist diese Reformulierung, weil sie eine bestimmte Voraussetzung artikuliert, die wir machen müssen, um das Phänomen irrationaler Handlungen (wie das der Akrasia) überhaupt verstehen zu können.

333 Davidson, »Incoherence and Irrationality«, S. 198.

gen«[334] respektive »patterns of beliefs, attitudes, emotions, intentions« gekennzeichnet werden können.[335] Dass diese »Muster« eine gewisse Unabhängigkeit voneinander bewahren, impliziert für Davidson, dass sie *zweitens* »in wichtigen Hinsichten Personen [ähneln]«:[336] Die nicht hinreichend miteinander integrierten inferentiellen Strukturen besitzen Eigenschaften, die wir normalerweise Personen zuschreiben (sie sind durch praktische Meinungen, Wünsche und andere psychologische Merkmale charakterisiert), wodurch eine gewisse Ähnlichkeit zu einem eigenständigen Willen entsteht, der andere geistige Zustände oder Ereignisse in der Welt hervorzubringen vermag. Und *drittens* behauptet Davidson, dass die Weise, in der *einige* der Elemente von geistigen Teilstrukturen Wirkungen erzeugen können (gemeint sind »mentale Ereignisse« oder psychische Zustände, deren geistiger Gehalt durch ihre Zugehörigkeit zu einer mentalen Teilstruktur konstituiert ist), »nach dem Vorbild physischer Dispositionen und Kräfte gesehen werden [müssen]«[337] – das heißt nach dem Modell einer Kausalerklärung durch *strikte Naturgesetze*.

Inwiefern können diese drei Behauptungen nun die Möglichkeit irrationaler Akte erläutern? Ein irrationaler Akt ist die Wirkung einer »mentalen Ursache«, die vom Prinzip der Rationalität insofern abweicht, als diese Ursache kein (hinreichender) Grund für die Wirkung ist, die sie erzielt. Um einer Ursache das Prädikat des Mentalen verleihen zu können, müssen wir Davidson zufolge diese Ursache vor dem Hintergrund des »holistischen Charakters des Mentalen« verstehen:[338] Sie hat einen geistigen Gehalt dadurch, dass sie eine Position in einem »Netz« (oder »logischen Raum«) von Überzeugungen, Wünschen, Gefühlen und Absichten besitzt, weshalb es unmöglich ist, einer Person einen geistigen Zustand zuzuschreiben, ohne ihr nicht zugleich implizit eine unermessliche Fülle von weiteren Überzeugungen, Wünschen etc. zu attribuieren, die in einer konsistenten Beziehung zu jenem Zustand stehen. Der »Holismus des Mentalen« impliziert in diesem Sinne jenes Rationalitätsprinzip zweiter Ordnung, gegen das der Akrates verstößt: dass »er so handeln sollte, wie er es unter Berücksichtigung aller Umstände für das Beste hält«.[339] Der Gedanke einer »Teilung des Geistes« soll nun der doppelten begrifflichen Anforderung gerecht werden, dass der akratische Akt einerseits einer absichtlichen Handlung

334 Davidson, »Paradoxien der Irrationalität«, S. 90.
335 Davidson, »Incoherence and Irrationality«, S. 198.
336 Davidson, »Paradoxien der Irrationalität«, S. 90.
337 Ebd., S. 91.
338 Ebd., S. 103.
339 Ebd., S. 97.

entspricht und mithin auf eine mentale Ursache zurückgeführt werden muss, andererseits aber in keiner konsistenten Relation zur Gesamtheit der Gründe steht, die das Subjekt besitzt, und somit das Rationalitätsprinzip zweiter Ordnung unterläuft. Die mentale Ursache des akratischen Aktes ist also insofern nicht rational, als sie in keiner kohärenten Beziehung zum inferentiellen Zusammenhang der Wünsche, Überzeugungen und Emotionen steht, der das Wissen vom besseren oder besten Handeln trägt. Dieselbe Ursache besitzt aber trotzdem einen grundsätzlich geistigen und rationalen Charakter, weil sie in einer konsistenten Beziehung zu einer *anderen* inferentiellen *Teil*struktur des Geistes derselben Person steht, die nicht mit der inferentiellen Struktur des besseren Wissens hinreichend integriert ist. Auf diese Weise kann Davidson die These aufrechterhalten, dass die Irrationalität *im praktischen Urteilen selbst* liegen kann – und nicht notwendig auf den Einfluss von psychischen Ereignissen zurückgeht, die keinen »propositionalen« Gehalt besitzen. »Denn die für Akrasia erforderlichen konkurrierenden Wünsche oder Werte deuten nach meiner Darstellung als solche gar nicht auf Irrationalität hin.« Wir haben es mit Urteilsperspektiven zu tun, die in sich »ein erhebliches Maß an Konsistenz« aufweisen und entsprechend die Form von Gründen exponieren.[340] Irrationalität wird erst dort möglich, wo ein Subjekt inkonsistent urteilt, und diese Möglichkeit will Davidson durch den Gedanken einer »Unterteilung des Geistes« erläutern.

Die zwei weiteren Behauptungen Davidsons – dass eine geistige Teilstruktur einer »ganzen« Person insofern ähnelt, als sie wie im absichtlichen Handeln Ereignisse im Geist und in der Welt hervorbringen kann, und dass dieses Hervorbringen *zugleich* mit dem Modell naturgesetzlicher Kausalität (der Wirksamkeit physischer Kräfte) beschrieben werden kann – dienen nun dem Zweck, die Idee einer irrationalen Kausalität (eines mentalen Zustands, der kein ausreichender Grund für seine Wirkungen ist) zu plausibilisieren. »Der Grundgedanke ist folgender: Wenn Teile des Geistes bis zu einem gewissen Grad unabhängig sind, können wir verstehen, wie sie fähig sind, Inkonsistenzen zu beinhalten und auf kausaler Ebene zu interagieren«.[341] Aufgrund der Desintegration der beiden Teile kann der eine Teil im anderen also *nichtrationale* Wirkungen verursachen. Der Eindruck einer bloß kausalen Wirksamkeit ist daher perspektivisch. Diejenige Einstellung, die im einen Teil des Geistes einen guten Grund darstellt (der »schlechtere« Grund des Akrates), hört im anderen Teil auf, ein guter Grund zu sein; und wenn eine Person es unterlässt, ihrem besseren Wissen gemäß zu

---

340 Ebd., S. 101.
341 Ebd.

handeln, dann hat derjenige Teil, der dem irrationalen Akt zugrunde liegt, im anderen Teil (dem das bessere Wissen zugehört) einen nichtrationalen Effekt erzielt, nämlich die Unterbrechung oder Blockierung des Handelns gemäß des besseren Urteils. Davidsons Vorstellung, dass »mentale Prozesse« einer doppelten Beschreibung zugänglich sein müssen – einer mentalen Beschreibung im Sinne der Positionierung der Ereignisse in einem logischen Raum der Gründe und einer kausalen Beschreibung im Sinne strikter Naturgesetzlichkeit –, soll nun verständlich machen, wie die nichtrationale Kausalität einer inferentiellen Teilstruktur zu denken sein soll: Im Falle von Irrationalität haben wir es mit einer Relation zwischen mentalen Ereignissen oder zwischen Mentalem und Welt zu tun, auf die nur noch die kausale Erklärung und nicht mehr die mentale Rationalisierung zutrifft.

5.5. *Geistige Teile, physische Kräfte.* – Davidsons Auffassung einer »partition of the mind« hat viel Kritik hervorgerufen, auf die hier nur kurz eingegangen werden soll – und zwar in dem Maße, wie sie zur Klärung der irrationalen Spaltung und ihrer Bedeutung für die Struktur einer rationalen Handlungsfähigkeit beiträgt.[342] Die Idee einer »Teilung des Geistes« ist in dieser Hinsicht vor allem mit drei Schwierigkeiten konfrontiert: *erstens* enthält sie die begriffliche Unklarheit, was man unter einem »Teil« des Geistes zu verstehen hat; *zweitens* bringt sie eine Bestimmung der Kausalität »mentaler Zustände« in Anschlag, welche mit dem Begriff eines rationalen *Handlungsvermögens* – der Auffassung, dass die Kraft zur Hervorbringung einer Handlung in der Vorstellung eines Grundes liegt – unvereinbar ist; und *drittens* besteht eine Schwachstelle in Davidsons Erklärung darin, dass sie keine Beschreibung der Entstehung der Spaltung liefert und infolgedessen den Status der abgespaltenen (und Irrationalität hervorrufenden) Teilstruktur im Unklaren belässt.

Zunächst zur ersten Schwierigkeit. Die Rede von »geistigen Teilen« lässt sich mit Rekurs auf Davidsons erste Behauptung (dass der Geist »eine Reihe halb unabhängiger Strukturen enthält«, die »durch mentale Attribute wie Gedanken, Wünsche und Erinnerungen gekennzeichnet sind«[343]) folgendermaßen deuten: Es geht weder um eine Einteilung in verschiedenartige geistige Vermögen oder Funktionen, noch um eine Division entlang der Linie rational/nichtrational; stattdessen haben wir es mit zwei inkonsistenten propositionalen Einstellungen zu tun, die

342 Was uns dementsprechend zum Beispiel nicht interessieren wird, ist die Frage, ob Davidsons Beschreibung eine angemessene Deutung der Thesen Freuds darstellt.

343 Davidson, »Paradoxien der Irrationalität«, S. 90.

beide als Aktualisierungen einer praktischen Urteilsfähigkeit beschrieben werden können. Transkribieren wir Davidsons interpretationstheoretische These in ein vermögenstheoretisches Vokabular, bleibt zunächst unklar, ob die Vorstellung »geistiger Teile« auf der Ebene des praktischen Logos (als Strukturen eines rationalen Vermögens) oder auf der Ebene der Aktualisierung des Logos situiert ist. Da aber die »Aufteilung des Geistes« als Erklärung der gleichzeitigen Aktualität inkonsistenter mentaler Zustände gedacht ist, scheint es angemessen, dem akratischen Subjekt einen in sich gespaltenen Logos zuzuschreiben und mithin die eigentliche Inkonsistenz auf der Ebene der ersten Entelechie unterzubringen.

An dieser Stelle könnte man die Vermutung haben, dass die Attribution einer tiefer liegenden Inkonsistenz der These vom »holistischen Charakter des Mentalen« widerspricht.[344] In »Paradoxien der Irrationalität« hat Davidson diesen möglichen Einwand bereits antizipiert und mit der Überlegung gekontert, dass das »principle of charity« Inkonsistenzen im Urteilen bis zu einem gewissen Grad tolerieren kann.[345] Dieser Gedanke eines Toleranzspektrums beim Zuschreiben von propositionalen Einstellungen mag im Hinblick auf die Phänomenologie der Interpretation richtig sein, allerdings gibt er demjenigen gelingensfixierten Verständnis praktischer Rationalität noch zu viel Kredit, das vor dem Hintergrund der inneren Gegensätzlichkeit eines rationalen Vermögens zurückgewiesen werden muss. Die Möglichkeit, dass ein und dasselbe Subjekt im Hinblick auf ein und dieselbe Situation inkonsistente Urteilsperspektiven ausprägt, sollte bereits vor dem Hintergrund des hier entwickelten Begriffs eines rationalen Handlungsvermögens verständlich sein, ohne die Annahme einer tieferen Spaltung des Logos voraussetzen zu müssen. Holistisch ist »das Mentale« auch insofern, als jedes inferentiell bestimmte Urteil, das als Aktualisierung eines in sich konträren rationalen Vermögens gelten kann, konstitutiv in unendlichen *differentiellen* Verhältnissen zu anderen geistigen Elementen steht. Gründe gewinnen ihren normativen Status durch den logischen Zusammenhang, in dem sie situiert sind; diese Bestimmtheit haben sie aber nur in dem Maße, wie sie zugleich ihren logischen Zusammenhang mit anderen Vorstellungen ausschließen. Insofern dieser Ausschluss aber konstitutiv in ihren Gehalt eingeht, ist ihre Prägnanz von der Bestimmtheit dessen abhängig, was sie derart ausschließend einschließen – und von dem sie umgekehrt als Ausschluss eingeschlossen werden. Auf diese Weise *enthält* jeder kohärente logische Zusammenhang die Potentialität entgegengesetzter Kohären-

344 Vgl. Vogel, »Fehler im Haus der Vernunft«, S. 78–81.
345 Vgl. Davidson, »Paradoxien der Irrationalität«, S. 103f.

zen, er steht wesentlich in einer Beziehung der Inkonsistenz zu einer Potentialität anderer »Wege« durch den »Raum« der Gründe. Vor dem Hintergrund dieser Beschreibung können wir verstehen, dass ein und derselbe Logos eines Vermögens, so wohlorganisiert er auch immer sein mag, die Möglichkeit divergierender normativer Aufteilungen des »Raumes« der Gründe einschließt – und exakt dadurch sein Subjekt grundsätzlich in die Lage versetzt, inkonsistente Handlungsperspektiven zu entwickeln (sofern diese mit Blick auf die Mannigfaltigkeit einer besonderen Situation aktualisierbar werden).

Um einem Subjekt inkonsistente praktische Einstellungen zuzuschreiben, bedarf es somit nicht notwendig der Voraussetzung einer inneren Spaltung seines praktischen Vermögens.[346] Diese Einsicht ist allerdings Davidson nicht verfügbar, weil er keinen Begriff eines rationalen Vermögens besitzt; seine These besagt deshalb, dass wir einem irrationalen Subjekt, das mit Bezug auf ein und dieselbe (und sogar normativ einigermaßen übersichtliche) Situation inkonsistent urteilt und handelt, jene tiefer liegende »partition of the mind« zuschreiben *müssen*, schließlich geht es darum, eine Erklärung für das eigentliche Rätsel des akratischen Handelns zu finden: dass ein Subjekt in der Lage ist, die Inkonsistenz seines Urteilens auch dort aufrechtzuerhalten, wo es seine widerstreitenden Einstellungen in seine Überlegungen reflexiv integriert und normativ gewichtet hat. Hier entscheidet sich Davidson zu der weitergehenden These, dass es sich um eine Spaltung in geistige Teilstrukturen handelt, die in einigen Hinsichten Personen ähneln, insofern sie, »wie im absichtlichen Handeln«, innerhalb und außerhalb des Geistes »Ereignisse« verursachen können.[347] Sebastian Gardner hat argumentiert, dass diese Behauptung nicht plausibel zu machen ist, wenn wir Davidson so verstehen, dass er eine Spaltung des Subjekts (oder des praktischen Logos) *in zwei personale Strukturen* vorschlagen möchte – und zwar vor allem deshalb, weil dies der Einheit von Personen widersprechen würde, ohne die der Begriff rationalen Handelns unverständlich wird.[348] Obgleich Davidson an diesem

---

346 Die gleichzeitige Wirklichkeit (im Sinne der ersten Entelechie) inkohärenter und schwach miteinander integrierter Formen der normativen Aufteilung des Logos in ein und demselben Handlungsvermögen ist natürlich eine Möglichkeit, die aufgrund der differentiellen Form des Logos denkbar wird – und sie ist sicherlich auch in dem Maße eine *notwendige* Möglichkeit, wie wir unterstellen können, dass sich Subjekte in keiner homogenen Welt bewegen, sondern in der Lage sein sollten, an einer irreduziblen Mannigfaltigkeit heterogener sozialer Praktiken und normativer Ordnungen teilnehmen zu können.

347 Davidson, »Paradoxien der Irrationalität«, S. 90.

348 Vgl. dazu Gardner, *Irrationality and the Philosophy of Psychoanalysis*, S. 59–84, insb. S. 78ff. Gardner diskutiert hier auch David Pears' Vorschlag, Irrationalität

Punkt einigermaßen vage ist – er präzisiert nicht die Hinsicht, in der geistige Teilstrukturen mit ganzen Personen vergleichbar sein sollen –, scheint er jene Lesart durch seinen ebenfalls vagen Bezug auf Freuds *Das Unbewusste* von 1915 zumindest nicht explizit auszuschließen. Freud hat dort argumentiert, dass die Weise, in der ein Bewusstsein auf das »System« des Unbewussten bezogen ist, dem Verhältnis des Bewusstseins zum Bewusstsein anderer Personen ähnelt: »alle die Akte und Äußerungen, die ich an mir bemerke und mit meinem sonstigen psychischen Leben nicht zu verknüpfen weiß, müssen beurteilt werden, als ob sie einer anderen Person angehörten, und sollten durch ein ihr zugeschriebenes Seelenleben Aufklärung finden.«[349] Liest man allerdings in Davidsons Text genauer nach, so wird klar, dass er keine derartige These vertreten will. Ihm geht es um die Behauptung, dass der Gedanke einer Teilung des Geistes »auf einen einzigen Geist und eine einzige Person« (und damit auf ein und denselben Logos eines rationalen Vermögens) angewendet werden kann,[350] und das schließt die Vorstellung einer Persönlichkeitsspaltung oder einer Division des Subjekts in separierte »centres of rational agency« aus.

Davidson teilt den Geist also nicht in getrennte Quasi-Subjekte mit eigenständiger Handlungsfähigkeit, sondern er scheint davon auszugehen, die inkonsistenten inferentiellen Teilstrukturen mit *psychophysischen Dispositionen* gleichsetzen zu können. Die Hinsicht, in der Teilstrukturen des Geistes Personen ähneln (»wie beim absichtlichen Handeln«), ist demzufolge nicht das intentional handelnde Subjekt als Ganzes, sondern die Kausalität, die sich in absichtlichen Akten manifestiert. Davidsons These läuft dementsprechend darauf hinaus, die Verknüpfung von geistigen Teilstrukturen mit »physischen Dispositionen und Kräften« anzuführen, um die nichtrationale Verursachung von Ereignissen innerhalb und außerhalb des Geistes verständlich machen

---

durch Rekurs auf eine Teilung der Person in präpersonale Subsysteme verständlich zu machen, wobei jedes Subsystem »is organized like a person« und somit ein »separate centre of agency« bildet, das »from its own point of view« »entirely rational« sei (Pears, *Motivated Irrationality*, S. 87). Das Problem an diesem Ansatz besteht jedoch darin, dass Pears Subsysteme mit Bezug auf dieselben Begriffe beschreibt, mit denen Personen individuiert werden – weshalb die Idee von Subsystemen tatsächlich auf die Vorstellung hinausläuft, dass ein und dieselbe Person in sich eine Vielfalt von »anderen« Personen enthält, deren Rationalität für sie selbst nicht zugänglich ist. Von *einer* Person zu sprechen, ergibt dann keinen Sinn mehr; wir hätten es mit einer *multipel gespaltenen Persönlichkeit* zu tun, die nahezu die charakteristischen Merkmale einer Psychose versammeln würde und von der schwerlich behauptet werden könnte, dass sie noch rational handelt.

349 Vgl. Freud, *Das Unbewusste*, S. 268.

350 Davidson, »Paradoxien der Irrationalität«, S. 100.

zu können.[351] Wäre der Geist nicht gespalten, könnten wir annehmen, dass sich die Gesamtheit der Gründe in einem mentalen (oder extramentalen) Ereignis manifestierte, das gleichzeitig in einer nomologisch-kausalen und in einer logischen Beziehung zu dieser Gesamtheit steht; sofern wir es aber mit einer Division des Geistes in inkompatible Teilstrukturen zu tun haben, sind beide nur noch in der Lage, auf einem kausalen Niveau zu »interagieren«: Die kausale Beschreibung bleibt bestehen (ein mentales Ereignis, dessen Gehalt durch Rekurs auf einen inferentiellen Teilzusammenhang interpretierbar ist, bewirkt ein anderes, intra- oder extramentales Ereignis), ohne mit einer normativen Beschreibung einherzugehen (das mentale Ereignis steht in keiner konsistenten Beziehung zu der »Gesamtheit« der Gründe, die ein Subjekt hat). Auf diese Weise meint Davidson, die Möglichkeit irrationaler Handlungen nicht nur angemessen erläutern zu können, sondern darüber hinaus auch eine phänomenale Basis gefunden zu haben, die seine kausale Handlungstheorie unterstützt: Handlungen stehen nicht allein in einer logischen Beziehung zum holistischen Raum der Gründe, sondern immer auch in einer durch strikte Kausalgesetze geregelten Beziehung zu psycho-physischen Ereignissen, in denen sich diese Gründe manifestieren.

Auf diese Weise verbindet Davidson die Erklärung der Möglichkeit der Akrasia mit seiner Grundidee des »anomalen Monismus«[352] – das heißt der These, dass Kausalität strikte Naturgesetze erfordert (Monismus),[353] der Bereich des Mentalen (respektive der Bereich von Rationalität) aber kein nomologisch geschlossenes kausales System bildet (Anomalität). Das Phänomen der Akrasia führt uns vor Augen, dass »der in kausaler Hinsicht stärkste Grund kein Grund zu sein braucht, der nach dem Urteil des Handelnden die stärksten (besten) Handlungsgründe liefert.«[354] Die Normativität eines Grundes impliziert somit nicht notwendig auch seine Kausalität. Gründe sind nur *als physikalische Ereignisse* kausal wirksam – wenn sie sich in einem mentalen Ereignis manifestieren, das in einem Verhältnis der »token-identity« zu einem psycho-physischen Ereignis steht, ohne mit diesem der Gattung nach (das heißt: typen-)identisch zu sein. Es ist also diese Verknüpfung von Grund und Kraft (die Manifestation eines Zusammenhangs von Gründen in einem einzelnen mentalen Ereignis, das aufgrund seiner Identität mit einem physischen Ereignis Kausalität entfaltet), die

351 Ebd., S. 91.

352 Vgl. Davidson, »Geistige Ereignisse«, insb. S. 300ff.

353 Vgl. dazu Davidson, »Laws and Cause«.

354 Davidson, »Einleitung«, S. 9.

Davidson als »anomal« bezeichnet: sie ist nicht durch strikte Naturgesetze geregelt.

An dieser Stelle wird offensichtlich, weshalb Davidsons Theorie der Irrationalität in unserem Kontext unbefriedigend bleiben muss: Was ihr fehlt, ist der Begriff eines praktischen Vermögens. Davidsons monistische Haltung zu Kausalverhältnissen macht es ihm unmöglich, den Begriff eines rationalen Handlungsvermögens zu denken. Dieser erfordert, dass *erstens* die Kraft zur Hervorbringung einer Handlung in der Vorstellung eines Grundes liegt, welche *zweitens* als Aktualisierung eines rationalen Vermögens verstanden werden muss. Die Kausalität von Gründen ist das Produkt desjenigen Aktes, durch den ein Subjekt seine praktische Fähigkeit aktualisiert. Es fällt schwer zu verstehen, weshalb Davidson aus den Argumenten, die er für die Anomalität geistiger Prozesse in Anschlag bringt, nicht die Konsequenz gezogen hat, die Auffassung vom strikt nomologischen Charakter kausaler Prozesse aufzugeben – und derart andere Formen von Wirksamkeit als denkbar zu betrachten. Weil Davidson aber meint, keinen nicht-nomologischen Kausalitätsbegriff zulassen zu dürfen, verfügt er auch nicht über den Begriff eines rationalen Vermögens – mit dem Ergebnis, dass er an der richtigen Situierung des Problems scheitert, das der Begriff der Kraft (oder die Rede von der Kausalität) von Gründen lösen soll. Für Davidson sind kausale und logische Relationen grundsätzlich einander äußerlich: Die kausale Verknüpfung zwischen Grund und Handlung hat ihre Bestimmtheit in einem Kausalgesetz, das unabhängig von der normativen Relation die Effektivität eines Grundes sicherstellt. »Wir können sicher sein, daß die Gesetze, deren Vorhandensein nötig ist, sofern Gründe Ursachen von Handlungen sind, nichts mit den Begriffen zu tun haben, auf die Rationalisierungen zurückgreifen müssen.«[355] In der Konsequenz erscheint es dann (aus der »anomalen« Perspektive praktischer Rationalität) als kontingent, ob die logische Geltung und die Wirkkraft eines Grundes koordiniert sind oder nicht – denn alles hängt davon ab, ob sich die inferentiellen Einstellungen eines Subjekts in einem angemessenen mentalen Ereignis niederschlagen, das dann als physikalisches Ereignis Kausalität entfalten kann. Und diese »Koordination« von Kraft und Grund ist weder nomologisch, noch normativ hinreichend bestimmt.

Der Begriff einer rationalen Handlungsfähigkeit macht hingegen verständlich, dass es eine *interne* Beziehung zwischen dem normativen Status und der Wirkkraft eines Grundes gibt – und entsprechend nicht die Notwendigkeit der Koordination zweier verschiedener Komponen-

---

355 Vgl. Davidson, »Handlungen, Gründe und Ursachen«, S. 39.

ten, sondern allein zwei Aspekte ein und desselben Phänomens: Ein Grund bewirkt, was logisch aus ihm folgt. Eine Handlung wird also nur in dem Maße vollzogen, wie sie auf das praktische Vermögen als *Einheit* von Kraft (*dynamis*) und Grund (*meta logou*) bezogen ist. Der entscheidende Punkt besteht aber darin, dass wir diese Einheit nicht als *strikte* beschreiben dürfen, denn so lautet die Konsequenz, die aus dem Phänomen irrationaler Handlungen gezogen werden muss. Vielmehr sollten wir sie als eine *problematische* verstehen, sofern die Einheit von logischer Geltung und Kraft nicht schlicht durch erstere konstituiert wird, sondern den Charakter einer *differentiellen* Einheit besitzt – beide Aspekte sind gleichzeitig untrennbar und aufeinander irreduzibel. Und darin besteht das eigentliche Rätsel, das genuine Fälle von Irrationalität umgibt: Wir müssen die Effektivität des Normativen neu denken.

5.6. *Die anomale und arationale Kraft von Gründen.* – In dieser Hinsicht hat Davidson Recht, wenn er betont, dass die Wirksamkeit eines Grundes nicht auf seinen normativen Status reduziert werden kann; sein Fehler liegt allerdings darin, dass er diese Wirksamkeit in einer Bestimmtheit verortet, nämlich derjenigen kausaler Gesetzmäßigkeit, welche dem rationalen Vermögen gegenüber gänzlich heterogen ist. Wenn ein Subjekt ein praktisches Urteil fällt, das die logische Konsequenz aus einer inferentiellen (Teil-) Struktur seines Logos darstellt, dann können wir die Kraft zur Hervorbringung einer Handlung, die *in* der Aktualisierung dieses Urteils liegt, nicht als physische Kraft modellieren. »Physical dispositions and forces« sind »one-way capacities«, die unter ein und demselben Set von Umständen nur eine Wirkung erzielen können. Die Aktualisierung eines praktischen Urteils ist allerdings so verfasst, dass sie ein Subjekt dazu befähigt, die entsprechende Handlung zu vollziehen *oder nicht zu vollziehen*. Wir haben es also mit der Aktualisierung einer »two-way capacity« zu tun – so dass die Kausalität, die in der Vorstellung eines Grundes liegt, auch *zunächst* so beschrieben werden muss, dass sie diese zweiseitige Form besitzt: Sie entspricht der Kraft einer Motivation aus Gründen, die nicht notwendig in den Akt übergeht. Die Rede von einer »token-identity« zwischen mentalen Ereignissen und physischen Kräften wäre an dieser Stelle irreführend.

Ob ein Subjekt die entsprechende Handlung nun realisiert, hängt nicht an der »anomalen« Koinzidenz zwischen mentalen Strukturen und kausalen Ereignissen, sondern an jenem *Akt der Dekonditionalisierung*, den wir im letzten Kapitel eingeführt hatten. Das ganze Problem, das sich dem Denken mit der Paradoxie der Akrasia stellt und das Davidson selbst in seinem Willensschwäche-Aufsatz aufgeworfen hat, besteht exakt darin, die »Schließung« jener Lücke im praktischen Schließen zu verstehen, die zwischen Urteil und Handlung auch dann noch bestehen bleibt, wenn das Urteil das beste oder bessere Wissen zum Ausdruck bringt: Die logische Gültigkeit eines Grundes reicht nicht aus, um den Schritt zum Handeln zu erklären, weil ein Grund stets im Rahmen jener *innere Zweiseitigkeit* gegeben ist, die alle Bestimmungen eines in sich konträren Logos charakterisiert. Die Einführung des Begriffs einer Kraft von Gründen muss infolgedessen verständlich machen, wie ein Subjekt auf der Basis dieser Verfasstheit seines rationalen Könnens die innere Zweiseitigkeit (nicht allein normativ, sondern auch) effektiv »entscheidet«. Die Rede von »Kraft« muss also genau den »Prozess« beschreiben, den wir als Dekonditionalisierung bezeichnet haben und durch den ein Subjekt ein *ef*-Urteil bildet, das nicht auf dem Niveau eines *pf*- oder *sf*-Urteils verbleibt.[356]

Wir sollten Davidsons Vorschlag nun allerdings nicht so deuten, dass er die Überwindung der inneren Zweiseitigkeit mit seiner These erläutern will, dass die mentalen Manifestationen von inferentiellen Strukturen mit »physischen Dispositionen« (Kräften im Sinne von »one-way capacities«) *identisch* sind. Denn worauf seine Überlegungen letztlich hinauslaufen, ist die Intuition, dass jener Akt der Dekonditionalisierung (die Aktualisierung eines handlungseffektiven Urteils) einen gewissermaßen »mysteriösen« Charakter besitzt: Die Dekonditionalisierung ist gleichzeitig a-nomal und a-normativ, sofern die Kraft, um die es hier geht, *weder durch Naturgesetze beschrieben, noch durch die Angabe von normativen Bestimmungen hinreichend spezifiziert werden kann.* Die Kraft besitzt letzten Endes also gar keine eigentümliche Bestimmtheit. Was die Kraft eines Grundes bewirkt, ist durch dasjenige bestimmt, das in der Form von Urteilen, praktischen Schlüssen oder inferentiellen Zusammenhängen ausgedrückt werden kann. *Dass* (und *wie sehr*) ein Grund wirksam wird, lässt sich jedoch weder durch ein Kausalgesetz verstehen noch durch seinen inferentiellen Gehalt vollständig erklären. Der Kraftüberschuss eines Grundes ist vielmehr Korrelat jener *Unbestimmtheit*, die der »Lücke« im praktischen Schließen entspricht – dem Abstand zwischen erster und zweiter Entelechie, den ein konstitutiv zu Gegensätzlichem befähigender Logos in das praktische Vermögen einsetzt. Die Rede von einem Kraftüberschuss steht dementsprechend exakt für dasjenige ein, was an der Relation zwischen einem rationalen Vermögen und seiner Verwirklichung, zwischen Grund und Handlung *prinzipiell nicht vollständig erklärbar ist*: Sie markiert eine irreduzible Dimension der Unbestimmtheit, insofern die Wirksamkeit eines Grun-

356 Zu dieser Terminologie vgl. die Abschnitte 4.7. und 4.8. sowie 6.2.

des weder durch ein Kausalgesetz, noch durch andere Gründe (es sei denn, diese werden so aufgefasst, dass sie ihrerseits *bereits* wirksam, wirklich, *in Kraft sind*) hinreichend verständlich zu machen ist. Die interne Relation zwischen Kraft und Grund ist somit weder einfach eine zufällige, noch einfach eine notwendige; sie beschreibt eher eine Notwendigkeit, die durch ein kontingentes Moment mitbestimmt ist – ein Moment, das, wie wir später noch sehen werden, einem irreduziblen Moment von *Subjektivität* entspricht.

Was wir an Davidsons Überlegungen demnach festhalten wollen – ohne seine Kausaltheorie gegenzuzeichnen –, sind zwei Einsichten über die Kausalität des praktischen Logos, die am Paradigma irrationaler Handlungen gewonnen werden können: Die Kraft von Gründen ist *erstens* nicht zureichend durch ihren normativen Status bestimmt; und *zweitens* besteht ein wesentlicher Zusammenhang zwischen dieser »trans-normativen« Kraft von Gründen und jener Möglichkeit einer Spaltung des praktischen Urteilens, die wir annehmen müssen, um irrationale Handlungen verständlich zu machen. Wie wir gesehen haben, versucht Davidson, diesen Zusammenhang durch eine Kombination aus zwei Thesen zu plausibilisieren: Die Annahme einer Teilung des Geistes soll uns ermöglichen, ein mentales Ereignis auf eine »semi-unabhängige« inferentielle Teilstruktur (die den »schlechteren« Grund beherbergt) zurückzuführen; und die Identität dieses mentalen Ereignisses mit einer psycho-physischen Kraft soll uns ermöglichen, den irrationalen Effekt jener Teilstruktur zu denken, der die adäquate mentale Manifestation der anderen Teilstruktur (die das bessere Wissen artikuliert) verhindert. Interessant ist Davidsons Erläuterung in unserem Kontext vor allem deshalb, weil sie etwas auslässt: Die beiden Thesen rühren nicht an den neuralgischen Punkt, der das Phänomen des irrationalen Handelns ausmacht. Denn einerseits dürfte klar sein, dass die Partition des Geistes nicht mit Notwendigkeit zu einer irrationalen Handlung führt, schließlich ist das Subjekt grundsätzlich und in jedem Moment in der Lage, der Inkonsistenz seines Urteilens zum Trotz selbstbeherrscht zu agieren. Und andererseits setzt der Hinweis auf die Koinzidenz zwischen der mentalen Manifestation der »schlechteren« Teilstruktur und der Kausalität eines psycho-physischen Ereignisses an einem Punkt ein, wo die Aktualisierung des in sich gespaltenen Geistes bereits eine irrationale Wendung genommen hat. Die »mentale Ursache«, die für Davidson nur noch nach dem Modell einer »physischen Kraft« beschrieben werden kann, besteht ja gerade darin, dass sie eine Gegen-Absicht ausdrückt – eine Absicht, die gegen die eigene Absicht geht (ohne es darin notwendig auf die Durchkreuzung der eigenen Absicht explizit abgesehen zu haben). Dieser »mentale Zustand« wird also gerade nicht von einer psycho-physikalischen Kraft hervorgerufen, denn sonst hätten wir es nicht mit genuiner Irrationalität, sondern mit einer extern erwirkten Störung des Urteilsvermögens zu tun.

Diese Überlegungen machen also deutlich, dass Davidsons Theorie keine Aussage über das Zustandekommen der irrationalen Wendung macht – und mithin keine Aussage über die Möglichkeit, dass eine inferentielle Teilstruktur *aktualisiert* wird (oder in Davidsons Vokabular: dass sie sich »mental manifestiert«), *obwohl* das Subjekt die Gründe, welche diese Teilstruktur charakterisieren, mit Bezug auf einen umfassenderen inferentiellen Zusammenhang normativ abgewertet hat. Die eigentliche Spaltung liegt demnach nicht in der Geteiltheit des Geistes – die Davidson allzu statisch porträtiert –, sondern in der irrationalen *Aufrechterhaltung* einer normativ ausgeschlossenen Urteilsweise. Die Spaltung besteht also darin, dass das Subjekt einen Grund *als Grund* dort aufrechterhält, wo dieser durch sein eigenes Urteil als Grund irrelevant geworden ist. Deshalb haben wir es auch eher mit einem dynamischen Vorgang zu tun, der mit der überlegten Entscheidung (oder als Reaktion darauf) »im« und durch das Subjekt geschieht. Der entscheidende Prozess der Aufspaltung der Handlungsperspektive findet demnach auf der Ebene der Aktualisierung eines Vermögens statt.[357]

Um die irrationale Aufrechterhaltung eines Grundes denken zu können, müssen wir versuchen, das Szenario der akratischen Krise des Urteilens neu zu beschreiben. Und weil es sich um einen dynamischen Vorgang handelt, der an oder mit Gründen geschieht, bedarf es der Einführung eines Kraftbegriffs, der einen zugleich anomalen und »trans-normativen« Charakter hat. Die Möglichkeit eines genuin irrationalen Aktes erfordert somit die Annahme eines Kraftüberschusses von Gründen. Dieser alogische Überschuss wird nicht durch eine Partition des Geistes ermöglicht, sondern seine Wirksamkeit besteht umgekehrt exakt darin, jenen Vorgang einzuleiten, den wir als Abspaltung

357 In gewisser Weise deutet Davidson dies auch an, wenn er behauptet, dass die mentalen Teilstrukturen (aufgrund ihrer Desintegration) nur noch auf kausale Weise »interagieren« können. Denn um überhaupt »interagieren« zu können, müssen sie aktualisiert sein – und zwar so, dass sie hier, das heißt auf der Ebene der Aktualisierung, voneinander distanziert sind. Diese Distanziertheit auf der Ebene der Aktualisierung ist erklärungsbedürftig, eben weil das Subjekt durch seine gleichfalls aktuelle Überlegung beide Seiten seines Konflikts in eine Urteilsperspektive integriert hat. Wenn wir glauben, diese Erklärung durch die Annahme einer als Hintergrundstruktur des Geistes voraussetzten Spaltung liefern zu können, dann verschieben wir eher den Erklärungsbedarf auf das Zustandekommen dieser Hintergrundspaltung. Solange dieser Punkt ohne Erläuterung bleibt, können wir auch nicht entscheiden, mit welcher Art von Spaltung wir es zu tun haben.

beschrieben haben. Diese Abspaltung hat zwei Aspekte: Die »unmäßige« Kraft des »schlechteren« Grundes entfaltet sich *erstens* im Sinne einer Distanzierung von der reflexiven Perspektive der überlegten Entscheidung – wodurch das Subjekt in der Lage ist, jenen Grund als Grund aufrechtzuerhalten, und zwar in einer Situation, in der es selbst durch seine Überlegung diesem Grund seinen Status als Handlungsgrund genommen hat. Auf diese Weise wird die praktische Überlegung *in ihrer Wirkung* auf den abgewerteten Grund blockiert. Dies bedeutet jedoch nicht umgekehrt, dass die Blockierung der Wirksamkeit des besseren Wissens keinen Effekt auf dasselbe hat, denn tatsächlich handelt es sich um eine asymmetrische Abspaltung: Obgleich die Kraft des »schlechteren« Grundes eine Distanzierung oder Desintegration bewirkt, entfaltet der darin liegende Überschuss *zweitens* einen Effekt auf das bessere Urteil, der aus dessen Perspektive a-logisch erscheinen muss. Die Desintegration ist insofern nicht wechselseitig. Zwar schneidet die Abspaltung die Perspektive des schlechteren Urteils vom überlegten Urteil ab; da umgekehrt die reflexive Perspektive des besseren Wissens aber keine Desintegration aufweist – sie besteht, wie Davidson betont hat, ja gerade darin, idealiter alle situationsrelevanten Gründe (und mithin auch die der unterlegenen Seite des Konflikts) zu berücksichtigen –, kann die irrationale Insistenz des schlechteren Grundes *in ihr* wie ein ungerechtfertigter Widerstand wirksam werden, der eine (unangemessene) Relativierung der eigenen Geltung zur Folge hat. Das Urteil der Reflexion behält auf diese Weise einen konditionalen Charakter (das heißt einen *sf*-Status) und erreicht nicht das Niveau, auf dem der Rationalitätsstandard (P1 und P2) greift. Und eben weil das schlechtere Urteil vom besseren Wissen (und mithin von einer normativen Relativierung oder Herabstufung seines Anspruches) abgespalten ist, liegt in seinem Kraftüberschuss eine (irrationale) Dekonditionalisierung: Der »schlechtere« Grund hat die Kapazität eines *ef*-Urteils und kann eine Handlung bewirken – es sei denn, das Subjekt erweist sich zu jener »zusätzlichen« Verstärkung der reflexiven Entscheidung fähig, welche dieselbe dekonditionalisiert und so handlungseffektiv macht.

Die Rede von einer Spaltung setzt keineswegs voraus, dass das Subjekt entweder das Bewusstsein von seinem besseren Wissen verliert, oder kein Bewusstsein von der Insistenz seines »schlechteren« Urteils besitzt, im Gegenteil: Damit wir es mit einer Irrationalität im genuinen Sinne zu tun haben, bedarf es vielmehr eines Bewusstseins von der Inkonsistenz des eigenen praktischen Urteilens, denn ansonsten hätten wir es nicht mit dem Fall zu tun, dass ein Subjekt absichtlich und wissentlich wider besseres Wissen handelt. Genauer gesagt handelt es sich um eine Situation, in der das Subjekt *zugleich* weiß und nicht weiß, was es tut: Aus der Perspektive des besseren Wissens ist es sich darüber bewusst – nicht aber aus der abgespaltenen Perspektive des »schlechteren« Urteils. Die Spaltung ist somit die Form, welche das praktische Selbstbewusstsein in der akratischen Krise annimmt. Sie beschreibt eine Situation, in der das Subjekt sich auf sich selbst auf inkonsistente Weise bezieht – nämlich so, dass sein Bewusstsein von der eigenen überlegten Entscheidung und ihrer normativen Konsequenzen die schlechteren Gründe ausschließt, ohne dass es diesen Ausschluss in seinem Bewusstsein von den »schlechteren« Gründen *realisiert*.[358]

5.7. *Ichspaltung und geistige Teilung: Freud gegen Davidson.* – Die doppelte Wirksamkeit des irrationalen Kraftüberschusses wollen wir also durch die Idee einer *asymmetrischen Entzweiung des praktischen Urteilens* beschreiben. Vor uns liegt damit die Aufgabe, diese Entzweiung als immanente Möglichkeit eines rationalen Vermögens zu denken. Aufgrund der internen Differenz zwischen der Kraft und der logischen Geltung von Gründen ist ein Subjekt dazu fähig, die innere Gegensätzlichkeit des praktischen Logos im Sinne einer asymmetrischen Spaltung des Urteilens zu aktualisieren. Um für diese These zu argumentieren, ist allerdings eine Auseinandersetzung mit solchen Theorien erforderlich, die sich auf eine anders geartete Teilung des Geistes berufen, um die Spaltung verständlich zu machen. Derartige Theorien mögen zwar der Beschreibung zustimmen, dass wir es im Falle irrationaler Vollzüge mit einem Kraftüberschuss von Gründen zu tun haben, der mit einer Spaltung einhergeht. Die Erklärungsstrategie, die sie ins Feld führen, verneint jedoch die Vorstellung, dass es sich um einen Überschuss handelt, der mit Bezug auf die Immanenz eines rationalen Vermögens verständlich wird; stattdessen wird auf eine Sorte der Partition verwiesen, die nicht Davidsons Idee von semi-unabhängigen inferentiellen Strukturen entspricht, sondern einer Division des Geistes in heterogene mentale Vermögen oder Funktionen.

Um die Herausforderung zu präziseren, der wir uns hier stellen müssen, lohnt es sich, einen letzten Blick auf Davidsons Analyse der Teilung des Geistes zu werfen. Davidson hat explizit konzediert, dass er keine Erläuterung liefert, wie eine Spaltung des Geistes entstehen kann.[359] Weil er aber dadurch den Erklärungsbedarf, den das Phänomen der Akrasia hervorruft, auf die Genese der Partition des Geistes verschiebt, belässt er den Status der Abspaltung der normativ abgewerteten Urteilsperspektive im Unklaren. Problematisch erscheint diese

358 Zur Bedeutung des Begriffs der Realisierung in diesem Zusammenhang vgl. Gardner, *Irrationality and the Philosophy of Psychoanalysis*, S. 26f.

359 Vgl. Davidson, »Paradoxien der Irrationalität«, S. 101.

Unklarheit vor allem in dem Maße, wie diejenige Deutung, auf die sich Davidsons Vorstellung einer Unterteilung des Geistes vornehmlich bezieht – Freuds Beschreibung der Ich- oder Bewusstseinsspaltung – eine Erklärung der Entstehung von inkonsistenten Urteilsperspektiven angeboten hat, die Davidsons Hauptthese explizit widerspricht, die wir hier verteidigen wollen: dass praktische Irrationalität ein »Versagen innerhalb des Hauses der Vernunft« darstellt.[360]

Freud hat den Begriff der Ichspaltung eingeführt, um (unter anderem) die Genese neurotischer Verhaltensweisen oder Objektbesetzungen zu erklären. Am Beispiel des Fetischismus erläutert er dies folgendermaßen:[361] Bezogen auf ein Situationsmerkmal (den »Penismangel des Weibes«) bildet ein Subjekt (ein kleiner Junge) zwei psychische Einstellungen, die in einem direkten Widerspruch stehen. Auf der einen Seite anerkennt es die Tatsache seiner Wahrnehmung (›Die Frau hat keinen Penis‹), während es auf der anderen Seite diese Tatsache *verleugnet*. Im Hintergrund dieser inkonsistenten Einstellungen steht eine Reihe von (impliziten und expliziten) Überzeugungen, Wünschen, Erinnerungen und Gefühlen (›Ich werde mit Kastration bedroht‹, ›Ich habe Angst davor, kastriert zu werden‹, ›Jeder hat einen Penis‹, ›Ich wünsche, dass es keine Kastration gibt‹, ›Wenn jemand keinen Penis hat, bedeutet dies, dass er kastriert wurde‹, ›Wenn jemand kastriert ist, dann ist es auch möglich, dass ich kastriert werde‹), die in Anbetracht desjenigen Urteils, das die Wahrnehmungstatsache anerkennt (›Diese Person hat keinen Penis‹), zu einer einigermaßen unerträglichen Schlussfolgerung führt. Paradoxerweise wird also das Subjekt durch dieselbe inferentielle Hintergrundstruktur von Einschätzungen, Wünschen und Gefühlen, die mit Bezug auf die Wahrnehmung zu der unerträglichen Konklusion leiten, dazu veranlasst, seine Wahrnehmung zu verleugnen.[362] Wir haben es demnach nicht mit einer bereits bestehenden Partition des Geistes zu tun, sondern zunächst mit einer Teilung auf der Ebene der aktuellen Bildung von psychischen Einstellungen. Im *Abriss* erläutert Freud deren Inkonsistenz dadurch, dass er die beiden Einstellungen unter zwei verschiedene Prinzipien bringt: Die Anerkennung der Wahrnehmungstatsache erfüllt das Realitätsprinzip – sie trägt »der Realität Rechnung« –, während die Verleugnung unter der Ägide des Lustprinzips steht, insofern sie »unter Triebeinfluß das Ich von der Realität ablöst.«[363]

---

360 Ebd., S. 89.

361 Vgl. hier und im Folgenden Freud, *Abriss der Psychoanalyse*, S. 132ff.

362 Vgl. Davidson, »Wie ist Willensschwäche möglich?«, S. 70.

363 Freud, *Abriss der Psychoanalyse*, S. 98.

Wofür sich Freud nun interessiert, betrifft die Weise, in der sich das Subjekt zu seinem inneren Konflikt verhält. Eine mögliche Form des Verhaltens beschreibt er als »Kompromissbildung«: Das Subjekt bemüht sich darum, *beide* Einstellungen zuzulassen, und dies gelingt durch eine besondere Leistung seiner Phantasie – die Erfindung eines Fetischs. »[M]it Hilfe von Verschiebung« greift das Subjekt »etwas anderes, Körperteil oder Gegenstand, auf und verleiht dem die Rolle des Penis, den er nicht vermissen will«.[364] Dennoch bleibt, Freud zufolge, der Erfolg dieser Konfliktverarbeitung ein beschränkter, schließlich hat das Subjekt die Inkonsistenz seiner konkurrierenden Einstellungen dadurch *verstetigt*, dass es beide zu ihrem »Recht« kommen ließ. »Die beiden Einstellungen bestehen« – für eine gewisse Zeit, womöglich für ein ganzes Leben – »nebeneinander, ohne sich gegenseitig zu beeinflussen. Das ist, was man eine *Ichspaltung* nennen darf.«[365]

Freud hat somit ein Szenario entworfen, dass uns die Entstehung einer tieferen Unterteilung des Geistes im Sinne Davidsons vor Augen führt – ein Szenario, das Davidsons These vom »Versagen innerhalb des Hauses der Vernunft« mit einem starken Einwand konfrontiert. Denn die Genese einer Teilung des Geistes beginnt mit dem Vorgang einer Verleugnung, die keinen propositionalen Gehalt besitzt und mithin kein Urteil darstellt; sie entspricht vielmehr einem Akt, durch den die *Kraft* (nicht die Geltung) des Wahrnehmungsurteils geschwächt wird. Als solcher ist dieser Akt inhärent irrational, und zwar weil er in keiner konsistenten Beziehung zu der Wahrnehmung steht, die das Subjekt selbst für wahr hält. Der Konflikt zwischen den widersprüchlichen Einstellungen ist also überhaupt erst »unter Triebeinfluß« entstanden, er enthält eine Art Wunschdenken oder Selbsttäuschung und besitzt so *in sich selbst* einen irrationalen Charakter. Die inferentielle Verarbeitung der Wahrnehmung versetzt die Psyche in einen »traumatischen« Zustand, der ihre Lebenstriebe zu einer Abwehrreaktion nötigt, nämlich: das Wahrnehmungsurteil zu verleugnen. Die Intervention arationaler Kräfte (»die aus der Körperorganisation stammenden Triebe« des Es[366]) stellt demnach die Ursache dar, aufgrund der das Subjekt sein Wahrnehmungsurteil entkräftet und in einen Konflikt gerät.

Es ist jedoch wichtig zu sehen, dass diese Entkräftung auf *Gründe* zurückgeht: Die Kastrationsangst ist kein bloßer Affekt, sondern sie gibt dem Subjekt Grund zu allerlei Vorsichtsmaßnahmen und sonstigen Handlungen; vor allem aber stellt sie die Prämisse für den Wunsch dar,

---

364 Ebd., S. 99.
365 Ebd.
366 Ebd., S. 68.

»für den Fortbesitz des eigenen Penis nicht [...] zittern« zu müssen.[367] Dieser Wunsch ist es nun, der *als* Grund durch die Wahrnehmungstatsache – die mithin eine analoge Rolle spielt wie das bessere Wissen im Fall der Akrasia – irrelevant geworden ist und somit nur noch als *entblößte Kraft* fortwirkt. Was aber dazu führt, dass dieser Grund einen derartigen Kraftüberschuss entfalten kann, liegt nicht im Grund selbst, sondern an der Verstärkung, die er durch einen Mechanismus erhält, der keinen rationalen Charakter haben kann. Die Schlussfolgerung aus dem Wahrnehmungsurteil und deren Verleugnung gehen beide auf ein und dieselbe Hintergrundstruktur von Überzeugungen, Gefühlen und Wünschen etc. zurück, wobei allerdings erstere in einer konsistenten Relation zu dieser Struktur steht, während letztere diese Relation nur noch als eine kausale oder funktionale aufweist. Dasjenige, was die inferentielle Hintergrundstruktur auseinanderreißt, ist demnach eine quasi-traumatische Reaktion des psychischen Systems – verstanden als ein funktionaler Mechanismus.[368] Im Ergebnis erscheint demnach die Spaltung des Urteilens als ein Epiphänomen, das auf eine fundamentalere Division zurückzuführen ist: eine Teilung des Geistes in arationale Primärprozesse auf der einen Seite, die unter dem Lustprinzip stehen, und rationale Prozesse auf der anderen Seite, die unter dem Prinzip der Rationalität stehen. Der Kraftüberschuss wäre nichts anderes als das Resultat einer Intervention der ersteren auf der Ebene der letzteren.

5.8. *Ein psychoanalytischer Einwand.* – Sebastian Gardner hat aus Freuds Beschreibungen eine prinzipielle These über Irrationalität abgeleitet. Er stimmt zwar Davidsons Behauptung zu, dass praktische Irrationalität »propositional transparent« ist und insofern sowohl durch eine inkonsistente Konstellation von Urteilen als auch mit Bezug auf eine Partition des Geistes erläutert werden kann – sofern man diese Partition nicht im Sinne einer Multiplikation von quasi-personalen und semi-unabhängigen Handlungsfähigkeiten im Subjekt versteht, sondern als Struktur einer »mentalen Distanz« zwischen verschiedenen Urteilsweisen.[369] Was man aber nicht mehr im Rekurs auf propositionale Einstellungen (und mithin nicht mehr auf der Ebene der Immanenz eines rationalen Vermögens) klären kann, ist exakt dasjenige, was Davidsons Ausführungen in Unbestimmten belassen: die Erklärung der irrationalen Wendung, die das Urteilen des Akrates nimmt. Das Problem,

---

367 Ebd., S. 99.

368 Zur Idee von funktionalen psychischen Mechanismen innerhalb des mentalen Lebens vgl. Vogel, »Fehler im Haus der Vernunft«, S. 85–92.

369 Vgl. Gardner, *Irrationality and the Philosophy of Psychoanalysis*, S. 16, 40–42, 59–64, 76–78.

auf das eine angemessene philosophische Darstellung eine Antwort finden muss, bezeichnet Gardner als das »Special Problem of irrationality«: Wie erklärt man das Faktum der Irrationalität selbst – »the fact that the subject's mental life takes an *irrational rather than rational* course«?[370] Die Annahme, dass es grundsätzlich in der Fähigkeit des Subjekts liegt, selbst unter den Bedingungen eines irrational beharrenden Konflikts (der Insistenz der normativ ausgeschlossenen Urteilsperspektive) selbstbeherrscht statt unbeherrscht zu handeln, scheint dieses »spezielle Problem der Irrationalität« aufzuwerfen.

Mit Bezug auf Akrasia wählt Gardner eine Antwortstrategie, die wir in unser Vokabular folgendermaßen übersetzen können: Um den irrationalen Kraftüberschuss und mit ihm die Spaltung im Urteilen zu erklären, müssen wir annehmen, dass die Gründe, die durch das überlegte Urteil normativ ausgeschlossen werden, eine *arationale Verstärkung* erfahren haben.[371] Diese Verstärkung geschieht durch einen unbewussten geistigen Prozess, den Gardner als »Phantasie« beschreibt und der darin besteht, dem praktischen Objekt des ausgeschlossenen Urteils mittels einer »symbolic equation« eine Bedeutsamkeit zu verleihen, die den propositionalen Gehalt dieses Urteils unterläuft.[372] Die »unbewusste Phantasie« interveniert also an der Stelle der Minorprämisse im praktischen Syllogismus, indem sie die Wahrnehmung eines Situationsmerkmals mit einer imaginären Valenz auflädt, die keine propositionale Relevanz besitzt. Das Subjekt *urteilt* nicht, dass der Situation ein bestimmtes Prädikat zukommt; vielmehr *überträgt* es einen affektiven Wert auf ein Situationsmerkmal, der seine Entstehung einem anderen praktischen Kontext verdankt, weshalb die Übertragung in der gegenwärtigen Situation jeglichen Grund entbehrt. Was das irrationale Verhalten auslöst, ist nicht das schlechtere Urteil selbst – welches durch die Überlegung *als* Grund, wie Davidson betont hat, irrelevant geworden ist –, sondern die imaginär-affektive Verstärkung, die ihm durch die unbewusste Tätigkeit der »Phantasie« beigebracht wurde.

Ich will nicht bestreiten, dass derartige Fälle von Irrationalität vorkommen, im Gegenteil. Jedoch haben wir es hier mit einer Sorte von Akrasia zu tun, die einem Kontrollverlust entspricht und daher unabsichtlich und unwissentlich vollzogen wird. Obgleich das akratische Verhalten im Sinne Gardners eine intentionale Struktur besitzt, ist es nicht die »schlechtere« Intention, die als Ursache des Vollzugs figuriert, sondern der unabsichtliche (und vom Subjekt passiv erfahrene)

---

370 Ebd., S. 32.

371 Vgl. hier und im Folgenden ebd., S. 196–199.

372 Vgl. ebd., S. 140–172.

mentale Prozess, durch den sie effektiv wird.[373] Das Subjekt handelt nicht, sondern es »agiert«; der irrationale Akt besitzt nicht den Status einer »action«, sondern den einer bloßen »activity« – wie Gardner im Anschluss an Richard Wollheim ausführt.[374] Im Gegensatz zu Handlungen gehen bloße Aktivitäten auf geistige Motivationen zurück, die durch *keine* Gründe strukturiert sind. Es dürfte klar sein, dass eine solche Beschreibung das Paradox der Akrasia zurückweisen muss – und mit ihm auch das Rätsel, das *genuin* irrationale Akte begleitet.[375] Doch in dem Maße, wie dieses Argument dem aristotelischen Schema treu bleibt, ist Gardners Antwort auf das »spezielle Problem der Irrationalität« gewissermaßen zu speziell: Die paradoxe Form der Akrasia wird davon nicht berührt – und diese ist es, die uns hier in erster Linie interessiert, weil ihre Möglichkeit nur mit Rekurs auf die innere Struktur rationaler Vermögen verständlich zu machen ist. In ihrer paradoxen Version ist Akrasia durch einen Kraftüberschuss charakterisiert, der nicht auf die Kausalität genuin arationaler Prozesse aufgeklärt werden kann: Das Subjekt *handelt* – absichtlich und gegen die eigene Absicht, wissentlich und wider besseres Wissen.

Der Grund, weshalb eine solche Beschreibung aus Gardners Sicht nicht in der Lage sein soll, eine Antwort auf das »spezielle Problem der Irrationalität« zu geben, liegt in einer Missdeutung – oder genauer: in einer zu engen Fassung – der Schwierigkeit, die einer philosophischen Auflösung harrt. Gardner formuliert das Problem als Frage danach, wie man das Faktum der Irrationalität erklären kann. Das Problem an der Formulierung dieser Fragestellung besteht allerdings darin, dass sie die Form möglicher Antworten bereits im voraus entschieden hat. Es geht darum, das *Faktum* der irrationalen Wendung verständlich zu machen, und zwar im Zuge einer Beschreibung, die den Anspruch einer Erklärung im vollen Sinne erfüllen soll. Wenn dies bedeutet, genau zu bestimmen, *weshalb* ein Subjekt einen irrationalen statt einen rationalen Weg eingeschlagen hat, lässt sich freilich keine Angabe einer normativen Bestimmung ins Feld führen; und da die Formulierung der Frage auf eine *faktische Bestimmtheit* hinaus will, die in einen kohärenten Erklärungszusammenhang eingebettet sein muss, bleibt nach dem Ausscheiden einer inferentiellen Erklärung

---

373 Vgl. ebd., S. 34f.

374 Ebd., S. 188f. Vgl. auch Wollheim, *The Thread of Life*, S. 59–61.

375 Symptomatischerweise bemerkt Gardner in einer Fußnote, dass es nicht ganz klar sei, ob man im Fall von Akrasia davon ausgehen kann, »that the agent's responsibility is of the normal, unqualified strength« (Gardner, *Irrationality and the Philosophy of Psychoanalysis*, S. 252, Fußnote 37). Offensichtlich folgt seine Erklärung dem aristotelischen Schema. Vgl. dazu den Abschnitt 3.8. in diesem Buch.

nur noch der Verweis auf nichtrationale Mechanismen übrig. Eine bestimmte Sorte der Erklärung irrationaler Handlungen auf diese Art zu fordern, rückt Gardner in die vielleicht unfreiwillige Nachbarschaft zu Michael Thompsons Überzeugung, der zufolge scheiternde Handlungen nicht mit Rekurs auf den Begriff eines rationalen Vermögens verständlich zu machen sind, da wir in allen Fällen von Scheitern das Register der Erklärung wechseln und auf eine Beschreibung umstellen müssen, die dem Modell von (nichtrationalen) Kausalbeschreibungen zumindest ähnelt.[376] Was hinter dieser Auffassung steht, ist freilich jene gelingensfixierte Auffassung vom rationalen Können, die Thompson abzusichern versucht – und der Gardners Fassung des »speziellen Problems der Irrationalität« in gewissem Sinne zuarbeitet. Denn was diese a priori ausschließt, ist eine Beschreibung, die auf die *Möglichkeit* (nicht das Faktum) praktischer Irrationalität abstellt und dabei für die Auffassung argumentiert, dass diese Möglichkeit in der Verfasstheit eines rationalen Vermögens gesucht werden muss, das mit Notwendigkeit die Fähigkeit einschließt, *in* der Aktualisierung von Gründen – das heißt im praktischen Schließen von Gründen auf eine Handlung – einen Überschuss an Kraft zu entwickeln, der sowohl anomal als auch trans-normativ und mithin keiner geläufigen und vollständigen Erklärung zugänglich ist.[377] Das »spezielle Problem der Irrationalität« – versteht man es als Klärung der Möglichkeit der irrationalen Wendung im Handeln – soll in unserem Kontext demnach so beantwortet werden: Ein Subjekt ist dazu aufgrund der Verfasstheit seines praktischen Vermögens fähig.

Wie aber sollen wir diesen immanenten Exzess praktischer Rationalität denken? Wenn wir hier behaupten wollen, dass genuin irrationale Handlungen einen transnormativen Kraftüberschuss exponieren und darin einen Wesenszug rationaler Vermögen offenbar machen, so verpflichten wir uns folglich auf die These, dass in der Aktualisierung des praktischen Logos prinzipiell ein *arationales* Moment der Kraft liegt: Weil eine arationale Verstärkung (oder Abschwächung) in die Konstitution eines Handlungsgrundes eingeht, ist die Bildung einer Absicht und der Akt des praktischen Schließens bereits an sich selbst a-rational (das heißt beides: in seiner Rationalität arational, als rationaler zugleich arational). Auf diese Weise aber nehmen wir den Gedanken einer arationalen Verstärkung auf, den psychoanalytisch inspirierte

---

376 Vgl. Thompson, *Life and Action*, S. 212.

377 Man könnte vielleicht behaupten, dass man die Vorstellung eines Kraftüberschusses im Zuge einer »funktionalen« Argumentation einführen kann; wenn dem so ist, dann handelt es sich allerdings um eine Funktion, welche dem Funktionieren – der *energeia* – eines rationalen Vermögens notwendig eingeschrieben ist.

Erklärungsstrategien in aristotelischer Manier auf eine nichtrationale geistige Funktion zurückführen. Wir müssen demnach demonstrieren, dass diese Zurückführung nicht notwendig ist – und dass mithin die Vorstellung einer entsprechenden Division des Geistes (im Sinne der aristotelischen Lehre von den Teilen der Seele) für die Beschreibung genuiner Irrationalität irrelevant ist. Wir müssen also präzisieren, wo das arationale Moment (der Kraft von Gründen) liegt.

Es gibt aber noch einen weiteren Grund, weshalb wir uns hier mit der aristotelischen Idee einer Teilung der Seele oder des Geistes in verschiedenartige Vermögen auseinandersetzen sollten. Denn mit dieser Idee ist ein bestimmtes Verständnis des Wollens oder Begehrens verbunden, das unserer Auffassung von der internen Relation zwischen Kraft und Grund einen gewissen Widerstand entgegensetzt. Der erste Aspekt dieses an Aristoteles angelehnten Verständnisses besagt, dass die Rede von Kräften im Kontext des menschlichen Handelns nur dann sinnvoll ist, wenn wir damit auf »Motivationen«, »Wünsche« oder »Triebe« abstellen – das heißt auf Aktualisierungen dessen, was Aristoteles als *orektikon*, als Strebenvermögen bezeichnet hat. Der zweite Aspekt besagt nun, dass wir in dieses Strebevermögen Teilungen einführen müssen, die gemäß der Aufteilung der Seele in verschiedenartige (rationale und nichtrationale) Grundvermögen zu denken sind. Wenn wir von einer Kraft von Gründen sprechen wollen, so dieses Verständnis, dann scheinen wir eigentlich auf irgendwelche Strebungen zu verweisen, die auf Gründen beruhen und diesen mithin das Element von Wirksamkeit beisteuern, auf das wir uns beziehen, wenn wir in Handlungserklärungen auf Gründe als Ursachen rekurrieren. Und wenn wir die künstliche Rede von einem arationalen Kraftüberschuss bemühen, dann meinen wir eigentlich solche Strebungen oder motivationalen Kräfte, die nicht auf Gründen beruhen oder keine Gründe zum Ausdruck bringen, die sich vielmehr wie Begierden direkt an Wahrnehmungen oder Imaginationen heften, aber dennoch mit Urteilen interferieren und derart Gründe verstärken oder schwächen, unterlaufen oder übertreiben, verzerren oder hemmen können. Dem Nachweis, dass der Begriff der Kraft dieser Auffassung nicht entspricht, sondern tatsächlich ein Formmerkmal von Gründen expliziert, ist der Rest dieses Kapitels gewidmet.

5.9. *Exkurs: Die aristotelische Theorie der Strebung.* – Aristoteles versteht den praktischen Logos im Sinne des gelingensfixierten Paradigmas: Der Logos oder das *logistikon* (die Fähigkeit zur praktischen Überlegung) ist nicht von sich aus zu einer Aufspaltung und mithin zu einer irrationalen Wendung fähig, weil die Bezogenheit auf Gegensätzliches, die den Logos gemäß der Argumentation im neunten Kapitel der *Metaphysik* auszeichnet, eher so etwas wie ein *wesentliches Akzidenz* bildet.[378] Um praktisch zu sein, ist der Logos notwendig auf eine andere Größe bezogen, in der die Kausalität des Handelns liegt: auf das *orektikon*. Weil dieses Vermögen aber nicht nur vom Logos bewegt wird, sondern auch vom nichtrationalen Seelenteil, findet die eigentliche Spaltung, die für irrationales Handeln verantwortlich ist, auf der Ebene des Strebens statt. Insofern das *logistikon* aber wesentlich auf das *orektikon* bezogen ist, lässt sich die Möglichkeit einsehen, dass eine nichtrationale Motivation die effektive Aktualisierung einer Urteilssequenz auslösen kann, die aus der Sicht der Ordnung des praktischen Logos zufällig erscheint, das heißt weder Notwendigkeit noch Validität besitzt. Auf diese akzidentielle Weise kommt es zu einer epiphänomenalen Abspaltung des Logos von sich selbst: Eine Kette von Urteilen wird aus ihrer normativen Einfassung in den »Raum der Gründe« herausgelöst und derart im Sinne eines irrationalen Kraftüberschusses wirksam. Und insofern dieser Kraftüberschuss das Produkt nicht des Logos selbst, sondern des Strebevermögens ist, das vom nichtrationalen Seelenteil (Wahrnehmung oder Phantasie) bewegt wird, scheint plausibel zu werden, dass der problematische Bezug des *orektikon* zum rationalen Seelenteil auch den notwendigen Gegenstand ethischer Bildung und Perfektionierung darstellt.

Um Aristoteles' Theorie der Strebung zu verstehen, müssen wir zunächst feststellen, dass das *orektikon* keinem genuinen Seelenteil entspricht.[379] Das Strebevermögen gehört nicht zum Was-es-ist (*ti esti*) der menschlichen Seele, sondern in den Bereich dessen, was durch »die Seele selbst« erklärt wird: die Vollzüge und Zustände eines beseelten Körpers. Das Wesen der Seele beschreibt die Einheit aus *threptikon*, *aisthetikon* und *dianoetikon* (der Fähigkeit der Ernährung, des Wachsens und Verschwindens; der Fähigkeit zur Sinneswahrnehmung; der Denkfähigkeit) – wobei jedes der drei genuinen Teilvermögen ein Prinzip (*archē*) darstellt, das heißt ein Erstes, von dem ausgehend die Vollzüge und Zustände eines menschlichen Lebewesens erklärt werden können. Diese Vermögen sind deshalb erste Prinzipien, weil sie analytisch »abgetrennt« werden können und derart eine selbständige explanatorische Funktion erfüllen: Sie erklären ohne Rekurs auf andere Prinzipien. In diesem Sinne sagt Aristoteles auch, dass diese genuinen Seelenvermögen »unbewegt« sind (sie werden nicht durch anderes bewegt).

---

378 Vgl. dazu den Abschnitt 2.4.

379 In der nachfolgenden Rekonstruktion orientieren wir uns primär an der genauen Aristoteles-Lektüre von Klaus Corcilius, *Streben und Bewegen*, S. 21–55.

Das *orektikon* gehört nicht zu dieser Kategorie. Es entspricht einer wesentlichen Fähigkeit des beseelten Körpers (nicht aber der »Seele selbst«), das in seinen Aktualisierungen auf die genuinen Seelenvermögen bezogen ist. Im Hinblick auf diese drei menschlichen Seelenteile, durch deren Aktivität das Strebevermögen *passiv* aktualisiert wird (um daraufhin *aktiv* Vollzüge zu bewirken), unterscheidet Aristoteles entsprechend drei Sorten der Strebung. Der Gattung nach handelt es sich zwar stets um ein und dasselbe, nämlich um Manifestationen des Strebevermögens; der Art nach gibt es jedoch mehrere Strebesorten, und zwar gemäß der Teile der Seele, welche die Strebung bewegen: In der Vernunft (im rationalen Seelenteil) entsteht das Wünschen (*boulēsis*), während in den nichtrationalen Seelenteilen (im vegetativen und Wahrnehmungsvermögen) der *thymos* und die Begierde (*epithymia*) entwickelt wird.[380] Das Strebevermögen ist demnach der Ort einer Aufteilung gemäß derjenigen seelischen Zustände oder Tätigkeiten (biologische Bedürfnisse, affektive Wahrnehmungen, imaginative Vorstellungen[381] oder rationale Überlegungen), die es im Sinne eines »bewegten Bewegers« in Bewegung setzen.

Aristoteles individuiert diese Sorten des Strebens nicht nur mit Blick auf die psychischen Grundfunktionen, sondern darüber hinaus durch den spezifischen Bereich von Zwecken, der sich aus der Relation zu den Seelenteilen ergibt und der jeweils durch die Form eines »letzten« Zwecks umgrenzt ist – ein Zweck, der um seiner selbst willen und nicht aufgrund höherer Zwecke begehrt wird. Die Begierde geht auf die Lust, der Wunsch auf das Gute und der *thymos*, wie Corcilius aus der dünnen Textlage bei Aristoteles erschließt, »vermutlich [auf] so etwas wie Anerkennung in einem sehr weiten Sinn.«[382] Zudem bringt Aristoteles diese fundamentalen Strebenszwecke in eine hierarchische Ordnung, und zwar nach dem Kriterium des kognitiven Mindestaufwands, den sie erfordern.[383] Am unteren Ende dieser Skala steht die Begierde, die konstitutiv an die Existenz des Wahrnehmungsvermögens gebunden ist und darüber hinaus keinerlei kognitive Leistung benötigt. Sobald ein Lebewesen über eine *aisthesis* verfügt, so Aristoteles, dann besitzt es auch die Fähigkeit zu Lust- und Leidempfindungen, die wiederum die Fähigkeit implizieren, sich auf Gegenstände von Lust und Leid zu

---

380 Vgl. Aristoteles, *Über die Seele*, 432b.

381 Hier handelt es sich um Aktualisierungen der Phantasie, die für Aristoteles ebenfalls kein genuiner Seelenteil ist, sondern wie das Strebevermögen ein sekundäres Vermögen darstellt, insofern sie »in« den genuinen Seelenteilen entsteht oder ihren Anfang nimmt.

382 Corcilius, *Streben und Bewegen*, S. 130.

383 Vgl. ebd., S. 130f.

beziehen. Und bei einem Lebewesen, bei dem dieser qua Wahrnehmung gegebene Bezug auf mit Lust und Leid verbundene Gegenstände existiert, müssen wir auch die Fähigkeit zuschreiben, mit Bezug auf Lust- und Leidvolles Begierden zu entwickeln.

Das Interessante ist nun, dass Aristoteles die Begierde – ihrem alogischen Charakter zum Trotz – in zwei Hinsichten in eine Analogie zum Logos setzt. Einerseits denkt er ihren Gehalt nach dem Modell affirmativer und negativer Urteile: Begierden bringen ein Erstreben oder ein Vermeiden zum Ausdruck.[384] Und andererseits modelliert er ihren Modus der Aktualisierung am Begriff des praktischen Syllogismus. In einer Passage aus *De motu animalium* argumentiert er, dass ein lebendiger Vollzug auf die Verbindung zwischen einer gehaltvollen Strebung (Obersatz) und einer entsprechenden, mit Lust- oder Unlustgefühlen verknüpften Wahrnehmung (Untersatz) zurückzuführen sei.[385] Da wir uns aber an dieser Stelle in einer Abhandlung über die »animalische Ortsbewegung« befinden, dürfte klar sein, dass der Syllogismus durch die gemeinsame Aktualisierung von Strebe- und Wahrnehmungsvermögen vollzogen wird und keinesfalls einer praktischen Überlegung oder einem Urteilsprozess entspricht. Der Syllogismus porträtiert also keinen inferentiellen, sondern einen »bloß« kausalen Zusammenhang: die wirksame Entfaltung des Zusammenspiels von *orexis* und *aisthesis*.[386]

Diejenige Strebung, die nach Aristoteles einen größeren kognitiven Aufwand erfordert als die Begierde – der *thymos* –, ist nun im Hinblick auf seine syllogistische Form eine Art Zwitter: Obgleich er einen arationalen Charakter aufweist, hat er in gewisser Weise »Anteil« am Logos und somit eine quasi-inferentielle Kontur. Seine Zuordnung zu den Teilen der Seele ist daher nicht eindeutig – er scheint fast unentschieden an der Grenze zwischen Wahrnehmung und Denken zu verharren. Anhand verschiedener Formen des *thymos* (dem Zorn, der Furcht, dem Mut) macht Aristoteles geltend, dass wir es insofern mit arationalen Strebungen zu tun haben, als sie stets auf Lust- und Unlustgefühle reagieren, ohne dass die Lust ihr direkter Zweck sei. Zwar sind affektive Relationen zu situativen Merkmalen oder Personen für den *thymos* konstitutiv, jedoch enthält er eine Art Situationsinterpretation, die ihn über den bloßen Bezug auf die Existenz eines lust- oder unlustvoll erlebten Wahrnehmungsgegenstands erhebt. In der *Nikomachischen Ethik* findet sich eine wunderbare Stelle, in der Aristoteles den Gehalt

---

384 Vgl. ebd., S. 144.

385 Vgl. Aristoteles, *Über die Bewegung der Lebewesen*, 701a-b.

386 Vgl. dazu Corcilius, *Streben und Bewegen*, S. 305–325.

des *thymos* im Sinne eines zugleich kausalen und quasi-inferentiellen Syllogismus deutet:

> »Es scheint nämlich der Zorn [*thymos*] in gewisser Weise auf die Überlegung [*logou*] zu hören, aber falsch zu hören, wie voreilige Diener, die hinauslaufen, ehe sie den ganzen Auftrag gehört haben, und dann den Auftrag falsch ausführen, oder wie Hunde, die schon bei einem Geräusch bellen, ehe sie nachgesehen haben, ob da ein Freund ist. So hört der Zorn zwar, hört aber nicht den Auftrag und eilt infolge der Hitzigkeit und Voreiligkeit seiner Natur zur Rache. Denn die Vernunft [*logos*] oder die Vorstellung [*phantasia*] hat deutlich gemacht, dass eine Beleidigung oder Geringschätzung vorliegt, und der Zorn entrüstet sich sofort, als würde er schlussfolgern, dass man sich gegen derartiges wehren müsse.«[387]

Aristoteles gibt sich in dieser Passage Mühe, die gleichzeitige Nähe und Distanz auszumessen, die das mehrdeutige Verhältnis des arationalen *thymos* zum Logos ausmacht. Die Metapher, die in der *Nikomachischen Ethik* für dieses Verhältnis einsteht, ist der »Gehorsam«: Das arationale Streben hat in dem Maße am Logos Anteil, wie es ihm »gehorcht« oder »zuhört«[388] – jedoch, so können wir annehmen, dürfte der *thymos*, aufgrund seiner arationalen Verfasstheit, kein vollwertiges »Hörorgan« haben, um die »Botschaften« des Logos angemessen zu empfangen. Zwar beschreibt der Zorn einerseits eine Strebung, die »auf gewisse Weise« *meta logou* ist: Sie wird bestimmt von dem besonderen Wissen, dass eine »Beleidigung oder Geringschätzung vorliegt«. Die Art aber, wie dieses partikulare Wissen in der Strebung eine syllogistische Gestalt annimmt, hat andererseits den Charakter einer Überstürzung, weil der Zorn den richtigen Gang der praktischen Überlegung abbricht – das heißt die adäquate Festlegung des Allgemeinen nicht abwartet, das im Verein mit jenem besonderen Wissen in die Komposition eines vollwertigen Handlungsgrundes eingegangen wäre – und stattdessen zur Handlung eilt. Deshalb entfaltet er sich nicht selten

---

387 Aristoteles, *Nikomachische Ethik*, VII 7. 1149a.

388 Vgl. ebd., I 13. 1102b. In dieser Beschreibung liegt dann auch der Grund, weshalb es Aristoteles so leicht fällt, das Strebevermögen mit einem Diener oder einem Hund zu vergleichen – was sich an dieser Stelle wie ein polemisches Echo auf die sokratische Empörung anhört, dass »die meisten Menschen« »von der Erkenntnis nicht besser reden als von einem Sklaven« (vgl. Platon, *Protagoras*, 352b-c). Was diese metaphorischen Manöver einmal mehr deutlich machen ist, dass man es hier mit einer Problematik der Hierarchie, der Beherrschung oder kurz: der *Kräfteverhältnisse* zu tun hat, die jenen prekären Punkt in der Bestimmung des Handelns betreffen, der mit Bezug auf Aristoteles markiert wurde: den Übergang eines Vermögens in den Akt.

im Sinne eines momentanen Kontrollverlusts, einer Unbeherrschtheit also, die das vernünftige Subjekt zum Zuschauer seines eigenen Tuns macht. Trotzdem hat die Überstürztheit des Zorns eine eigentümlich intelligible Form, denn Aristoteles porträtiert den *thymos* auch in dieser Passage als syllogistische Struktur. Die unmäßige Kraft, welche dem Vollzug der besseren Überlegung zuvorkommt, bricht so hervor, als hätte sie das besondere Wissen über die Situation (»es liegt eine Beleidigung vor«) in die Struktur eines praktischen Schlusses montiert, und zwar an derjenigen logischen Position, an der Aristoteles in seiner Erläuterung der Akrasia den Problemherd ausmacht. Es handelt sich um die Stelle der Minorprämisse, an der die praktische Wahrnehmung der besonderen Merkmale einer Situation in die Konstruktion eines syllogistischen Grundes eingeht, der das Handeln bestimmt.[389] Das überstürzte *pathos* des Zorns verdrängt im vorhinein die Aktualität einer anderen Wahrnehmung, die das Handeln in dieser Situation in ein anderes Licht gestellt hätte. Der *thymos* blockiert jedoch die Verwirklichung des besseren Wissens und bringt mit seinem Quasi-Syllogismus ein Allgemeines ins Spiel, dessen Bestimmtheit unbekannt bleibt: Der Zorn tritt auf, *als ob* er von einer praktischen Wahrnehmung auf die Notwendigkeit einer bestimmten Aktion schließen würde. Das »als ob« zeigt daher an, dass dieser Schluss auf eine Handlung eine logische Privation aufweist und insofern allein eine Quasi-Schlussfolgerung darstellt: der Gehalt der Majorprämisse bleibt dunkel. Der *thymos* scheint demnach aus einer *unbestimmten* allgemeinen Prämisse und einer Situationswahrnehmung auf ein praktisches Urteil zu schließen.

Wenn wir uns nun derjenigen Sorte des Strebens zuwenden, die durch den Logos und nur durch den Logos im Sinne der »Einsicht in das Gute« bewegt wird – dem rationalen Willen (*boulēsis*) –, so scheint dieser zwar zu keiner irrationalen Handlung leiten zu können; allerdings betont Aristoteles auch, dass die *boulēsis* an sich überhaupt keine hinreichende praktische Kausalität besitzt. Sie besteht in nichts anderem als einer Strebung nach dem Guten als solchen, wie es durch den Logos allein in Form von allgemeinen Begriffen gedacht wird. Weil sie aber dadurch keinen Bezug auf Wahrnehmungen unterhält, ist der rationale Wille frei von jeder affektiven Bindung an einem besonderen Gegenstand und unabhängig von Lust- und Unlustgefühlen – weshalb man paradoxerweise auch nicht sagen kann, dass das Subjekt durch eine rationale Strebung *hinreichend* zum Handeln bewegt wird. Aus diesem Grund ist die Vernunft nach Aristoteles auch nicht an sich selbst praktisch: Sie liefert von sich aus keine zureichende Erklärung

---

389 Vgl. ebd., VII 5. 1147b.

von Handlungen,[390] und zwar deswegen, wie wir gleich besser sehen werden, weil die Verknüpfung von allgemeinem Wunsch und besonderer Strebung *Übung* erfordert. Insofern Strebungen nur in dem Maße kausale Kraft gewinnen, wie sie Einzeldinge betreffen[391] und dabei ein Verhalten zu diesen Einzeldingen vorzeichnen, dessen Ausführung in der Macht des Subjekts liegt,[392] und insofern diese Bedingung nur arationale Strebungen erfüllen, lautet Aristoteles' These über den Zusammenhang von Logos und Kraft, dass in die Konstitution eines *effektiven* Handlungsgrundes notwendig eine arationale Kraft eingehen muss.

5.10. *Der immanente Exzess praktischer Rationalität.* – Die aristotelische Theorie steht demnach vor dem Problem, die »Koordination« zwischen arationalen Kräften und einem an sich unwirksamen Logos zu denken. Seine Grundintuition können wir hier so deuten, dass die Lösung in einer bestimmten Auffassung von effektiven Handlungsgründen (*ef*-Urteilen also) liegt. Ein solcher ist dadurch ausgezeichnet, dass an der logischen Position der Minorprämisse ein besonderes Situationsurteil platziert ist, das sich auf konkret wahrnehmbare (oder auch imaginäre) Einzeldinge bezieht und derart eine affektive Relation involviert. Auf diese Weise können rationale Strebungen, die sich auf *allgemeine* Güter richten, mit arationalen Strebungen »interferieren« (und in einem praktischen Syllogismus »synthetisiert« werden), die auf *besondere* Gegenstände gerichtet sind – insofern ein konkreter Gegenstand in zwei Aspekten erscheint: Einerseits ist er (rational) mit einem bestimmten allgemeinen Gut verknüpft, und andererseits ist er (nichtrational) mit einer Lust-Unlust-Empfindung verbunden, aus der sich eine Begierde oder ein *thymos* ergibt, das heißt eine arationale Strebung. Die Komposition eines Handlungsgrundes muss demnach die logische Position des allgemeinen Wissens – die Position der allgemeinen rationalen Wünsche, die an sich kausal unwirksam sind, weil sie sich allein auf allgemeine Güter oder Handlungstypen richten und der Konkretisierung im Besonderen der Situation mangeln – mit einer besonderen Wahrnehmung an der logischen Stelle des Untersatzes (Wahrnehmungen oder Imaginationen) inferentiell synthetisieren, aus der stets Strebungen resultieren, die sich an Lust- oder Unlustgefühlen entzünden. Auf diese Weise enthält ein *effektiver* Handlungsgrund somit immer ein Moment des *Arationalen*, weil die praktische Wirksamkeit des Schlusses von den Prämissen auf die Konklusion von der arationalen Verknüpfung der Minorprämisse mit einer Begierde

390 Vgl. Aristoteles, *Über die Seele*, 432b.

391 Vgl. Aristoteles, *Nikomachische Ethik*, 1097a, 1107a, 1110b.

392 Vgl. ebd., 1139b; sowie ders., *Über die Seele*, 433a.

oder einem *thymos* abhängt. Die gelungene syllogistische Verbindung dieser beiden Sorten von Strebung – der arationalen und der rationalen, die sich auf denselben Gegenstand in verschiedener Hinsicht und unter einem jeweils anderen Aspekt beziehen – bleibt hier jedoch eine zufällige.

Für Aristoteles ergibt sich somit das Problem, wie man erklären kann, dass die Kontingenz dieser Verknüpfung zwischen arationaler Kraft und Logos wenn schon nicht in eine praktische Notwendigkeit (wie in P1 und P2) überführt, aber dennoch auf eine Weise gesichert werden kann, dass die Verwirklichung des besten Wissens kein Zufall mehr darstellt. Die Frage lautet hier, wie jener »Gehorsam« in das Strebevermögen zu implementieren ist, von dem Aristoteles in der *Nikomachischen Ethik* spricht. Und wenn das ausschlaggebende Kraftmoment im Handeln eine arationale Kontur besitzt, dann dürfen wir davon ausgehen, dass die Empfänglichkeit der *orexis* für den Logos *allein auf eine nichtrationale Weise* etabliert kommen kann. Kurz, den Logos müssen wir uns auch als eine Kraft denken, die in dem Maße *transnormativ* ist und somit »ein Gran an Überschuss« enthält, wie sie selbst in der Form einer nichtrationalen Wirksamkeit zu operieren hat. Die arationale *orexis* ist schließlich kein Vermögen, nach Gründen zu handeln; sie aktualisiert sich vielmehr gemäß der eigentümlichen Verfassung des Strebevermögens, die keine Ordnung von Gründen (keinen praktischen Logos) beschreibt, sondern eine »natürliche« Ordnung der *charakterlichen Disposition* – eine Organisation von natürlichen Trieben sowie motivationalen Präferenzen, die im Sinne einer »zweiten Natur« erworben wurden. Eine Einflussnahme auf die orektische Disposition geschieht also notwendig in der Form der *Gewöhnung* oder *Übung*.

Die dafür erforderliche Arbeit der Erziehung, Bildung oder ethischen Perfektionierung können wir uns entsprechend so vorstellen, dass der Logos oder das *logistikon* einen Einfluss auf die Habitualisierung von Strebenszielen nimmt.[393] Dieser Einfluss geschieht – und das ist in unserem Kontext von entscheidender Bedeutung – in der Form einer mitlaufenden Übersetzung von praktischen Überlegungen in quasi-sinnliche Vorstellungen, das heißt in *phantasmata*, und zwar durch eine praktische Einbildungskraft, die inferentielle Gehalte so exemplifiziert, dass das strebende Subjekt eine angemessene affektive Relation zu ihnen haben kann.[394] Urteilszusammenhänge oder praktische Begriffe werden in die Form imaginärer Gehalte transferiert, die ähnlich wie Wahrnehmungen Lust- und Unlustgefühle erzeugen und

393 Vgl. ebd., 431a-b.

394 Vgl. Corcilius, *Streben und Bewegen*, S. 183–185.

somit in die Bildung kausal ausschlaggebender arationaler Strebungen eingehen. Die Weise jedoch, in der hier Urteile mit der Kausalität des Strebens verknüpft werden, geschieht notwendig, wie gesagt, durch eine arationale Wirksamkeit rationaler Vorstellungen, welche über das Relais einer praktischen Einbildungskraft läuft.[395] Nur dann, wenn wir den Logos als bereits mit einer Kraftdimension ausgestattet denken – mit einer Kraft, die hier von einer Einbildungskraft getragen wird –, lässt sich sehen, wie er arationale Strebungen affizieren kann: nicht als normativer Gehalt, sondern als Kraft (der Imagination). Wenn wir noch ergänzen, dass für Aristoteles arationale Strebungen auch ihrerseits Motive und Ausgangspunkte für einen instrumentellen Gebrauch des Logos sein können, ergibt sich für uns ein Bild der »Interaktion« zwischen Strebung und Überlegung, zwischen *orexis* und *logos*, das in zwei Richtungen verläuft. In die eine Richtung lösen nichtrationale Strebungen (emotionale Reaktionen, Affekte, Begierden, Leidenschaften etc.) Zweck-Mittel-Überlegungen (*bouleusis*) aus, während vernünftige Reflexionen in die andere Richtung – im Ausgang von Strebungen, ohne dass diese als indisponible Zwecksetzungen figurierten; über Strebungen nachdenkend, um diese gemäß einer Einsicht in das Gute, aber über die Effektivität einer Gewöhnung und einer Einbildungskraft, zu reorganisieren – »orektische Zustände« bewirken. In dieser Gegenstrebigkeit liegt für Aristoteles das eigentliche Konfliktpotential im menschlichen Handeln: in der problematischen Koordination von nichtrationalen Strebungen und rationalen Überlegungen.

Im aristotelischen Text wird so eine implizite Theorie von der Kraft des Logos lesbar, die exakt an derjenigen theoretischen Stelle einsetzt, die wir vorher als Problematik der Dekonditionalisierung von *pf*- und *sf*-Urteilen beschrieben haben. Zunächst hatte es den Anschein, als würde Aristoteles die Aspekte der Kraft und der Geltung von Gründen separieren und auf die beiden Seiten der Bezogenheit der *orexis* auf den rationalen und den nichtrationalen Seelenteil verteilen – so dass die Bildung *effektiver* Strebungen (oder Syllogismen) durch den nichtrationalen Seelenteil erklärt wird, während die Bildung *gültiger* Strebungen (oder Syllogismen) seinen Ursprung im rationalen Seelenteil hat. Sobald sich Aristoteles aber der Frage nach der Entstehung »rationaler Motivationen« widmet, wird klar, dass er dem Logos respektive dem *logistikon* eine bestimmte Kraft oder Kausalität im Hinblick auf die Bildung normativ angemessener und effektiver Strebungen zuschreibt. Die Gestalt, die diese Kraft des Logos im Sinne einer transnormativen Wirksamkeit annimmt, so hatten wir gesehen, ist die einer praktischen

395 Vgl. ebd., S. 187–201.

Einbildungskraft. Nun wäre es allerdings verfehlt, daraus zu schließen, dass die aristotelische Argumentation allein auf die Bildung von »executive dispositions« oder, mehr noch, »executive virtues« zielt[396] – als ob es allein darum ginge, das Strebevermögen zum gut funktionierenden Exekutivorgan des Logos zu machen. Wie McDowell zu zeigen versucht hat, haben wir es im Fall der ethischen Tugend zwar mit dem Bild eines »exzellenten« oder perfektionierten Zusammenwirkens von Logos und *orexis* zu tun, dem zufolge es keiner gewöhnenden Einwirkung der Überlegung auf arationale Strebungen mehr bedarf – denn das tugendhafte Subjekt reagiert bereits *in seinen unmittelbaren affektiven Bildungen* auf eine besondere Situation so, dass sein Streben im Einklang mit dem besten Logos ist. Entscheidend aber ist, dass dieser Einklang nicht mehr vom *logistikon* im Zuge einer inferentiellen Rekonstruktion (qua Deduktion) nachvollzogen werden kann. Wie McDowell an anderer Stelle (in »Virtue and Reason«) behauptet hat, liegt der beste Logos bereits in der »exzellenten« affektiven Reaktion auf eine Wahrnehmungssituation – qua selektivem Herausgreifen eines besonderen Merkmals der Situation und einer damit einhergehenden Aktualisierung einer allgemeinen Prämisse. Was die Arbeit der Gewöhnung folglich eigentlich erreicht, besteht *nicht* darin, eine gut vorgedachte Ordnung von ethischen Zwecken in die Disposition des *orektikon* so zu implementieren, dass die affektiven und strebenden Reaktionen auf die Mannigfaltigkeit besonderer Situationen stets das im vorhinein festgelegte normativ erwünschte Resultat exponiert. Dies entspräche dem Bild einer *orexis* als bloßem Exekutivorgan (mit vorauseilendem Gehorsam).

Womit wir es hier stattdessen zu tun haben – und hier verlassen wir freilich McDowells Gedankengang –, ähnelt eher einer Art »Sensibilisierung«. Was die Arbeit der Habitualisierung (im Idealfall) erreichen muss, ist etwas, das praktische Überlegungen weder im voraus festlegen noch durch nachträgliche Reflexion hinreichend rechtfertigen können: die *glückliche Erzeugung* eines *praktischen Sinns für das Richtige*, dessen Ort streng genommen weder in der praktischen Vernunft (im Sinne einer moralischen Ordnung der Zwecke), noch in der arational strebenden Wahrnehmung liegt. Dieser »Sinn« mitsamt seiner genuinen Leistung des »Herausgreifens« von Situationsmerkmalen muss vielmehr als *praktische Einbildungskraft* begriffen werden, die mithin weder auf eine »Übersetzung« des Allgemeinen ins Besondere, noch umgekehrt auf eine »Erhebung« des Besonderen ins Allgemeine reduziert werden darf. Ihr eigentümlicher Akt besteht eher darin, im

396 So McDowell in »Incontinence and Practical Wisdom in Aristotle«, S. 61, 69.

doppelten Bezug auf eine *differentiell und in sich konträre* Ordnung von Gründen *und* auf die damit einhergehende normative Ambivalenz besonderer Wahrnehmungssituationen »saliences« derart zu produzieren, dass sich die Vorstellung eines normativ *evidenten* und zugleich *effektiven* Handlungsgrundes daraus ergibt.[397]

Deshalb ist der Begriff der Gewöhnung in diesem Kontext auch der verkehrte. Es geht eher um eine *Arbeit der Befähigung*, die darauf zielt, den Gebrauch, den ein Subjekt von seinem rationalen Vermögen macht, zu »perfektionieren«. Und dies ist nicht durch Habitualisierung zu erreichen, das heißt durch die Implementierung einer Disposition oder »zweiten Natur«, denn diese besitzt eher das Profil einer »one-way capacity«;[398] vielmehr handelt es sich um eine »Sensibilisierung«, die direkt den Gebrauch oder die Aktualisierung einer »two-way capacity«, eines praktischen Vermögens, betrifft. Was wir eben als praktische Einbildungskraft bezeichnet haben – im Sinne einer Wirkungsweise von Urteilen, die einen *Kraftüberschuss* trägt, den der Logos benötigt, um einen effektiven Syllogismus zu bilden –, zielt demnach auf nichts anderes als auf jene Aktivität der Dekonditionalisierung, die über die bloße Exekution eines *sf*-Urteils hinausgeht.[399] Es sollte klar sein, dass die so gedachte praktische Einbildungskraft keine »Phantasie« ist; sie beschreibt eher diejenige Art und Weise, in der ein Subjekt seinen praktischen Logos mit Blick auf eine besondere Situation aktualisiert.

5.11. *Die aristotelische Verzerrung der akratischen Krise.* – Der Aristoteles-Exkurs hat uns nun an den Punkt gebracht, wo wir den immanenten Exzess besser verstehen können, der in der Aktualisierung eines praktischen Vermögens liegt. Wir haben gesehen, dass Aristoteles zufolge der Logos von arationalen Strebungen abhängig ist, um effektiv zu werden. Hier hat es den Anschein, als bestünde das arationale Moment, das notwendig in die Konstitution eines effektiven Grundes eingeht, in Strebungen, die im nichtrationalen Teil der Seele entstehen und einen praktischen Syllogismus an der Position der Minorprämisse mit derjenigen Kausalität versorgen, die einem Grund Handlungseffek-

---

397 Vgl. dazu das Bild, das McDowell von der »tugendhaften« Bildung eines effektiven Syllogismus zeichnet in »Virtue and Reason«, S. 68f.

398 Wenn McDowells Rekonstruktion des aristotelischen Tugendbegriffs auf eine solche Überwindung des *two-way*-Charakters eines praktischen Vermögens hinausläuft – er versteht Tugend als »zweite Natur« rationaler Handlungsfähigkeit –, dann ist die hier skizzierte Idee der »Tugend« nicht mehr aristotelisch in diesem Sinne, und zwar vor allem deshalb, weil sie auf einen differentiell organisierten Logos angewiesen ist und bleibt.

399 Wir werden darauf zurückkommen, vgl. den Abschnitt 6.1.

tivität verleiht. Da aber dieser kausale »Beitrag« arationaler Strebungen solange ein kontingenter bleibt, wie der Logos nicht seinerseits auf diesen einwirken kann, hat Aristoteles – mehr implizit als explizit – den Gedanken einer Kraft des Logos eingeführt, den wir soeben durch den Begriff der praktischen Einbildungskraft gedeutet haben. Im Sinne einer »praktischen Sensibilität« besteht ihre besondere Leistung darin, im Rückbezug auf den Logos partikuläre Merkmale einer Situation so herauszugreifen, dass sie mit einer angemessenen Affektion des *orektikon* einhergehen. Auf diese Weise komponiert sie einen praktischen Syllogismus, der einen rationalen Wunsch (Obersatz) und eine affektiv aufgeladene Wahrnehmung (Untersatz) enthält – einen Syllogismus, der insofern einen Kraftüberschuss enthält (und mithin den Status eines *ef*-Urteils besitzt), wie weder der Rückbezug auf den Logos *vollständig* durch dessen inferentielle Ordnung von Gründen bestimmt ist, noch die Affektion des Strebevermögens der *direkten* Wirkung eines allgemeinen praktischen Wissens entspricht, sondern dem spezifischen Nachdruck oder der eigentümlichen Intensität, mit dem die praktische Einbildungskraft ein Situationsmerkmal herausgreift und so mit einem allgemeinen Willen (im Sinne der aristotelischen *boulēsis*) verknüpft. Diese doppelte Charakteristik beschreibt demnach das *arationale Moment* der Kraft, das in einem Akt der Aktualisierung des praktischen Logos liegen muss, um den nichtkonditionalen Status eines *ef*-Urteils zu erreichen.

Vor diesem Hintergrund können wir verstehen, inwiefern der Kraftüberschuss von Gründen nicht mit Strebungen zu identifizieren ist: Wir können ihn nicht auf eine arationale geistige Funktion zurückführen (wie es Gardner mit Freud vorgeschlagen hat), sondern müssen ihn im Akt der Aktualisierung des Logos selbst verorten. Und wenn wir unser Porträt von diesem Akt nun auf das Problem praktischer Irrationalität und die Ergebnisse unserer Analysen beziehen, sind wir in der Lage, eine Verzerrung zu korrigieren, die sich in Aristoteles Theorie der Strebung genauso wie in seiner Erklärung der akratischen Krise des Handelns finden. Hinter der Problematik der sogenannten arationalen Strebungen und ihrer kausalen Rolle im menschlichen Handeln verbirgt sich tatsächlich die *Problematik des Fortwirkens normativ abgewerteter Gründe*. Die Syllogismen der *epithymia* und des *thymos*, die Aristoteles zufolge eine privative und nahezu bloß kausale Charakteristik aufweisen, beschreiben dementsprechend keine genuin arationalen Kräfte, sondern solche Gründe, die aufgrund ihres Kraftüberschusses von der Perspektive des besseren Wissens abgespalten sind und derart nicht mehr *als* Gründe, sondern allein als Kräfte wirksam werden können.

In diesem Sinne setzt die aristotelische Analyse der Akrasia im fünften Buch der *Nikomachischen Ethik* erst an dem Punkt an, an dem das überlegte Urteil der praktischen Reflexion den Konflikt schon normativ entschieden und die konfligierenden Gründe in bessere und schlechtere aufgeteilt hat. Wenn aber die abgewerteten Gründe danach ein zweites Mal die Bühne der Handlungsbestimmung betreten, dann tauchen sie dort aus der Perspektive der Reflexion nicht mehr als gute Gründe auf, sondern als *schiere Kräfte*. Ihre normative Abstufung hätte sie eigentlich zum Schweigen bringen müssen, schließlich haben sie mit der überlegten Gewichtung ihren normativen Status eingebüßt und mithin ihre praktische Relevanz verloren. In dem Maße aber, in dem das schlechtere Urteil weiterhin wirksam ist, *erscheint* es, vom Standpunkt des besseren Wissens aus gesehen, als eine bloße Wirksamkeit, als arationale (oder nicht mehr rationale) Kraft. Denn wenn sein prinzipiell inferentieller Charakter elidiert ist, wenn seine Gründe abgezogen und ausgeschlossen sind, bleibt nichts anderes übrig als – bloße Begierde. Indem Aristoteles die abgewiesene Seite des Konflikts auf den Namen der *epithymia* tauft, liefert er also eine durchaus plausible Beschreibung von der Situation des Zusammenbruchs der Reflexion, die mit akratischen Vollzügen einhergeht – mit der Einschränkung jedoch, dass diese Beschreibung nur in dem Maße plausibel ist, wie sie sich auf die Perspektive des besseren Urteils bezieht, die das Fortwirken des abgespaltenen Urteils wie die Kausalität einer arationalen Strebung erfahren muss. Denn sobald eine Strebung ihrer Gründe entkleidet ist, sobald die Prämissen derjenigen Inferenz, durch die ein Subjekt auf den Wert einer gegenstandsbezogenen Handlung schließt, subtrahiert sind, bleibt nur noch das »nackte« Streben nach diesem besonderen Gegenstand übrig. Und genau darin können wir die Hauptmerkmale der aristotelischen Charakterisierung der Begierde wiedererkennen: Sie erscheint als ein Trieb, der nur noch auf die Besonderheit dieses Wahrnehmungsobjekts bezogen ist. Denn weil das bessere Urteil der Vernunft eine Verneinung des Wertes der auf dieses Objekt gerichteten Handlung impliziert, schließt es damit diejenigen Gründe oder Prämissen aus, vor deren Hintergrund eben diese Handlung als erstrebenswert beurteilt wird: Es nimmt diesen Gründen ihren normativen Status. Und daraus folgt eine normative *Entblößung* derjenigen Kraft, die nun nicht mehr als Ausdruck von Gründen gelten kann.

Vor dem Hintergrund dieser Perspektive des besseren Wissens wechselt Aristoteles auf die andere Seite des fortwirkenden Konflikts und argumentiert, dass ein Subjekt nur dann seinem besseren Urteil zuwiderhandeln kann, wenn es den Kontakt zu diesem Wissen verloren hat. Es befindet sich dann im Unwissen bezüglich seines besseren Wissens, wobei Aristoteles hinzufügt, dass dieses Unwissen durch die schiere Kraft der Begierde verursacht wurde. Auch darin können wir eine zutreffende Einsicht in die Lage des Akrates erkennen: Um seinen besseren Gründen zuwiderhandeln zu können, muss er sich diesen gegenüber verschließen respektive den inferentiellen Zusammenhang seines schlechteren Urteils von ihnen abspalten. Sofern man die philosophische Deutung dieser Situation aber einzig mit Bezug auf die reflexive Vernunft der überlegten Entscheidung entwickelt, scheint es plausibel, die Abspaltung (oder das »Unwissen«) auf eine Ursache zu beziehen, die nicht aus dem Logos selbst entstammen kann. Ist einmal die akratische Konklusion von ihren Prämissen entblößt worden, so dass nur noch die schiere Kraft einer Begierde übrig bleibt, kann die Abspaltung vom besseren Wissen nur als Unwissen interpretiert werden, als eine Art momentanes Vergessen, dass durch die schiere Stärke einer arationalen Kraft bewirkt wurde – so dass der Schluss nahe liegt, dass das Subjekt kein adäquates Bewusstsein von seinem besseren Wissen mehr haben kann. Eine solche Auffassung muss also auf eine Theorie der schwachen Akrasia im Sinne des Kontrollverlustes hinauslaufen – und nicht auf eine Erläuterung des Rätsels genuiner Irrationalität. Denn was aus der methodischen Perspektive der reflexiven Vernunft nicht mehr verstanden werden kann, ist die Tatsache, dass es gerade die Abspaltung der abgewerteten Gründe ist, die dem Subjekt ermöglicht, diese in dem Moment als Gründe aufrechtzuerhalten, wo sie als Gründe irrelevant geworden sind.

Aus aristotelischer Sicht steckt also hinter der akratischen Krise die Problematik einer nicht an den Logos angemessen Charakterdisposition des Strebevermögens. Aus unserer Sicht aber handelt es sich nicht um die Crux, dass »anscheinend noch etwas anderes neben der Vernunft in ihrer [der Beherrschten und Unbeherrschten] Natur vorhanden [ist], das mit der Vernunft kämpft und ihr Widerstand leistet. Denn genau wie die gelähmte Glieder eines Körpers, wenn man sie nach rechts bewegen will, in die entgegengesetzte Richtung nach links abirren, so verhält es sich mit der Seele: Die Antriebe der Unbeherrschten gehen in entgegengesetzte Richtungen.«[400] Was Aristoteles hier nicht anerkennen kann, ist die Tatsache, dass es der differentiell strukturierte, in sich konträre praktische Logos selbst ist, der diejenige Entgegensetzung von Strebungen konstituiert, welche die Problematik des menschlichen *Handelns* ausmacht – die Fähigkeit, mit Blick auf ein und dieselbe Situation entgegengesetzte Urteilsperspektiven einzunehmen und aufrechtzuerhalten. Und es ist diese Problematik, zu der sich das Subjekt mit jenem Akt verhält, der Gründe mit einem Kraft-

400 Aristoteles, *Nikomachische Ethik*, I 13. 1102b.

überschuss aktualisiert. Der Kraftüberschuss des Logos löst nicht die Aufgabe, fehlgeleitete arationale Strebungen auf das Gleis des Guten zu bringen; er löst das Problem der inneren Kontrarität und Zweiseitigkeit, die praktischen *pf*- und *sf*-Urteilen anhaften, indem er inferentielle Zusammenhänge mit einem solchen Überschuss an Kraft aktualisiert, dass andere Urteile und Gründe unwirksam oder, wenn man so will, »zum Schweigen gebracht« werden.

# 6.

## Un-Vermögen

### Metamorphosen praktischer Vernunft

»Kränkness, im Unterschied zur Krankheit, war ein Zustand einer leichten, schwer fassbaren, weil sehr tiefliegenden mentalen Schwäche, über die man im Zweifelsfall gut hinweggehen und auch -arbeiten konnte, nur merkte man den Aktivitätsresultaten out of Kränkness das Fehlen jenes Grans an Hysterieüberschuss an, das jedem Weltvorgang oder Fakt überhaupt erst die Existenzberechtigung gab.«
(Rainald Goetz, *Klage*)

6.1. *Der »volle« Begriff eines rationalen Vermögens.* – Ein irrationaler Akt wird in dem Maße denkbar, so hatten wir im letzten Kapitel argumentiert, wie wir den Kraftüberschuss des zurückgewiesenen Grundes so verstehen, dass er eine Abspaltung dieser Urteilsperspektive von der reflexiven Perspektive der überlegten Entscheidung bewirkt. Nur dann, wenn das Subjekt sich gegen seine eigene Überlegung sperrt oder sich dieser gegenüber blind macht – was nicht bedeutet, sie zu vergessen, sondern nur, sie in ihrer Wirkung auf die Kraft der abgewerteten Gründe zu blockieren oder zu ignorieren –, kann es die unterlegene Seite des Konflikts aufrechterhalten, muss es sich beherrschen oder ist es in der Lage, akratisch zu agieren. Die irrationale Aufrechterhaltung der zurückgewiesenen Handlungsperspektive ist nur möglich, wenn diese von dem besseren Wissen und seiner Wirksamkeit abgespalten und damit zugleich von der Anwendung des Rationalitätsprinzips (»Vollziehe die Handlung, die auf der Basis aller verfügbaren relevanten Gründe als die beste beurteilt wird«), die das bessere Wissen fordert, gewissermaßen ausgenommen wird. Diese Spaltung geschieht auf der Ebene der Aktualisierung eines rationalen Vermögens – sie ist weder, wie bei Aristoteles, im prekären Zusammenspiel von arationalen Strebungen und rationalen Urteilen zu verorten, noch, wie bei Davidson, als Hintergrundspaltung des Logos vorausgesetzt. Und weil sie in der Aktualisierung eines rationalen Vermögens statthat, und zwar so, dass ein Subjekt einen Grund, den es selbst nicht mehr als Grund anerkennt, als Grund trotzdem aufrechterhält, spaltet sich auch die Anwendung des Rationalitätsprinzips: Ein rationales Vermögen ist ein solches, dass *mit und gegen sich selbst* aktualisiert werden kann.

Deshalb können wir die praktische Fähigkeit in einem tieferen Sinne als Vermögen zum Gegenteiligem begreifen: als ein Vermögen, das dadurch, dass es zum rationalen Handeln befähigt, seinem Subjekt auch irrationale Akte ermöglicht. Dies bedeutet nicht, dass rationales und irrationales Handeln als zwei symmetrische Vollzugsoptionen zu verstehen sind, zwischen denen das Subjekt wählen kann. Es geht vielmehr darum, die innere Gegensätzlichkeit des praktischen Logos so zu deuten, dass sie in der Form einer *Entzweiung* aktualisierbar ist: Die Einheit des Subjekts – das »Ich will«, das alles praktische Urteilen muss begleiten können –, ist aufgrund der inneren Gegensätzlichkeit seines Logos »spaltbar«, und zwar insofern, als *jede* Aktualisierung des Logos, soll sie handlungseffektiv werden, einen anomalen und arationalen Überschuss an Kraft impliziert. Von einem entzweiten Subjekt lässt sich nicht behaupten, dass es »souverän« zwischen rationaler und irrationaler Aktualisierung auswählt. Erst *nachträglich* wird (und muss) das Subjekt in der Lage sein, einen akratischen Akt als einen eigens »gewählten« zu verstehen. Und aus dieser verzeitlichten Perspektive wird auch zu entscheiden sein, ob eine Entzweiung in der Aktualisierung einen momentanen »Unfall« dargestellt, eine zuvor verborgene Inkonsistenz auf der Ebene der inferentiellen Organisation des praktischen Logos sichtbar gemacht oder eine solche allererst hervorgebracht hat.

Die Pointe dieser Beschreibung liegt für uns in der Exemplarizität der Akrasia für den Begriff der menschlichen Handlungsfähigkeit. In der Abspaltung einer Urteilsperspektive (vom »besseren« Wissen) liegt der Akt einer *grundlosen* Dekonditionalisierung, die sich im oder als Kraftüberschuss des Urteilens entfaltet. Eine inferentielle Kette wird »absolut« gesetzt und darin handlungswirksam gemacht, indem andere Gründe ignoriert oder (momentan) »zum Schweigen gebracht« werden. In diesem Sinne exponiert die Akrasia auf zugespitzte Weise einen Aspekt, der in jeder Verwirklichung eines Handlungsvermögens im Spiel ist – sei es in der rationalen Form, in der ein Subjekt das tut, was es für richtig hält, sei es in der irrationalen Form, in der ein Subjekt absichtlich und gegen die eigene Absicht agiert, oder sei es in der radikalen Form, in der ein Subjekt damit beginnt, seine Vernunft zu verwandeln, indem es sie im Sinne eines immanenten Bruchs mit einer künftigen Rationalität konfrontiert. In den Formen zwei und drei erweist sich ein Subjekt als fähig, sein rationales Vermögen mit und gegen sich zu aktualisieren: Es kann nicht nur einzelne Gründe oder Regeln, sondern auch ganze Komplexe seines praktischen Wissens, seine zentralsten Anliegen oder sogar die organisierende Schicht seines Logos außer Kraft setzen – für einen Moment oder gar auf Dauer –, und zwar dadurch, dass dasjenige, was sein Vermögen mit Blick auf eine praktische Situation erschließt (bestimmte Einstellungen, Normen oder Gründe), mit einem Überschuss an Kraft versehen wird.

Darin weist also das exemplarische Phänomen irrationaler Handlungen über sich selbst hinaus: An seinem Beispiel lässt sich erkennen, dass das Subjekt zu einer besonderen Art der Selbsttransformation fähig ist, nämlich einer Metamorphose seines Logos. Auf diese Weise sollte dann auch der Sinn verstanden werden, den wir unserem emblematischen Begriff geben wollen: Das rationale Vermögen ist Unvermögen »in Hinsicht auf dasselbe und gemäß desselben«, das heißt, es ist *Un-Vermögen*, insofern es sein Subjekt auch dazu befähigt, es mit und gegen sich zu aktualisieren. Un-Vermögen bezeichnet demnach eine strukturelle Auto-Negativität, die zugleich die nicht-derivative Grundmöglichkeit beschreibt, das Vermögen auf eine Weise auszuüben, die sich in einen Gegensatz zur normativen Verfassung dieses Vermögens setzt. Wenn dieses Un-Vermögen einer strukturellen Möglichkeit unserer Handlungsfähigkeit entspricht, dann dürfen wir es nicht länger als abgeleitete Privation des »vollen« Begriffs eines rationalen Vermögens verstehen – denn der »volle« Begriff schließt die Idee des Un-Vermögens ein.

6.2. *Die operative Intransparenz der Kraft.* – Was wir also genauer verstehen müssen, ist die Charakteristik jenes Aktes der Aktualisierung eines effektiven Grundes, den wir als Dekonditionalisierung beschrieben haben und in dem ein Überschuss an Kraft liegt. Dieser Akt steht sowohl in der *operativen* Aktualisierung des Logos, die im direkten Bezug auf eine Wahrnehmungssituation steht, als auch in der *reflexiven* Aktualisierung auf dem Spiel, das heißt dort, wo das Subjekt mit Blick auf diejenigen Urteile urteilt, die es mit Blick auf eine Situation aktualisiert.

Im vierten Kapitel haben wir im Anschluss an Davidson gesehen, dass uns die Akrasia auf den Unterschied zwischen *pf*-Gründen und nichtkonditionalen Handlungsgründen aufmerksam macht. Im Falle eines praktischen Konflikts handelt es sich um eine Situation, in der widerstreitende Urteile im Spiel sind. Logisch bedeutet dies, dass die Schlüsse aus diesen Urteilen (aufs Handeln) einen *pf*-Charakter besitzen: Sie führen nicht zum Handeln (sie haben keine Effektivität), weil die Insistenz widerstreitender Urteile ihren normativen Wert (und ihre Wirksamkeit) schwächt. Aus diesem Grund bedarf es einer praktischen Reflexion, das heißt einer normativen Prüfung und Gewichtung der beteiligten Gründe und Urteile. Davidsons Deutung der akratischen Situation hat aber gezeigt, dass das überlegte Urteil – für sich genommen – auf einem konditionalen Niveau verbleibt. Im Fall eines akratischen Aktes erlangt der normativ ausgezeichnete Grund nicht den

Stand eines effektiven Handlungsurteils; das Urteil über das bessere Handeln verbleibt auf dem logischen Niveau einer konditionalen Konklusion (»Unter Berücksichtigung aller Umstände ist die Handlung *x* die beste«), die als solche noch kein »all-out judgment« darstellt. Wir hatten dementsprechend drei Modi des praktischen Urteilens unterschieden, und zwar im Hinblick auf die Weise, in der ihr inferentieller Bezug auf Gründe artikuliert ist:

(i) *pf*-Urteile beschreiben Konklusionen aus Schlüssen, die nur *prima facie* gelten und insofern allein konditionale Resultate bringen; um praktisch zu werden, bedürfen solche Schlüsse der Aufhebung ihres konditionalen Charakters;

(ii) *sf*-Urteile sind *secunda facie* gültig, insofern die Schlussfolgerung, die sie darstellen, durch eine Reihe von Überlegungen – einen weiteren Horizont von Gründen – reflexiv validiert wurde, das heißt, sie gilt (idealiter) mit Blick auf »alle relevanten Umstände«;

(iii) im Falle von *ef*-Urteilen ist es so, dass sie einen kausal wirksamen Schluss ausdrücken: die Konklusion wird als Handlung verwirklicht, so dass ihre Gründe die entscheidenden kausalen Faktoren in der Verursachung eines Vollzugs darstellen.

Um von einem *pf*-Urteil zu einem *sf*-Urteil zu gelangen, bedarf es reflexiver Überlegung, das heißt zusätzlicher Gründe (sowie einer Bestimmung der Mittel und der Gelegenheit, die entsprechende Handlung auszuführen – aber dies tut in diesem Kontext nichts zur Sache). Der Schritt von einem *sf*-Urteil zu einem *ef*-Urteil – wir werden gleich sehen, weshalb eine solche Redeweise missverständlich ist – hat hingegen nichts mit der Frage nach zusätzlichen Gründen zu tun. Freilich könnte man meinen, dass ein überlegtes Urteil (»Unter Berücksichtigung aller Umstände ist die Handlung *x* besser«) exakt den Grund für das nichtkonditionale Urteil liefert, dass *x* die beste Handlung *ist*. Wieso sollen wir nicht annehmen, dass es schlicht »rational« ist, ein *sf*-Urteil zu dekonditionalisieren? Eine solche Beschreibung missversteht den Unterschied zwischen einem normativ gültigen praktischen Syllogismus (*sf*-Urteil) und einem effektiven praktischen Syllogismus (*ef*-Urteil). Denn die Gründe, die ein Subjekt braucht, um ein *ef*-Urteil zu fällen, *sind dieselben*, welche zur Bildung eines *sf*-Urteils berechtigen – in normativer Hinsicht existiert keine Differenz zwischen *sf*- und *ef*-Urteilen, beide basieren auf denselben Gründen. Der Unterschied zwischen den beiden Urteilsmodi ist vielmehr einer, der aus logischer Perspektive gar nicht beschrieben werden kann. Er wird allein in dem Maße verständlich, wie man eine weitere Perspektive einnimmt und das praktische Schließen in den Kontext der Ausübung eines in sich konträren rationalen Vermögens einschreibt, dessen Aktualisierungen – das Erschließen von Gründen, das Fällen von Urteilen, das Ziehen von Schlüssen – die doppelte Charakteristik von Kraft und Geltung aufweisen.

Deswegen sollten wir den Akt der Dekonditionalisierung *nicht als einen inferentiellen Akt* auffassen: Er ist nicht aus einem Grund ableitbar, obgleich er *im* Akt liegt, mit dem ein Subjekt seinen Logos in Form einer praktischen Inferenz aus Gründen aktualisiert. Oder genauer, die Dekonditionalisierung (respektive ihre Unterlassung) ist derjenige *nicht-reflexive Aspekt* im praktischen Urteilen, der über ihre inferentielle Bestimmtheit hinausgeht. Er gehört strikt der *operativen* Ebene des Urteilens an, der Ebene des Vollziehens oder Aktualisierens von Inferenzen und nicht der reflexiven Ebene – worin auch der Grund liegt, weshalb *die Kraft von Gründen nicht der reflexiven oder voluntativen Kontrolle des selbstbewussten Subjekts untersteht*. Der Kraftüberschuss ist vielmehr das Korrelat jener *operativen Intransparenz*, aufgrund der die Aktualisierung eines differentiellen, in sich konträren Vermögens mit Bezug auf ihren eigenen Akt blind operiert.[401] Die Kraftdimension des Urteilens und praktischen Schließens liegt im Schatten ihres eigenen Vollzugs. *Indem* ein Subjekt sein rationales Vermögen im praktischen Urteilen aktualisiert, *indem* es aus Gründen schließt und Gründe mit Bezug auf einen weiteren Horizont von Gründen gewichtet, entfaltet sein Urteilen eine Kraft, die reflexiv nicht kontrollierbar ist – sondern nur aus der reflexiven Perspektive anderer Urteile bemerkbar ist, die wiederum selbst ihrer eigenen Kraft gegenüber »blind« sind.

Dementsprechend können wir den Fall der Akrasia folgendermaßen deuten: *Indem* ein Subjekt ein *sf*-Urteil fällt, das keinem *ef*-Urteil entspricht, hält es *implizit* das widerstreitende und durch die Reflexion normativ abgewertete Urteil aufrecht – es bringt dieses nicht »zum Schweigen«. Das reflexive *sf*-Urteil besitzt derart eine eigentümliche differentielle Form: Dasjenige, was es normativ ausschließt, schließt es so ein, dass es im Spiel bleibt – sich fortsetzt. Die Abspaltung kann sich somit im Vollzug oder mit der Operation des reflexiven Urteils ereignen – mit dem (ineffektiven) Ausschluss derjenigen Gründe, die für die »schlechtere« Seite des Konflikts sprechen. Auf diese Weise entsteht die Möglichkeit, dass der Kraftüberschuss, der dem besseren Urteil fehlt, an der Stelle des abgewerteten und von der Kraft der Reflexion (qua Abspaltung) ausgenommenen Urteils auftaucht, das somit als entblößter Grund, als normativ entkleidete Kraft erscheint. Dass das Subjekt aber derart urteilt – dass es ein *sf*-Urteil fällt und kein *ef*-Urteil – entzieht sich im Moment des Urteilens seiner Kenntnis und vor allem dem Einfluss seiner Überlegung; dies kann ein Subjekt erst

---

401 Vgl. dazu den Abschnitt 2.2.

nachträglich erkennen – an seinem eigenen Handeln oder an der Tatsache, dass die abgewertete Seite seines Konflikts weiterhin Kraft hat. Und entsprechend scheint an dieser nachträglichen Stelle (sofern es noch nicht zu spät ist) jene Anstrengung der Selbstbeherrschung, des Appellierens an sich selbst angebracht, das in dem Maße glückt, wie sich das Subjekt zu jener zusätzlichen und gewissermaßen para-reflexiven Urteils*kraft* als fähig erwiesen haben wird, mit der sein besseres Wissen einen nichtkonditionalen Status gewinnt. Selbstbeherrschung und Akrasia sind daher die Namen zweier Weisen, eine solche »präreflexive« Spontaneität auszuüben: das Subjekt spaltet die abgewertete Urteilsperspektive ab und hält sie dadurch aufrecht; oder es verhilft dem besseren Urteil durch eine zusätzliche Kraftaufwendung, die sich gegen die aufrecht erhaltene irrationale Perspektive richtet, zur Durchsetzung. Die praktische Reflexion vollzieht demnach aufgrund ihrer differentiellen Form mehrere Züge zugleich: Züge der thematischen Reflexion und Züge impliziter (prä- oder parareflexiver) Art, die im unthematischen Schatten der Einheit und der anderen Seite derjenigen Differenz geschehen, die verwendet wird, *indem* überlegend geurteilt wird.

6.3. *Die Analogie zwischen Akrasia und Tugend (McDowell).* – Ein überlegtes Urteilen erreicht nur in dem Maße das Niveau einer *ef*-Inferenz, wie es nicht allein die logische Konsequenz aus guten Gründen zieht, sondern, indem es dies tut, *darüber hinaus* auch eine zureichende Effektivität entfaltet. Dieser letzte Aspekt transzendiert das »bloß« logische Schlussfolgern – er beschreibt einen transnormativen Aspekt des praktischen Urteilens. Ein Grund, der in seiner Effektivität über seine inferentiellen Bestimmtheit hinausgeht, hatten wir so beschrieben, dass er einen Kraftüberschuss aufweist. Die Rede vom Kraftüberschuss von Gründen markiert somit die Stelle, an der man von einem a-rationalen Moment praktischer Rationalität sprechen kann: weil es hier um etwas geht, das nicht von Gründen abgeleitet ist, aber die Gegebenheit und den praktischen Charakter von Gründen fundamental betrifft. Ein rationales Handlungsvermögen müssen wir demnach so verstehen, dass es die Fähigkeit einschließt, in der Aktualisierung von Gründen, aus deren Vorstellung ein Subjekt handelt, jenes »Gran an Hysterieüberschuss« zu entwickeln (oder nicht) respektive jenen Evidenzeffekt zu erzeugen, jene leichte Übertriebenheit oder Emphatisierung, ohne die das praktische Urteilen auf einem *sf*-Niveau verharrt.

Wir wollen also behaupten, dass der Kraftüberschuss auch im gelingenden und »normalen« Fall des Handelns eine wesentliche Rolle spielt. Der mit der Analyse des Phänomens der Irrationalität exemplarisch einführte begriffliche Unterschied zwischen *sf*- und *ef*-Urteilen scheint uns diese Konsequenz zu erzwingen. Im Zuge einer kurzen Diskussion eines Theoriebeispiels, mit dem und gegen das wir bereits argumentiert hatten, soll nun versucht werden, diese These weiter zu erhellen. Wir wollen nicht versuchen, neue Strukturaspekte einzuführen, sondern vielmehr das Inventar derjenigen Phänomene zu erweitern, an denen der Kraftüberschuss von Gründen aufgezeigt werden kann: Dieser lässt sich der Sache nach als ein notwendiger Baustein für eine Theorie der ethischen Tugend im Sinne McDowells nachweisen.

John McDowells Reformulierung des aristotelischen Tugendbegriffs – im Sinne der »exzellenten« Verfassung eines praktischen Vermögens – steht und fällt mit der Überzeugung, dass der besondere Akt einer praktischen Wahrnehmung (sofern er der Akt eines tugendhaften Vermögens ist) das entscheidende Moment in der Konstitution eines zugleich guten und effektiven Handlungsgrundes darstellt. Das »Hervortreten« eines Situationsmerkmals ist der ausschlaggebende Vorgang, durch den ein ethischer Grund gebildet wird: auf der Basis einer *Evidenz* in der praktischen Wahrnehmung. Nun ist dieses Hervortreten nebst Evidenzeffekt freilich nicht durch höhere Gründe ableitbar, sondern es beschreibt allererst den Vorgang, durch den ein allgemeiner »concern« (eine ethische Einstellung) als relevant ausgewählt, ein praktischer Begriff konkret (nämlich durch seine Anwendung in einem Situationsurteil) und entsprechend ein Handlungsgrund gebildet wird. Und in dem Maße, in dem dieses Hervortreten eines Merkmals nicht nur durch Gründe nicht ableitbar ist, sondern auch andere mögliche Gründe von vornherein »zum Schweigen bringt«, haben wir es mit einem veritablen Kraftüberschuss zu tun: Er liegt in der Evidenz, mit dem ein Subjekt eine Situation sieht. Und weil die Gründe, aus denen es handelt, auf dieser Evidenz basieren, weisen sie einen Kraftüberschuss auf. Ihre Effektivität ist nicht allein die logische Folge von anderen Gründen – diese anderen Gründe sind durch die Evidenz des Hervortretens eines Merkmals allererst relevant und ausgewählt geworden –, sondern verdankt sich dem Kraftüberschuss, der sich als Evidenzeffekt entfaltet. In dieser Hinsicht erscheint die Tugend als Name für diejenige Verfasstheit eines praktischen Vermögens, durch welche die Bildung von Gründen ohne ausdrückliche Reflexion mit einem Überschuss an Kraft versorgt wird.

Nun ließe sich natürlich sofort einwenden, dass McDowells Position keine »konstruktivistische«, sondern eine »realistische« These beschreibt und dass wir demzufolge die Tugendtheorie in *Virtue and Reason* grundlegend missverstanden haben. McDowell zufolge sollten wir uns die tugendhafte Wahrnehmung in Analogie zu kognitiven

Wahrnehmungsurteilen vorstellen.[402] Im Falle der letzteren handelt es sich um Urteile, deren objektive Geltung durch keine Ableitung von Gründen konstituiert ist, sondern die umgekehrt ein Wissen begründen, das wiederum als Grund für weitere Erkenntnisurteile fungiert. Das objektive Urteil, dass dort im Aschenbecher eine glimmende Zigarette liegt, lässt sich dementsprechend nicht weiter begründen, sondern allererst auf der Basis eines »exzellenten« Wahrnehmungsvermögens und seiner Evidenzen einsehen – wodurch ein Subjekt mit einem zuverlässigen und realistischen Wissen versorgt wird, das es dann inferentiell weiterverarbeiten kann (etwa dadurch, dass es aus der Wahrnehmungstatsache schließt, dass hier ein Raucher wohnt). Die Begriffe, die in der Minorprämisse zur Anwendung kommen (Aschenbecher, Glimmen, Zigarette), werden auf diese Weise durch die Wahrnehmung und ihre passive Aktivität des Herausgreifens von Situationsmerkmalen zuverlässig selegiert. Entsprechend müssen wir uns nun, so McDowell, die Funktionsweise der tugendhaften Wahrnehmung vorstellen: Die exzellente Verfassung eines praktischen Wahrnehmungsvermögens erschließt die Objektivität einer praktischen Situation durch ihre Empfänglichkeit für moralisch relevante Tatsachen – indem sie in der Produktion von »saliences« diejenigen praktischen Begriffe aktualisierend ins Spiel bringt, die der Realität und den normativen Erfordernissen »unserer« moralischer Praktiken angemessen sind.

Es gibt allerdings eine triftige Überlegung, die zeigen kann, inwiefern »unsere« praktische Realität eine solche ist, die durch arationale Kraftüberschüsse wesentlich mitbestimmt wird. Denn anders als im Fall der empirischen Erkenntnis, die *de jure* nur eine Wahrheit verträgt, haben wir es im Praktischen mit Situationen zu tun, die »objektiv« durch widerstreitende Urteile, Konflikte und Ambivalenzen gezeichnet sind. Und dies verhält sich so, wir wiederholen uns, weil der Logos des praktischen Vermögens – der zugleich der Logos einer praktischen Wirklichkeit ist – eine differentielle, in sich konträre und zweiseitige Struktur besitzt. In der Praxis gibt es folglich kaum Situationen, in der nicht Gründe für und Gründe gegen eine bestimmte Handlung ins Feld geführt werden könnten (was nicht ausschließt, dass wir in vielen Situation relativ klar sagen können, welche dieser Gründe gute und welche schlechte Gründe darstellen). Dass sich hier ein voller Aschenbecher mit einer glimmenden Zigarette befindet und folglich hier ein Raucher wohnt, ist das eine (nämlich ein kognitives Urteil ohne praktischen Gehalt); dass hier aber ein Raucher wohnt und darin

402 Vgl. hier und im Folgenden McDowell, »Values and Secondary Qualities«.

»unmittelbar« liegt, dass man ihn davon überzeugen sollte, das Rauchen aufzugeben oder zumindest dasselbe in Anwesenheit von Nichtrauchern zu unterlassen, dürfte man mit gutem Recht als ein praktisches Urteil bezeichnen, das in einer Atmosphäre widerstreitender inferentieller Perspektiven gefällt wird. (Es mag unumstritten sein, dass Rauchen gesundheitsschädlich ist; aber unumstritten, zumindest unter Rauchern, dürfte ebenfalls sein, dass wir es mit einer Praktik zu tun haben, die zugleich psychische, physische, ästhetische und soziale Funktionen erfüllt, in denen man durchaus »Werte« sehen kann.) Das (tugendhafte?) Situationsurteil, in dem ein hervortretendes Situationsmerkmal (die Wahrnehmung der rauchenden Person) unmittelbar als Handlungsgrund (diese Person sollte von der Notwendigkeit überzeugt werden, sich das Rauchen abzugewöhnen oder wenigstens das Rauchen in Gegenwart von Nichtrauchern zu unterlassen) erschlossen ist, steht also konstitutiv in Relationen des Widerstreits oder Konflikts mit anderen Gründen und Urteilen (wahrscheinlich in ein und derselben Person, sofern sie eine Raucherin ist). Von daher erscheint es auch nicht als Zufall, dass die Raucherdebatte ohne »Hysterisierungen« (auf beiden Seiten) nicht auskommt: Ein Urteil, dass in dieser inferentiell gespaltenen Situation den Status einer *ef*-Inferenz oder einer entschiedenen praktischen Einstellung erreichen will, bedarf notwendig eines »Grans an Hysterieüberschuss«, einer (arationalen) Verstärkung, durch die das Urteil handlungswirksam wird. Anders lässt sich die Wirklichkeit eines Nichtraucherschutzgesetzes nicht denken.

Was demnach zu McDowells Analogie zwischen theoretischer und praktischer Wahrnehmungserkenntnis quer steht, ist jene »zusätzliche« Leistung, zu der die ethische Tugend sich als fähig erweisen muss. Im evidenten Herausgreifen eines Situationsmerkmals gilt es, andere (mögliche) Weisen des Herausgreifens und Gründebildens »zum Schweigen« zu bringen. (Muss das kognitive Urteil, dass dieser Aschenbecher voll ist, das mögliche Urteil zum Schweigen bringen, dass dieser Aschenbecher leer ist?) Und ein derartiges Ausschließen erfordert, das hatten wir im Anschluss an Bernard Williams gezeigt,[403] einen Überschuss an Kraft.

An dieser Stelle drängt sich uns eine andere Analogie auf. Aristoteles hatte das Kraftmoment im Urteilen (darin folgt ihm McDowell) an der logischen Position der Minorprämisse situiert: dort, wo Wahrnehmungen von besonderen Gegenständen oder einzelnen Situationsmerkmalen mit Gefühlen von Lust und Unlust verknüpft sind und derart zu arationalen Reaktionen der *orexis* führen. Aus diesem Grund behauptet

---

403 Vgl. den Abschnitt 5.2.

auch Aristoteles, dass die Problematik der akratischen Krise in der Bildung der Minorprämisse liegt: Die unmäßige Kraft der »Begierde« verhindert die adäquate Aktualisierung des besseren Wissens insofern, als die praktische Wahrnehmung des akratischen Subjekts eine gegensätzliche Wahrnehmung hervorhebt und diese derart verstärkt, dass die Wahrnehmung des »richtigen« Merkmals, welche das bessere allgemeine Wissen aktualisieren würde, im Vorfeld abgedrängt wird. Die emphatisierte akratische Wahrnehmung löst stattdessen die Aktualisierung eines konträren allgemeinen Urteils aus, wodurch ein praktischer Syllogismus gebildet wird, der sich effektiv entfalten kann, *weil* die Aktualisierung eines konträren Grundes (der das bessere Wissen dargestellt hätte) im Keim erstickt wurde. Es dürfte klar sein, dass *exakt dieser »Mechanismus« der (arationalen) Verstärkung an der Stelle der Minorprämisse* von McDowell in seiner Erklärung tugendhafter Vollzüge in Anspruch genommen wird: Das Herausgreifen eines Merkmalskomplexes und gleichzeitige Zum-Schweigen-bringen gegensätzlicher Wahrnehmungen ist es, das – ohne Rekurs auf höhere Gründe – die *effektive* Anwendung des »richtigen« allgemeinen rationalen Bestrebens bewirkt. Hier (bei der Tugend) wie dort (bei der Akrasia) geht es um einen Kraftüberschuss, eine arationale Dekonditionalisierung, eine inferentiell nicht rekonstruierbare Aktualisierung von handlungswirksamen Gründen, die über die gleichzeitige Akzentuierung und Abblendung von partikulären Merkmalen einer Situation operiert. Formal gesehen muss ein praktisches Vermögen, soll es wirklich und wirksam ein praktisches sein, sein Subjekt zu derartigen paranormativen Verstärkungen befähigen.[404]

---

404 Der aristotelischen Deutung der Akrasia und McDowells Beschreibung der Tugend liegt jedoch die gleiche Vereinseitigung zugrunde: die Voraussetzung eines gelingenszentrierten Vermögens. Denn beide basieren auf der Annahme, dass der Begriff des praktischen Vermögens von dem der Tugend her gedacht werden muss, der weniger ein ethisches Ideal denn die eigentliche Form dieses Vermögens beschreibt. Die Tugend soll nichts anderes als ein *vollständig entwickeltes* Handlungsvermögen sein – ein praktisches Vermögen, das das *telos* seiner »natürlichen« Entwicklung erreicht hat. Ein Subjekt, das seine Fähigkeit zum vernünftigen Handeln nur unvollständig entwickelt hat, wäre demzufolge noch nicht im Besitz der Tugend, seine Fähigkeit besäße noch nicht das gelingensfixierte Profil einer *one-way capacity* und es bliebe jenen Möglichkeiten des Fehlgehens, des praktischen Konflikts und der Akrasia ausgesetzt. Unsere Überlegungen in den ersten beiden Kapiteln hatten freilich das Ziel, diese Auffassung zu widerlegen und den Gedanken eines differentiellen, in sich konträren Vermögens als Grundstruktur eines praktischen Vermögens aufzuweisen. Dementsprechend können wir behaupten, dass die Überwindung der inneren Gegensätzlichkeit eines praktischen Vermögens nicht so gedacht werden darf, dass sie eine bleibende Form annimmt – eine tugendhafte Disposition –, sondern diese Überwindung ist vielmehr das, was in jedem Akt der

6.4. *Normativität, Subjektivität und Kraftüberschuss.* – Dieses exzessive Moment der Kraft muss nicht im Handeln erscheinen. Die praktische Irrationalität bildet das Phänomen, an dem es offenbar und analysierbar wird. Im »normalen« Handeln jedoch bleibt der Kraftüberschuss implizit, latent oder zu minimal, um sich spürbar zu manifestieren. Er kann allerdings auch ausbleiben, sofern wir es mit jener »mentalen Schwäche« zu tun haben, der Rainald Goetz den Namen »Kränkness« gegeben hat: Wenn die Überschüssigkeit ausbleibt, wird das Handeln allenfalls »schwach gelingen«. Ein Vollzug, der *differenzlos* unter seine logische Beschreibung fällt, der nichts anderes als die Vollstreckung normativer Folgen darstellt, drückt ein Verhältnis der Entfremdung aus, das zwischen dem Subjekt und seinen Gründen herrscht: das Subjekt ist kränk. Die Kraft eines Grundes ist derjenige Aspekt am Grundsein, der ein irreduzibel subjektives Moment markiert – denn er bringt die Tatsache zum Ausdruck, dass es sich um einen Grund handelt, der subjektive Wirklichkeit besitzt und darin der Grund *dieses* Subjekts ist, das die Verantwortung für ihn trägt (sofern es nach seiner Vorstellung handelt). In diesem Sinne basiert gelingendes Handeln auf einer Effektivität von Gründen, die ein überschüssiges Moment an Kraft besitzen, das nicht auf andere Gründe zurückgeführt werden kann, sondern in letzter Instanz allein auf das Subjekt selbst (in seiner Freiheit). Ohne dieses irreduzibel subjektive Moment wäre ein Grund nicht das, was er sein soll.

Zunächst ist freilich die Kraft nichts anderes als derjenige Aspekt an oder in der Gegebenheitsweise von Gründen, durch den ein Subjekt auf die Hervorbringung der logischen Konsequenz geht: Sie ist inferentiell spezifiziert. Dennoch erschöpft sie sich nicht in dieser Bestimmung. In Anbetracht der inferentiellen Charakterisierung eines Grundes erscheint die Kraft vielmehr als Korrelat jener Unbestimmtheit, die wir zuvor als strukturellen Abstand zwischen dem Vermögen und seiner Verwirklichung respektive als Lücke im praktischen Schließen beschrieben haben: Die Kraft eines Grundes ist die Antwort des Sub-

---

Aktualisierung stattfinden muss. Zugleich müssen wir aber diese Aktualisierung so verstehen, dass sie das ausgeschlossene Gegenteil virtuell bewahrt, denn darin gründet die eigentümliche Potentialität der praktischen Vernunft, ihre Fähigkeit zur Selbsttransformation oder kurz: ihre Freiheit. Tugendkonzeptionen tendieren dazu, diesen Aspekt der Freiheit zu entsorgen. Als *one-way capacity* ohne innere Negativität scheint uns daher die Idee der Tugend (als *eidos* und *telos* des praktischen Vermögens verstanden) gleichzeitig das Phantasma einer übermenschlichen Fähigkeit und den Begriff einer verkümmerten, verarmten Handlungsfähigkeit zu entwerfen. Die Form, in der wir hier das Konzept der Tugend für anschlussfähig halten – und die dem Kraftcharakter von Gründen und der Differentialität des praktischen Logos Rechnung trägt –, hatten wir im Abschnitt 5.10. skizziert.

jekts auf die darin liegende *Unbestimmtheit* – weshalb ihr auch der Anschein des »Willkürlichen« anhaften mag. Diese Unbestimmtheit steht somit in einem konstitutiven Zusammenhang zu der Tatsache, dass es sich um Gründe handelt, die Aktualisierungen eines in sich differentiellen Logos sind und folglich in der Form des Gegensätzlichen wirklich werden. Ein Grund, dessen Kraft auf die Verwirklichung seiner Folge geht, entfaltet dementsprechend auch eine Wirksamkeit mit Bezug auf andere Gründe, das heißt, er ist zugleich eine Art »Widerstand« oder »Antagonismus« in die Richtung gegenteiliger Gründe und eine Art »Verstärkung« in die Richtung verwandter Gründe. An dieser Stelle – der kausalen (und zugleich inferentiellen) »Interaktion« zwischen Urteilen, Gründen und Schlüssen, die einander einschließend ausschließen oder verstärken – »verlässt« die Kraft den normativ bestimmten Rahmen eines Grundes: Durch die »Interaktion« oder das »Spiel« der Kraft mit den Kräften anderer Urteile und Schlüsse erhält ein Grund ein »Gewicht«, eine Intensität oder Mächtigkeit, die über seine Geltung hinausgeht oder hinter ihr zurückbleibt – eine Mächtigkeit, die diese Geltung übertreibt oder emphatisiert respektive diejenige konkurrierender Gründe untertreibt oder herunterspielt. Das darin liegende »Ungleichgewicht« zwischen Kraft und Geltung ist demnach das Korrelat der inneren Kontrarität rationaler Vermögen: als ob die Effektivität der »besseren« Gründe den Verzicht auf die ineffektiv gebliebenen »schlechteren« Gründe kompensieren, als ob jene ihre normative Superiorität durch ein »Mehr« an Gelingen, Relevanz oder Wichtigkeit unter Beweis stellen müssten.

Entscheidend ist hier die eigentümliche *Reflexivität*, welche die Aktualisierungen des praktischen Logos strukturiert. Die Unausgewogenheit zwischen der Normativität und der Kraft von Gründen hat mit dem konstitutiv reflexiven Bezug zu tun, den ein Subjekt aufgrund der Kontrarität seiner Gründe zu seinen Gründen besitzt, insofern die gegensätzlichen Aktualisierungen des Logos notwendig zum Gegenstand einer reflexiven Anstrengung der Gewichtung, Präferierung etc. werden. Diese Reflexivität nimmt allerdings nicht allein oder nicht notwendig die Form praktischer Überlegungen an, in denen durch die explizite Berücksichtigung eines weiteren Horizonts von Gründen Urteile gefällt werden. Sie hat vielmehr zuallererst die Form einer *impliziten Reflexivität*, die jedes aktualisierte Element des Logos konstitutiv aufweist: Einen Grund zu haben bedeutet für ein Subjekt, zugleich einen Grund zu haben, diesen Grund gegen andere Gründe (oder allgemeiner: in Bezug zu anderen Gründen) in Stellung zu bringen, die es auch anerkennt. Diese inhärente Reflexivität entfaltet sich vornehmlich auf der Ebene der Kräfte des Logos: Aufgrund ihres Charakters als Kräfte führt die normative Schwächung von Gründen, die sofort dann (*prima facie*) auftritt, wenn zugleich gegenteilige Gründe im Spiel sind, paradoxerweise zu einem »Anwachsen« ihrer Kraft, zu einem Nachdruck, der *vor* (oder *unabhängig* von) jeder reflexiven Prüfung ihrer normativen Profile geschieht und damit (nahezu unmittelbar) die strikte Bindung an ihre Geltung verliert. Mehr noch, diese para-normativen Bekräftigungen (und deren korrelative Schwächungen), in denen sich eine implizite Reflexivität auf der Ebene der operativen Intransparenz des praktischen Urteilens ausdrückt, *stellt ein genuines Moment der Konstitution handlungseffektiver Gründe dar.* Aufgrund der in sich konträren Verfasstheit eines rationalen Vermögens muss dieses über eine innere Reflexivität verfügen, durch die ihre Elemente mit einem Mehr (und entsprechend andere Elemente mit einem Weniger) an Kraft besetzt werden, damit ein solches Vermögen, das mit Bezug auf ein und dieselbe Situation zu einer Vielzahl von entgegengesetzten Handlungen befähigt, in den Akt übergeht. Deshalb geht dieses Mehr und Weniger an Kraft in die Konstitution eines effektiven Handlungsgrundes ein. Dasjenige, was man im Kontext der Akrasia als »besseres« Wissen beschreibt, wird zum *besten* Grund nicht allein dadurch, dass es die logische Folge der besseren Gründe darstellt; in ihm muss sich auch ein Kraftüberschuss markieren, damit es in den Stand des besten Grundes gelangen kann.

Die Normativität des Handelns ist von diesem nichtnormativen Überschuss intern abhängig. Sie wird durch ein radikal subjektives Moment mitkonstituiert, das seine Normativität zugleich transzendiert: den Kraftüberschuss von Gründen. Das beste Wissen ist darum eines, das schon einen Kraftüberschuss ausdrücken oder in sich tragen muss, um sich für das beste Wissen zu qualifizieren; und weil der beste Grund auch darin besteht, durch einen Überschuss an Kraft charakterisiert zu sein, ist es möglich, dass der *allein normativ* oder nur als logische Folge der »besseren« Gründe ausgezeichnete Grund ineffektiv (das heißt auf *sf*-Status) bleibt und das Niveau des besten Grundes nicht erreicht. Der Unterschied zwischen *sf*- und *ef*-Urteilen ist in logischer Hinsicht marginal – denn er ist Sache dessen, was über die logische Bestimmung eines Grundes hinausgeht. Es zeigt sich so, dass der »beste« Grund nicht allein der logisch ausgezeichnete (die logische Folge aus anderen Gründen) ist, sondern dass er sich einem Kraftüberschuss (einer Evidenzerfahrung zum Beispiel) verdankt, den er mithin in sich trägt. Und deshalb, weil der Kraftüberschuss einen wesentlichen Aspekt dessen beschreibt, was einen Grund zum besten Grund *macht*, kann der in bloß logischer Hinsicht »beste« Grund auch schwach oder ineffektiv bleiben.

6.5. *Der Akt der freien Forcierung (Kant).* – Worum es geht, ist der Nachweis, dass das Phänomen genuiner Irrationalität einen exemplarischen Wert für eine allgemeine Theorie des praktischen Vermögens besitzt. Wir haben gezeigt, dass akratische Handlungen (in ihrer paradoxen Form) nur verständlich werden, wenn wir sie vor dem Hintergrund eines rationalen Vermögens denken, das eine differentielle, in sich konträre Struktur besitzt und in seinen Aktualisierungen zu einem anomalen und arationalen Kraftüberschuss fähig ist. Der nächste Schritt bestand darin, diese Strukturmerkmale auch dort nachzuweisen, wo die Aktualisierung des praktischen Logos keine irrationale Wendung nimmt: Sowohl im »normalen« oder gelingenden Handeln als auch in der Praxis der Tugend können wir die unterschwellige Wirksamkeit eines Kraftüberschusses von Gründen erkennen. Der begriffliche Unterschied zwischen *pf*- und *sf*-Urteilen auf der einen Seite und *ef*-Urteilen auf der anderen Seite sollte uns *erstens* deutlich machen, dass die Konstitution eines nichtkonditionalen Handlungsurteils mit Notwendigkeit eine (minimal) transnormative Kraft involviert; die Vorstellung einer arationalen Akzentuierung oder Verstärkung von praktischen Wahrnehmungen, die wir im letzten Kapitel bereits im Sinne einer praktischen Einbildungskraft gedeutet haben und die am Ursprung von akratischen wie von tugendhaften Vollzügen liegt, lieferte uns *zweitens* die Bestimmung einer besonderen Ausprägung, die der Kraftüberschuss im Urteilen annehmen kann; und *drittens* versuchten wir zu zeigen, dass dieser Begriff ein irreduzibles Moment von Subjektivität bezeichnet, das in die Konstitution der Normativität von Gründen eingeht. Bevor wir die Konsequenz aus dieser Bestimmung im Hinblick auf die Ambivalenz der Phänomenologie der Irrationalität ziehen – nämlich: dass irrationales Handeln auch die Form der Erscheinung einer künftigen Rationalität sein kann[405] – gilt es zunächst, die Idee des Un-Vermögens einzuführen, um die gerade genannten drei Bestimmungen des Kraftüberschusses auf eine begriffliche Grundlage zu stellen.

Wir hatten im ersten Kapitel bereits angedeutet, dass die aristotelische These über die konträre Verfasstheit einer *dynamis meta logou* in ihrer ganzen Tragweite nur dann in den Blick kommt, wenn wir sie so verstehen, dass sie wesentlich das praktische Vermögen eines *freien* Subjekts ist. Indem der Logos das Subjekt normativ orientiert, eröffnet er ihm zugleich die Möglichkeiten des Gegensätzlichen, Widerstreitenden, der Negation und die des Möglichen selbst. Ein rationales Vermögen setzt sein Subjekt also in den Stand, dasjenige, zu was es ihn

---

405 Vgl. dazu den Abschnitt 6.6.

befähigt, *als Möglichkeit* zu sehen: es kann eine vorgestellte Handlung realisieren *oder nicht* realisieren. Jede normative Auszeichnung einer Möglichkeit *als* Möglichkeit wird unweigerlich von der Befähigung des Willens zum Gegenteil begleitet, und exakt dadurch geht die Wirklichkeit eines rationalen Vermögens notwendig mit der Konstitution eines »leeren Ortes« freier Subjektivität einher. Diese logische Position ist dadurch ausgezeichnet, dass sie von jeder Handlungsmöglichkeit, die der Logos in Form von Gründen erschließt, *distanziert* oder in einen minimalen Abstand gerückt ist. Dieser irreduzible Abstand macht normative Verbindlichkeit nicht unmöglich, im Gegenteil – er ermöglicht sie. Deshalb sollte auch sofort betont werden, dass das seiner selbst bewusste Subjekt hinsichtlich dieser leeren und distanzierten Stelle, die seine Freiheit ausmacht, unweigerlich *verschoben* ist. Der Logos und seine inferentielle Organisation von praktischen Einstellungen konstituiert den Raum des praktischen Selbstbewusstseins, und es ist dieser inferentiell gegliederte Raum von Gründen, der das Subjekt zu einer selbstbewussten, reflexiven Tätigkeit befähigt, das heißt einer vernünftigen Selbstbestimmung. Vor dem Hintergrund des organisierten Logos seines praktischen Vermögens kann es Wünsche, Gefühle, Tatsachen, Ereignisse etc. als mögliche Handlungsgründe auffassen und sie normativ hinsichtlich ihrer praktischen Relevanz beurteilen. Den *exzentrischen* Abstand aber, in dem das Subjekt zu seinen eigenen Gründen, Affekten, Urteilen, Wünschen und Überzeugungen zugleich unterschwellig steht, kann es in seinen praktischen Überlegungen und im Zuge der Entfaltung seiner rationalen Selbstbestimmung strukturell nicht einnehmen, eben weil das selbstbewusste Subjekt von der Ordnung des Logos *nicht Abstand nehmen kann, ohne sein Selbstbewusstsein zu verlieren.*

Die Institution des Logos als subjektives Vermögen muss demnach so verstanden werden, dass sie mit einer Dopplung in zwei wesentlich zusammengehörende, aber divergierende Formen der Freiheit einhergeht: einerseits in die »zentralperspektivische« Position eines selbstbewussten Subjekts, dessen Wille der organisierte Logos *ist* und der sich in vernünftigen Überlegungen aktualisiert sowie in intentionalen Handlungen realisiert; und andererseits in die »exzentrische« Position einer ihrer selbst nicht bewussten Subjektivität, die durch den Abstand konstituiert wird, in welchen der Logos als Vermögen zu Gegenteiligem das Subjekt unterschwellig »deplatziert«. Die Problematik, die damit entsteht, wird deutlich, wenn man sich die Gleichursprünglichkeit dieser beiden subjektiven Positionen vor Augen führt. Die subjektive Wirklichkeit des Logos als Vermögen stellt diejenige Dimension dar, die ein praktisches Subjekt allererst hervorbringt. Jedoch muss man im Auge behalten, was die subjektive Wirklichkeit des Logos ihrerseits mitkonstituiert. Aristoteles hat im zweiten Buch von *Über die Seele* nicht nur den Unterschied zwischen der ersten und zweiten Entelechie des Logos herausgestellt, sondern in diesem Zusammenhang zugleich auch eine Art »Nullpunkt« der Subjektivität implizit markiert. Denn von einem Vermögen reden wir nicht nur mit Bezug auf die erste und zweite Entelechie, so Aristoteles, sondern zudem in Hinsicht auf das menschliche Lebewesen, das grundsätzlich in der Lage ist, ein (rationales) Vermögen zu erwerben, dieses aber aktuell weder in erster und entsprechend auch nicht in zweiter Entelechie besitzt.[406] Ein solches Wesen steht demnach bereits in einer Art »bezuglosen Bezug« zum Logos; diese Gestelltheit aber verschwindet durch den Erwerb des Logos – dadurch, dass dieser subjektive Wirklichkeit wird – nicht, sondern dessen innere Gegensätzlichkeit rekonstituiert in gewissem Sinne jenen anfänglichen Bezug als Latenz des strukturellen Abstands. An diesem Ort wird die Wirklichkeit des Logos selbst *in einer gewissen Suspension gehalten*, so dass die »erste« und bewusstlose (weil erst Bewusstsein etablierende) »Annahme« des Logos, welche dessen Instituierung als subjektive Wirklichkeit mitbedingt hat, sich im Schatten des selbstbewussten Subjekts erhält, und zwar an der exzentrischen Stelle einer Subjektivität und als Möglichkeit einer anderen Freiheit.

Es sollte bereits implizit klar geworden sein: Die Intransparenz der operativen Aktualisierung des Logos, der wir uns im ersten Abschnitt des vorliegenden Kapitels gewidmet und der wir den Kraftüberschuss zugeschrieben haben, soll mit der Vorstellung dieser exzentrischen Freiheit des Subjekts verständlich gemacht werden. Vom Standpunkt der reflexiven Aktualisierung des Logos, den wir nun mit der Freiheit der vernünftigen Selbstbestimmung identifizieren können, ist der Kraftüberschuss daher in dem Maße unkontrollierbar, wie ihm die exzentrische Freiheit verschlossen bleibt. Wie können wir eine solche Freiheit diesseits des reflexiven Selbstbewusstseins denken?

In *Die Religion innerhalb der Grenzen der bloßen Vernunft* hat Kant eine erstaunliche Bestimmung der »freien Willkür« vorgestellt, die nicht der Freiheit der Autonomie entspricht und die wir dementsprechend als Versuch interpretieren wollen, diejenige Form (oder Unform) der Freiheit zu begreifen, die wir an der exzentrischen Position der Subjektivität situiert haben.[407] Kant spricht von der »absoluten Spontaneität der Willkür«,[408] wobei wir den Namen der »Willkür« hier nicht im gewöhnlichen Sinne verstehen sollten, das heißt als ein Wille, der

---

406 Vgl. Aristoteles, *Über die Seele*, II 5. 417a.

407 Vgl. ausführlicher zu der hier vorgestellten Kant-Lektüre Setton, »Akt der Willkür. Kant und das Problem der Wirklichkeit der Freiheit«.

408 Kant, *Die Religion innerhalb der Grenzen der bloßen Vernunft*, B 12.

begehrt, »was ihm beliebt«. Zwar geht es durchaus um einen Willen, der wählt oder »kürt« – und darin auf »gegebene« Bestimmungen angewiesen bleibt; aber dennoch haben wir es nicht mit einer Willkür zu tun, die das selbstbewusste Subjekt in seinen Überlegungen ausübt, sondern mit einer Willkür gemäß der exzentrischen Freiheit, die zu allen Bestimmungen, auf die sie sich wählend bezieht, in einer irreduziblen Distanz steht. Genauso wie die Kraft durch die Normativität eines Grundes bestimmt ist, ohne auf sie reduzierbar zu sein, ist demnach das freie Subjekt (in seiner Selbstbestimmung) durch den holistischen Raum des Logos bestimmt, ohne darin (aufgrund seiner exzentrischen Freiheit) aufzugehen.

Kant untersucht im ersten Stück der Religionsschrift eine Konsequenz, die eine Theorie der Freiheit ziehen muss, wenn sie einerseits der Einsicht verpflichtet bleibt, dass das Sichverstehen »unter der Idee der Freiheit« für alles Handeln konstitutiv ist,[409] und wenn sie andererseits daran festhält, dass irrationale, »böse« oder schlechte Vollzüge *Handlungen* sind und insofern in der Verantwortlichkeit des Subjekts gründen. Irrationale, schlechte oder böse Handlungen unter der Idee der Freiheit zu verstehen bedeutet allerdings, sie auf Gründe (bei Kant: »Maximen«) zurückzuführen – und nicht auf die Kausalität nichtrationaler Bestrebungen, die den Gebrauch der Vernunft unterlaufen.[410] Kant hält fest, dass keine Triebfeder (das heißt dasjenige, was Aristoteles als *orexis*, als Leidenschaft oder Begierde bezeichnet) ein freies Subjekt direkt bestimmen kann. Strebungen werden nur in dem Maße zu wirklichen und wirksamen Bestimmungen eines Willens, wie sie durch »die Freiheit der Willkür« *»in seine Maximen aufgenommen«* werden.[411] Allein unter der Bedingung, so Kant, dass Triebfedern auf die Ebene der Vorstellung eines *Grundes* gehoben werden, und zwar durch die »Spontaneität der Willkür«,[412] ist das praktische Subjekt für die Handlungen verantwortlich, die aus jenen erfolgen. Ein akratischer Akt im aristotelischen (oder gardnerschen) Sinne ist unter diesen Bedingungen ausgeschlossen.[413]

---

409 Vgl. Kant, *Grundlegung zur Metaphysik der Sitten*, BA 100.

410 Vgl. Kant, *Die Religion innerhalb der Grenzen der bloßen Vernunft*, B 5f.

411 Ebd., B 11f.

412 Ebd., B 12.

413 Was natürlich nicht bedeutet, dass er grundsätzlich ausgeschlossen wäre, im Gegenteil. Akrasia im Sinne des Kontrollverlustes, so die Behauptung, unterläuft diesen Begriff von Verantwortung (den Begriff einer »Kausalität aus Freiheit«, der sich auf jene doppelte Freiheit – exzentrische Willkür und reflexive Selbstbestimmung – bezieht); deshalb entspricht sie auch keiner Handlung im vollen Sinne. Hier geht es freilich um genuine Irrationalität.

Wie aber hat man diese »Aufnahme« von Triebfedern in Maximen durch die freie Willkür zu verstehen? Mit was für einer Art von Akt haben wir es zu tun? Zunächst wäre festzustellen, dass Kant hier nicht primär das Problem praktischer Normativität als solcher diskutiert (darum geht es in der *Grundlegung* und in der *Kritik der praktischen Vernunft*); mit dem Thema der freien Willkür adressiert er vielmehr den Zusammenhang zwischen der Normativität und der Effektivität eines praktischen Vermögens, das heißt das Verhältnis von Grund und Kraft. Kants Grundintuition können wir hier so interpretieren, dass ein adäquates Verständnis von der Effektivität von Gründen die Einführung eines Aspekts der Freiheit erfordert, der nicht im Begriff der Autonomie (oder vernünftigen Selbstbestimmung) aufgeht. Die Vorstellung eines freien Akts der Willkür steht für dieses Moment ein.

Der Sache nach entspricht das Porträt, das Kant von diesem Akt zeichnet, zunächst dem aristotelischen Bild des praktischen Syllogismus (im Sinne nicht der reflexiven, sondern der operativen Aktualisierung des Logos): Es geht um den Akt der Bildung eines Grundes, durch den eine affektive Situationswahrnehmung (Triebfeder) mit einer Majorprämisse (einem allgemeinen Urteil: einer Maxime) in einen inferentiellen Zusammenhang gesetzt wird. Kant zufolge bedarf allerdings jeder Akt der Willkür, durch den eine Triebfeder in einen Grund aufgenommen wird, der Bestimmung durch einen weiteren Grund. Der Gebrauch der Willkür ist also auf eine schon eingerichtete Ordnung von Gründen verwiesen, durch welche die Akte der Aufnahme von orektischen Wahrnehmungen in Syllogismen normative Bestimmtheit erlangen. Entscheidend ist aber nun die spezifische Art und Weise, in der der Akt der Willkür im doppelten Bezug auf die Ordnung des Logos und orektische Wahrnehmungen Gründe bildet. Denn um ein wahrhafter Akt der freien Willkür zu sein, *muss er vom Ort jener exzentrischen Freiheit her vollzogen worden sein*. Exakt darin besteht das singuläre und zugleich paradoxe Profil dieses Aktes: dass er bei der Komposition eines Grundes, obgleich er sich auf die affektive Bestimmtheit der Wahrnehmung und die normative Bestimmtheit des Logos bezieht, radikal unbestimmt ist. Dies erfordert die Idee der Freiheit, unter der sich ein vernünftiges Subjekt in seinem Handeln notwendig verstehen muss – dass es für die Gründe, aus denen es handelt, selbst verantwortlich ist.[414] Und diese Verantwortlichkeit verweist in

---

414 Natürlich nicht im Sinne eines »Erfinders« von Gründen, sondern in dem Sinne, dass es sie sich selbst gegeben hat. Und dies ist in diesem Kontext weniger eine Frage der normativen Valenz der Gründe, sondern *ihrer Kraft*: Das Subjekt ist es selbst gewesen, das seinen Gründen Kraft gegeben – und *deshalb* aus ihnen gehandelt hat. Ein Subjekt darf sich für seine Handlungen weder entschuldigen dürfen, noch durch

erster Linie auf die Wirksamkeit von Gründen, das heißt darauf, *dass* das Subjekt aus bestimmten Gründen handelt. Es geht, in anderen Worten, um die Kraft, die das Subjekt seinen Gründen dadurch verleiht, dass es sie in einem freien Akt der Willkür bildet. Deshalb macht Kant auch geltend, dass dieser freie Akt der Willkür in seiner Maximenbildung nur in dem Maße auf einen anderen Grund Bezug nimmt, wie er diesen selbst schon eingesetzt hat – nämlich qua Aufnahme von Triebfedern in Maximen.

Wie zu erwarten ist, läuft dieses Argument in einen Zirkel. Kant fragt nach dem »subjektiven Grund des Gebrauchs [dieser] Freiheit«, das heißt nach einem »ersten Grund der Annehmung von Maximen«.[415] »Dieser subjektive Grund muß aber immer wiederum selbst ein Actus der Freiheit sein (denn sonst könnte der Gebrauch, oder Mißbrauch der Willkür des Menschen [...] ihm nicht zugerechnet werden [...])«.[416] Wir können also die Frage nach dem subjektiven Grund der Annahme von Maximen ins Unendliche trieben, jeder Grund der Annahme verweist auf einen weiteren Akt der Freiheit etc. Welchen Ausweg schlägt nun Kant vor? Überraschenderweise leitet er aus der Zirkularität des Gedankens die Forderung ab, die Unergründlichkeit der Willkür denken zu müssen, das heißt einen *grundlosen ersten Akt der Freiheit*. Schließlich kann nur diese Annahme sicherstellen, dass das Handeln des Subjekts überall unter der Idee der Freiheit steht[417] – auch dort, wo es Teilnehmer einer sozialen Urteilspraxis geworden ist und ihre Gestalt von Rationalität angenommen hat.

Mit dieser Idee eines ersten und grundlosen Aktes der Freiheit gelangt Kant also an den Punkt, an dem die Kraft von Gründen an eine exzentrische Freiheit rückgebunden werden muss. Infolgedessen dürfen wir erwarten, dass es sich darum handelt, den Akt einer freien Willkür so zu verstehen, dass er Gründe mit einem anomalen und arationalen Kraftüberschuss aktualisiert. Jedoch dürfte unmittelbar klar sein, dass ein Akt, der vom Ort der exzentrischen Freiheit vollzogen werden soll, unmöglich ist. Wie könnte ein Subjekt in exzentrischer Freiheit also jemals zu irgendeinem Akt *fähig* sein? Und wieso sollte die exzentrische Freiheit (und mit ihr: der Kraftüberschuss) etwas anderes als ein undenkbares Postulat sein, das ein Subjekt sich genötigt sieht, aufgrund seines Freiheitsverständnisses aufzustellen? Jenen Ort gibt es allein in dem Abstand, den das seiner selbst nicht bewusste Subjekt

---

Rechtfertigungsmanöver von seiner Verantwortung ablenken. Es selbst war es, das die Handlungen hervorgebracht und ihre Gründe wirksam gemacht hat.

415 Kant, *Die Religion innerhalb der Grenzen der bloßen Vernunft*, B 6–8.

416 Ebd., B 6.

417 Ebd., B 7f.

zu *allen* Bestimmungen hat – er ist leer, bestimmungslos. *Er ist der Ort eines Unvermögens.* Und das ist der Punkt.

Was wir hier vermeiden müssen, ist die Vorstellung, dass die beiden Freiheiten zwei separierte Bereiche bilden und sich derart in separierten Akten manifestieren. Dies würde bedeuten, die Pointe zu verschenken, die wir bereits im letzten Kapitel zu formulieren versucht haben: Die Kraft und die Normativität eines Grundes entstammen nicht zwei verschiedenartigen Funktionen oder Vermögen des Geistes, die mithin zu koordinieren wären, sondern sie beschreiben die *Einheit einer immanenten Differenz*, die in die Struktur eines rationalen Vermögens eingeschrieben ist. Auf die gleiche Weise sollten nun die beiden Freiheiten begriffen werden: Die vernünftige Selbstbestimmung und die freie Willkür sind nur als eine solche Einheit der immanenten Differenz des praktischen Vermögens verständlich. Es muss uns also gelingen, das Unvermögen der exzentrischen Freiheit und das Vermögen der Selbstbestimmung als *eine* Struktur zu denken, und unser Titel für diese Struktur lautet: Un-Vermögen. Das Subjekt besitzt ein praktisches Vermögen so, dass es zu Vollzügen befähigt wird, zu deren Ausführung es zugleich in einem latenten Abstand steht. Die innere Gegensätzlichkeit des Logos und der interne Unterschied zwischen der Kraft und der Normativität der Gründe sind Korrelate dieser Einheit aus Vermögen und Unvermögen. Die Abständigkeit der exzentrischen Freiheit ist es, die das Subjekt durch ihre Negativität dazu *befähigt*, die ausgeschlossene Seite eines Grundes ihrerseits als Grund zu erschließen. Auf diese Weise *kann* das Subjekt seine Distanziertheit (seine exzentrische Freiheit) »realisieren«, und zwar als einen Aspekt der Gründe, die das praktische Vermögen liefert: als ein Moment des Kraftüberschusses. Dieser Überschuss ist somit dasjenige, wozu das rationale Vermögen fähig ist, weil seine Aktualisierungen in einem Bezug zur exzentrischen Freiheit stehen. Wir hatten gesehen, dass dieser Aspekt der Kraft verschiedene Formen annehmen kann: die Form eines latenten Überschusses der (*ef*-)Gründe im normalen Handeln; die Form eines manifesten Überschusses der qua Abspaltung entblößten Gründe beim irrationalen Handeln; und die Form eines Evidenzüberschusses von Gründen im Fall des tugendhaften Handelns. Mit Kant sind wir nun in der Lage, dieser Reihe eine vierte Form des Überschusses hinzuzufügen: den »radikalen« Überschuss der Gründe, die eine »Metamorphose« oder eine »Revolution« des Logos einleiten.

Kants beeindruckende Reaktion auf das Problem der exzentrischen Freiheit der Willkür finden wir in seiner These, dass ein grundloser erster Akt der Freiheit *allein als ein wiederholbarer*, nicht aber als der vorausgesetzte Anfang einer Ordnung von Gründen eine wirkliche

Möglichkeit für das Subjekt darstellt.[418] Dies wäre also Kants Version einer Aktualisierung des Un-Vermögens der praktischen Vernunft: eine »*Revolution* in der Gesinnung im Menschen«.[419] Ein erster Akt der Freiheit entspricht dem radikalen Akt der *freien Forcierung* eines Grundes – insofern dieser Grund durch seinen Kraftüberschuss auf die Ebene eines »Prinzips« gehoben wird, das fortan als »erster Grund der Annehmung von Maximen« in Kraft sein soll. Dieser forcierende Akt besteht demnach darin, dass er – mit Bezug auf die exzentrische Freiheit – eine bereits eingerichtete Ordnung von Gründen unterbricht, indem er eine Triebfeder so in eine Maxime montiert, dass der daraus resultierende Grund von der Ordnung des Logos abgespalten wird und *auf diese Weise* als ein erster, nichtkonditionaler, gewissermaßen absolut gesetzter Grund auftritt. Obgleich diese Beschreibung freilich dem Profil eines irrationalen Aktes sehr nahe kommt, stellt die Normativität dieser Abspaltung für Kant insofern kein Problem da, als es sich um die Implementierung einer *moralischen* Triebfeder handelt, die sich folglich von der Quelle praktischer Normativität schlechthin (dem kategorischen Imperativ) ableitet.

Dennoch ist interessant, wie Kant die Form eines solches »revolutionären« Aktes beschreibt. Er behauptet, dass die Wiederholung eines unerforschlichen ersten Aktes *nicht in der Zeit stattfindet*,[420] und dies bedeutet: nicht in der Zeit des selbstbewussten Subjekts. Kant referiert hier offensichtlich nicht auf eine noumenale Zeitlosigkeit (denn dann hätten wir es nicht mit einem »Akt« der Aktualisierung zu tun), sondern eher auf den Gedanken einer *Vorzeitigkeit*, insofern das selbstbewusste Subjekt, das durch eine etablierte Ordnung von Gründen konstituiert ist, im einfachen Bezug auf diesen Logos zu einem solchen Akt nicht fähig ist. Die inferentielle Organisation des Logos konstituiert den Raum des praktischen Selbstbewusstseins, und es ist dieser Raum von Gründen, der das Subjekt zu einer reflexiven Tätigkeit befähigt. Eine »Revolution« der praktischen »Denkungsart« kann es nur geben,

---

418 Unsere Reformulierung von Kants These ist freilich nicht ganz vollständig. Im ersten Stück der Religionsschrift geht es ihm tatsächlich um die These, dass der Mensch von Natur aus (radikal) böse sei. Diese These ist allerdings schwer nachvollziehbar: Es handelt sich um eine böse Natur, die der Mensch (nicht als Individuum betrachtet, sondern) als Gattung sich selbst in einem freien Akt der Willkür »zugezogen« hat (vgl. ebd., B 3–39). In dem Moment allerdings, in dem Kant die Möglichkeit zu denken versucht, wie auf einer solchen Basis der Mensch (nun nicht als Gattung, sondern als Subjekt verstanden) in der Lage sein soll, eine moralische Gesinnung zu erwerben, formuliert er die These von der Wiederholbarkeit eines ersten grundlosen Aktes der Freiheit (vgl. ebd., B 48–62).

419 Ebd., B 54.

420 Vgl. ebd., B 14.

wenn diese Ordnung unterbrochen wird. Nur in dem Maße also, wie das Subjekt seinen Logos mit Bezug auf die exzentrische Freiheit aktualisiert – als Un-Vermögen, das heißt mit und gegen diese Ordnung –, ist dieses Subjekt in der Lage, seinen eigenen operativ intransparenten Akt der Aktualisierung als radikale Forcierung eines Grundes zu erfahren – wahrscheinlich: im Sinne eines Zusammenbruchs der Reflexion.

6.6. *Das Medea-Prinzip*. – In den verbleibenden Abschnitten wollen wir versuchen, diesen Gedanken eines »radikalen« Kraftüberschusses von Gründen ein wenig mehr zu erhellen. Dabei wird es vor allem darum gehen, die strukturelle Nähe zwischen der Kraft zu irrationalen Akten und der radikalen Forcierung eines Grundes zu betonen. Das Hauptaugenmerk der letzten Abschnitte war darauf gerichtet, diejenigen Bestimmungen, welche die Analyse der Irrationalität im Hinblick auf den Begriff eines rationalen Vermögens aufgedeckt hat, so zu deuten, dass sie über den engeren Phänomenkreis der Irrationalität hinausweisen. An dieser Stelle werden wir den Akzent nun darauf legen, dass eine künftige Rationalität im Kleid einer Irrationalität erscheinen kann, und zwar in dem Sinne, dass ein entblößter Kraftüberschuss als erster Bote einer Neuaufteilung des Logos sich herausgestellt haben wird. Dass ein rationales Vermögen also zu irrationalen Vollzügen fähig ist, impliziert, dass es zu einer besonderen Art von Selbsttransformation fähig ist. Diese innere Verbindung der immanenten Möglichkeit von Irrationalität mit der immanenten Möglichkeit der Verwandlung eines praktischen Vermögens soll nun – ausblickshaft und exemplarisch – anhand einer mythologischen Figur nachgezeichnet werden: der Figur der Medea.

Warum Medea? – Medea ist zu einer Art Ikone derjenigen philosophischen Deutungen der Akrasia geworden, denen wir uns entgegenstellen. Es wird Zeit, sie von diesen Deutungen zu befreien. Donald Davidson gebührt der zweifelhafte Verdienst, in ihrem Namen jene Theorien rubriziert zu haben, die ihren Akt grundlegend missverstehen. Das philosophische Paradigma des »Medea-Prinzips«, so Davidson, geht davon aus, dass »jemand tatsächlich seinem besseren Urteil zuwiderhandeln kann, aber nur dann, wenn der Wille des oder der Betroffenen von einer fremden Kraft überwältigt wird.«[421] Damit wird der Auffassung des »Platon-Prinzips« widersprochen, dass so etwas wie eine Lust oder eine Begierde nicht imstande sei, das bessere Wissen zu überwältigen. Warum nun »Medea-Prinzip«? Die Benennung

---

421 Davidson, »Paradoxien der Irrationalität«, S. 95.

rührt daher, dass die Figur der Medea als das literarische Paradebeispiel gilt, in dessen Zeichen die Vertreter jener Doktrin argumentieren – und zwar aus einem einfachen Grund: Sowohl in der gleichnamigen Tragödie des Euripides als auch in den Ovidschen *Metamorphosen* deutet Medea explizit ihr eigenes Tun als Willensschwäche; und sie deutet ihre Willensschwäche in beiden Fällen so, dass eine heftige und unvernünftige Leidenschaft, also eine »fremde Kraft«, sie daran hindert, ihrem besseren Wissen, dem sie sich völlig bewusst ist, die Treue zu halten:

»Und ich erkenne das Grauenvolle, das ich zu tun gedenke.
Doch mein Zorn [*thymos*] ist stärker als meine vernünftigen Gedanken [*bouleumaton*],
der schuld ist an dem größten Übel für die Sterblichen.«[422]

Folgen wir Davidsons Charakterisierung des Medea-Prinzips für einen Augenblick und nehmen wir an, die euripideische Medea wäre ein Paradefall der aristotelischen Erklärung: Welchen Status hat jenes störende Element, das bei Euripides als *thymos* bezeichnet wird – der Zorn, der Medeas untreuen Gatten Jason trifft, der sie in den Kindermord »treibt« und ihren »vernünftigen Gedanken« den Übergang in die zweite Entelechie verwehrt? Erinnern wir uns an die Stelle aus der *Nikomachischen Ethik*: »Es scheint nämlich der Zorn [*thymos*] in gewisser Weise auf die Überlegung [*logou*] zu hören, aber falsch zu hören [...]. So hört der Zorn zwar, hört aber nicht den Auftrag und eilt infolge der Hitzigkeit und Voreiligkeit seiner Natur zur Rache. Denn die Vernunft [*logos*] oder die Vorstellung [*phantasia*] hat deutlich gemacht, dass eine Beleidigung oder Geringschätzung vorliegt, und der Zorn entrüstet sich sofort, als würde er schlussfolgern, dass man sich gegen derartiges wehren müsse.«[423]

Es hat also den Anschein, als wäre Medeas Zorn geradezu die Verkörperung jener Zwiespältigkeit, die Aristoteles in dieser Passage am *thymos* festhält. Auf der einen Seite ist ihr Zorn »auf gewisse Weise« *meta logou*, schließlich verfügt sie über eine Situationsdeutung, die zutreffend ist. Eine »Beleidigung oder Geringschätzung« liegt nämlich tatsächlich vor, bedenkt man das Vorhaben ihres Gatten Jason, die Tochter Kreons zu heiraten, und erinnert man sich an die fatale Reaktion Kreons, Medea daraufhin aus Korinth zu verbannen. Die Art aber, wie dieses partikulare Wissen Form in Medeas Streben annimmt, hat auf der anderen Seite den Charakter einer Überstürzung, weil ihr

---

422 Euripides, *Medea*, 1078ff.
423 Aristoteles, *Nikomachische Ethik*, VII 7. 1149a.

Zorn sie dazu bringt, die »vernünftigen Gedanken«, die sie sich selbst im Anschluss an die Situationsdeutung macht, zu »überhören«. Wir haben es infolgedessen mit einer Art Abspaltung zu tun, die zu einer unbeherrschten Aktion führt, nämlich: den Mord an ihren eigenen Kindern. Ihr *thymos* entfaltet sich derart im Sinne eines momentanen Kontrollverlusts, der Medea zur hilflosen Zuschauerin ihres eigenen Tuns macht: »Ich kann nicht anders, Alter. Denn dies haben die Götter / und ich in meinem verstörten Sinn so eingerichtet.«[424]

Trotzdem beschreibt die thymotische Stärke eine intelligible Form. Wir hatten bereits ausgeführt, dass Aristoteles den *thymos* im Sinne eines Quasi-Syllogismus begreift. Der Kraftüberschuss der arationalen Strebung, durch den die besseren Überlegungen unwirksam gemacht werden, operiert so, als würde das besondere Situationswissen die Minorprämisse eines Schlusses besetzen, der im Zusammenhang mit einer verdunkelten und unbekannten Majorprämisse auf die Verwirklichung eines Racheaktes schließt. Allerdings haben wir es mit einem Bastard-Syllogismus zu tun, der allein aufgrund des Kraftüberschusses eine abscheuliche Handlung bewirkt, die den Namen einer Handlung kaum zu verdienen scheint.

6.7. *Nova vis.* – Unsere Aufgabe besteht nun darin, dieser Fehlinterpretation eine neue Wendung zu verleihen. Die vergangenen Kapitel sollten uns in die Lage versetzt haben, die entscheidenden Aspekte eines wohlverstandenen »Medea-Prinzips« zu reformulieren: Medea ist die Figur, die uns den Kraftcharakter von Gründen nachdrücklich vor Augen führt; ihr Beispiel demonstriert, dass Kräfte einen rationalen Charakter und dass rationale Elemente Kraftcharakter besitzen. Medea exponiert im mythischen Gewand und auf exemplarische Weise den Kraftüberschuss des praktischen Logos. Und darin ist sie zugleich die Figur einer möglichen »metamorphotischen« Kraft des Logos – sie ist das Subjekt eines Aktes der radikalen Forcierung, der im Anschein eines akratischen Aktes auftaucht, um aber dann im Moment eines »reflexiven Zusammenbruchs« die Linie einer Metamorphose der Fundamente des Logos anzudeuten. Dies wird im Text der euripideischen Tragödie und (vielleicht mehr noch) im Text des siebten Buches der Ovidschen *Metamorphosen* lesbar, wenn man die folgenden drei Fragen zu beantworten versucht: Welchen Status hat jenes exzessive Element, das als *thymos* oder Liebesleidenschaft die Krise eines praktischen Konflikts hervorruft? Wie hat man die Art der daran ansetzenden praktischen Reflexion zu bestimmen, die im Zentrum der soge-

---

424 Euripides, *Medea*, 1013f.

nannten Entscheidungsmonologe der Medea steht? Und wie ist sowohl die überlegte Entscheidung, die diese Reflexion beenden soll, als auch der akratische Akt zu begreifen, durch den Medea jener Entscheidung zuwiderhandelt?

Die Medea-Passagen aus den *Metamorphosen* setzen unvermittelt mit dem Auftritt einer eigenartigen Kraft ein. Sein *thymos* hat Jason zum Goldenen Vlies in Kolchis getragen, dessen Zugang jedoch von todbringenden Barrieren versperrt ist (hier in Gestalt der von Medeas Vater Aietes auferlegten Prüfungen, die für Sterbliche nicht zu überwinden sind). Medea wird einen »symbolischen Tod« für Jason sterben und die Hindernisse aus seinem Weg räumen – darin besteht ihr akratischer Akt – doch was sie dazu bringt, ist jene *nova vis*, mit der Ovid das siebte Buch beginnt: Nach Jasons Ankunft

> »Zündet gewaltige Glut in der Brust der aietischen Jungfrau.
> Als sie sich lange gesträubt, doch mit dem Verstand die Betörung
> Nicht zu besiegen vermocht, da spricht sie: ›Vergebens, Medea,
> Wehrest du dich: irgendein Gott ist im Weg. Das sicherlich ist es
> Oder ein Ähnliches doch wie dies, was Liebe genannt wird.
> Warum schienen mir sonst zu hart die Gebote des Vaters?
> Sind sie doch auch zu hart. Was ängstigt mich dessen Verderben,
> Den kaum erst ich gesehn? Woher so bange Besorgnis?
> Aus jungfräulicher Brust wegdränge die lodernde Flamme,
> Wenn du, Verblendete, kannst. Ja, könnt' ich, verständiger wär' ich.
> Aber mich zwingt die neue Gewalt [*nova vis*], und es rät mir die Sehnsucht,
> Anders als die Vernunft. Das Bessere seh' und erkenn' ich:
> Schlechterem folgt mein Herz.‹«[425]

Was sich hier zu lesen gibt, ist eine mythologische Formulierung der Irrationalität, die eine Nähe zur aristotelischen Bestimmung des prekären Verhältnisses von arationaler Strebung und Logos aufweist: die Idee, dass gewisse Kräfte (die arationale Strebung Medeas) *unabhängig* vom Logos des rationalen Willens gegeben sind. Es ist ein Gemeinplatz über Ovids *Metamorphosen*, dessen erstaunlichen Grad an Psychologisierung mythischer Geschehnisse zu akzentuieren. Was als Widerspiel zwischen Menschen und göttlichem Wirken oder Schicksal den Mythos seither bestimmt hat, erscheint bei Ovid in »psychologisierter« Fassung, das heißt als Spannung innerhalb des Subjekts: zwischen seinem rationalen Willen und einer arationalen Dynamik, welche die-

425 Ovid, *Metamorphosen*, VII 7–21.

sen Willen trägt, verwandelt, überwältigt oder mit sich reißt. In ihren Reflexionen markiert Medea diesen Schritt explizit, wenn sie ihr psychisches Geschehen mit einem göttlichem Wirken in Verbindung bringt. Das Verhältnis der Hilflosigkeit, das sie zu ihrem Liebesbegehren hat, entspricht dem Verhältnis zu einer unerklärbaren Macht (»irgendein Gott ist im Weg. Das sicherlich ist es / Oder ein Ähnliches doch wie dies, was Liebe genannt wird«). Die Grundelemente der aristotelischen Erklärung der Akrasia finden hier ihren Halt: die Erfahrung der Passivität mit Bezug auf eine *epithymia*, die dem Logos entgegen steht und diesen durch ihre schiere Stärke unterläuft, sowie die zurückgehaltene Präsenz eines normativen Wissens, das in der Lücke zwischen der ersten und zweiten Entelechie gleichsam steckenbleibt und allein auf privative (das heißt unwirksame) Weise im praktischen Bewusstsein aktuell wird.

Ein genauerer Blick auf Ovids Text zeigt jedoch, dass die aristotelische Fassung der Akrasia einseitig ist und insofern ein verzerrtes Bild zeichnet. Sie hat freilich ihren Ort, nämlich in der expliziten Selbstdeutung Medeas; die Einseitigkeit dieser Selbstdeutung erscheint bei Ovid allerdings dort, wo ihre Einfassung in einen langen inneren Monolog sichtbar wird, das heißt, wo Ovid die Willensschwäche-Interpretation als einseitige Perspektive und bloßen Auftakt zu einer ausgedehnten und dramatischen Reflexion darstellt. Unmittelbar nachdem Medea sich selbst die Diagnose stellt – dass sie von einer unbekannten Macht okkupiert ist, die sie wider Willen und unwiderstehlich verführt, von ihrem besseren Wissen abzulassen – setzt sie ihre Überlegung derart fort, dass sie eine ganze Batterie von Gründen, Überlegungen und Werten anführt, welche jene *nova vis* »rationalisieren« und als ihren (zumindest möglichen) Willen exponieren. Medea fragt sich, ob sie es nicht wünschen darf, jenseits der schieren Stärke ihrer Liebesleidenschaft, Jasons Tod zu verhindern: »Doch leb' er! Dieses erflehen / Darf ich, der Lieb' auch bar«.[426] Als Rechtfertigung dieses Urteils figurieren Jasons edle Herkunft, seine Tugend und seine Schönheit, die Medea mit der übertriebenen Grausamkeit ihres Vaters und dem Mangel an Größe ihrer Heimat kontrastiert. Zugleich entdeckt sie noch weitere Güter, die mit ihrer Rettungstat einhergehen würden: das Versprechen von Ruhm und Ehre sowie, sich in »fremdländisches Brautbett« träumend, das Versprechen eines »besseren Land[es]«, seiner Bildung und seiner Künste, seiner »prächtigen Städte«.[427] Aber auch wenn vorübergehend (freilich als Bote künftigen Unheils) ein Zweifel an Jasons Treue aufkommt, oder kurz eine Angst vor den Gefahren eines neuen

426 Ovid, *Metamorphosen*, VII 24f.

427 Vgl. hier und im Folgenden ebd., VII 26–28, 39–71.

Lebens anhebt, so scheinen für Medea all diese Gründe auf der Seite jener *nova vis* zu stehen, die ihr zuvor als »lodernde Flamme« und Verblendung (nicht aber: als gerechtfertigte Haltung) erschien.

Die neue Kraft wird in Ovids Text demnach so dargestellt, dass sie *retroaktiv* die Gründe hervorbringt, die ihr zugrunde liegen und ihr einen Ort in einem Logos geben: Die *nova vis* entpuppt sich als Akt der Forcierung von Gründen. Die »Glut für den Fremdling«[428] ist demnach nicht einfach eine rationalitätsfremde Macht; sie *erscheint* als solche vielmehr allein in dem Maße, wie sie sich als feindlich gegenüber der gegebenen Ordnung des Logos von Medeas Willen darstellt. All jene Gründe oder Werte, die Medea aufzählt – Ruhm, Mut, Künste, Schönheit etc. – sind alles andere als Medeas »private« Motivationen; es handelt sich hier vielmehr um Aspekte, die ihren inferentiellen Ort innerhalb eines ganzen Systems von Urteilen (im Sinne der Normen einer geteilten Urteilspraxis) haben: einen Ort innerhalb der sittlichen Struktur des Gemeinwesens. Nur verbietet es genau diese normative Situierung innerhalb dieser Struktur – nennen wir sie den »Aietes-Logos«, nach dem Namen von Medeas Vater – ihnen dasjenige Gewicht zu geben, das die *nova vis* zu einer gerechtfertigten Strebung machen würde: Die Verpflichtung auf ihren Vater und auf den Schutz des heiligen Signifikanten, die im Aietes-Logos in Kraft ist und Medeas Willen prägen, gibt jenen Gründen eine sekundäre Stellung. Eine Umwertung dieser symbolischen Ordnung kann sich demnach allein als exzessives Übermaß der herabgestuften Gründe artikulieren – zum Beispiel als Liebesraserei. Die *nova vis* unterbricht die Ordnung des Aietes-Logos, sie »entzündet« sich an einigen ihrer Elemente, was diese aus ihrem inferentiellen Zusammenhang herauslöst, abspaltet und gewissermaßen singularisiert, so dass sie vor dem Hintergrund dieses Zusammenhangs nur noch als »bloße« Kräfte auftreten können. Und als solche scheinen sie freilich nur noch vor dem Hintergrund des Medea-Prinzips im Sinne Davidsons erklärbar – als Überwältigung durch eine »fremde Kraft«, wie sie Medea am Anfang ihrer Reflexion auch selbst deutet.

Doch die Vertreter dieser Fassung des Medea-Prinzips haben weder Euripides, noch Ovid gelesen. Sie brechen ihre Lektüre an dem Punkt ab, wo Medea ihre Selbstdeutung als Unbeherrschte ausspricht, ohne abzuwarten, welche Verwandlung die sogenannte fremde Kraft mitsamt ihrer Deutung im Ovidschen Text erfährt.[429] Denn einige Zeilen später und im Zuge der Ausübung der gleichen praktischen Urteilskraft enthüllt sich dieselbe fremde Kraft als erste Manifestation, als ereignishafter Vorbote einer anderen Aufteilung des »Raums der Gründe«,

428 Ebd., VII 21.
429 Ein Paradebeispiel dafür findet sich bei Hare, *Freiheit und Vernunft*, S. 95–97.

so dass man rückblickend sagen muss: Was in Medeas anfänglicher Selbstdeutung, die vom Ort des Aietes-Logos ihres praktischen Vermögens ausgesprochen wurde, in der Gestalt einer übermäßigen Leidenschaft für einen dahergelaufenen Fremden erschien, war tatsächlich ein *entblößter Grund*. Als hätten wir es mit der Aktualisierung einer zukünftigen Gliederung des Logos zu tun, besitzt die *nova vis* den Status eines auf seine pure Gegebenheitsweise als Kraft reduzierten Grundes.

6.8. *Medeas Exzess der Reflexion*. – Vor diesem Hintergrund bekommt der Konflikt Medeas, den Ovid im Sinne einer dramatischen Reflexion in Szene setzt, eine andere Kontur. Medeas Überlegungen, die zwischen zwei Perspektiven – der Perspektive der *nova vis* und der Perspektive des Aietes-Logos – hin und her schwanken, haben nicht die Form einer Prozedur der rationalen Entscheidung eines Konflikts; sie sind vielmehr die eigentliche Bühne, auf der sich dieser Konflikt entfaltet. Folgt man Aristoteles' Konzeption praktischer Überlegung (im Sinne von *bouleusis*), dann geht es in dieser darum, die Energie einer Strebung von einem schon angestrebten Handlungszweck auf die Mittel zu seiner Realisierung zu übertragen.[430] Eine solche Überlegung setzt demnach stets an einer bereits bestehenden *orexis* an. Einem praktischen Konflikt kann allerdings auf diese Weise nur begegnet werden, wenn die Reflexion zunächst die Form annimmt, die schon gegebene Ordnung des Logos deutlich zu erkennen – das heißt einen weiteren Horizont von Gründen reflexiv einzuholen – um sodann diejenigen Gründe auszumachen, welche das Handeln und Wollen bestimmen sollen (weil sie es schon bestimmen). Dort allerdings, wo ein praktischer Konflikt entsteht, der an die Fundamente einer solchen Ordnung des Logos rührt, wird die *bouleusis*, die stets eine einsinnige und klare Handlungsperspektive erfordert, in den Rahmen einer anderen Sorte von Reflexion eingeschrieben – aufgespalten oder verdoppelt in die Gegensätzlichkeit zweier widerstreitender Handlungsperspektiven.

Diese andere Sorte von Reflexion lässt sich am Besten anhand von Medeas »Entscheidungsmonolog« bei Euripides rekonstruieren, der Ovids Inszenierung des inneren Monologs von Medea offensichtlich zum Vorbild gedient hat. Die Selbstdeutung als Willensschwache – »Und ich erkenne das Grauenvolle, das ich zu tun gedenke. / Doch mein Zorn [*thymos*] ist stärker als meine vernünftigen Gedanken [*bouleumaton*]«[431] – entspricht der einen Seite von Medeas Konflikt, der

---

430 Dies ist Jonathan Lears Deutung der aristotelischen *bouleusis*, vgl. Lear, *Aristotle*, S. 143–151.

431 Euripides, *Medea*, 1078f.

einige Zeilen vor dieser zitierten Stelle und aus derselben Perspektive so beschrieben wird, dass Leidenschaft und Vernunft die Plätze getauscht haben: »Weh mir, was soll ich tun? Mein Mut ist verflogen, / ihr Frauen, als ich das strahlende Auge der Kinder sah. / Ich könnte es nie. Fahrt hin, ihr früheren Pläne [*bouleumata*]!«[432] Hier ist es also eine *bouleusis*, das heißt eine praktische Überlegung, welche an der Stelle des *thymos* auftaucht, während eine andere Strebung, die Mutterliebe, die Position der vernünftigen Gedanken einnimmt. Letztere wiederum erscheinen einige Verse weiter, nach einem plötzlichen Umschlag der Perspektive Medeas, als »weichliche Gedanken«, als »Feigheit«,[433] die Medea mit einer ihr selbst geltenden Mahnung zur Willens*stärke* begleitet, eben jene früheren Pläne in die Tat umzusetzen. Was in diesen Passagen des berühmten »Entscheidungsmonologs« also lesbar wird, ist eine veritable Aufspaltung des Logos in zwei konfligierende Perspektiven, die sich wechselseitig als Willensschwäche desavouieren. Die zwei Perspektiven sind tatsächlich zwei reflexive Sichtweisen auf den ganzen Konflikt, die ihrerseits den Konflikt verdoppeln, ja ihn allererst austragen. Die Attribute der Irrationalität und Rationalität wechseln dabei in schnellem poetischen Tempo die Seite, so dass das ganze Ausmaß des Konflikts deutlich wird: Wir haben es mit einer Unentscheidbarkeit zu tun.

Diese Sorte von praktischer Reflexion, welche die aristotelische *bouleusis* vervielfacht und in sich selbst als widerstreitende Kräfte einschreibt, ließe sich mit Joseph Vogl als *Zaudern* bestimmen.[434] Das Zaudern markiert den Rhythmus einer unbeständigen Urteilskraft, welche das auf Handlungsentscheidung ausgerichtete »Entweder-Oder« eines Konflikts »mit einem Sowohl-Als-Auch neu konfiguriert«, so dass »damit alle gegensätzlichen Taten und Regungen im Raum ihrer gemeinsamen, nicht-exklusiven Möglichkeit« umschlossen werden.[435] Im Verlauf seiner Aktualisierung in der zaudernden Reflexion begegnet der Logos demnach seiner inneren Gegensätzlichkeit. Das Subjekt erfährt seinen Willen nicht mehr als Fähigkeit, nach der Vorstellung von Gründen *zu handeln*; vielmehr erscheint ihm sein Wille dort, wo die innere Gegensätzlichkeit seines Logos auftritt, als ein *Unvermögen* zum Handeln. Davidsons logische Analyse des praktischen Konflikts findet im Zaudern seinen exemplarischen Fall: Der reflexive Blick auf einen weiteren Horizont von Gründen löst den Konflikt nicht, sondern verschärft ihn bis hin zu dem Punkt, an dem die Lücke zwischen

---

432 Ebd., 1044.
433 Ebd., 1051f.
434 Vgl. Vogl, *Über das Zaudern*.
435 Ebd., S. 14.

*pf*- und *ef*-Urteilen unüberbrückbar wird (darin besteht die Erfahrung des Unvermögens). Die energische Insistenz der jeweils anderen Seite des Konflikts stellt sicher, dass das normative Fundament, auf dem ein inferentieller Komplex steht, ins Wanken gerät und suspendiert bleibt. Auf der Bühne der zaudernden Reflexion steht somit alles unter *pf*-Vorzeichen – weil »im Aufruhr und im Pendelschlag der Argumente«[436] jede Position durch das Insistieren der anderen davon abgehalten wird, die Ebene der zweiten Entelechie zu erreichen, auf der ein *ef*-Urteil allein stehen kann. Im Wanken des Urteilens ist demnach die Kraft der Gründe blockiert; stattdessen entfaltet sich die Kraft der widerstreitenden Urteile (nicht im Raum des Handelns, sondern) im Raum einer zaudernden Reflexion: Abwechselnd und in wachsendem Oszillationstempo werden Urteile durch Gründe bekräftigt und geschwächt. Zugleich aber erscheint in diesem Raum, inmitten einer Erfahrung des Unvermögens zu handeln, das eigene Vermögen *als* Vermögen zu Gegenteiligem. Und dies ist der entscheidende Punkt: Medea gerät, im Zaudertakt ihres praktischen Denkens, in einen Bezug zu ihrer exzentrischen Freiheit – und so auf die Höhe ihrer praktischen Fähigkeit im Sinne des Un-Vermögens.

6.9. *Transzendenter Gebrauch von Gründen*. – Wo aber führt das Zaudern hin? In die Erschöpfung oder in den Taumel einer Entscheidung. Bei Ovid findet Medeas Zaudern dort sein Ende, wo ihre Reflexion in einer abrupten Wendung in den Modus einer einfachen praktischen Überlegung springt, das heißt wo Medea in der Selbstgegenwart ihres praktischen Selbstbewusstseins zum etablierten Aietes-Logos ihres Vermögens zurückfindet und in dessen Zeichen eine wahrhaftige aristotelische *prohairesis* ausspricht: »Gattin nennst du dich, und mit blendendem Namen, Medea, / Hoffst du das schuldige Tun zu beschönigen? Schaue, wie großen / Frevel du sinnst, und fliehe die Schuld, so lang es dir möglich. / Also sprach sie, und Recht und sittsame Scheu und Gehorsam / Standen Ihr nah«.[437] Mit diesem entschiedenen Urteil werden all diejenigen Gründe, die zuvor für die *nova vis* ins Feld geführt wurden, an ihre inferentielle Position im Aietes-Logos zurückgesetzt und entsprechend normativ abgewertet. Wie aber ist dieser Zug zu verstehen? Wenn wir uns an Bernhard Williams' Argument in *Widerspruchsfreiheit in der Ethik* erinnern, so dürfen wir erwarten, dass Medeas praktischer Konflikt fortwirkt und dass die inferentielle Kette, die durch ihre überlegten Entscheidung normativ zurückgestuft wurde, als ein normativ entblößter Grund insistiert – in der Form eines

---

436 Ebd., S. 32

437 Ovid, *Metamorphosen*, VII 69–73.

Kraftüberschusses, dessen inferentielle Prämissen elidiert sind, womit er jene paradoxe Gestalt annimmt, die Aristoteles am Beispiel des *thymos* porträtiert hat: die Gestalt eines syllogistischen Bastards.

Wenn nun aber der praktische Konflikt, der sich auf der Bühne der zaudernden Reflexion entfaltet hatte, über die überlegte Entscheidung hinaus fortwirkt, so bleibt auch die Möglichkeit bestehen, dass Medea sich zu einem Akt der Forcierung ihres normativ abgewerteten Urteils als fähig erwiesen haben wird, durch den dieses von der Perspektive der *prohairesis* abgespalten und so dekonditionalisiert wird. Dieser Akt wird nicht in der Selbstgegenwart ihres Selbstbewusstsein stattfinden können, sondern aufgrund seiner Vorzeitigkeit allein nachträglich vom immer noch im Aietes-Logos verankerten Selbst Medeas als Zusammenbruch ihres Selbstverständnisses erfahrbar sein – als ein gleichsam virtueller Akt, den dieses Selbst sich weder zuschreiben, noch nicht zuschreiben kann. Darin liegt der Grund, weshalb Ovid Medeas Akt der »irrationalen« Dekonditionalisierung in der grellen Metapher einer wieder aufflackernden Flamme darstellt: »Stark war wieder ihr Herz, und es ruhte die Flamme beschwichtigt, / Als den Iason sie schaut und sich hebt das erloschene Feuer. / Rot sind die Wangen gefärbt, und sie glüht im ganzen Gesichte. / Wie oft Nahrung gewinnt von den Winden ein kärglicher Funke, / Der sich glimmend verbarg in der Hülle bedeckender Asche, / Groß dann wächst und gefacht sich erhebt zu der vorigen Stärke«.[438]

Medeas Akt erscheint wie die natürliche Kausalität eines Feuers, weil sie der Kausalität ihres »besseren« Wissens nicht entspricht. Deshalb deutet sie ihren Akt als Willensschwäche, das heißt als einen solchen, dem sie passiv ausgesetzt ist und den sie willentlich nicht forciert haben kann. Aber als würde Medea einem platonischen Einwand begegnen wollen, kommentiert sie ihren akratischen Akt mit einer Betonung ihres vollen Bewusstseins: »Wohl erkenn' ich mein Tun, nicht dass ich das Rechte nicht wüsste, / Liebe verleitet mich nur.«[439] Im Folgenden verhält sie sich dann allerdings exakt so, als ob in dieser zwar bewussten aber unfreiwilligen Fehlleitung, im Wiederauflodern ihrer *nova vis*, nichts anderes als eine neue Wahrheit über ihren Willen, das heißt eine neue Rationalität erschienen wäre: Sie hilft Jason, die todbringenden Hürden zur Erlangung des Goldenen Vlieses zu überwinden, sie folgt Jason nach Korinth und beginnt ein anderes Leben. Ihren akratischen Akt nimmt sie als Ereignis, in der eine neue Wahrheit ihres Wollens sich angekündigt oder gezeigt hat – eine Wahrheit, in der sie eine Pflicht sieht und der sie auf eine nahezu

---

438 Ebd., VII 76–81.
439 Ebd., 92f.

exzessive Weise treu ist (wie Euripides' Tragödie demonstriert). Sie vollzieht demnach, in und durch die Szenerie eines reflexiven Zusammenbruchs, eine *Metamorphose* ihres Willens.

Ein immanenter Bruch mit einer gegeben Ordnung muss zunächst in der Form einer Irrationalität auftreten, insofern er von einer Kraft getragen ist, die zugleich als Element dieser Ordnung zugehört, aber als überschüssiges Element insistiert – als zugehöriges Element, dessen Situierung im inferentiellen Netz des praktischen Wissens problematisch geworden ist. Durch eine solche Irrationalität aber, die im doppelten Aspekt der Fremdheit und des Eigenen erscheint, erfährt das Subjekt die Einheit seines praktischen Logos ihrerseits als eine problematische, und das heißt als eine der Neu- oder Umbestimmung fähige (oder gar dazu auffordernde). Im Moment dieser Krise eines reflexiven Zusammenbruchs, der mit dem akratischen Akt einhergeht, ist es möglich, jene überschüssige Kraft (eines entblößten Grundes) zum Ansatzpunkt einer Arbeit der »Selbsterneuerung« im Davidsonschen Sinne werden zu lassen. Es geht hier um eine Sorte von »Selbstkritik und Selbsterneuerung, die wir hochzuschätzen geneigt sind und von der man sogar gemeint hat, sie sei das Wesen der Rationalität und der Ursprung der Freiheit.«[440] In der paradoxen Form der Akrasia steckt demnach viel mehr als nur eine theoretisch interessante Art des praktischen Scheiterns. Denn wer nicht die Möglichkeit der Irrationalität als eine immanente Möglichkeit der praktischen Vernunft verständlich machen kann – das heißt die Idee der Kraft von Gründen, die über ihren normativen Status hinaus wirksam sind – ist auch nicht in der Lage, die Möglichkeit einer radikalen Selbstkritik der Vernunft verständlich zu machen. Vom Ort und aus der Perspektive desjenigen Selbstverständnisses, das es zu kritisieren, zu verwandeln gilt, kann diejenige Kraft der Veränderung und der Kritik keine gerechtfertigte sein, die eben die Grundsätze dieses Selbstverständnisses betrifft. Die »Quelle« der Veränderung muss infolgedessen als irrationale erscheinen, als bloße Kraft ohne Grund. Weil diese Kraft aber insistiert hat, als eine dem Willen gleichzeitig fremde *und* eigene Kraft, ist es möglich, dieselbe als Symptom eines anderen, noch zu bestimmenden Selbstverständnisses zu sehen, und zwar vom Ort und aus der Perspektive jenes Aktes einer radikalen Forcierung, der der scheinbar »irrationalen« Handlung zugrunde lag. Der Kraftüberschuss, von dem wir behauptet hatten, dass er in die Konstitution der Normativität von Urteilen als ein notwendiges exzessives Moment eingeht, ist aufgrund eben dieser

---

440 Davidson, »Paradoxien der Irrationalität«, S. 106.

Charakteristik auch in der Lage, als erstes Anzeichen einer künftigen Rationalität zu erscheinen.

Der akratische Akt (in seiner paradoxen Gestalt) besitzt derart eine eigentümliche Potentialität oder Unbestimmtheit, denn mit seinem Stattfinden eröffnen sich zwei Wege, an ihn anzuschließen: der Weg des irrationalen Scheiterns und der Weg einer künftigen Rationalität. Man kann diesen Akt so nehmen, wie ihn Medea selbst kommentiert hat, nämlich als irrationale Entgleisung; man kann ihn aber auch so nehmen, wie ihn Medea selbst fortgesetzt hat, nämlich als Bote einer künftigen Neuaufteilung des Logos, als Ankündigung eines anderen praktischen Vermögens (womit er seinen Status als Akrasia ex post verliert). Darin besteht die konstitutive Nachträglichkeit in der Bestimmung derjenigen paradoxen Aktualisierungen, die einem konstitutiv auf Gegenteiliges bezogenem Vermögen zugehören. Die Unentscheidbarkeit des Zauderns setzt sich somit nicht allein nach der überlegten Entscheidung fort, sondern sie verlängert sich auch über den akratischen Akt hinaus – derart, dass sich dieser als Fehlleitung des Willens oder als Ansatzpunkt einer Metamorphose des Willens herausstellen kann.

Unsere Argumentation hat somit einen Punkt erreicht, an dem man den Sinn der Frage einsehen kann: *Wozu ist ein Wille fähig?* Wo liegt die Höhe, das Maximum des Vermögens, nach der Vorstellung von Gründen zu handeln? Und hier wäre die These, das ein rationales Vermögen seine Höhe gerade in seinem »Un-Vermögen« hat – in der Fähigkeit, sich mit und gegen sich selbst zu aktualisieren, sich aus seiner rationalen Konstitution heraus und gegen dieselbe zu manifestieren. Die Struktur eines Un-Vermögens hat das Handlungsvermögen in dem Maße, wie es nicht allein zu einem »normalen« Gebrauch des Logos fähig ist (innerhalb der normativen Grenzen einer gegebenen Organisation von Gründen), sondern auch zu einem »transzendenten« Gebrauch (über jene normativen Grenzen hinausgehend), und zwar auf eine Weise, die in dem Maße frei und aktiv ist, wie sie zugleich als unfrei und passiv erfahren wird.

# Literatur

Agamben, Giorgio: »On Potentiality«, in: *Potentialities. Collected Essays in Philosophy*, Stanford 1999, S. 177–184.

Aristoteles: *Metaphysics*. A revised Text, with Introduction and Commentary by Sir William David Ross, Vol. II, Oxford 1924.

— : *Metaphysik*, Erster Halbband: Bücher I (A) - VI (E), Zweiter Halbband: Bücher VII (Z) - XIV (N), Hamburg [3]1989.

— : *Metaphysics Book Θ*, übers. u. kommentiert v. Stephen Makin, Oxford 2006.

— : *Nicomachian Ethics*, translated, with introduction, notes and glossary by Terence Irwin, Indianapolis, Cambridge [2]1999.

— : *Die Nikomachische Ethik*, Zürich, München 1991.

— : *Physik*, Erster Halbband: Bücher I–IV, Hamburg 1987.

— : *Über die Bewegung der Lebewesen. Über die Fortbewegung der Lebewesen*, in: *Aristoteles. Werke in deutscher Übersetzung*, Bd. 17: Zoologische Schriften II, Berlin 1985.

— : *Über die Seele*, Hamburg 1995.

Austin, John L.: »Ein Plädoyer für Entschuldigungen«, in: *Wort und Bedeutung. Philosophische Aufsätze*, München 1975, S. 177–212.

Corcilius, Klaus: *Streben und Bewegen. Aristoteles' Theorie der animalischen Ortsbewegung*, Berlin, New York 2008.

Davidson, Donald: »Deception and Division«, in: *Problems of Rationality*, Oxford, New York 2004, S. 199–212.

— : »Einleitung«, in: *Handlung und Ereignis*, Frankfurt am Main [2]1998, S. 7–15.

— : »Geistige Ereignisse«, in: *Handlung und Ereignis*, Frankfurt am Main [2]1998, S. 291–320.

— : »Handlungen, Gründe und Ursachen«, in: *Handlung und Ereignis*, Frankfurt am Main [2]1998, S. 19–42.

— : »Incoherence and Irrationality«, in: *Problems of Rationality*, Oxford, New York 2004, S. 189–198.

— : »Laws and Cause«, in: *Truth, Language, and History*, Oxford 2005, S. 201–219.

— : »Paradoxien der Irrationalität«, in: Spitzley, Thomas (Hg.): *Willensschwäche*, Paderborn 2005, S. 89–106.

— : »Wie ist Willenschwäche möglich?«, in: *Handlung und Ereignis*, Frankfurt am Main [2]1998, S. 43–72.

Deleuze, Gilles: *Differenz und Wiederholung*, München [2]1997.

Derrida, Jacques: *Die Einsprachigkeit des Anderen oder die ursprüngliche Prothese*, München 2003.

— : »LIMITED INC a b c ...«, in: *Limited Inc*, Wien 2001, S. 53–168.

— : »Signatur Ereignis Kontext«, in: *Randgänge der Philosophie*, Wien [2]1999, S. 325–351.

Euripides: *Medea*, übersetzt und herausgegeben von K. H. Eller, Stuttgart 1983.

Freud, Sigmund: *Abriß der Psychoanalyse* (1938/1940), in: *Gesammelte Werke*, Bd. XVII, Frankfurt am Main 1968, S. 63–138.

— : »Die Ichspaltung im Abwehrvorgang (1940)«, in: *Gesammelte Werke*, Bd. XVII, Frankfurt am Main 1968, S. 57–62.

— : *Das Unbewusste* (1915), in: *Gesammelte Werke*, Bd. XX, Frankfurt am Main 1968, S. 264–303.

Gardner, Sebastian: *Irrationality and the Philosophy of Psychoanalysis*, Cambridge University Press 1993.

Goetz, Rainald: *Klage*, Frankfurt am Main 2008.

Hare, Richard M.: *Freiheit und Vernunft*, Frankfurt am Main 1983.

Hegel, Georg Wilhelm Friedrich: *Phänomenologie des Geistes*, in: *Werke*, Bd. 3, Frankfurt am Main 1970.

— : *Wissenschaft der Logik I*, in: *Werke*, Bd. 5, Frankfurt am Main 1969.

Haase, Matthias und Dirk Setton: »Transparenz | Intransparenz. Zur Ontologie kulturellen Seins«, in: Diekmann, Stefanie und Thomas Khurana (Hg.): *Latenz. 40 Annäherungen an einen Begriff*, Berlin 2007, S. 207–217.

Heidegger, Martin: *Aristoteles Metaphysik Θ 1–3. Von Wesen und Wirklichkeit der Kraft*, in: *Gesamtausgabe*, II. Abteilung: Vorlesungen 1923–1944, Bd. 33, Frankfurt am Main 1981.

— : *Sein und Zeit*, in: *Gesamtausgabe*, I. Abteilung: Veröffentlichte Schriften 1910–1970, Bd. 2, Frankfurt am Main 1977.

Jansen, Ludger: *Tun und Können. Ein systematischer Kommentar zu Aristoteles' Theorie der Vermögen im neunten Buch der »Metaphysik«*, Frankfurt am Main 2002.

Kant, Immanuel: *Gesammelte Schriften*, hrsg. v. d. Königlich-Preußischen Akademie der Wissenschaften, Berlin 1910ff.

— : *Grundlegung zur Metaphysik der Sitten*, in: *Werke in zwölf Bänden*, Bd. VII, Frankfurt am Main 1974.

— : *Kritik der reinen Vernunft*, in: *Werke in zwölf Bänden*, Bde. III–IV, Frankfurt am Main 1974.

— : *Kritik der praktischen Vernunft*, in: *Werke in zwölf Bänden*, Bd. VII, Frankfurt am Main 1974.

— : *Kritik der Urteilskraft*, in: *Werke in zwölf Bänden*, Bd. X, Frankfurt am Main 1974.

— : *Die Religion innerhalb der Grenzen der bloßen Vernunft*, in: *Werke in zwölf Bänden*, Bd. VIII, Frankfurt am Main 1974.

Kenny, Anthony: »The Nature of Prohairesis«, in: *Aristotle's Theory Of The Will*, New Haven 1979.

— : *Will, Freedom, and Power*, Oxford 1975.

Kern, Andrea: *Quellen des Wissens. Zum Begriff vernünftiger Fähigkeiten*, Frankfurt am Main 2006.

Khurana, Thomas: »›... besser, daß etwas geschieht‹. Zum Ereignis bei Derrida«, in: Marc Rölli (Hg.): *Ereignis auf Französisch. Von Bergson bis Deleuze*, Frankfurt am Main 2004, S. 235–256.

Kusser, Anna: *Dimensionen der Kritik von Wünschen*, Frankfurt am Main 1989.

Lear, Jonathan: *Aristotle. The Desire to Understand*, Cambridge University Press 1988.

— : »Ruhelosigkeit, Phantasie und der Begriff des Geistes«, in: *Deutsche Zeitschrift für Philosophie* 57.1 (2009), S. 49–72.

Liske, Michael-Thomas: »Inwieweit sind Vermögen intrinsische dispositionelle Eigenschaften? (Θ 1–5)«, in: Christof Rapp (Hg.): *Aristoteles. Metaphysik. Die Substanzbücher (Z, H, Θ)*, Berlin 1996, S. 253–287.

Luhmann, Niklas: *Die Gesellschaft der Gesellschaft*, Erster Teilband, Frankfurt am Main 1997.

— : *Die Kunst der Gesellschaft*, Frankfurt am Main 1995.

— : »The Paradoxy of Observing Systems«, in: *Cultural Critique* 31 (1985), S. 37–55.

Lyotard, Jean-François: *Der Widerstreit*, München $^{2}$1989.

Makin, Stephen: »Aristotle on Modality. How many ways can a capacity be exercised?«, in: *Proceedings Of The Aristotelian Society*, Supplementary Volume 74 (2000), S. 143–161.

McDowell, John: »Incontinence and Practical Wisdom in Aristotle«, in: *The Engaged Intellect. Philosophical Essays*, Harvard University Press 2009, S. 59–76.

— : »Values and Secondary Qualities«, in: *Mind, Value, and Reality*, Harvard University Press 1998, S. 131–150.

— : »Virtue and Reason«, in: *Mind, Value, and Reality*, Harvard University Press 1998, S. 50–73.

Menke, Christoph: *Kraft. Ein Grundbegriff ästhetischer Anthropologie*, Frankfurt am Main 2008.

— : *Spiegelungen der Gleichheit. Politische Philosophie nach Adorno und Derrida*, Frankfurt am Main 2004.

Musil, Robert: *Der Mann ohne Eigenschaften* (Erstes und Zweites Buch), Reinbek 1978.

Ovid: *Metamorphosen*, in: ders., *Werke in zwei Bänden*, aus dem Lateinischen übersetzt von R. Suchier, bearbeitet von L. Huchthausen, Bd. 1, Berlin und Weimar $^{3}$1982.

Pears, David: *Motivated Irrationality*, Oxford University Press 1984.

Platon: *Protagoras*, Stuttgart 1987.

Robinson, Richard: »Aristotle on Akrasia«, in: Otfried Höffe (Hg.): *Aristoteles. Die Nikomachische Ethik*, Berlin 1995, S. 187–206.

Rödl, Sebastian: »Practice and the Unity of Action«, in: Georg Meggle (Hg.), *Social Facts and Collective Intentionality*, Frankfurt am Main 2002, S. 323–342.

Ross, Sir David: *Aristotle*, London 1968.

Ryle, Gilbert: *The Concept of Mind*, London 1949.

Sartre, Jean-Paul: *Das Sein und das Nichts. Versuch einer phänomenologischen Ontologie*, Reinbek 1991.

Setton, Dirk: »Akt der Willkür. Kant und das Problem der Wirklichkeit der Freiheit«, in: Rebentisch, Juliane und Dirk Setton (Hg.): *Willkür. Freiheit und Gesetz II*, Berlin 2011, S. 51–88.

— : »Mächtige Impotenz. Zur ›Dynamo-Logik‹ des Königsporträts«, in: Beyer, Vera, Anselm Haverkamp und Jutta Voorhoeve (Hg.): *Das Bild ist der König. Repräsentation nach Louis Marin*, München 2006, S. 217–244.

Thompson, Michael: *Life and Action. Elementary Structures of Practice and Practical Thought*, Harvard University Press 2008.

Vogel, Matthias: »Fehler im Haus der Vernunft, in: *Deutsche Zeitschrift für Philosophie* 57.1 (2009), S. 73–95.

Vogl, Joseph: *Über das Zaudern*, Zürich, Berlin 2007.

Williams, Bernard: »Widerspruchsfreiheit in der Ethik«, in: ders.: *Probleme des Selbst. Philosophische Aufsätze 1956–1972*, Stuttgart 1978, S. 263–296.

Witt, Charlotte: »The Priority of Actuality in Aristotle«, in: Scaltsas, T. et al. (Hg.): *Unity, Identity, and Explanation in Aristotle's Metaphysics*, Oxford 1994, S. 215–228.

— : *Ways Of Being. Potentiality and Actuality in Aristotle's Metaphysics*, Ithaka, London 2003.

Wollheim, Richard: *The Thread of Life*, Cambridge University Press 1984.

Žižek, Slavoj: *The Parallax View*, The MIT Press 2006.

— : *Tarrying with the Negative. Kant, Hegel, and the Critique of Ideology*, Duke University Press 1993.

# Dank

Das vorliegende Buch basiert auf meiner Dissertation, die ich 2006 am Institut für Philosophie der Universität Potsdam eingereicht habe. Für die Veröffentlichung wurde der Text überarbeitet. Für ihre vielfältige Unterstützung, ihre kritischen Anregungen und ihre radikale Geduld danke ich Christoph Menke und Anselm Haverkamp, die für mich ideale Betreuer waren und deren Einfluss auf dieses Buch gar nicht überschätzt werden kann.

Mein Dank gilt außerdem dem DFG-Graduiertenkolleg »Repräsentation – Rhetorik – Wissen« an der Europa-Universität Viadrina Frankfurt (Oder) für die großzügige Förderung meines Dissertationsvorhabens sowie der Geschwister Boehringer Ingelheim Stiftung und der Johanna und Fritz Buch Gedächtnis-Stiftung für die freundliche Gewährung eines Druckkostenzuschusses. Danken möchte ich ebenso den Mitgliedern der DFG-Graduiertenkollegs »Repräsentation – Rhetorik – Wissen« sowie »Lebensformen und Lebenswissen« (Europa-Universität Viadrina/Universität Potsdam), den Teilnehmern und Teilnehmerinnen des Kolloquiums von Christoph Menke, den Kollegen und Kolleginnen am Institut für Philosophie in Potsdam und am Sonderforschungsbereich 626 »Ästhetische Erfahrung im Zeichen der Entgrenzung der Künste« an der FU Berlin. Die zahlreichen Diskussionen in diesen Kontexten haben eine maßgebliche Rolle bei der Ausarbeitung dieses Buches gespielt.

Ganz besonders möchte ich mich bei all jenen bedanken, die während der Arbeit an dem Text auf unterschiedliche Weise für mich da waren: Matthias Haase, David Horst, Maria Muhle, Dirk Quadflieg, Francesca Raimondi und David Weber danke ich für ihre Kritik, ihre Kommentare und ihre emotionale Unterstützung; Birgit Kaiser, Susanne Leeb, Martina Mescher, Arno Schubbach, Kathrin Thiele und Katrin Trüstedt danke ich für ihre inhaltliche und editorische Mithilfe in Ausnahmezuständen; und Thomas Khurana danke ich dafür, dass er nahezu jeden Satz dieser Arbeit gelesen hat und dass er mit seinem außerordentlichem Verständnis die ganze Zeit dabei war. Zu guter Letzt gilt mein herzlicher Dank meinen Eltern, Hanne-Len und Horst Setton, die meine Arbeit jahrelang vorbehaltlos unterstützt und begleitet haben.